普惠金融国家发展战略

中国普惠金融发展报告(2016)

THE REPORT OF FINANCIAL INCLUSION DEVELOPMENT IN CHINA(2016)

主　　编　贝多广

执行主编　李　焰　莫秀根

经济管理出版社

ECONOMY & MANAGEMENT PUBLISHING HOUSE

图书在版编目（CIP）数据

普惠金融国家发展战略——中国普惠金融发展报告（2016）/贝多广主编 . —北京：经济管理出版社，2016.12

ISBN 978-7-5096-4778-3

Ⅰ.①普… Ⅱ.①贝… Ⅲ.①金融事业—经济发展—研究报告—中国—2016 Ⅳ.①F832

中国版本图书馆 CIP 数据核字（2016）第 287351 号

组稿编辑：胡 茜
责任编辑：胡 茜
责任印制：黄章平
责任校对：雨 千

出版发行：经济管理出版社
　　　　　（北京市海淀区北蜂窝 8 号中雅大厦 A 座 11 层　100038）
网　　址：www. E-mp. com. cn
电　　话：（010）51915602
印　　刷：北京京华虎彩印刷有限公司
经　　销：新华书店
开　　本：787mm×1092mm/16
印　　张：25.25
字　　数：493 千字
版　　次：2017 年 1 月第 1 版　2017 年 1 月第 1 次印刷
书　　号：ISBN 978-7-5096-4778-3
定　　价：188.00 元

发 布

2016 中国普惠金融国际论坛
中国·北京

主　编：贝多广

执行主编：李　焰　莫秀根

顾　问：王　君

课题组成员（按首字母拼音顺序排列）：

贝多广	陈新宇	陈宇淇	范小俊
高　巍	黄大庆	韩胜男	琚聪怡
李纪珍	李　胜	李　焰	李　燕
李洋锐	李　卓	刘成诚	刘澄清
陆世新	罗　煜	马九杰	莫秀根
施佳宏	佟文昭	王　佐	吴　未
吴跃华	吴潋兴	伍　聪	姚海波
姚天祎	闫　森	曾恋云	张　锐
张迎新	赵　萌	赵　娜	郑海荣

本报告支持机构和项目：

广西外资扶贫项目管理中心

广西百色市金融办公室

福建省宁德市金融办公室

中国社会科学研究基金 2015 年重点项目："新常态下中国普惠金融
体系建设研究"（项目编号：15AZD012）

广西田东县人民政府、扶贫办、金融办、银监办、人民银行、
农商行、北部湾银行、农业银行

广西平果县人民政府、扶贫办、金融办、人民银行、农商行、
农业银行

甘肃省景泰县人民政府、人民银行、信用社

中国人民大学国家发展与战略研究院

海南省农村信用社联合社

蚂蚁金融服务集团

京东金融集团

中和农信

长春金融高等专科学校

前言

　　2015 年 9 月，我们第一次正式发布中国普惠金融发展报告，主题是"好金融，好社会"，引起了社会的强烈反响。2015 年以来，我国普惠金融事业取得了明显的阶段性成就。据我观察，主要表现在三个方面：第一，普惠金融理念得到广泛普及和推广，无论金融从业人员、政府管理人员还是学术研究人员，都对普惠金融日益关注，普惠金融对经济的正面影响、对社会的积极作用，日益得到人们的认同。我们从媒体报道的很多会议论坛上都可以听到有关普惠金融的话题。第二，普惠金融得到全面的实践，尤其在网络支付、手机支付、消费金融、网络信贷等领域，我们观察到建立在可持续基础上的商业模式正在彰显出普惠金融的商业价值和社会价值。第三，2016 年 1 月政府颁布了推进普惠金融发展的五年规划，以此为标志的普惠金融发展战略正在逐渐展开，政府高度承认普惠金融对于改善金融结构、促进经济发展乃至优化社会结构的重大意义，并且明确了政府发挥引导作用、市场发挥主导作用的基本原则。

　　当然，从世界各国的经验来看，我们也不得不承认，普惠金融是一项说易行难的事业。难，究竟难在哪里？用现在时髦的语言来说，就是它的痛点究竟在哪里？综观普惠金融在国际上走过的历程，它是因市场缺陷而产生的理念，普惠金融的先驱最早都是以非政府公益性组织的形式开展活动的，经过长期的实践，人们越来越形成共识，普惠金融的可持续发展有赖于商业绩效与社会绩效双重目标的实现。当然，这种理想主义情怀的实践历经数十年之功，尽管已经取得了可圈可点的成就，但是在世界 6 亿贫困家庭需求的背景下，只是满足了大约 1/4 需求。世界范围的金融排斥仍然是全球有识之士忧心忡忡的重大难题。中国的普惠金融事业相对其他发展中国家是后进的，属于后起之秀，但却增长迅猛。可能已经无法弥补的缺憾是，中国普惠金融的演进过程只经历了非常有限的非政府公益性活动，绝大多数小贷公司和网贷公司从出生起就要实现如狼似虎的利润目标，这就决定了在中国实现双重目标的困境。能够预见到的结局就是，这些本来就自称草根的从事金融却归类于非金融普通企业的机构起于野蛮成长，将终于自生自灭。

　　令人鼓舞的是，在数字技术推动下，普惠金融迈出了数字化的步伐，这种态势无疑让人联想到有可能实现商业绩效与社会绩效双重目标的历史机遇。数字化普惠金融以其低成本、高速度、广覆盖为优势，在短短几年内实现了传统普惠金融数十年都无法企及的目标。数字化普惠金融的浪潮正在迎面而来，它的走向和影响岂可低估？然而，正如每一次创新都伴随着新的风险一样，数字化普惠金融也有其发展过程中的痛点，那就是创新与风险之间的平衡。中国互联网金融运行过程中的纷乱现象委实让人低头沉思。从深层角度分析，众多风险实际上还是源于普惠金融基础设施的匮乏。在没有高速公路的情况下所有车辆都要跑到每小时百公里以上，那么不出事就是小概率事件。在没有完善的指标体系、征信体系、支付体系、监管体系、法律体系的生态环境中，普惠金融的路径选择恐怕只能是战战兢兢、如履薄冰。所以从这一意义上说，建立普惠金融基础设施是发展普惠金融事业的当务之急、重中之重，更应是政府推进此项事业的用力所在。就像人们都熟知"要致富先修路"的道理一样，建设普惠金融事业的成功与否很大程度上取决于普惠金融基础设施的状态。

正是出于以上考虑，我们把 2016 年发展报告的主题确定为"普惠金融国家发展战略"。整个报告分为五个部分：第一部分从国际大背景出发来讨论建立普惠金融国家发展战略的意义和战略目标，进而联系中国现状提出战略实施的路线图。第二部分特别重点讨论政府在这一过程中应当扮演的角色，除了从一般意义上讨论政府如何发挥引导作用，还特别以广西壮族自治区田东县农村金融综合改革为例专题讨论地方政府在发展普惠金融进程中的作用。普惠金融基础设施涉及面很广，2015 年的发展报告对征信问题有所探讨，2016 年我们只是集中讨论了普惠金融指标体系的建设，这就是本报告的第三部分。机构体系也是基础设施的重要方面，但我们没有进行全面完整的梳理和分析，而只是在第四部分中就机构在发展普惠金融事业中的创新发展，特别是对一些典型案例进行了分析和介绍，比较前沿的是对农村供应链金融特别是电商金融的一些探索性实践也进行了介绍和讨论。第五部分实证分析了如何对普惠金融的社会成效进行评估。与 2015 年类似，我们还是注重普惠金融实践案例的收集和讨论，共有九个案例。我们相信这种持之以恒的案例积累，无论对于当下的学习交流还是对于后人的总结启示都是有价值的。

2016 年的发展报告从立题开始就得到了王君教授极富价值的指导，在此谨向他表示最诚挚的感谢！值得一提的是，我们的普惠金融发展报告项目，除了民生银行一以贯之给予资助之外，今年还得到宜信公司和 VISA 国际的鼎力资助，在此一并表达由衷的谢意！发展报告是集体努力的结晶，今年我们的团队进一步发展壮大，在李焰教授和莫秀根博士的协调下取得了新的成果，团队成员不一一列名，在此我们一起共庆共勉！

贝多广

2016 年 8 月 13 日

Preface

We first officially released the Report of Financial Inclusion in China in September 2015 with the theme of "good finance, good society", which induced positive social responses. China's inclusive financial cause has made definite phased achievements since last year mainly in three aspects according to my observation: First, the concept of inclusive finance is widely spread and popularized. Either financial professionals, government managers, or academic researchers are all increasingly paying close attention to inclusive finance. The positive impact of inclusive finance on the economy and its positive effect on the society are increasingly acknowledged by the public. We can hear about inclusive finance related topics from median reports to lots of conferences and forums; second, inclusive finance is fully practiced especially in the areas such as online payment, mobile payment, consumer finance and network credit etc. . We observed that the business model on the basis of sustainability is now demonstrating the commercial and social value of the inclusive finance; third, our government issued the promoting the development of inclusive finance five-year plan in January this year, which acts as the sign for the development strategy of inclusive finance to gradually carry forward. The government highly acknowledged the great significance of the inclusive finance in improving the financial structure, promoting economic development and even optimizing the social structure. Furthermore, the plan further confirmed the basic "government-guided, market-led" principle.

No doubt, from the experience of various countries in the world, we have to admit that inclusive finance is an "easier said than done" cause. It is difficult, but where are the actually the difficulties? In the now fashionable language, where is the "pain spot"? Throughout the history of the inclusive finance development, we could see that the concept of inclusive finance came into being because of market imperfections. The inclusive finance pioneers firstly implemented their operations in the form of non-governmental welfare organizations. There is a growing consensus through long-term practice that the sustainable development of inclusive finance relies on the realization of the double goals, commercial and social performance. Certainly, this idealism practice has been lasting for one decade. Although it has made remarkable achievements, after all it only satisfied about a quarter of the demand given the background that it is estimated that there are 600 million poor households demanding for the services globally. Moreover, the worldwide financial exclusion remains a major issue for the knowledgeable people to worry about. Although China's inclusive finance industry lagged behind in comparison with those in other developing countries, it grows rapidly as a rising star. A possible irreparable regret for the inclusive finance in China is that it only experienced very limited non-governmental welfare activities through its evolution process. The vast majority of small loan and internet loan companies are about to ferociously achieve their profit goals from their birth, therefore leading to the double mandates plight in China. The foreseeable ending will be that those engaging in finance and self-claimed to be grassroots but classified as regular non-financial industries start with barbaric growth and end with running their courses.

It is encouraging that the inclusive finance has taken the pace of digitization driven by the digital technology. This trend undoubtedly reminds people to think about this historic opportunity to achieve the double mandates of commercial and social performance. Using its low cost, high speed and wide coverage advantages, within several years the digital inclusive finance has already achieved what the traditional inclusive finance cannot even in several decades. The wave of inclusive finance digitization is oncoming, shall we underestimate its trend and impacts? However, as every innovation is accompanied by new risks, digital inclusive finance also has "pain spot" in its development process which is to strike the balance between innovation and risk. The chaotic phenomena in the operation process of internet finance in China are really thought-provoking. The deep analysis shows that numerous risk are actually from the lack of inclusive financial infrastructure. All vehicles run at a speed of more than 100 miles per hour in the absence of a highway, causing no accidents with very low probabilities.

In the ecological environment without sound indicator system, credit system, payment system, regulatory system or legal system, the selection path for the inclusive finance could only be cautious, like walking on thin ice. So from this sense, the inclusive finance infrastructure construction should be most urgent and with top priority, it also is where the government should be focused to promote this cause. Like the Chinese people are very familiar with the wisdom of "to make a fortune, first build a road", the success of undertaking the inclusive finance cause relies largely on the state of the inclusive financial infrastructure.

Taking into exactly the discussions above, we set the theme of the development report this year as "the inclusive finance national development strategy". The whole reported is divided into five sections. We discussed the significance and strategic goals of constructing inclusive finance national development strategy from the general international background, and further proposed the roadmap for the strategy implementation with the consideration of China's current situation in Section I. In Section II, we particularly demonstrated intensively the role the government should play during this process. Besides discussing how the government play its guiding role in general, we specifically discussed the role of the regional government in the development process of inclusive finance especially using the rural financial comprehensive reform case in Tiandong County of the Guangxi Zhuang Autonomous Region. Our discussion of the inclusive financial infrastructure covered a wide range of topics. We only discussed intensively on the construction of inclusive finance index system for we already discussed the issue of credit in the last development report, and this is Section III. Normally the institution system is a major component of infrastructure, we did not conduct a full and complete consolidation and analysis. Instead we only introduced and analyzed the innovation development of institutions in the inclusive finance development process in Section IV, especially introduced and discussed some typical cases. We also introduced and analyzed the advanced topics such as the rural supply chain finance especially some tentative practice of e-commerce finance. Section V is about how to conduct empirical analysis on the social impact assessment of the inclusive finance. Similar to what we did last year, we still focused on the collection and discussion of inclusive finance practice cases, and we have nine cases for this year. We believe that this persistent accumulation of cases will surely be valuable both for the current learning and communication and for summary revelation in the future.

We got very valuable guidance from Professor Wang Jun for this year's development report from the outset stage of proposal, we would like to express our most sincere appreciation to him here! It is gratifying to see that our annual green book project were also greatly funded by CreditEase and Visa International this year, in addition to the consistent funding from Misheng Bank. We would like to express our heartfelt thanks to all of them! Our development report is a collaborative effort. Our team has expanded further, we achieved results of new level with the coordination of both Professor Li Yan and Dr. Mo Xiugen. Team members are not named here one by one. Let's celebrate and encourage together!

Bei Duoguang

August 13，2016

目录

第四部分　机构的发展与创新

第五部分　普惠金融的社会效果

Contents

PART II   THE ROLE OF GOVERNMENTS IN FINANCIAL INCLUSION DEVELOPMENT

PART III   THE INDICATOR SYSTEM
OF THE FINANCIAL
INCLUSION DEVELOPMENT

PART Ⅳ　INSTITUTIONAL DEVELOP-MENT AND INNOVATION

Chapter Twelve   An Exploration of Digital Financial
Inclusion: E-commerce Plus Rural
Supply Chain Finance / 250

Case VIII   Pioneer Loan—An Product of Rural Supply
Chain Finance by JD / 265

Case IX   Mongolian Sheep Project—An Exploration in Rural
Supply Chain Finance by Ant Finance / 282

PART V   THE SOCIAL EFFECTS OF
FINANCIAL INCLUSION

Chapter Thirteen   Macro and Micro Effects of the Rural
Financial Inclusion Reform / 301

Chapter Fourteen   Credit Demand and Supply Gap
between the Poor and Non-poor
Groups / 324

概要

　　2016 年初，国务院颁发的《推进普惠金融发展规划（2016～2020 年）》（以下简称《规划》）对普惠金融发展具有深远意义，表明普惠金融已经成为国家的重要发展战略之一。为了配合《规划》的落实执行，《中国普惠金融发展报告（2016)》（以下简称《报告》）以"普惠金融国家发展战略"为主题，除了诠释《规划》的战略意义之外，还围绕政府的作用、普惠金融指标体系、金融机构的改革与创新、普惠金融的社会效果等主题，对过去一段时间中普惠金融的新动态，从理论、实践、技术、因果关系、效果等角度，进行了深入详细的分析。同时，《报告》提供了丰富的案例材料，读者既可以跟随《报告》对普惠金融发展的新生事物进行深度分析，明晰其中存在的问题和因果关系，从中获得清晰的知识和启发，也能够了解案例事件的全貌和来龙去脉。《报告》为政策制定者、金融监管者、普惠金融实践者、研究者、学生以及广大普惠金融爱好者提供了及时全面的参考材料。

　　2016 年的《报告》第一部分解读了《规划》的战略意义。围绕《规划》中提出的"政府引导、市场主导"原则。第二部分分别从理论和改革实践的角度，解释这一原则的合理性和重要作用。在国家发展战略的实行过程中，需要一个指标体系来衡量发展的成果。第三部分在总结国内外衡量普惠金融发展的指标体系的基础上，提出我国普惠金融发展的指标框架，并且把它应用到农村普惠金融的现状分析当中。实行战略目标，必须把创新当作普惠金融发展的核心驱动力。第四部分在对若干案例（中和农信、海南农信社、宜信公司，以及京东"先锋贷"项目、蚂蚁金服的"蒙羊"项目）收集整理和分析的基础上，对机构创新、服务创新和模式创新进行深入探讨。长期以来，普惠金融战略实施的效果，是国内外关心的一个热点问题。第五部分用量化的实证分析方法，验证普惠金融改革的真实效果。

　　一、普惠金融发展需要有明确统一的国家发展战略

　　世界各国和国际机构正不断地认识到普惠金融的重要性：普惠金融能够增进人民权利和改善人民生活——特别是对于穷人；能够提高各国及全球金融系统稳定性、金融体系完整性；能够促进发展中国家和新兴市场国家健康的、包容性的经济增长。为了更好地发展普惠金融，进而实现经济发展和社会改进的目标，综观全球，从国家层面制定普惠金融发展战略已经成为一种趋势。

普惠金融与包容性增长具有深刻的内在联系。包容性增长主张将所有群体特别是"边缘人群"纳入经济体系中，使得人民能够平等分享经济发展带来的好处，以此为经济发展注入新的动力；而普惠金融则强调将所有群体特别是被金融排斥的人群纳入金融体系中来，使得各类群体都能够得到合适的金融服务，以此促进经济发展和社会改善。从两者的主张和措施来看，实际上，普惠金融可以被包含在包容性增长的范畴之内，是包容性增长在经济金融领域的一项具体措施。因此，发展普惠金融是实现包容性增长的具体措施和重要动力，而包容性增长为发展普惠金融提供了良好的经济社会环境——这两个概念以"包容性"为纽带，紧紧结合在一起。

在我国高速增长的经济环境中，普惠金融发展可以用"速快面广"来概括，呈现出以下几个特点：第一，已经形成了较为完整的多层次金融体系，为发展普惠金融打下良好基础；第二，金融基础设施不断完善，通过政府的有力支持和引导，着力发挥市场的主导性作用；第三，数字化技术成为普惠金融发展的引擎，数字化普惠金融在解决"最后一公里"问题上发挥了独特的作用。

当然，我国的普惠金融发展也面临着各种挑战：首先，金融产品和服务的结构仍显失衡，金融可得性有待提升；其次，我国金融基础设施仍相对薄弱，成为进一步发展普惠金融的重要障碍；最后，我国社会整体金融知识和金融素养不足，对金融的普及教育有待加强。

要解决上述问题，需要全面系统地发展普惠金融，政府应当统筹全局，在其中发挥应有的作用：需要推出符合本国国情的各项普惠金融发展措施，并使这些措施能够相互配合；需要综合利用各种资源并协调各方面的利益关系；需要动员国内各个部门和机构去落实发展普惠金融的措施；需要根据相关措施的效果进行反馈和修正。因此，政府需要有明确的、统一的普惠金融发展战略。

二、提升金融可得性、提高贫困群体的金融能力、推进数字化普惠金融、促进中小微企业发展是发展普惠金融的主要战略目标

制定战略规划要有明确详细的战略目标。我国普惠金融发展的战略目标包含以下几个方面：

首先，金融可得性衡量金融消费者能否以合理的成本获得合适的金融服务。提高金融可得性是为了解决"金融排斥"。其最迫切的任务是要解决金融产品和服务与金融消费者之间的"最后一公里"问题，让普惠金融真正地惠及各类社会人群。因此，一方面要因地制宜，考虑不同区域的实际情况，制定有针对性的具体措施；另一方面要综合考虑，从消费者、提供者和金融基础设施三个角度入手，积极发挥各类主体的作用。

其次，普惠金融应该将扶贫作为目标，但不应该将扶贫作为唯一目标。通过制度化、商业化来实现可持续经营，才能更好地促进经济发展和社会改进，从而更好地进行扶贫。传统的扶贫措施往往考虑得并不全面：只强调外因，没有充分考虑到内因；只强调改善自然条件和社会因素，没有充分考虑到贫困人群自己也要做出改变；只强调"输血"，没有充分考虑到"造血"。因此，解决贫困问题需要超越传统的"扶贫"思维——加强对贫困人群的"能力构建"，全方位地改变贫困人群的生活、生产和观念，才能补齐传统扶贫措施的短板。普惠金融在这种"能力构建"中发挥了重要作用。

普惠金融不是授之以鱼，而要授之以渔。普惠金融可以促进贫困人群形成自己的资产、经营自己的事业，提高他们的生产能力；可以帮助贫困人群平滑消费和管理风险，提高他们的生活能力；可以向贫困人群普及金融知识，灌输金融理念，提高他们的金融能力。

再次，数字化普惠金融可以使金融服务涵盖面更广，减少金融服务成本和价格，提高普惠金融服务的商业可持续性，使得更多的人能够接受到金融服务。数字化普惠金融的表现形式有以下三种：一是银行提供一种"基本"或"简化"的移动交易账户；二是移动网络运营商或者其他非银行机构建立依托银行结算体系的数字化交易平台；三是与上述两种实现形式相关联的其他金融服务，如保险、借贷甚至证券业务。

最后，"融资难"是阻碍中小微企业发展的重要因素。然而，中小微企业机制灵活，往往是创新最活跃的地方，在应用新技术、尝试新产品、开发新市场、进入新产业和采用新思路方面的积极性很强。因此，通过发展普惠金融来促进中小微企业的发展对于提升社会创新能力也有重要的作用——中小微企业作为枢纽，连接了普惠金融和创业创新。提倡创业创新，需要鼓励支持中小微企业；鼓励支持中小微企业，就需要发展普惠金融。

三、《规划》将普惠金融纳入国家总体经济社会发展战略

《规划》的出台具有战略性的意义。然而，对于大多数人来说，《规划》和普惠金融概念都是比较新的事物。只有正确地理解《规划》的目标、内容、原则和方法，才能在实施过程中不发生偏离。因此有必要对它进行详细具体的解读，指出《规划》的不足之处。

（1）明确了普惠金融的范畴和服务对象。《规划》指出，"普惠金融是指立足机会平等要求和商业可持续原则，以可负担的成本为有金融服务需求的社会各阶层和群体提供适当、有效的金融服务"，这个界定是符合普惠金融发展潮流的。

（2）规定了发展模式和宗旨。《规划》指出，普惠金融立足于"商业可持续原则"，要"确保普惠金融持续发展"，"尊重市场规律，使市场在金融资源配置中发挥决定性作用"，"实现社会效益与经济效益的有机统一"。《规划》还明确了普惠金融的总体目标是建立与全面建成小康社会相适应的普惠金融服务和保障体系，提高金融服务的覆盖率、可得性和满意度。从这些方面来看，《规划》并没有把普惠金融局限在扶贫上，而是在更大的格局上审视普惠金融的作用，从经济社会全面发展和人民生活水平提高

的高度来为普惠金融确定发展模式和宗旨。

（3）兼顾国情和国际经验。《规划》充分考虑了我国的金融机构体系、金融产品结构、金融基础设施、法律法规和政策体系、行政和管理体制的实际情况。同时借鉴了国际发展普惠金融的经验，在普惠金融的范畴和服务对象、发展模式和宗旨等方面与国际主流观点保持一致。此外，《规划》还强调金融市场各个方面的建设、鼓励新技术手段和新模式的运用、注重落实和反馈、主张加强国际沟通交流等，这也体现了对国际性组织和其他国家的观点及主张的吸收和借鉴。

（4）强调金融体系构建、制度完善和基础设施建设。在金融体系构建、制度完善和基础设施建设方面，《规划》都提出了详细措施。在金融体系构建方面，《规划》对银行、保险和新型金融机构的发展做出了详细规划，同时鼓励金融产品、服务的创新和新技术的运用，从机构和产品两个维度去构造普惠金融体系；在金融制度完善方面，《规划》强调从普惠金融的服务主体、服务对象和发展环境三个维度去完善普惠金融法律制度；在金融基础设施建设方面，《规划》提出要"改善普惠金融发展环境，促进金融资源均衡分布"，并提出了加强金融基础设施"软硬件"的举措。

（5）鼓励创新。《规划》鼓励技术创新，提出了"积极引导各类普惠金融服务主体借助互联网等现代信息技术手段，降低金融交易成本，延伸服务半径，拓展普惠金融服务的广度和深度"，将新型的普惠金融形式纳入国家层面的发展战略。同时，《规划》也鼓励把创新贯穿于普惠金融各个方面，如理论研究、发展方式、制度体系、产品和服务、业务模式、评估体系、国际合作等。

然而，在详细解读《规划》的过程中，也发现它存在一些薄弱之处。首先，《规划》中制定的普惠金融发展目标多是定性的，评估目标完成情况比较困难，后续的反馈修正工作也会受到影响。其次，《规划》分别强调要建立健全普惠金融信用信息体系、统计体系和监测评估体系等，如果能够从国家层面上把这些体系整合为统一而全面的"普惠金融国家数据体系"，将有助于推动普惠金融的进一步发展。最后，《规划》提出"政府引导、市场主导"的原则，要落实这一原则，尤其是政府引导的原则，需要在认清普惠金融发展各个阶段特征的前提下，制定实施普惠金融发展战略的路线图，来刻画出发展路径和政府的工作重心，进一步明确政府引导责任，阐述"谁来实施和如何实施"等问题。

四、在"政府引导、市场主导"原则指导下实施普惠金融发展战略

我国制定和执行普惠金融发展战略，应当坚持"政府引导、市场主导"的基本原则。一方面，普惠金融需要政府的引导，这种引导主要体现在统筹规划、均衡布局、组织协调、政策扶持等方面。从更宏观的视角上来看，政府还有必要在普惠金融中融入自己的意图，使普惠金融成为经济发展和社会改进的推进器。另一方面，要发挥市场在普惠金融领域的主导作用。普惠金融的发展历程就是市场化的过程，更何况普惠金融具有影响面广、利益相关者众多的特点，只有市场才有这样的机制来动员各类经济主体参与到普惠金融中来。

首先，政府要着力于普惠金融基础设施建设。考虑我国实际，建立起一套中国特色的普惠金融基础设施具有重要的现实意义。根据现阶段中国普惠金融发展的现状和实证分析结果，国家应以指标体系、征信体系、支付体系、机构体系、监管体系为中心内容，完善普惠金融基础设施，增加金融服务的可得性。

其次，加强政府部门的协调机制。按照国际上普遍的做法，先要确定发展普惠金融的领导机构，再制定发展普惠金融相关事项的议事机构和协调机制。我国未来可以考虑设立常设普惠金融议事机构和制度化普惠金融议事机制，并将市场主体和社会公众的代表也纳入普惠金融协调机制之中；还可以考虑在更高层面上设立普惠金融领导小组。

最后，分阶段实施好路线图。我国普惠金融的发展路径可以划分为构建基础、促进融入、提升广度、提高水平四个阶段。这四个阶段可以作为递进式普惠金融发展的路线图。我国目前普惠金融的发展水平处于"构建基础"阶段和"促进融入"阶段之间，因此，战略的重点应当放在包括"软件"和"硬件"在内的金融基础设施建设上。

发展普惠金融是一个完整的系统性工程，既要落实总体的发展战略，也要有所侧重地落实各个阶段的路线图。要处理好总体战略和路线图的关系，确保这两者的协调一致。

此外，实施普惠金融发展战略还要注意以下几点：一是要兼顾各个社会群体，广泛听取各方意见；二是战略目标和相应措施的优先级应当有差异；三是战略目标和行动路线图既要有挑战性，又不能脱离国内外实际情况；四是要在控制风险的前提下鼓励创新；五是要强调对发展战略进行评估修正的重要性。

五、弥补市场失灵的手段

在理论上，普惠金融可以被认为是一种公共物品，容易出现市场失灵的现象，需要政府在纠正市场失灵方面发挥作用。《报告》回顾大量文献，从理论和实践上，分析政府在哪些方面可以发挥作用、如何发挥作用，介绍其他国家政府如何促进普惠金融的发展，希望给中国普惠金融发展带来有益的启示。

(1) 回顾大量文献后发现，政府可以在普惠金融发展方面发挥重要作用。第一，市场失灵影响金融市场作用的发挥，妨碍金融服务向某些特定人群延伸，从而影响金融市场的效率，金融服务的使用受到市场失灵的约束。信息不对称和交易成本是导致市场失灵的主要原因。通过提升个人金融服务的可获得性的政策，政府可以在一定程度上克服市场失灵。当然，在矫正市场失灵的同时，政府需要防止一些政策可能导致的低效率问题。第二，政府可在兼顾金融稳定与普惠金融双重目标方面发挥作用。目前的研究还没有弄清普惠金融和金融稳定二者的关系。一方面，普惠金融可能由于贷款组合的多样化、低收入借贷者有比较稳定的金融行为、具有更好的货币政策、促进金融的创新而导致成本降低、缩小贫富差距等，从而增加金融的稳定性。另一方面，普惠金融也可能由于贷款标准降低、信用评级等部分功能外包、缺乏有效监管等，从而增加金融系统性风险。政府可以通过增加竞争，完善支付、储蓄、保险系统，加强监管和消费者保护，提升金融素养，增加金融可得性等，平衡普惠金融与金融稳定之间的关系。

（2）国际社会逐步认识到制定和实施普惠金融国家战略的重要性。世界银行、联合国机构和许多国家纷纷制定普惠金融发展战略，来指导世界和本国普惠金融的发展。

（3）政府在发挥作用时，可以根据情况采取放任自由（Laissez-faire Approach）、激进（Activist Approach）、市场增进（政府与市场协调的中间取向）三种取向。政府不应该采用极端的自由或激进的干预手段来促进普惠金融发展，而是要通过创造有利的政策环境、实施亲市场的激励促进政策、改善市场信息基础、设置市场准入条件、促进竞争等，实现对弱势人群的普惠金融。

（4）合理的普惠金融政策框架应包含法律和监管框架，能够改善竞争环境、加强征信体系建设、强化金融消费者保护、提升金融素养等。

（5）聚焦农村普惠金融发展。农村金融改革是整个金融改革的重要内容。由于农村的地理、经济、社会条件特殊，农村金融机构客户群体复杂多样，包括农业、农村居民、中小企业等；农村金融机构的业务也多种多样，包括储蓄、信贷、支付等。针对多样化的客户、多样化的金融需求，金融机构需要进行有针对性的金融服务模式创新，以及金融产品和服务方式的试验、传播。金融创新具有外部性，需要政府给予相应的激励政策。同时，农村金融机构开拓新的农村市场、向边缘客户提供服务，面临着较高的成本和风险，需要政府在缓解风险、增强信心、改善信息获取渠道等方面制定相应的政策，以激励金融机构提供更多的服务，增加农村地区金融服务的覆盖面。

（6）英国和印度两国政府在普惠金融发展方面均根据自身的情况采取了以下措施：①成立专门的机构来协调各有关部门，积极参与普惠金融的发展；②从国家层面制定普惠金融发展战略规划；③根据战略规划，动员各种资源，采用专门项目的形式，落实普惠金融发展规划。这些经验都值得中国借鉴。

六、农村金融政策与改革实践证明政府在发挥其积极作用的同时要避免过度干预

一直以来，中国政府在农村普惠金融发展中扮演着非常重要的角色。改革开放以来，政府在促进农村金融发展方面，采取了不同的策略和方法，总的来说，更加强调采用市场化的方法，主要通过出台各种宏观和微观的政策文件、金融和财政的激励、试点经验推广等手段推动农村金融的普惠性。

2009年以来，在中央相关部门的指导下，广西田东县开展综合全面的农村金融改革，建立了组织机构、信用、村级服务、支付、担保抵押和保险"六大农村金融体系"。政府在改革中发挥了积极推动作用。

首先，政府直接参与是田东县金融改革的重要特点。政府在改革中主动制定改革政策，参与金融机构组建、引进和重组，采取措施优化金融发展环境，主导信用体系建设，设立专项优惠政策，完善产权交易等，直接推动改革的进程。

其次，政府授权多家金融机构开展金融服务。针对金融服务机构单一的局面，政府积极培育竞争性环境，在引进和组建多家金融服务机构的同时，赋予小贷公司、资金互助组织、合作组织等开展金融服务的权利，尤其是县政府与相关金融上级部门沟通协商，争取更灵活和多样化的金融产品。

再次，为了鼓励金融机构参与到金融改革中来，县政府采取了财政补贴、设立财政专项基金（涉农贷款风险补偿基金、周转金、出资、保险金和其他专项基金）、税收优惠和其他优惠（再贷款、存款准备金、利率等方面）的措施。

最后，以金融办、人民银行、银监办为依托，加强金融监管。①经常性地开展金融运行情况分析、监测和预测，及时发布各种反映经济和金融运行状况的指标和数据。尤其重视加大对县级投融资平台公司、担保机构、小额贷款公司、资金互助社的监管力度，加强对不良贷款的处置，防止过度贷款，防范金融风险发生。②对涉农金融服务进行倾斜性监管，增加对支农服务情况、"三农"贷款余额及其增量的监控（查核）。③开展金融普惠性评价，对各金融机构普惠金融发展状况开展统计和分析，从乡镇、村区域布局和群众对金融需求的满足度等维度，掌握普惠金融服务相关数据和信息，建立评估考核工作机制，制定工作计划，以激励和督促各地区、各金融机构和相关职能部门根据评价情况改进普惠金融服务。

在回顾我国农村金融政策和广西田东县金融改革实践的基础上，我们认为，虽然没有办法确定一个明确的边界，但是我们依然可以提出一条原则，那就是，政府在干预市场时，不能违背经济的发展规律，不能越俎代庖，代替市场发挥作用，更不能伤害金融市场的可持续发展，或者说不能伤害金融服务的商业可持续性。

在金融服务比较发达的地区，金融服务覆盖面大，产品比较齐全，金融服务供给充足，市场的作用应该更大一些，政府可以给市场更多的自由发展空间，让市场发挥资源调配作用。在一些比较落后的地区，由于市场发育滞后，金融可得性不足，满足率低，使用率低，服务质量不高，金融基础设施比较差，金融发展成为当地经济发展的一个瓶颈，因此需要政府发挥更大的作用。

政府可以在统筹规划和组织协调、政策激励和制度扶持、环境优化和监管监测三方面发挥作用。但是，政府在发挥其积极作用的同时要避免过度干预。

七、构建一套科学有效的普惠金融指标体系有助于促进普惠金融发展

在回顾国内外现有的普惠金融指标体系的基础上，我们提出，建设我国普惠金融指标体系建设需要考虑几个因素：第一，数据库建设是普惠金融指标体系有效运作的基础，应以开源的方式鼓励行业各方参与，积极提供数据。第二，指标体系的设计要考虑下列条件：①必须反映与普惠金融相关的各个方面；②不同地区之间可以互相比较；③数据现成可用，获取成本不太高；④强调不同地区普惠金融的特点和实现途径。第三，指标体系的维度设置中，要综合考虑农村、小微企业、新兴业态等特点。第四，数据可获得性是指标选取的重要考虑因素。

八、构建适合中国国情的普惠金融指标体系

建立普惠金融指标体系，目的是要客观和科学地反映中国普惠金融发展的实际状况，为制定普惠金融政策提供决策依据。在具体确定和选择普惠金融发展评价指标时，应注意遵循以下原则：①全面性原则。要求各个维度及指标能够作为一个有机整体在相互配合中（而非简单相加）比较全面、科学、准确地反映普惠金融的内涵和特征。②简明性原则。评价指标体系大小适宜，层次适中，粗细适当。③可比性原则。指标应该具有可比性，口径、方法、空间和时间范围一致。④可操作性原则。指标设置上的一个关键问题是要考虑这些指标是否能够采集到权威、准确的公开数据。⑤持续性原则。普惠金融指标体系的设计应该适用于同一时点上跨国、跨区域的比较，还应该在相对稳定的框架下，对同一国家和地区的普惠金融状况进行时间序列上的分析。

在设计过程中，普惠金融指标体系的基本框架应包含外部环境、供给和需求三个基本维度：①外部环境维度涵盖政策法规、监管体系和信用环境等与普惠金融相互影响、相互作用的因素，是普惠金融良好有序发展的基础条件。②供给维度反映普惠金融服务的基础设施及获取渠道，决定普惠金融的可得性。③需求维度反映使用普惠金融服务的广度和深度，以及普惠金融服务的使用效果，决定普惠金融的使用情况和服务质量。

在分析我国国情的基础上，经过初选以及评议，我们选择从普惠金融的外部环境、普惠金融的供给、普惠金融的需求三个方面刻画普惠金融发展水平，并最终构建一个包含3个组成要素、6个子要素、42个评价指标的普惠金融指标体系。

九、指标体系的应用：农村普惠金融发展现状评价

指标体系的应用关键在于数据的获得。我们汇集了三个问卷调查，从中提炼出与农村普惠金融相关的数据，形成普惠金融的一些重要指标，试图对农村普惠金融的现状做一个比较全面的介绍。三个问卷调查均在2016年进行，包含广西、福建、河北、甘肃和吉林五个省区13个县2675个农户的数据。分析的结果显示：

第一，虽然在国家政策的刺激下，农村新型金融机构的数量迅速发展，但是，还没有能够缓解农村信贷服务"一家独大"的局面，竞争不足、供给不足、较高的利率、信贷条件过于严格等现状，不利于提高金融服务可得性，导致农村约2/3具有信贷需求的农户，只有不到1/4能申请和得到贷款。为了满足信贷需求，农户转向民间借贷，约有一半以上的农户在一年内有民间借贷经历。

第二，农村支付同样面临可得性问题。大多数农村只有信用社一家提供支付服务，尤其在行政村一级；邮政储蓄银行在部分乡一级有服务网点；其他银行在县城有服务网点，在乡镇一级极少。特别需要关注的是，局部地区仍然有高达34%的农村居民没有使用任何金融服务，有95%以上的农村居民选择现金作为优先的支付手段。

第三，缺乏服务和相关知识是农业保险的主要障碍。有高达60%的农户表示有购买保险的需求，但是有49%的农村居民由于没有农业保险服务和不知道如何办理农业保险而没有购买。

第四，金融服务的数字化还没有得到农村居民的广泛使用，这与年龄、受教育程度、是否拥有电脑和智能手机密切相关。

十、创新是解决小额信贷机构生存和发展问题的最佳途径

小额信贷机构是一类以小额贷款为中心建构自身业务体系的金融机构，包括小额贷款公司、村镇银行、农村信用社、各种形式的信用互助机构以及以数字信息技术为主要特征的新型金融组织。小额信贷机构，无论注重社会事业还是注重社会溢出，都面临着生存和发展的问题，创新是解决这些问题的最佳途径。具体而言，它们的创新动力主要分为内部驱动（组织因素）与外部驱动（环境因素）两方面。

在内部驱动因素上，小额信贷机构创新的主要动力如下：①降低成本的需要，这是最关键的创新内因之一；②拥有可利用或开发的关键技术或资源；③维持现有业务健康发展；④扩展现有业务，推动机构成长；⑤履行或宣传企业社会责任，以提升声誉、促进社会认可等。小额信贷机构除关注以自身为中心的小环境外，同样重要的是，它们也需要关注大环境，即外部驱动因素，包括市场环境、政策环境与社会环境等，它在很大程度上影响和塑造了小额信贷机构在市场中的行为。

从这两个方面对部分小额信贷机构近年来有代表性的创新实践（中和农信、海南农信社、宜信公司，以及京东"先锋贷"项目、蚂蚁金服的"蒙羊"项目）进行综合评述及比较，可以发现：①降低成本是小额信贷机构进行创新实践的重要动力之一，其中，五个代表性案例中的四个案例在创新动力的表述上强调降低成本（包括控制风险成本）；②小额信贷机构的创新动力十分复杂，受到组织内外部因素的共同推动。无论内因为主还是外因为主，抑或是内外因素混合驱动，如果相应的动力能够与组织的特点及所处情境相适应或匹配，就可有效地促进创新实践的产生与演化，最终促进小额信贷机构组织效果及社会效果的提升。

小额信贷机构的创新实践是复杂的过程，涉及产品、服务、流程、营销及组织的各方面创新，而各种创新要素的新设计与新组合，都可能产生新的价值。分析上述五个具有代表性的案例可以发现：这些行之有效的创新实践尽管侧重点有别，但都需要以多种形式的创新辅助与综合，从多个方向降低成本、控制风险，这样才能在实现增加金融服务可获得性的同时，最终保持或提升金融产品或服务的质量，促进组织的长效发展。

小额信贷机构创新实践的效果，不能简单地以普惠效果优先的方式看待，而应辨明组织效果与普惠效果之间的关系：①组织效果的提升可能与普惠效果的提升一致，在这样的情况下，提升组织效果是提升普惠效果的有效方式；②组织效果与普惠效果的方向不完全一致，在这样的情况下，组织应对组织效果与普惠效果的不重合之处加以关注，并从中寻找创新的机会。

综合上述分析，小额信贷机构的创新发展方向可以概括为：①强化组织内在驱动力，构建支持型环境；②了解服务对象的需求；③通过多种形式的创新提升普惠金融效果。

十一、在一个大规模且不同贫困水平共存的社会里，应该鼓励不同小贷机构混成模式的共同发展

小额贷款模式大致可以被区分为社会事业模式和商业化模式。两类模式都认可财务的可持续性和扩大规模在实现减贫过程中的重要性，但是它们在对减贫内涵和操作方式的理解上存在分歧。

现实中小额信贷机构是一种社会和经济逻辑混合而成的组织形态，或叫作混成组织。根据社会交换理论，小额信贷机构混成模式本质上是社会交换的实质和社会交换的组织形式的组合。社会交换的实质可分为"社会核心"和"社会溢出"，按组织形式可分为客户—客户互惠关系（CCR）和机构—客户互惠关系（ICR）。

应用社会交换理论对格莱珉中国和中和农信进行比较，可以发现：

（1）格莱珉中国围绕建设社会资本这一目标来设计和管理贷款活动。中和农信的产品和服务重点放在贷款活动和与之相关的借款人培训方面，借还款之外的服务活动则以促进贷款活动本身的有效性为目标而展开。

（2）格莱珉中国基于对方对实现广义社会影响的接受程度来选择借款人和资源提供者，这使它有很高的客户和资金获取成本。中和农信选择那些符合其高效率运营和快速扩张需求的借款对象和合作伙伴。

（3）格莱珉中国明确要求员工积极促进CCR的形成，通过促进CCR来产生社会影响和控制违约风险，这一点是它和中和农信的一个显著区别。中和农信相对而言是围绕加强ICR，明确突出员工在和客户交往中促进还款的业务职责，并且鼓励员工将加强与客户的关系作为实现借还款业务目标的一种方式。

小额信贷实践中包含多种多样的社会—经济混成模式。不应把这些模式简单理解为某些机构更加重视社会影响，而另一些机构更重视商业绩效。这些模式实际上说明了小贷实践中对于社会影响内涵以及对取得社会影响应采取何种组织和管理方式的不同理解。这些模式能够满足不同贫困水平上群体的经济需求和社会需求，并且在产生社会影响的深度和广度上有着各自的优势。在一个不同贫困水平人口共存，且每个水平上都有大规模贫困人口的社会里，应该鼓励不同小贷机构混成模式的共同发展。

十二、数字化普惠金融探索——"电商＋供应链金融"

"电商＋供应链金融"是一种在我国快速发展起来的适合农村特征的创新活动。

农村的金融服务存在四个特征：①信贷规模小，没有规模效益；②信贷风险高；③信息不对称程度大；④可抵押财产少，可抵押财产的流动性低。可以归结为"风险高、收益低"六个字。这些特征导致传统大型金融机构不愿意从事农村金融业务。如何解决农村金融的难题？农村供应链金融让我们看到一线曙光。

1. 农村供应链金融的价值在于帮助克服农村金融的难点和推动农业生产的规模化发展

农村供应链金融能够帮助克服农村金融的难点。第一，帮助降低信息不对称性。供应链金融服务开发了包括上游供应商和下游分销商在内的新客户群体。金融机构可以介入整个供应链，从对单个中小企业的信用评价拓展到对整个供应链的评估，从中小企业静态的财务数据的评估入手，进而对整个交易过程进行动态评估。第二，帮助降低信贷风险。供应链中的核心企业往往是有很强技术能力、销售能力、市场分析能力，甚至价格控制能力的大中型企业，它们的销售能力有助于降低农户面临的市场波动的风险，并通过核心企业技术支持保证产品质量、降低质量风险，因此农村供应链金融可以降低经营风险，从而降低信用风险。第三，帮助实现贷款规模效应。供应链金融是依托核心企业的金融，避免金融机构一对一面对资金需求微小的企业，在借贷额度上具有批量性，尤其能够帮助克服单笔交易额度太小带来的成本收益不对等问题。第四，帮助增加贷款的担保抵押性。供应链金融由于有经营规模大、可抵押资产多（并且资产流动性好）的核心企业参与，避免了直接面对缺乏可抵押资产的小农户的问题，因而提高了贷款违约的补偿程度。另外，核心企业一般具有良好的品牌和较强的谈判能力，容易获得保险、担保机构的参与和支持，也提高了信贷资金安全的保障程度。例如，在蚂蚁金服"蒙羊"案例中，中华保险公司参与其中，为养殖户提供养殖保险和信用贷款产品保险，极大地降低了蚂蚁金服的信贷风险。第五，帮助处于供应链上下游的农户、农村中小企业解决融资、保险、结算等一系列金融服务问题。

农村供应链金融能够推动农业生产的规模化发展，加快传统农业向现代农业的转化进程。农村供应链创造了一种"农户＋公司＋市场"的商业模式和经营组织形式，通过核心企业的带动，将小农户集中起来，通过核心企业对农户的技术支持、质量监督、订单控制的方式，将分散的小农经济直接接入市场中，在实现规模化经营中提高竞争力。所以，农村供应链是推动我国农业实现现代化的一个重要的、有效的组织方式，为农村供应链提供支持的农村供应链金融，当然具有了推动农业规模化，进而实现农业现代化的重要价值。在这个意义上，农村供应链金融是基于先进农业生产方式的金融，它对于从根本上促进落后农业向先进农业转化发挥了至关重要的作用，因而是一种更高层次的农村金融方式。

2. 两类农村供应链金融的模式

目前我国农村供应链金融的主要运作模式有"龙头企业＋农户＋政府＋金融机构"、"龙头企业＋合作社＋金融机构"两类。其中，龙头企业是指主营业务与种植、养殖以及其他农业经营有关的、具有一定经营规模和品牌影响力的现代化公司。这类公司的产品成熟、市场稳定，具有较强的下游控制能力，并且有强烈的控制上游产品质量、数量的愿望。合作社通常是以自愿、互助的方式，按照特定农业/养殖业产品类别，由相关农户组合起来的组织。合作社在一定程度上是自愿组合的集体经营组织。

在农村金融供应链的合作社中，社员的生产品种与龙头企业的经营品类一致。政府在供应链金融中一般扮演组织者、支持者的角色。作为组织者，政府利用自己的资源优势帮助当地农户寻找龙头企业、金融机构等，帮助实现各利益相关方的对接；作为支持者，政府更多地在政策环境、征信、增信、担保等方面发挥作用。金融机构是为农村供应链提供信贷资金的金融和类金融组织，我国目前参与农村供应链金融的主要有各类银行、商业保理机构、电子商务企业。

无论是"龙头企业＋农户＋政府＋金融机构"模式，还是"龙头企业＋合作社（或农户）＋金融机构"模式，其共同特点是：政府或龙头企业是供应链的主导者，在供应链中发挥组织、推动、管理的作用，在金融活动中提供信用担保；供应链中信贷、支付等活动依托传统商业银行；龙头企业从事与农业相关的产品、产业经营，是具有一定的规模和品牌、较好市场销售能力的现代化企业；供应链的范围和规模取决于龙头企业的市场触达能力。

3."电商＋农村供应链金融"——模式创新与价值提升

进军农村市场是目前我国电商的发展趋势。面对尚待开发的中国农村巨大市场，阿里、京东、苏宁等国内电商巨头开始加速向农村扩张。相继推出"龙头企业＋合作社（农户）＋保险＋电商金融"的模式。在这种模式下，电商金融替代一般金融机构成为供应链中的资金提供方。

电商对于供应链价值的提升主要体现在三个方面：第一，帮助提高供应链中的信息分享效率，从而帮助缩小供应链运行中的牛鞭效应，使供应链逐渐放大的波动得以抑制。牛鞭效应是供应链管理中的最主要风险。第二，通过改善触达性（Reach）、丰富性（Richness）和附着性（Affiliation），为供应链上的企业带来价值提升。第三，通过改善"流程关系"提升供应链的价值。在电子商务环境下，数据信息技术加强了供应链企业间的信息流、资金流、商务流协调整合，大幅度降低协调成本，对销售和分销形成了有力支持，并促进企业间在能力规划、需求预测、库存管理方面的合作，帮助形成供应链的高效率流程，从而进一步改善组织间关系，提升供应链价值。

毫无疑问，"电商＋农村供应链金融"相比传统农村供应链金融会有较大的价值提升。我们对蚂蚁金服和京东金融的"电商＋农村供应链金融"案例进行研究后发现，与传统农村供应链金融相比，"电商＋农村供应链金融"的价值提升主要体现在金融服务和市场拓展两个方面。

首先，帮助提升金融服务的价值。具体表现是：①借助数字信息技术，实现对供应链金融的贷前、贷中、贷后的实时、全方位风险监控，降低违约风险；②可以更充分利用移动支付的便利，降低存取支付的时间成本，方便农户；③可以进一步缩短农户借款流程，减少相关手续的办理环节，提高申贷效率，如蚂蚁金服"蒙羊"案例。

其次，在市场拓展方面的提升价值。具体体现是：①充分利用电商跨区域的平台优势和电商对市场需求信息的快速、全面了解，帮助农村供应链中的龙头企业进一步拓展产品销售市场，如蚂蚁帮助"蒙羊"拓展市场的措施（见"蒙羊"案例）；②可以通过电商平台直接对接厂家和最终商品需求者，减少中间贸易商、代理商环节，降低由于供应链中链条过长带来的牛鞭效应程度，如京东参与仁寿县枇杷供应链，通过活动策划帮助实现终端消费与生产加工在时间上和数量上接近同步；③可以通过电商平台对触达性、丰富性、附着性的改善，实现更多、更有效的协调与组合，如大北农生猪养殖供应链金融通过平台的信息优势，对供应链中每个环节都进行组合，形成特定行业下的多点对接，从 N＋1＋1（多个农户＋一个龙头企业＋一个金融组织）变为N＋N＋N（多个农户＋多个企业＋多个金融组织），形成更大的组合优势。

显然，这种模式必须依托电商平台才能实现，并且这种模式会产生更好的协同组织效果。

总之，供应链金融是产业资本与金融资本的跨界组合，能够完美地实现金融精准扶助产业的效果，正所谓以金融之水浇灌企业之树。农村供应链金融对于解决农村金融的难点和实现现代农业有重要推动作用。"电商＋农村供应链金融"放大了农村供应链金融之于农村经济发展的作用，提升了农村供应链金融的价值，是对农村金融的创新。

十三、广西田东县金融改革在宏观和微观层面都产生了显著的效果

广西田东县在中央政府和相关部门的支持下，开展了历时八年的农村金融改革，是改革开放以来比较全面深入的农村改革。与自由经济学理论相反，田东县采用了政府主动作为的模式。它的成败关乎农村金融能否成为农村改革的新起点，有必要进行严格的科学实证分析。

我们用于分析的数据包含历年统计年鉴、部门报告和农户问卷调查数据。历年统计数据包含了右江河谷田阳、田东和平果三个县的宏观经济数据，田东县位于田阳县和平果县中间地带，气候相似，主体民族均为壮族。比较其宏观数据的历史变化，能够了解田东县始于 2009 年的改革是否对宏观经济的指标产生影响。农户问卷调查让我们能够解剖金融改革的微观影响，揭示微观变化与宏观表现的关联。问卷调查包含田东和平果两县 1064 个农户。微观数据常常受到各种因素的干扰。我们采用准试验数据（Quasi-experimental Data）和回归分析方法，尽量排除各种干扰造成的误差，甄别出哪些是改革的真实效果。

金融改革以前，田东县人均 GDP 和农村居民人均纯收入均低于相邻的田阳县和平果县。金融改革以后，田东县的人均 GDP 和农村居民人均纯收入增长加快，超过两个相邻县，一直保持领先，城乡收入差距收窄的速度比较快，成为三个县中收入差距最小的县。与此同时，贷款总额的增长速度并没有突出表现，但是涉农贷款明显增加。从这个结果可以初步推断，田东县金融改革是通过改变贷款结构，促进金融服务下沉农村，从而促进宏观经济增长。

微观数据进一步证实了这个结果。采用准试验数据分析方法对普惠金融指标进行

比较分析，发现改革有效地增加了农户的银行账号拥有率和使用率；提高村镇金融服务的便利性，农户在村镇一级办理银行业务的比例大幅度增加；农户支付利息的意愿明显增加，但实际支付的利息明显下降；刺激农户对信贷的需求，申请贷款的次数明显增加，获得贷款的笔数也随之增长，贷款覆盖的农户比例增加。

虽然金融改革能够提高全体农户的平均收入水平，准试验数据和回归模型分析都证明，改革带来的收入增长没有达到统计学的显著水平。然而对于贷款户，平均每人贷款1元，大约就可以增加其人均纯收入0.2元。

分析证明：①田东县这种政府主动作为的模式，显著增加了农村金融的普惠性；②信用体系建设增加了农户使用信贷的机会，显著增加了农村居民的收入，由此促进宏观经济快速发展；③普惠金融发展促进包容性增长，受益主体是贫困和低收入人群，通过发展普惠金融，增长更加平衡，收入分配更加公平。

十四、农村信贷供需的贫富差异导致不同的扶贫效果

不同人群对信贷的需求是有差异的，信贷需求的贫富差异不利于贫困群体获得信贷服务，分析信贷需求的贫富差异，有助于创新普惠金融政策、产品和服务。我们将福建、河北和甘肃三省的363个农户问卷调查数据分为建档立卡贫困户（98户）和非贫困户（265户）两组加以对照，分析其差异如何对扶贫效果产生影响。

在调查数据的基础上，应用经济学原理构建的供需均衡模型能够合理地解释信贷服务的贫富差异。第一，贫富信贷需求曲线的弹性系数是有差异的，这种差异的存在使普惠金融政策对贫困和非贫困群体产生不一样的效果。第二，农村金融机构可以分为银行机构和小贷机构两类，由于它们的供给曲线不同，供给的弹性系数也不同，如小贷机构利率高、额度小、弹性系数小，而银行机构利率低、额度大、弹性系数大，因此它们在普惠金融中分别扮演不同的角色。第三，两类不同的需求和两种不同的供给，形成了一个具有多个均衡点的金融市场，模型和调查数据都证明，贫困群体需要支付较高的利率来获得额度小的信贷，相反非贫困户可以支付较低的利率获得较大额度的贷款。第四，常用的降息措施实际上给非贫困户带来更大的利益，信贷限额政策也有利于条件相对优越的农户。第五，附加条件，如距离远、贷款过程长、附加费用高等都会降低贫困户和非贫困户的贷款需求。第六，机构贷款，特别是小额贷款的不足，使农户寻找民间借贷作为替代。第七，金融基础设施的改善，能够促进更多农户获得数额更大、利率更低的信贷服务。

Summary

Three important financial inclusion-related events occurred during the preparation and edition of the "China Financial Inclusion Development Report (2016)" (hereinafter referred to as "Report").

First, the State Council issued the "Promotion Plan of Financial Inclusion Development (2016~2020)" (hereinafter referred to as "plan"), which indicates that financial inclusion has become an important national development strategy. The second is the G20 summit held in Hangzhou, China, in which the development of financial inclusion was one of the important issues. The third is the establishment of the Chinese Academy of Financial Inclusion (CAFI), which means the first specialized institution to research and promote the development of financial inclusion in China. All these events will contribute significantly to the development of China's financial inclusion. This report seeks to reflect this change.

Following the theme of "Good Society, Good Finance" last year, this year's report is based on the theme of "National Financial Inclusion Development Strategy", and timely interprets the strategic significance of "plan". Based on the "government guidance, market discipline" principle put forward in the Plan, the second part explains the rationality and importance of this principle from the angle of the theory and the practice of reform respectively. In the implementation of national development strategy, an index system is needed to measure the results of development. The third part, on the basis of summarizing the index system of financial inclusion development at home and abroad, puts forward the index frame of financial inclusion development. Furthermore, the analysis is applied to the status quo of rural financial inclusion. For the implementation of strategic objectives, innovation must be regarded as the core driving force for the development of financial inclusion. The fourth part studies in-depth the institution innovation, service innovation and model innovation based on information collection and analysis of a number of cases (CFPA Microfinance, Hainan Rural Credit Cooperatives, Credit Ease, and Jingdong "Pioneer Loan" project, and Ant Group "Mongolian Sheep" project). For a long time, the effect of the implementation of financial inclusion strategy is a hot issue at home and abroad, the fifth part uses the quantitative analysis of empirical methods to verify the real effect of financial inclusion reform.

Ⅰ. A clear and unified national development strategy is needed for the development of financial inclusion

Various countries and international institutions are constantly recognizing the importance of financial inclusion: Financial inclusion can enhance people's rights and improve people's lives—Especially for the poor; can improve national and global financial system stability, financial system integrity; can promote healthy and inclusive economic growth in developing and emerging market countries. In order to better develop the financial inclusion, and then to achieve the goal of economic development and social improvement, globally speaking, the implementation of financial inclusion development strategy has become a trend from the national level.

Financial inclusion and inclusive growth have a profound intrinsic link. Inclusive growth advocates for all groups, especially "marginalized" into the economic system, so that people can equally share the benefits of economic development in order to inject new impetus to economic development; and financial inclusion emphasizes that all groups in particular those the financial excluded group into the financial system, so that all groups are able to get the right financial services, in order to promote economic development and social improvement. In terms of both propositions and measures, in fact, financial inclusion can be included in the scope of inclusive growth, and it is a specific measure in the economic and financial areas of inclusive growth. Therefore, the development of financial inclusion is a concrete measure and an important impetus to achieve inclusive growth. Inclusive growth has provided a favorable economic and social environment for the development of financial inclusion. These two concepts are "inclusively" combined together.

In China's fast-growing economic environment, our national financial inclusion development can be "high speed and wide range" to sum up, showing the following characteristics: First, China has formed a relatively complete multi-level financial system, laying a good foundation for the development of financial inclusion; second, the financial infrastructure continues to improve, through the Government's strong support and guidance, focusing on the market's playing a dominant role; third, digital technology has become the engine of financial inclusion development. Digital Financial inclusion has been playing an important and unique role in solving the "last mile" problem.

Of course, China's financial inclusion development is also facing a variety of challenges: First of all, the structure of financial products and services in China is still unbalanced, and the availability of finance needs to be improved. Secondly, China's financial infrastructure is still relatively weak, and it becomes an important obstacle to the further development of financial inclusion. Finally, China's overall financial knowledge and financial literacy are insufficient, the financial education for all is to be strengthened.

To solve these problems, we should develop the financial inclusion in a comprehensive and systematic way. The government should make overall efforts to play its due role: The development of universal financial development measures in line with the national conditions and the mutual support of these measures; comprehensive utilization of resources and coordination of the various interests; the need to mobilize domestic departments and agencies to implement the development of financial inclusion measures; the need for feedback and amendments to be based on the effectiveness of measures. Therefore, the government needs to have a clear, unified financial inclusion development strategy.

II. It is the main strategic goal for the development of financial inclusion to enhance the financial availability, improve the financial capacity of poor groups, promote the digital financial inclusion, and promote the development of small and medium-sized micro-enterprise

Strategic plan should have clear and detailed strategic objectives. The strategic objectives of China's financial inclusion development include the following aspects:

First, financial availability measures whether financial consumers can access appropriate financial services at a reasonable cost. Increased financial availability is to address the problem of "financial exclusion". Its most pressing task is to solve the "last mile" problem between the financial products and services and financial consumers, so that financial inclusion really benefit all kinds of social groups. Therefore, on the one hand, the government should develop targeted specific measures according to local conditions, and considering the actual situation in different regions; on the other hand, the government should actively encourage all kinds of subjects from three angles including consumers, providers and financial infrastructure to play their roles.

Second, financial inclusion should aim at poverty alleviation, but poverty alleviation should not be the only goal. Only through institutionalization and commercialization can we achieve sustainable management, in order to better promote economic development and social improvement, so as to better carry out poverty alleviation. Traditional poverty alleviation measures are often not comprehensive: Focusing on external factors, inadequate consideration of internal factors; emphasizing the improving natural conditions and social factors, not fully taking into account the fact that the poor themselves have to make changes; only stressing the "blood transfusion", but not the "blood formation". Therefore, solving the problem of poverty needs to go beyond the traditional "poverty alleviation" thinking—To strengthen the "capacity building" of the poor, to change the poor people's life, production and ideas. Financial inclusion plays an important role in this "capacity building" process.

Financial inclusion is not granted to the fish, but to grant to the fishing. Financial inclusion can promote the poor to form their own assets, to run their own businesses and to improve their productive capacity; it can also help the poor smooth their consumption and manage their risk to improve their living ability; financial inclusion can also popularize the financial knowledge to the poor, instill financial ideas, and improve their financial capabilities.

Third, digital financial inclusion can make financial services more inclusive, reduce the cost and price of financial services, improve the commercial sustainability of financial inclusion services, and enable more people to receive financial services. The digitalization of financial inclusion is in the form of the following categories: First, banks provide a "basic" or "simplified" mobile trading account; second, mobile network operators or other non-bank institutions rely on bank settlement system of digital transactions platform; third, financial services associated with the above two forms of implementation such as insurance, lending and even securities business.

Finally, the "financing difficulties" is an important factor hindering the development of small and medium-sized micro-enterprises. However, small and medium-sized micro-enterprise mechanisms, often the most innovative place, are flexible and very active in applying new technologies, trying new products, developing new markets, new industries and adopting new ideas. Therefore, the development of financial inclusion to promote small and medium-sized micro-enterprise development for enhancing social innovation capability also has an important role, with small and medium enterprises as a hub, connected financial inclusion to entrepreneurial innovation. Promoting employment innovation needs to encourage and support small and medium-sized enterprises; to encourage and support small and medium-sized enterprises, we need to develop financial inclusion.

III. The "plan" incorporates financial inclusion into the national overall economic and social development strategy

The introduction of "plan" has its strategic significance. However, for most people, "plan" and the financial inclusion concepts are relatively new things. Only a correct understanding of the objectives, contents, principles and methods of the "plan" can the implementation process not deviate. So it is necessary to carry out detailed and specific interpretation of the "plan" and to point out its shortcomings.

(1) Clarifies the scope of financial inclusion and its served clients. The "plan" points out that "financial inclusion is to provide appropriate and effective financial services for all sectors of society and groups with financial needs at affordable costs, based on the principle of equality of opportunity and business sustainability", this definition is consistent with financial inclusion development trend.

(2) Defines the development model and objectives. The "plan" points out that financial inclusion should based on the "commercial sustainable principle", and "ensure sustainable development of financial inclusion", "respect market rules and let the market play a decisive role in the allocation of financial resources", "to achieve the overall goal of organic unification of social and economic benefits". The "plan" also specifies the overall goal of financial inclusion is to establish financial inclusion services and the security system to meet the well-off society, to improve the coverage, availability and satisfaction of financial services. We can see from these aspects that the "plan" does not limit the financial inclusion benefits to the poverty alleviation, but in a larger pattern examines the role of financial inclusion from the comprehensive economic and social development and improvement of people's living standards to determine the development model and purpose of financial inclusion.

(3) Takes into account national conditions and international experience. The "plan" fully considers China's financial institutions, financial product structure, financial infrastructure, laws and regulations and policy system, administrative and management system of the actual situation, while it draws on the experience of international development of financial inclusion, to be consistent with the international mainstream view in such aspects of financial inclusion areas and serving clients, development models and objectives. In addition, the "plan" also emphasizes the construction of various aspects of the financial market, encourages the use of new technological means and new models, emphasizes implementation and feedback, advocates strengthening international communication and so on, which also reflects the assertion of and reference to international organizations and other countries.

(4) Emphasizes the financial system construction, system improvement and infrastructure construction. In the financial system construction, system improvement and infrastructure construction, the "plan" has put forward detailed measures. In the financial system construction aspect, the "plan" makes detailed plan for the development of banking, insurance and new financial institutions, while encourages financial products, services, innovation and the use of new technology, to construct financial inclusion system from the two dimensions of institutions and products; in the aspect of perfecting the financial system, the "plan" emphasizes the improvement of financial inclusion legal

system from the three dimensions of financial inclusion service subjects, service objects and development environment; in the aspect of financial infrastructure construction, the "plan" puts forward "to improve the financial inclusion development environment, and to promote the balanced distribution of financial resources", and to strengthen the financial infrastructure for "both hardware and software" initiatives.

(5) Encourages innovation. The "plan" encourages technological innovation, puts forward that "actively guide all types of financial inclusion services with the Internet and other modern information technology means to reduce financial transaction costs, extend service radius, expand financial inclusion breadth and depth of financial services", and include the new financial inclusion form into the national level development strategy. At the same time, the "plan" also encourages innovation throughout the financial inclusion aspects, such as theoretical research, development methods, system, products and services, business model, evaluation system, international cooperation etc.

However, in the process of the detailed interpretation of the "plan", we also find some weaknesses. First of all, the development goals for the financial inclusion are mostly qualitative in the "plan", making it more difficult to assess the completion of objectives, and follow-up feedback correction work will be affected. Second, the "plan" respectively stresses the need to establish and improve the financial inclusion credit information system, statistical system and monitoring and evaluation system, etc. If the government could combine those systems into a unified and comprehensive "financial inclusion national data system" from the national level, it will help promote the further development of financial inclusion. Third, the "plan" puts forward the "government guidance, market discipline" principle. The implementation of this principle, in particular the principle of government guidance, requires to recognize the various stages of the development of financial inclusion characteristics, and the demand for the development of financial inclusion development strategy, to map out the development path and the government's focus, to further clarify the responsibility of government guidance, and to elaborate "who will implement and how to implement" and other issues.

Ⅳ. The plan implements the financial inclusion development strategy under the guidance of "government guidance, market discipline" principle

In the formulation and implementation of financial inclusion development strategy, we should adhere to the basic principle of "government guidance, market discipline". On the one hand, financial inclusion requires government guidance, which is mainly reflected in the overall planning, balanced layout, organization and coordination, policy support and so on. From a more macro point of view, it is necessary for the government to include financial inclusion into its own financial intentions, so that making financial inclusion as the propeller of the economic development and social improvement. On the other hand, the government should consider making market play its leading role in the field of financial inclusion. The financial inclusion development process is the process of marketization; not to mention the characteristics of financial inclusion such as wider range of financial impact and more stakeholders, only the market has such a mechanism to mobilize all types of economic entities to participate in the financial inclusion.

First of all, the government should focus on the construction of financial inclusion infrastructure. Considering the reality of our country, it is of great practical significance to establish a set of financial inclusion infrastructure with Chinese characteristics. According to the present situation of China's financial inclusion development and empirical analysis results, the state should take the index system, credit system, payment system, institutional system, regulatory system as the central content to improve the financial inclusion infrastructure and increase financial services availability.

Second, strengthen the coordination mechanism of government departments. In accordance with international practice, we must first determine the development of financial inclusion leading institutions, and then develop financial inclusion matters related to the deliberative body and coordination mechanism. In the future, we may consider the establishment of a permanent financial inclusion deliberative institutions and institutionalized financial inclusion discussion mechanism, and including market players and representatives of the public into the financial inclusion coordination mechanism, the establishment of a higher level financial inclusion leading group.

Third, a phased implementation of the road map. Our national financial inclusion development path can be divided into four stages i. e. foundation construction, integration promotion, breadth enhancement and higher level. These four stages can serve as a road map for the progressive development of financial inclusion. Our current national level of development of financial inclusion is between the "foundation construction" stage and the "integration promotion" stage, therefore, the strategy should focus on the financial infrastructure construction including "software" and "hardware".

The development of financial inclusion is a complete systematic project, it is necessary to implement the overall development strategy, and to focus on the implementation of the various stages of the road map. The relationship between the overall strategy and the road map should be addressed to ensure coherence between the two.

In addition, the implementation of financial inclusion development strategy should pay attention to the following points: First, we must take into account the various social groups, listen to the views of various parties; second, the strategic objectives and corresponding measures should differentiate in priority; third, strategic objectives and actions road map should not only be challenging, but also not be deviated from the actual situation at home and abroad; fourth, we should encourage innovation under the premise of risk control; the fifth is to emphasize the importance of the development strategy assessment and amendment.

Ⅴ. Means to make up for market failure

In theory, financial inclusion can be considered as a kind of public goods, prone to the phenomenon of market failure, requiring the government to play a role in correcting the market failure. The "plan" reviews a large amount of literature, analyzes theoretically and empirically where the government can play a role, how to play a role, and introduces how other governments promote the development of financial inclusion, with the expectation of bringing some useful revelation for the financial inclusion development in China.

First of all, we find that the government can play an important role for the financial inclusion development after reviewing a lot of literature. First, the market failure affects the function of the financial market, which hinders the extension of the financial service to some specific people, thus affecting the efficiency of the financial market. The use of the financial service is bounded by the market failure. Information asymmetry and transaction costs are the main reasons leading to market failure. By increasing the availability of personal financial services, the government can, to some extent, overcome market failures. Of course, while correcting market failures, the government needs to prevent some policies that may lead to inefficiencies. Second, the government can play a role in balancing the dual objectives of financial stability and financial inclusion. The current study has not yet clarified the relationship between financial inclusion and financial stability. On the one hand, financial inclusion may increase the financial stability due to the fact of diversification of loan portfolio, the fact that low-income borrowers have relatively stable financial behavior, better monetary policy promotes financial innovation and leads to lower costs, narrows the gap between rich and poor. On the other hand, financial inclusion may increase financial systemic risk due to lower loan standards, partial function outsourcing of credit rating, lack of effective supervision etc. . The government can balance the relationship between financial inclusion and financial stability by increasing competition, improving payment, saving and insurance systems, strengthening supervision and consumer protection, improving financial literacy and increasing financial availability etc. .

Secondly, the international community has come to realize the importance of formulating and implementing the national strategy of financial inclusion. World Bank, United Nations agencies and many countries have developed financial inclusion development strategy to guide the development of the world and their national financial inclusion.

Thirdly, when the government plays its role, it can adopt the Laissez-faire approach, the activist approach, and the market promotion (the middle orientation of government and market coordination) according to the situation. Governments should not resort to extreme free or radical intervention to promote financial inclusion development, but rather by creating an enabling policy environment, implementing pro-market incentives to promote policies, improving the market information base, setting market access conditions and promoting competition and so on, to achieve financial inclusion for the disadvantaged groups.

Fourthly, a reasonable financial inclusion policy framework should include legal and regulatory framework, could improve the competitive environment, strengthen the credit system, strengthen financial consumer protection, and enhance financial literacy etc..

Fifthly, we should focus on rural financial inclusion development. The rural financial reform is an important part of the financial reform. Due to the special geographical, economic and social conditions in rural areas, rural financial institutions have diverse customer groups including agriculture, rural residents, and small and medium-sized enterprises. Rural financial institutions also have diversified businesses including savings, credit, and payment. For diversified customers and diversified financial needs, financial institutions need to conduct targeted financial service model innovation, as well as financial products and services, testing and dissemination. And financial innovation has its externalities, requiring the government to give appropriate incentives. At the same time, rural financial institutions face higher costs and risks when they develop new rural markets, provide services to marginal customers. They need the government to develop corresponding policies to mitigate risk, enhance confidence, and improve access to information and so on to encourage financial institutions to provide more services, and to increase coverage of financial services in rural areas.

Finally, both the UK and the Indian governments develop their financial inclusion based on their own conditions: ①They set up a special body to co-ordinate the relevant sectors and actively participate in the acquisition of financial inclusion development; ②they develop financial inclusion development strategic plan at the national level; ③they mobilize various resources and use the form of special projects to implement their financial inclusion development plan, according to their strategic plan. These experiences are worth learning for China.

Ⅶ. The rural financial policy and reform practice proved that the government should play its active role and at the same time avoid excessive intervention

Chinese government has played a very important role in the development of rural financial inclusion by taking various strategies and methods since the reform and opening up. In general, the government has put more emphasis on adopting market-oriented methods. The government has promoted the development of inclusive rural finance, mainly through the introduction of a variety of macro and micro policy documents, financial and fiscal incentives, pilot experience to promote and other means.

Tiandong County of Guangxi has carried out a comprehensive and comprehensive rural financial reform and set up six rural financial systems such as organization, credit, village service, payment, collateral and insurance since 2009, under the guidance of the relevant departments of the central government. The government has played a positive role in the reform.

First of all, the direct involvement of the government is an important feature of the financial reform of Tiandong County: Taking measures to optimize the financial development environment; leading credit system construction; setting up special preferential policies; improving the property rights trading and other measures, to directly promote the reform process.

Second, the government authorized a number of financial institutions to carry out financial services. In view of the unicity situation of the financial service agencies, the government is actively cultivating a competitive environment. While introducing and forming a number of financial service institutions, it gives small credit companies, mutual funds and cooperative organizations the right to carry out financial services. In particular, the county government and the relevant financial superior departments communicate and consult with each other, to strive for more flexible and diversified financial products.

Third, in order to encourage financial institutions to participate in financial reform, the county government used financial subsidies, established special funds (agriculture-related loans risk compensation fund, working capital, investment, insurance and other special funds), and used tax incentives and other concessions (relending, deposit reserve, interest rates, etc.).

Finally, the county government strengthened its financial supervision through the financial office, the People's Bank, and the Banking Supervision Office. ①The county government regularly carried out analysis, monitoring and forecasting for the financial operation conditions. The government timely released various indicators and data reflecting the economic and financial performance. Particular attention was paid to the supervision of the county-level investment and financing platform companies, guarantee institutions, micro-credit companies and mutual funds, to strengthen the disposal of non-performing loans and to prevent over-lending and guard against financial risks. ②The county government tilted its supervision of agriculture-related financial services, increased support for agricultural services, the three agricultural loans and their incremental monitoring (check).

③The county government carried out the financial inclusion evaluation, statistics and analysis of the financial inclusion development situation for various financial institutions. The county government grasped the financial inclusion service related data and information, established the assessment and evaluation working mechanism, developed work plan to encourage and urge the regional, financial institutions and relevant functional departments to improve the financial inclusion services based on the evaluation results, from dimensions such as the township, village layout and the masses of the financial needs of the degree of satisfaction.

On the basis of reviewing China's rural financial policy and the practice of financial reform in Tiandong County of Guangxi, we believe that although there is no way to determine a definite boundary, we can still propose the principle that the government should not violate the economic development law to substitute for the market role when intervening in the market. Neither should the market harm the sustainable development of financial markets, nor that the financial sustainability of business services.

In the more developed areas of financial services, the coverage of financial services is large, the products are relatively complete, the supply of financial services is sufficient, and the role of the market should be greater, the government can give the market more space for free development, let the market play the role of resource deployment. In some of the more underdeveloped areas, financial development is becoming a bottleneck due to the lag of market development, insufficient financial availability, low satisfaction rate, low utilization rate, low quality of service and poor financial infrastructure. Therefore, the government should play a greater role.

The government can play a role in three aspects including the overall planning and organization and coordination, policy incentives and institutional support, environmental optimization and regulatory monitoring. However, the government should play an active role while avoiding excessive interference.

Ⅶ. Build a set of scientific and effective financial inclusion index system to help promote financial inclusion development

On the basis of reviewing the existing financial inclusion indicators system at home and abroad, we propose that the construction of financial inclusion index system needs to consider several factors. First, the database construction is the basis for the effective operation of financial inclusion index system. The government should use the open source approach to encourage industry participation, and actively provide data. Second, the index system design should consider the following conditions: ①Must reflect all aspects related to financial inclusion; ②should allow different regions to compare with each other; ③the data should be available and the acquisition cost is not too high; ④should emphasize the characteristics of different regions of financial inclusion and ways to achieve. Third, when setting the dimensions of the index system, we must consider the rural areas, small and micro enterprises, new formats and other characteristics. Fourth, data availability is an important factor in the selection of indicators.

Ⅷ. Construct the financial inclusion index system suitable for China's national conditions

The establishment of financial inclusion index system is to objectively and scientifically reflect the actual situation of China's financial inclusion development as the development of financial inclusion policy decision-making basis. In the specific identification and selection of financial inclusion development evaluation indicators, we should pay attention to follow the following principles: ①Comprehensive principle requires that all dimensions and indicators can be as an organic whole in the mutual cooperation (rather than simple addition) to accurately, comprehensively, and scientifically reflect the financial inclusion connotation and characteristics. ②The principle of clarity requires the evaluation index system to have suitable size, moderate level, appropriate thickness. ③The principle of comparability requires indicators to be consistent in comparability, caliber, methods, space and time range. ④The principle of operability. A key issue in setting indicators is to consider whether public data for these indicators can be collected with authority and accuracy. ⑤The principle of continuity. The design of financial inclusion index system should be applied to the same point for the transnational, cross-regional comparison, it should also be applied for time series analysis for the financial inclusion of the same country and region.

In the design process, the basic framework of financial inclusion index system should include three basic dimensions of supply, demand and external environment. ①The external environment dimension, which covers the mutual influence and interaction between policies and regulations, regulatory system and credit environment, and financial inclusion, is the basic condition for financial inclusion development in a sound and orderly manner. ②The supply dimension reflects the infrastructure and access to financial inclusion services to determine the availability of financial inclusion. ③The demand dimension reflects the breadth and depth of the use of financial inclusion services and the effect of the use of financial inclusion services to determine the use of financial inclusion services and the quality of its services.

We choose to describe the financial inclusion development from three aspects: The external environment of financial inclusion, the supply of financial inclusion and the demand of financial inclusion through the primaries and comments, on the basis of China's national conditions analysis. In the end, we built a financial inclusion index system with three constituent elements, six sub-elements, forty-two evaluation indicators.

Ⅸ. The application of index system: Rural financial inclusion evaluation of the status quo of financial development

The key to the application of the index system is to obtain the data. We collected three questionnaires, extracted from the data related to rural financial inclusion, and formed some important financial inclusion indicators, trying to do a more comprehensive introduction to the status quo of the rural financial inclusion. All three questionnaires were conducted in 2016, and included data from 2675 rural households in 13 counties of Guangxi, Fujian, Hebei, Gansu and Jilin. The results of the analysis showed:

First, although the number of new rural financial institutions has developed rapidly under the stimulation of national policies, it has not been able to alleviate the situation that rural credit services are "dominating", lack of competition, insufficient supply, high interest rates, and too strict lending conditions, all of which are not conductive to improving the availability of financial services, resulting in about two-thirds of rural credit needs of farmers, less than a quarter of farmers apply for and get loans. In order to meet the credit needs, farmers turned to private lending, about more than half of the farmers had private lending experience within one year.

Second, rural payments face the same problem of availability. In most rural areas only credit unions provide payment services, particularly at the administrative village level. Postal Savings Bank has a service network at some township level. Other banks in the county have service outlets, but very little at the township level. Of particular concern is that there are still up to 34% of rural residents in some areas, never having used any financial services. More than 95% of rural residents choose cash as a priority means of payment.

Third, the lack of services and related knowledge is a major obstacle to agricultural insurance. Up to 60% of farmers said there is a need to buy insurance. However, 49% of rural residents did not purchase agricultural insurance services because they did not have agricultural insurance services and did not know how to apply for agricultural insurance.

Finally, the digitization of financial services has not yet been widely used by rural residents, which is closely related to age, educational attainment, computers and smartphones.

Ⅹ. Innovation is the best way to solve the problem of microfinance institutions' survival and development

Microfinance institutions are a kind of financial institutions with micro-credit as the center to construct their own business systems, including micro-credit companies, rural banks, rural credit cooperatives, various forms of credit mutual aid institutions and new type of financial organization with digital information technology as its main feature. Microfinance institutions, regardless of social undertakings or social spillovers, are faced with the problem of survival and development, and innovation is the best way to solve these problems. Specifically, their motivation for innovation, is mainly divided into two ways i. e. internal drive (organizational factors) and external drive (environmental factors).

As for the internal drivers, the main motivations of MFI innovation are as follows: ①Reduce the cost of the need, which is one of the most critical internal innovation; ②own the key technologies available or resources that can be used or developed; ③sustain the healthy business development; ④expand the existing business and promote the growth of institutions; ⑤fulfill or promote corporate social responsibility, in order to enhance the reputation and promote social recognition and so on. MFIs, in addition to focusing on their own small niche, should equally pay attention to the larger context in which the environment, including the market environment, the policy environment and the social environment, has a significant impact on and shape the behavior of microfinance institutions in the market.

We comprehensively reviewed and compared those representative innovation and practice of some micro-credit institutions in recent years (CFPA Microfinance, Hainan Rural Credit Cooperatives, Credit Ease, as well as Jingdong "Pioneer Loan" project, and Ant Group "Mongolian Sheep" project) and found that: ①Reducing costs is one of the important motivations for MFIs to innovate, with four of the five representative cases highlighting cost reductions in the presentation of the impetus for innovation (Including the cost of controlling risks). ②MFIs' innovation dynamics are complex and are driven by internal and external factors. If the corresponding motive can adapt and match with the characteristics and situation of the organization, it can effectively promote the creation and evolution of innovation practice, and ultimately promote the organizational effects and social effects of the small credit institutions, regardless of whether the internal or external factors are the main factors or those two factors mix together to act.

The innovative practice of MFIs is a complex process involving all aspects of innovation in products, services, processes, marketing and organization, while new design and new combinations of various elements of innovation are likely to generate new value. Analysis of these five representative cases concluded that: A well-established innovative practice, although the focus is different, needs various forms of innovation as assistance and combination. Only from multiple directions to reduce costs and to control risk can ultimately maintain or enhance the quality of financial products or services, and promote long-term development of the organization, while increasing the availability of financial services at the same time.

The effect of MFI innovation practice cannot be viewed simply as a preference to the financial inclusion effect, but from identifying the relationship between organizational effects and financial inclusion effects: ①The promotion of organizational effects may be consistent with the promotion of the financial inclusion effects. In such case, the promotion of organizational effects is the effective way to promote the financial inclusion effects. ②The direction of the organizational effect and that of the financial inclusion effect are not entirely consistent. In such cases, the organization should be concerned about the inconsistency between organizational effects and financial inclusion effects, and look for opportunities for innovation in between.

Based on the above analysis, the innovation development of MFIs can be summarized as follows: ①Strengthening internal driving forces and building supportive environment; ② understanding the needs of clients; ③ enhancing financial inclusion effects through various forms of innovation.

Ⅺ. In a society where large-scale and different levels of poverty co-exist, we should encourage the development of mixed models of different types of small-credit institutions

The micro-credit model can be broadly divided into the social enterprise model and the commercialization model. Both models recognize the importance of financial sustainability and scale-up in achieving poverty alleviation, but differ in their understanding of the connotation and modalities of poverty alleviation.

In reality, microfinance institutions are a kind of mixed form of social logic and economic logic, or are called the mixed organization. According to the theory of social exchange, the mixed model of microfinance institution is essentially a combination of the essence and form of social exchange. The essence of social exchange can be divided into "social core" and "social spillover", it can also be divided into the customer-customer reciprocal relationship (CCR) and the institutional-customer reciprocity relationship (ICR).

Applying the social exchange theory to Grameen China and CFPA microfinance to compare, we can find:

(1) Grameen China designs and manages lending activities around the goal of building social capital. The products and services of CFPA microfinance are focused on loan activities and borrower training. Borrowing services other than repayment are aimed at promoting the effectiveness of loan activities.

(2) Grameen China selects borrowers and resource providers based on their acceptance of the broader social impact, which gives them high customer and capital acquisition costs. And CFPA microfinance selects those in line with its efficient operation and rap-

id expansion of the borrowing needs of subjects and partners.

(3) Grameen China explicitly requires employees to actively promote the formation of the CCR, by promoting the CCR to generate social impact and to control the risk of default, which is the major difference between Grameen China and CFPA microfinance. In contrast, CFPA microfinance strengthens the ICR, clearly highlighting the professional responsibilities of staff during the communication with customers to promote the repayment of business responsibilities, and encourages employees to strengthen the relationship with the customer as a way to achieve repayment business goals.

Microfinance practice includes a variety of socio-economic mixed models. These models should not only be interpreted simply as a focus on social impact by some institutions, but more on business performance. These models actually explain the different connotations of social impact in small loan practice, and what kind of organization and management should be adopted to achieve social influence. These models can meet the economic and social needs of the groups at different poverty levels, and have their own advantages in the depth and breadth of social impact. In a society where the population of different poverty levels coexists, and a large-scale poverty population at each level, the development of mixed models of different SME institutions should be encouraged.

XII. Digital financial inclusion exploration— "E-commerce + supply chain finance"

"E-commerce + supply chain finance" is a fast innovation activity which suits the rural characteristic in our country. There are four characteristics of rural financial services: ①Credit scale is small, there is no economies of scale; ③credit risk is high; ③the degree of asymmetric information is high; ④less collateral property with low marketability. We can summarize those characteristics into "high risk, low return". These characteristics led to the reluctance of traditional large financial institutions to engage in rural finance. How to solve the problem of rural finance? Rural supply chain finance helps us see a ray of light.

1. The value of rural supply chain finance is to help overcome the difficulties of rural finance and promote the large-scale development of agricultural production

Rural supply chain finance can help overcome the difficulties of rural finance. First, it helps reduce information asymmetry. Supply chain financial services has developed new customer groups, including upstream suppliers and downstream distributors. Financial institutions can intervene in the entire supply chain, from a single SME credit evaluation to the assessment of the entire supply chain, not only from the static assessment of SMEs starting with the financial data, but also to the dynamic assessment of the entire transaction process. Second, it helps reduce credit risk. The core enterprises in the supply chain are often large and medium-sized enterprises with strong technical ability, sales ability, market analysis ability and even price control ability. Their sales ability can help reduce the risk of market fluctuation faced by farmers. Technical support can ensure product quality to reduce the quality of risk, so the rural supply chain finance can reduce business risk, thereby reducing credit risk. Third, it helps achieve the size of the loan effect. Supply chain finance relies on the finance of core businesses, avoids facing one-on-one the enterprises with minor capital needs, and has scale of volume in the loan amount, can especially help overcome the inequality between cost and benefits brought buy too small single transaction amount. Fourth, it helps increase the collateral of loans secured. With the involvement of core enterprises with large-scale, highly collateralized assets (and good liquidity), the supply chain finance avoids the problem of directly facing small-scale farmers lacking collateralized assets, thus increasing the degree of compensation for loan defaults. In addition, the core enterprises generally have a good brand and strong bargaining power, have easy access for the participation of and support from insurance companies, security agencies, therefore improving the security level of credit funds. For example, in the case of Ant Group Mongolian Sheep, the China Insurance Company participated to provide farming insurance and credit products insurance for farmers, greatly reducing the Ant Group credit risk. Fifth, it helps farmers and rural small and medium enterprises in the downstream and upstream of the supply chain, to solve a series of financial services problems such as financing, insurance, and settlement.

Rural supply chain finance can promote the scale development of agricultural production and accelerate the transformation from traditional agriculture to modern agriculture. Rural supply chain created a "farmer + company + market" business model and business organization form. It put together small farmers through the motivation of core enterprises; it connected directly the decentralized smallholder economy into the market and improve competitiveness in the realization of large-scale operations, through core business providing farmers with technical support, quality supervision, and order control. Therefore, the rural supply chain is an important and effective way to promote the modernization of agriculture in China. Rural supply chain finance, which supports the rural supply chain, has the important value to promote the scale of agriculture and realize the transformation of modern agriculture. In this sense, the rural supply chain finance is the finance based on advanced agricultural production methods, which plays a vital role in fundamentally transforming the backward agriculture to advanced agriculture, and thus is a higher level of rural finance.

2. Two types of rural supply chain finance model

At present, China's rural supply chain finance operates in two main categories of the "leading enterprises + farmers + government + financial institutions", "leading enterprises +

cooperative + financial institutions". Among those, the leading enterprises refer to the modernized companies whose main business is related to planting, breeding and other agricultural operations, with certain operation scale and brand influence. These companies have mature products, stable market, with a strong ability of controlling the downstream, and strong desire to control the product quality and quantity of the upstream. Cooperatives are usually organized in a voluntary, mutual-aid manner, in accordance with the specific agricultural/aquaculture product categories, and are grouped together by the farmer concerned. Cooperatives to a certain extent, are voluntary combinations of collective management organizations. In the rural financial supply chain in the cooperative, production variety produced are consistent with those produced by the leading enterprises of the same business category. Government in the supply chain finance generally play the role of organizer and supporter. As organizers, the government uses its own resources to help local farmers to find leading enterprises, financial institutions, to help achieve the docking of various stakeholders; as a supporter, the government plays its role more in the policy environment, credit investigation, credit addition, guarantee and so on. Financial institutions are financial and quasi-financial organizations that provide credit funds for the rural supply chain. At present, there are various types of banks, commercial factoring organizations and e-commerce enterprises involved in rural supply chain finance.

Either the "leading enterprises + farmers + governments + financial institutions" model, or the "leading enterprises + cooperatives (or peasant households) + financial institutions" model has the same characteristics: The government or leading enterprise is the leader of the supply chain. Both play the role of organization, promotion and management in the supply chain and provide credit guarantee in the financial activities. The payment and other activities in credit supply chain rely on traditional commercial banks. Leading enterprises engage in agricultural-related products, industrial management, and have a certain size and brand, are modern enterprises with better market selling abilities. The scope and scale of the supply chain depends on the market reaching capacity of those leading enterprises.

3. "E-commerce + rural supply chain finance" —Model innovation and value enhancement

To enter the rural market is the development trend of China's electric business. The face of China's vast rural market yet to be developed, Ali, Jingdong, Suning and other domestic e-commerce giants began to accelerate the expansion to the countryside. They have launched the "leading enterprises + cooperatives (farmers) + insurance + e-commerce finance" model. In this model, the e-commerce finance substituted the general financial institution in becoming the providers of supply chain funds.

E-commerce enhances the value of the supply chain in the three main aspects: First, it helps to improve the efficiency of information sharing in the supply chain, so as to help reduce the bullwhip effect in the supply chain operation, so that fluctuations in the supply chain gradually are amplified to be suppressed. Bullwhip effect is the most important risk in supply chain management. Second, by improving the reach (reach), richness (richness) and adhesion (affiliation), e-commerce brings value for the supply chain enterprises. Third, e-commerce improves the value of the supply chain by improving the "process relationship" relationship. In the e-commerce environment, data information technology strengthens the coordination and integration of the supply chain enterprise information flow, capital flow, business flow, significantly reduces coordination costs, provides support for sales and distribution and promotes inter-enterprise capacity planning, demand forecasting, and inventory management to help shape the efficient processes in the supply chain to further improve inter-organizational relationships and enhance supply chain value.

There is no doubt that the "e-commerce + rural supply chain finance" will have larger value increase than the traditional rural supply chain finance.

We find that the value improvement of "e-commerce + rural supply chain finance" is mainly reflected in two aspects, financial service and market expansion, in comparison with the traditional rural supply chain finance, after the "e-commerce + rural supply chain finance" case study of Ant Group and Jingdong Finance.

First, it helps enhance the value of financial services. The concrete manifestation is that: ①It realizes the real-time and omni-directional risk monitoring of supply chain finance before, during and after loan with digital information technology, reducing the default risk; ②it makes full use of the convenience of mobile payment, reducing the time cost of saving and payment to provide convenience for the farmers; ③it can further shorten the process of farmers' borrowing to reduce the relevant procedures for handling procedures, to improve the efficiency of loan application, such as the case of ants Ant Group Mongolia sheep case.

Second, it enhances the value in terms of market expansion to. The concrete manifestation is: ①Make full use of the advantage of the platform of cross-regional e-commerce and the fast and comprehensive understanding of the market demand information by the e-commerce, and help the leading enterprises in the rural supply chain to further expand the product sales market, such as the Ant Group helped Mongolian sheep to expand the market (see Mongolian sheep case); ②it can be docked directly by manufacturers of e-commerce platform and the final demanders for goods, to reduce intermediate traders and agents links to reduce the supply chain because the chain is too long to bring the "bullwhip effect", such cases as Jingdong participating Renshou County in the loquat supply chain, through the event planning to help achieve the end consumer and production and processing in time and quantity close to synchronization; ③through the e-commerce platform the improve the reach, richness, adhesion, it could achieve more and more effective coordination and combination, such cases as Dabeinong Group pig breeding supply chain finance combining each link of the supply chain through its platform information advantages, to form specific industry under the multi-point docking, from N + 1 + 1 (multiple farmers + a leading enterprise + a financial organization) into N + N + N (multiple farmers + more than one enterprise + finance), leading to the formation of greater combination advantages. Obviously, this model must rely on the e-commerce platform to achieve, and this model will have a better effect of collaboration and organization.

In short, supply chain finance is the cross-border combination of industrial capital and financial capital, could perfectly achieve the results of finance supporting the industry. It refers to the so-called using the water of finance water the tree of enterprise. Rural supply chain finance plays an important promoting role to solve the difficulties of rural finance, and to realize the modern agriculture. The "e-commerce + rural supply chain finance" enlarges the role of rural supply chain finance in the rural economic development, improves the value of rural supply chain finance, and is an innovation of the rural finance.

XIII. Evidence proves that financial reform in Tiandong County of Guangxi has produced remarkable results at both the macro and micro levels

Under the support of the central government and departments, Tiandong County of Guangxi carried out eight years of rural financial reform, which is a relatively comprehensive rural reform since the reform and opening up. Contrary to free economic theory, Tiandong County adopted a model with the government initiative. The success or failure of it relates to whether rural finance can become a new starting point of rural reform, it is necessary to carry out rigorous scientific empirical analysis.

The data we used for the analysis included historical statistical yearbooks, sectoral reports and household survey data. Tiandong County is located in the middle area of Pingyang County, Tianyang County, and the climate is similar. The main ethnic groups are Zhuang people. Comparing the historical changes in macro data to see whether the reforms initiated in 2009 in Tiandong County have had an impact on the macroeconomic indicators. The farmer questionnaire allows us to dissect the micro-effects of financial reform and to reveal the association between micro-changes and macro-performance. The survey included 1064 peasant households in two counties of Tiandong and Pingguo. Micro data are often interfered with by various factors. We used quasi-experimental data and regression analysis to eliminate the errors caused by various interference, and to identify which is the real effect of reform.

Before the financial reform, the per capita GDP of Tiandong County and the per capita net income of rural residents were lower than that of Pingyang County in Tianyang County. After the financial reform, the per capita GDP and per capita net income of rural residents in Tiandong County grew faster, surpassing two neighboring counties and having been leading thereafter, the income gap between urban and rural areas has narrowed, and the income gap among the three counties has become the smallest. At the same time, the growth rate of total loans did not highlight the performance, but significantly increased agriculture-related loans. From this result we can tentatively conclude that the financial reform of Tiandong County is to promote the macroeconomic growth by changing the loan structure, to promote financial services to stay serving the rural, the urban and rural income results stipulated the macroeconomic growth.

Micro data further confirm this result. It is found that the reform has effectively increased the bank account ownership rate and utilization rate of peasant households; the convenience of financial services in villages and towns has been improved, and the proportion of households handling banking business at the village and township level has been greatly increased by using quasi-experimental data analysis method. And the willingness of farmers to pay interest increased significantly, but the actual payment of interest decreased significantly; by stimulating the demand for credit to farmers, the number of loans increased significantly, the number of loans also increased, the proportion of households covered by loans increased.

Although financial reform can raise the average income level of all households, both quasi-trial data and regression model analysis show that the income growth caused by reform has not reached a statistically significant level. However, for loans, the average loan per person 1 yuan, is about to increase its per capita net income of about 0.2 yuan.

The analysis proves that: ① This kind of government initiative model of Tiandong County has significantly increased inclusion of the rural finance. ② The construction of credit system has increased the opportunity of farmers' interest credit, and significantly increased the income of rural residents, and the income of rural residents has been greatly increased. ③ The financial inclusion development promotes inclusive growth, with the main beneficiaries as the poor and low-income groups. Through the development of financial inclusion, the growth became more balanced, and the income distribution became more equitable.

XIV. The rural credit supply and demand differences between rich and poor lead to different poverty alleviation effect

There is a difference in the demand for credit between different groups of people. The difference between the rich and the poor in credit needs is not conducive to obtaining credit services for the poor，and analyzing the difference between the rich and the poor in credit demand can help innovate financial inclusion policies，products and services. We compared the data of 363 households surveyed in Fujian，Hebei and Gansu provinces into two groups：Poor households（98 households）and non-poor households（265 households）. The impact of these differences on the poverty alleviation effect was analyzed.

On the basis of the survey data，the supply and demand equilibrium model constructed by applying the economic principles can reasonably explain the difference between the rich and the poor in credit service. First，the elasticity coefficient of the poverty-rich credit demand curve is different，the existence of this difference makes the financial inclusion policy to the poor and non-poor groups produce different effects. Second，the rural financial institutions can be divided into two types of banking institutions and small loan institutions，because of their different supply curve, the elasticity of supply is also different，e. g. ，small loan institutions require high interest rates，small amount，small elasticity，while bank institutions require low interest rates and large amount of elasticity coefficient. Therefore，they played different roles in financial inclusion. Third，two different types of demand characteristics and two different types of supply form a financial market with multiple equilibrium points. Both models and survey data show that poor groups need to pay higher interest rates to obtain less credit. Non-poor households can pay a lower interest rate to obtain a larger amount of loans. Fourth，the commonly used interest-rate measures actually bring greater benefits to non-poor households，and the credit quota policy is also favorable to farmers with relatively favorable conditions. Fifth，additional conditions, such as distance，long loan process，high annex costs will reduce the poor and non-poor households in the loan needs. Sixth，the lack of institutional loans，especially microloans，pushes farmers to look for private lending as an alternative. Finally，improvements in the financial infrastructure will enable more households to access larger，lower-interest credit services.

第一部分

普惠金融国家 〉
发展战略

第一章　制定战略的背景和意义

【摘要】随着普惠金融理念的普及和实践的推进，越来越多的人认识到普惠金融对于经济发展和社会改进，进而实现包容性增长的重要性。为了进一步推动普惠金融的发展，从国家层面上制定普惠金融发展战略已经成为一种趋势。

当前是我国发展普惠金融的关键时期。近年来我国普惠金融事业取得了显著的成绩，但也面临着不少挑战，亟待进一步厘清发展思路、统筹发展全局。因此，考虑到国际经验和我国普惠金融发展状况，我国政府有责任提出并落实明确而统一的普惠金融国家发展战略。

2008 年国际金融危机以来，提高全球金融体系的稳定性和普惠性，已成为全球金融界乃至政界的主要议题。

普惠金融国家发展战略（National Financial Inclusion Strategy，NFIS）是一个国家对本国在未来一段时期（如 3~5 年，甚至 10 年）发展普惠金融事业所制定的目标、规划以及行动路线图的总称。我国政府于 2016 年 1 月公开发布了《推进普惠金融发展规划（2016~2020 年）》，我们可以把这个文件视作中国版的普惠金融国家发展战略。根据目前以 G20 国家共识为代表的全球主流观点，普惠金融国家发展战略是政府和各利益相关方共同研究协商形成的行动指南。作为普惠金融的专业智库，我们有必要也有责任对这一国家发展战略进行解读，并在认真研究的基础上，对如何更好地实现战略目标和如何更有效地实施行动路线图，提出设想、分析和建议。这就是本研究报告的目的。

本报告从制定普惠金融国家发展战略的全球背景着手，探讨在中国当前国情和普惠金融发展环境下制定这一战略的现实意义。根据各自国情，各国会设定各有差异或各有重点的普惠金融国家发展战略目标，本报告的第一部分将结合中国已经颁布的《推进普惠金融发展规划（2016~2020 年）》来分析适合中国实际的普惠金融国家发展战略目标，并探讨诸如金融可得性、金融扶贫和能力建设等多项问题。我们在这一部分中特别强调战略实施的重要性，并结合中国特定背景，指出普惠金融国家发展战略的基本原则，同时就政府用力所在、政府部门协调以及战略实施的路线图等问题进行深入研究。

一、发展普惠金融的全球共识

综观全球，从国家层面上制定普惠金融发展战略已经成为一种趋势。国际性组织如 G20、世界银行、普惠金融联盟（AFI）和各区域性发展银行都鼓励和推动各自的成员国在这方面做出实质性的进展。例如，G20 及其下属的全球普惠金融合作伙伴组织（GPFI）各成员国在 2011 年首届普惠金融合作组织论坛上达成了"应为各国制定或提升普惠金融发展战略提供支持"的共识[1]；世界银行在 2012 年启动了普惠金融支持框架（Financial Inclusion Support Framework）来为各国制定和实施国家战略提供系统性支持[2]；2013 年世界银行行长金墉提出了在 2020 年实现"普遍的金融参与"的宏大战略目标并号召世界各国共同响应[3]。

在这些共识中，比较有代表性的是普惠金融联盟（AFI）倡议的《玛雅宣言》。普惠金融联盟（AFI）是一个由发展中国家和新兴市场国家的中央银行、监管当局和其他金融管理机构参加的合作组织。2011 年 9 月，其成员在墨西哥里维埃拉玛雅会面并参加第三届普惠金融政策论坛，重点探讨了以下三个方面的内容：①普惠金融在增进人民权利和改善人民生活上的重要性，特别是对于穷人；②普惠金融在提高各国及全球金融系统稳定性、金融体系完整性上所发挥的作用；③普惠金融在促进发展中国家和新兴市场国家健康的、包容性的经济增长上所做出的巨大贡献。这次会议形成了著名的《玛雅宣言》。

在《玛雅宣言》中，普惠金融联盟（AFI）各成员庄严承诺[4]：

（1）实施促进普惠金融发展的政策，改善市场环境，提高金融服务的性价比和可得性，充分而合理地利用新技术手段来有效降低金融服务的成本。

（2）制定有效的、合理的监管框架，实现普惠金融的发展、金融系统的稳定和金融体系的完整。

（3）认识到消费者保护和赋予消费者权利对于发展普惠金融的重要性，确保所有的人群都被金融体系覆盖。

---

① GPFI，The First G20 Global Partnership for Financial Inclusion（GPFI）Forum，2011.

② World Bank，Financial Inclusion Strategies Reference Framework，2012.

③ World Bank，Universal Financial Access for All by 2020 Is within Reach，2013.

④ AFI，Maya Declaration updated as of September 2015，2015.

（4）做到有根据地制定普惠金融发展政策，收集和分析各类数据，跟踪普惠金融发展进程，建立可比的各种指标。

（5）支持中小企业获得金融服务，认可它们在发展普惠金融中所起到的作用——促进可持续和包容性增长和推动创新。

普惠金融联盟（AFI）通过号召各国签署《玛雅宣言》并对普惠金融发展目标进行承诺来推动各国制定普惠金融发展战略，并为此成立了相应的工作组。截至 2014 年 9 月，已经有 54 个国家的中央银行或相关部门签署了《玛雅宣言》[1]。截至 2015 年 5 月，在普惠金融联盟的成员国中，已经有 31 个国家制定了普惠金融发展战略，另外还有 27 个国家正在制定战略的过程之中[2]。

二、包容性增长和普惠金融

普惠金融这一概念的英文是"Inclusive Finance"，按照字面上的翻译应该是"包容性金融"。包容性金融理念又与近年来国际社会上的另一个热门话题紧密相连，那就是包容性增长（Inclusive Growth）。

第二次世界大战后的经济发展理论认为经济增长需要遵循这样的规律：国民收入增长会带来收入分配上的差异（甚至收入分配差异在某种程度上还会促进国民收入增长）；而在经济增长到一定阶段后，这种差异就会逐渐地得到改善。但是，这种理论在不少发展中国家却遇到了挑战——分配差异（进而导致各个方面的不平等）导致了各种各样的社会问题，进而阻碍经济发展。因此各国逐渐认识到：减少各个方面的不平等可以并且应当成为发展的一部分，以此使增长更加具备可持续性；尽管经济增长是解决贫困问题的最重要途径，但是包含平等理念的经济增长政策可能比单纯追求增长的政策更加有效。随后，一些新的经济发展思想被提出：如"有利于穷人的增长"（Pro-poor Growth）、"广泛基础的增长"（Broad-based Growth）、"共享式增长"（Shared Growth）等。近年来，"包容性增长"逐渐被世界各国所接受，成为代表性的经济发展新思想。

与普惠金融一样，包容性增长并没有统一的定义，其概念仍在不断发展和完善之中。例如，世界银行认为，"（包容性增长）是一种能够使得贫困人口大量减少并能够使最大数量的社会劳动力参与到经济活动中来的增长方式"[3]。国际包容性增长政策研究中心（International Policy Centre for Inclusive Growth）把包容性增长的重点放在

---

① AFI，Maya Declaration Commitments over the Years，2015.

② AFI，National Financial Inclusion Strategies-Current State of Practice，2015.

③ World Bank，What is Inclusive Growth，2009.

了参与度上——所有人民都能够参与到经济活动中，具有一定话语权，并能够分享经济增长带来的好处①。亚洲开发银行认为公平对待"边缘群体"（Marginalised Groups）是实现包容性增长的内在要求，应当保障这部分群体的经济参与权和受益权②。G20则强调促进机会均等和收入均等是包容性增长的应有之义③。尽管这些机构对包容性增长的定义在认识上略有差异，但是国际上对包容性增长也达成了一些共识，即从总体上说包容性增长不仅强调结果，也强调过程和路径；一方面关注经济增长和发展的成果，另一方面也关注这些增长和发展是如何实现的。

国际上探讨的包容性增长一般包含以下内容：

（1）在提高国民收入和 GDP 之外，政府应当设定和倡导更加广泛的目标，而不是假设经济增长能够自动解决社会问题；

（2）重视"人的发展"和生活水平的提高；

（3）使得社会各个层次的人群都受益；

（4）减少贫困和不平等；

（5）提升"经济参与度"，鼓励各类人群积极地参与到经济活动中来，并就经济如何发展广泛听取意见；

（6）促进自然资源的可持续利用和环境保护。

经济合作与发展组织（OECD）列出了 1990～2010 年以来世界各国经济发展过程中没能有效解决的三个问题：贫困、失业和不平等④。这三个问题又是相互关联的，往往失业和贫困会带来各个方面的不平等，进而有可能会成为经济、政治和社会不稳定的导火索，不利于经济的长期稳定可持续增长。包容性增长将以上三个问题纳入了经济发展的框架，并实行相应的经济和社会政策。有部分包容性发展政策和传统政策是重合的，如宏观经济的稳定和经济对外开放等——确实，经济增长是解决贫困、失业和不平等的前提条件。除此之外，包容性发展政策还应当有新的关注点，如：①重视教育和对人力资源的投资；②提供更多的工作岗位；③促进经济的结构性调整，为经济增长打下更坚实的基础；④扩大累进税的应用范围；⑤提高社会保障水平；⑥减少歧视，促进社会融合和普遍参与；⑦促进中小企业的发展；⑧推动经济和社会制度改革。

总体看来，包容性增长关注的是增长方式。经济以何种方式增长直接影响到分配

---

① International Policy Centre for Inclusive Growth（IPC-IG），What Is Inclusive Growth? no date，http：//www. ipc-undp. org.

② ADB，SME Development，Government Procurement and Inclusive Growth，2012.

③ G20，Antalya Action Plan，2015.

④ OECD，Promoting Inclusive Growth：Challenges and Policies，2012.

问题和公平问题。包容性增长强调再分配和促进社会公平，但是并非提倡简单地"扶贫"；而是从全局来考虑可持续较快经济增长的有利和不利因素，在更长期的视角下，通过促进经济发展、增加生产性就业机会、制度改良等更为基础性的措施来减少各个方面的不平等。这里应当强调的是，包容性增长理论认为经济的较高速度增长是减少不平等的必要条件和主要原因，换言之，应当在促进经济发展的前提下考虑实现包容性增长。

包容性增长概念的提出是对传统经济发展理论的革新和修正，反映了各国对经济发展过程中积累的各种问题的重视。我国自改革开放以来经历了几十年的快速增长，经济建设取得了巨大的成就，也随之产生了一些经济社会矛盾；在经济结构调整、发展模式转型的大背景下，包容性增长的理论和实践对我国也有很好的启发意义。

包容性增长和普惠金融有什么关系呢？从包容性增长和普惠金融的英文来看，它们都强调"包容性"（Inclusive），反映了这两个概念深刻的内在联系。前文已经说过，包容性增长主张将所有群体特别是"边缘人群"纳入经济体系中，使得人民能够平等分享经济发展带来的好处，并为经济发展注入新的动力；而普惠金融则强调将所有群体特别是被金融排斥的人群纳入金融体系中来，使得各类群体都能够得到合适的金融服务，并以此促进经济发展和社会改善。实际上，从两者的主张和措施来看，普惠金融可以被包含在包容性增长的范畴之内，是包容性增长在经济金融领域的一项具体措施。

从国际上普惠金融理论的发展趋势来看，普惠金融和包容性增长这两个概念开始逐渐被同时提起：普惠金融的研究者开始更多地在包容性增长的大框架下探讨普惠金融的相关问题，并研究普惠金融在促进包容性增长方面发挥的作用。这两个概念以"包容性"为纽带，紧紧结合在一起：发展普惠金融是实现包容性增长的具体措施和重要动力，而包容性增长为发展普惠金融提供了良好的经济社会环境。更为重要的是，包容性增长考虑了经济社会发展的全局，在包容性发展的大框架下，可以实现普惠金融发展政策和其他经济社会政策的协同。

三、中国普惠金融现状

当我们开始研究中国的普惠金融国家发展战略的时候，首先要对我国普惠金融发展现状有一个准确的判断，充分认识它的特征以及所面临的挑战。

在过去近十年，普惠金融在中国发展得"速快面广"。归纳起来，可以观察到中国普惠金融的若干重要特征：

第一，较为完整的金融体系。在过去三十多年的改革开放进程中，中国已经形成了比较完善的金融体系，这一点值得我们自豪。我们有各种规模的银行，从全球规模最大的银行到中型银行再到许多小型银行。除此之外，我们还有各种类型的非银行金融机构、资本市场以及保险业、信托业等。这是发展普惠金融的基础。

第二，政府的有力支持。我国政府高度重视普惠金融事业，在过去几年中已经发布了一系列相关政策性文件。特别是 2006 年 1 月国务院公布了《推进普惠金融发展规划（2016~2020 年)》，标志着国家层面的普惠金融发展战略的初步形成。"文件"明确提出发展普惠金融的基本原则是"政府引导，市场主导"，也就是说，市场要在政府引导下发挥主导性作用。这就表明，中央政府和各级地方政府将主要致力于"引导"，我们认为这种"引导"就是着力于建设金融基础设施诸如制定普惠金融的发展战略、建设征信系统、改革企业进入退出制度以及相关的法规和监管体系，通过完善金融基础设施来促进普惠金融的进一步发展。

第三，数字化普惠金融的发展。数字金融指的是以数字方式发展的金融（互联网金融就是数字金融的一种表现形式，当然在我国互联网金融的知名度更高）。与新技术手段紧密联系的数字金融是发展普惠金融的引擎，在过去几年中，我国在这方面有许许多多的实践和探索。普惠金融与数字金融相互促进，共同成长，形成了新的概念——数字化普惠金融。在解决"最后一公里"的问题上，数字化普惠金融可以发挥独特的作用，让原本被"金融排斥"的各类群体能够获得广泛的金融服务。

在肯定中国普惠金融事业发展成果的同时，我们也应冷静认清中国普惠金融所面临的一些挑战。至少有三点值得我们注意：

第一，失衡的金融结构。尽管我们已经拥有比较完整的金融体系，但我们的金融机构大多青睐国有企业、大型企业和高净值人群，即使是小型金融机构，只要有可能，它们也会倾向于上述"高端客户"。这就使得在我国金融可得性问题和"最后一公里"问题仍然相当突出。不过从目前的趋势来看，大多数金融机构，无论大小，都在实行"下沉"战略；换言之，它们越来越多地去覆盖中小微企业并提供金融服务。这一趋势无疑会改善中国的金融结构，有利于中国经济的平衡发展。当然，这种趋势需要多长时间才能使中国金融结构产生实质性改善，很大程度上取决于各金融机构对各自商业模式的探索。"下沉"战略能否取得成功受到很多因素的影响，"下沉"的效果也有待进一步观察。

第二，薄弱的金融基础设施。我们知道，基础设施建设是经济发展的必要条件。如发展交通运输时只注重改良汽车性能而不关注道路质量，交通运输终不会健康顺利地发展起来。对于普惠金融来说也是如此：金融基础设施是发展普惠金融的必要条件。以征信体系为例，当我们鼓励各类金融机构甚至"民间金融"去关注小微企业、弱势群体时，往往会发现这样的问题：这些"新客户"的基础资料和信用记录很难获得，因此无法有效判断其风险状况，业务开展面临困难。我国的社会征信体系需要进一步提升和完善。当然，金融基础设施是个广义的概念，包含"软件"和"硬件"，征信体系只是金融基础设施的一个方面。如果金融基础设施建设不能满足普惠金融发展的需求，那么发展普惠金融可能只会停留在口号呼吁上，甚至会导致"野蛮生长"的、畸形的普惠金融。在普惠金融基础设施方面，我们观察到普惠金融的量化指标体系、社会征信系统、农村电子支付系统等都相对比较薄弱，这些是进一步发展普惠金融的重要障碍。

第三，匮乏的金融教育。这里不是指大学校园里的金融教育，而是指面向大众的金融知识教育。我国对一般公民提供的金融教育相当缺乏，部分社会群体被现有金融体系排斥在外，对金融知识一无所知，金融能力严重缺失。此外，目前关于金融欺诈的报道屡见不鲜，尤其是消费者在购买金融产品时受到误导、欺骗。金融欺诈的原因当然是多方面的，但应当看到：很多人受骗并不仅因为他们贪财或好投机，更因为他们缺乏金融知识的教育。

四、普惠金融国家战略的意义

人们认识到社会经济结构决定于金融结构[①]。不合理的金融结构将部分人群排斥在金融体系之外，使得社会经济结构的不平衡进一步恶化，而这种不平衡会影响到社会公平和经济社会可持续发展。经济增长不会自动解决公平问题，政府需要发挥应有的作用，普惠金融就是一个有力的抓手。实际上，发展普惠金融的目的就是要去解决金融领域的"市场失灵"现象。从宏观管理的角度来说，制定普惠金融发展战略旨在扭转金融结构的失衡，从而改善社会经济结构。应当认识到，发展普惠金融是个系统性工程，政府应当统筹全局，在其中发挥应有的作用：政府需要推出符合本国国情的各项普惠金融发展措施并使这些措施能够相互配合；需要综合利用各种资源并协调各方面的利益关系；需要动员国内各个部门和机构去落实发展普惠金融的措施；需要根据相关措施的效果进行反馈和修正。因此，政府需要有明确的、统一的普惠金融发展战略。制定普惠金融国家发展战略的意义可以概括为以下几点：

首先，明确的战略有利于凝聚共识、明确方向、落实措施，从而实现目标。战略对于凝聚和形成共识、协调利益关系、促进内外协作具有重要意义。从大的层面上来说，各个国家可能有不同的思路和主张；从小的层面上来说，各个国家内部各方面也会有不同的观点和利益诉求。发展普惠金融，实现全球层面上和国家层面上的既定目

---

① 罗伯特·希勒.2012. 金融与好的社会. 北京：中信出版社.

标，需要统一各方面的认识。普惠金融发展战略可以阐明和强调哪些方面是重要的，是应当被不懈贯彻的，还可以说明为什么要采取某些举措或原则，以协调方方面面的差异，使相关政策和措施顺利推进。因此，制定发展战略的过程也就是组织协调各利益相关者的过程。

其次，认清实际情况并制定切实可行的战略是实现普惠金融发展目标的基本条件；制定战略的过程就是认识的过程、分析的过程和解决方案的过程。此外，从动态的视角来看，制定战略还有利于更好地应对在普惠金融发展过程中出现的新变化。普惠金融发展理论和实践在变，世界经济金融形势在变，各国的实际情况也在变；各国需要应对发展普惠金融中遇到的各种新形势和新挑战。在这种情况下，制定和修正战略就更为必要了。战略并不是制定之后就一成不变了，而是需要根据实际情况不断改进和修正；通过对于战略的后续管理，各国可以充分地研究和发掘战略与政治、经济、社会、文化等各方面因素的关系，并在这些因素发生改变的时候，采取相应的措施，对战略进行修正，以更好地促进普惠金融的发展。例如，近几年金融科技的发展使得人们越来越认识到在制定普惠金融发展战略的时候要充分考虑利用金融科技这一重要杠杆。

最后，战略可以影响普惠金融的发展效果。查看各个国家普惠金融的资料和数据，可以看到即使是各方面条件较为类似的发展中国家，普惠金融在国内发展水平也是参差不齐的，各国不同的发展战略对于普惠金融的发展水平有着直接影响。根据世界银行的调查，制定并实施普惠金融发展战略的国家，其普惠金融的发展程度要比其他国家更好[①]。因此，制定好普惠金融的发展战略，是发展普惠金融的前提。

---

① AFI，National Financial Inclusion Strategies-Current State of Practice，2015.

第二章　战略的目标

【摘要】作为发展普惠金融的纲领，普惠金融国家发展战略应具有明确而合理的目标，才能使普惠金融事业沿着正确的方向前进，始终在推动经济发展和社会改进的过程中发挥应有的作用。

结合我国的实际情况，普惠金融发展战略的目标应以提升"普惠性"为核心。具体的目标可以包含提升金融可得性，解决"最后一公里"问题，加强贫困人群的能力构建，推动数字化普惠金融的发展，促进普惠金融与中小企业发展和创业创新的融合等内容。这些目标的出发点和落脚点都是"普惠性"。

普惠金融国家发展战略的目标决定了普惠金融的发展方向。从世界各国的经验来看，解决金融可得性问题以及与此相关的"最后一公里"问题往往是制定普惠金融发展战略的出发点，除此之外，发挥普惠金融在扶贫减贫方面的作用、加强贫穷人群的能力建设、普及金融教育以及推进数字化普惠金融，也都可成为普惠金融发展战略的重要目标。特别是在中国特定国情下，普惠金融发展战略如何与国家经济发展整体规划相协调，如何将发展普惠金融作为促进经济社会发展的手段，也是可以加以探讨的。

一、提升金融可得性、解决"最后一公里"问题

金融可得性（Financial Availability）衡量所有金融消费者（包括原本被金融体系排斥在外的群体）能否以合理的成本获得合适的金融服务。一个金融体系的金融可得性如何，主要看以下三个方面：经济主体获得合适的金融服务的能力、金融体系提供不同层次金融服务的能力和金融基础设施的完善程度。这里的"金融基础设施"是广义的概念，包含支付结算体系、金融服务网点体系、移动金融和互联金融体系、金融监管体系、社会信用体系、消费者保护体系等"软件"和"硬件"。

应当全面考虑金融可得性这个概念。从金融服务需求者的角度来看，影响金融可

得性的因素主要有以下几点：一是地理或生理条件的限制，这造成偏远地区或有生理缺陷的人群不便获得金融服务；二是没有充足的资产证明或基础资料，尤其是农村地区人群和个体经济从业者往往无法提供这些文件；三是无法负担金融服务的成本，如利息、费用和其他成本；四是缺乏金融知识和金融经验，导致部分人群不知道自己可以获得金融服务，或不知道如何获得金融服务。

从金融服务提供者的角度来看，影响金融可得性的因素主要是金融服务的门槛和产品种类。传统金融体系的门槛往往较高，在融资金额、客户资质、抵质押品、资金监管等方面有较为严格的要求，从而导致特定人群被排斥在传统金融体系以外。从社会公平和经济权利的角度来说，金融服务应当满足各类社会人群，尤其是原本被金融体系排斥在外的人群的适当金融需求，因此金融服务应该是多元化的，这就需要有多元化的金融产品体系和金融机构体系。用一句不太准确的套话来说，没有不合格的金融需求者，只有不合格的金融提供者，换言之，不应等待需求者改变，应是提供者做出改变，即通过金融创新来满足需求者不尽相同的合理需求。

从金融基础设施的角度来看，狭义的金融基础设施如金融机构网点、金融终端、支付结算系统等有形"硬件"是沟通金融服务供给和金融服务需求的纽带，也是金融服务实现的载体和渠道；广义的金融基础设施如金融法律制度、信用体系、消费者保护体系等无形"软件"则是金融体系赖以生存的环境和土壤。因此，没有金融基础设施，金融可得性也就无从谈起了。

提高金融可得性是为了解决"金融排斥"（Financial Exclusion）。金融排斥是指因为种种不利因素，部分社会群体没有机会接受传统金融体系提供的金融服务，或者没有得到充足的金融服务。出于风险和收益的权衡，以银行为主导的传统金融体系并没有足够的动机去服务所有的社会群体。根据世界银行行长金墉在2013年的估计，世界上大约有25亿成年人口没有机会接受银行业提供的金融服务，大约有2亿中小企业无法获得金融信贷①。对于这些被传统金融体系排斥在外的人群：从他们自身的角度来说，他们处于资本匮乏的状态，资本的边际产出高，如果能够获得合适的金融支持，生产水平将得到大幅度提高；从社会公平的角度来说，获取适当的金融服务应当被视作经济主体的经济权利，同时减少贫困和扶助低收入人群也是社会发展的重要目标；从整个经济金融发展的角度来说，将这些人群纳入金融服务的范围也是促进经济发展、推进金融深化、完善金融体系的最基层发力点。此外，在包括发达国家在内的绝大多数国家，被传统金融体系视为客户，并能获得充分金融服务的人群往往属于经济条件比较好的社会群体，而在低收入人群和这些获得金融服务的人群之间也存在着巨大的

---

① World Bank，Universal Financial Access for All by 2020 Is within Reach，2013.

真空地带。有些人并不是最穷的人，甚至并不是穷人，但因为没有达到传统金融体系的"标准"，往往也被排斥在金融体系之外，或者只能获得不充分的金融服务，因此提高他们的金融可得性也很有必要。

普惠金融中"普惠"二字的应有之义是惠及所有社会群体，是要让所有得不到正规金融服务的人群能够有机会得到充分的金融服务。因此，提高金融可得性既是普惠金融的目标，也是普惠金融的手段，各个国家普惠金融战略的具体措施都是以提高金融可得性作为抓手。从上面的分析中可以看出，普惠金融的含义不仅局限于服务低收入和偏远地区人群，在他们以外，还有大量的中间层群体，虽然条件要好一些，但仍未得到足够的金融服务，他们也应当属于普惠金融服务涵盖的范围。目前，这些处于"中间地带"的群体得到越来越多的重视，为他们提供服务也是普惠金融未来的一个重要发展方向。在我国，介于大型企业与小微企业之间的"中型"企业，就处于这样的"中间地带"，原因是尽管传统金融机构已经覆盖这部分企业，但是由于种种缘故，这部分企业事实上处于服务不足的状态。我们在本章第五小节还会进一步论及。

金融可得性的缺失突出表现在"最后一公里"现象上。在普惠金融领域，金融产品和服务与金融消费者之间的距离被形象地称为"最后一公里"（Last Mile）现象。如上所述，受制于种种主客观条件的限制，普惠金融并不会"天然"地到达金融消费者手中并为金融消费者所用，在普惠金融的提供者和消费者之间往往还隔着一层无形的屏障，这种屏障或使金融消费者无法有效利用普惠金融产品和服务，或使普惠金融的服务人群无法进一步扩大。只有提高金融可得性，走完"最后一公里"，才能让普惠金融真正地惠及各类社会人群。

总结各国普惠金融发展情况，目前多数发展中国家都已经意识到，"最后一公里"的问题很大程度上是金融基础设施不完善导致的。很多国家已经推出了有针对性的解决方案：一方面加强建设金融基础设施；另一方面大力发展数字化普惠金融。数字化普惠金融可以与移动设备和其他终端相结合，并利用现有的通信网络，这相比铺设各类金融机构网点、增加 ATM 等传统手段，无疑更加经济有效。

改善金融基础设施是解决"最后一公里"的最重要措施。此外，还需要认识到"最后一公里"是个综合性问题，在金融基础设施之外还有很多别的措施要跟进，如创新金融产品、深化金融服务、革新经营理念、普及金融知识、培养金融观念等；特别是在以互联网金融为代表的一批新型普惠金融模式蓬勃发展的今天，还要有针对性地利用好这些新型普惠金融的优势。

对于我国而言，结合国情、补足短板，是解决金融可得性问题并走完普惠金融"最后一公里"应当坚持的原则。我国幅员辽阔，各区域经济社会发展水平、基建完善程度和地理自然条件存在较大差异。在制定普惠金融发展战略的时候，应当区分不同经济地域的特征，确定不同的发展重心。在中西部地区、"老少边穷"地区和广大农村地区，由于经济社会条件、地理因素等限制，"最后一公里"的问题尤为突出，金融服务的网点和终端的建设仍然是当务之急，因此提高金融可得性、推进普惠金融发展的重点应当放在各类金融基础设施"硬件"建设上；而在东南沿海地区和城市区域，金融机构和网点覆盖率较高，各类金融硬件设施也较为完备，因此提升金融产品和服务的多样性以适合不同层次人群特别是"中间地带"人群的需求、建立健全配套金融制度体系和征信体系等措施就显得更为重要。总体看来，要提高金融可得性，一方面要因地制宜，考虑到不同区域的实际情况，制定有针对性的具体措施；另一方面要综合考虑，从金融服务的消费者、提供者和金融基础设施三个角度入手，积极发挥各类主体的作用。

二、正确认识普惠金融与扶贫的关系

从普惠金融诞生以来，关于普惠金融与扶贫的关系就见仁见智，众说纷纭。这些争论体现在以下两个方面：第一，普惠金融应不应该把扶贫作为目标；第二，普惠金融对于扶贫有没有效果。

最早的普惠金融实践的主要目标甚至全部目标就是减少贫困，这些"公益性"普惠金融项目往往由非营利组织发起和运营，主要运营小额信贷业务，通过接受政府补助或者慈善捐助来覆盖成本。一般来说，面向低收入人群的小额信贷的重要特点就是单笔贷款金额小，平均贷款成本高，运营费用比例大。这些早期的尝试对收益和成本没有长远的考虑，对如何将项目持续稳定地运营下去没有足够的规划，也没有成熟的普惠金融理论体系作为指导。具体表现在：一方面，最早的普惠金融实践没有建立起完善的风险控制、贷款发放和贷款回收的制度机制；另一方面，最早的普惠金融实践往往以低于成本的价格去发放贷款，持续经营依赖政府补助或者慈善捐助。这就导致了这些"公益性"小额信贷项目贷款回收率低，贷款成本高企，从而在政府补助或者慈善捐助结束以后无法持续经营下去；同时，由于缺乏可持续性，许多获得小额贷款并发展小生意或构建小型资产的客户，在项目中断后不能再获得持续融资，又回到了最初的贫困状态。因此，最终这些将扶贫作为主要目标的早期普惠金融实践大都以失败告终。当然也应当看到，这些最早的普惠金融实践为以后探索普惠金融的发展模式提供了非常有益的经验，是普惠金融的起点。

随后，在20世纪七八十年代，以部分东南亚国家、南美洲国家为代表的普惠金融实践开始更加注重机构建设。这一阶段的普惠金融仍然主要经营小额信贷，但依靠建立商业化的经营模式和严格的经营管理制度，通过使用各类带有联保性质的贷款方式、构建还款激励和惩罚机制、创新信贷产品的发放和还款方式、重点定位女性客户群体等商业化措施，有效地提升了还款率，扩大了业务范围，实现了经营上的可持续。实践结果证明，在实现商业可持续这一点上，机构性的普惠金融要远远优于公益扶贫性的普惠金融。

从普惠金融的实践历程来看，实现商业可持续是非常重要的。商业可持续不等同于只追求利润，也不等于放弃扶贫这一目标。商业可持续的含义是获取合理的利润并维持可持续发展，这与实现公益扶贫并不矛盾。只有实现商业上的可持续，才能吸引更多的资本和人才进入普惠金融中来，才能实现经营活动的平稳运行，才能提供更多数量和种类的金融服务，才能不断完善和发展普惠金融体系，才能发挥普惠金融的经济与社会作用，才能最终更好地实现减少贫困的目标。如果普惠金融服务的提供者把扶贫作为唯一目标，那么他很可能无法实现可持续经营，最终扶贫也无从谈起；而如果普惠金融的提供者坚持商业可持续的原则，那么他可以覆盖自己的业务成本，吸引更多的投资，扩大自己的业务规模，并通过规模效应降低自己的成本，从而能为更多的客户提供服务。如果市场上所有的普惠金融提供者都这么想和这么做，那么通过市场竞争，普惠金融行业的利润率就能维持在一个合理的水平，整个普惠金融体系就会不断发展壮大，得到普惠金融服务的人群也会越来越广泛；普惠金融服务的提供者、服务对象乃至整个经济社会都会从中受益，同时也可以更好地实现扶贫这一目标。

越来越多的人认识到，普惠金融没有能力也不应该将减少贫困作为自己的唯一目标。贫困问题是由社会各个方面的原因造成的，需要政府、社会和低收入人群一起共同努力，而单纯依靠金融服务就能解决问题的想法是不切实际的。

还需要考虑的一个问题是，普惠金融对于扶贫究竟有没有效果。在这个问题上，通过设计各种实验方法，相关学者对于以小额信贷为代表的普惠金融模式进行了大量的实证研究，这些研究多数采用控制变量的方法，考察"获得普惠金融服务"与"收入增加"有无统计学意义上的相关关系。有的研究结果显示普惠金融对于减少贫困有很好的作用，而有的研究结果则认为这种作用并不明显。确实，普惠金融扶贫效果受到太多因素的影响，相关的实验也面临着理论上和实验设计上的种种难题。值得一提的是，这些研究往往只考察了普惠金融的直接影响，而没有从经济和社会发展的全局来考察普惠金融的作用。本报告第五部分将以广西田东金融改革为例来考察普惠金融的社会效果。

普惠金融对于经济发展和社会改进的作用是多方面的。世界银行在《2014年全球普惠金融发展报告》中指出，"近年来，有50多个国家已经为普惠金融设立了发展目标……这种不断提升的参与度反映了对于普惠金融在经济和社会发展中起到重要作用的认识。普惠金融在减少极端贫困、促进共同繁荣、推进包容的可持续的增长方面的重要性正在不断地被承认"①。从微观机制上来说，普惠金融可以协助经济主体应对风险、规划财务、把握投资机会、减少交易成本、平滑消费等；从宏观经济上来说，一个惠及全部人群的、运转有效的、层次多样的金融体系，会有效地促进经济发展；从社会意义上来说，普惠金融对于促进社会公平和机会均等也具有重要意义。

减少贫困不是一个单独的命题，而是应当和经济社会发展紧密结合在一起。亚洲开发银行提出了"从减少贫困转向包容性增长"的观点，不再过分地强调扶贫。正如我们在第一章讨论过的，"增长策略应当在尽可能广的范围内使每个人都享有经济增长创造的经济机会，特别是那些穷人……促进包容性增长的策略应包含应对市场失灵的经济政策和政府项目，从而允许社会中各类人群更充分地参与到新创造出来的经济机会中。应当更加重视经济增长，因为经济增长能创造大量工作机会，可以减轻贫困，并产生足够的资源来帮助穷人"②。主流观点已经认识到，为了扶贫而扶贫不一定会取得成功，只有促进整个经济和社会的发展，让社会各个群体公平地享有各种金融权利，并在发展中实现经济和社会的改进，才能解决包含贫困在内的各种经济社会问题。为此，普惠金融应当有多元化的目标，其宗旨应当放在经济发展和社会改进上。实践表明，普惠金融在扶贫中的效果往往取决于实体经济的发展，其效果往往从实体经济成果中反映出来③。

我国目前正处于经济转型和发展的关键时期，长期以来积攒的经济和社会问题逐渐显现。按现有口径，中国的贫困人口有 7400 万，若按世界银行口径，贫困人口则高达 2 亿多。能否真正处理好贫困问题，不仅关系到经济能否以较快速度平稳发展，更关系到整个社会的稳定。在这种大背景下，我国应当赋予普惠金融更加重要的意义，让普惠金融在经济发展和社会转型中起更大的作用，而不是仅局限于扶贫。

三、加强贫困人群的能力构建

不仅在我国，在世界范围内贫困问题都是个难题。贫困不仅是经济问题，更是社会问题，因此世界各国尤其发展中国家都一直在探索解决贫困问题的方法。造成贫困的原因很多，自然、社会、制度等因素都会导致贫困；除此之外，还应当认识到贫困人群本身可能具有以下特点：经济基础薄弱、思想观念保守、金融知识匮乏、抗风险能力薄弱等。但是传统的"扶贫"往往考虑得并不全面：只强调外因，没有充分考虑到内因；只强调改善自然条件和社会因素，没有充分考虑到贫困人群自己也要做出改

---

① World Bank，Global Financial Development Report 2014，2014.
② ADB，Toward a New Asian Development Bank in a New Asia，2007.
③ 参见本报告第五部分关于广西田东金融改革的实证分析。

变；只强调"输血"，没有充分考虑到"造血"。从世界各国及我国的经验来看，传统扶贫措施的效果并不太好。

普惠金融不是授之以鱼，而要授之以渔。解决贫困问题需要超越传统的"扶贫"思维。全方位地改变贫困人群的生活、生产和观念，才能改善他们的经济水平和生活水平，实现减少贫困的经济与社会目标。在考虑到外部因素的同时，加强对贫困人群的"能力构建"（Capability Creation），才能补齐"扶贫"措施的短板。对于普惠金融的服务对象——所有社会群体，普惠金融都可以发挥不同程度能力构建的作用，而对于贫困人群而言，这种作用就显得尤为重要。

经济和社会在不断发展，但贫困使得部分人群不能跟上经济和社会发展的步伐，而这又会导致他们停留在贫困状态，形成一种恶性循环。政府和社会的各种措施非常重要，除此之外，发挥普惠金融能力构建的作用，提升贫困人群的各方面能力，也是跳出这种恶性循环的重要举措。普惠金融可以在哪些方面帮助贫困人群构建能力呢？

首先，生产能力。普惠金融可以从多方面来促进贫困人群形成自己的资产、经营自己的事业。购置生产性资产和其他生产资料往往具有"门槛"，贫困人群仅依靠自身积累可能难以凑足这样一笔"启动资金"，因此以小额信贷为代表的普惠金融早期实践就特别重视形成生产性资产。部分研究认为小额储蓄也能发挥类似的作用，甚至比小额信贷更有用[1]：由于贫困人群收入一直较低，他们需要面对各种生活支出，很难进行财务规划，所以也很难余下较大数量的资金，而便利的、定期的小额储蓄则可以帮助他们完成资金积累的过程。此外，覆盖低收入人群的支付结算系统、小额租赁等也有助于促进生产和交易。生产是财富的源泉，培养生产能力是普惠金融发挥贫困人群能力构建作用的核心。

其次，生活能力。提高贫困人群的生活水平是所有减少贫困政策的目标。贫困人群需要经常面对相对他们而言"大额"的支出，并且由于经济基础薄弱，难以抵抗天灾人祸带来的冲击。因此，普惠金融的重要作用之一就是帮助贫困人群平滑消费和管理风险[2]，在这一方面，小额信贷、小额储蓄和小额保险都可以发挥作用，成为贫困人群的财务管理工具。除此之外，还有下面几点值得一提：在一些金融网点覆盖率低的发展中国家，电子货币、移动货币等通过手机就可以实现操作的支付结算网络大大降低了贫困人群的转账、支付成本，给他们的生活带来了便利[3]；有研究表明，获得小额信贷可以提高贫困人群的消费，同时提高子女的受教育水平[4]；部分国家如孟加

---

[1]　World Bank, Financing Businesses in Africa: The Role of Microfinance, 2012.

[2]　D. Collins et al., Portfolios of the Poor: How the World's Poor Live on Two Dollars a Day, 2009.

[3]　CGAP, Social Cash Transfers and Financial Inclusion—Evidence from Four Countries, 2012.

[4]　World Bank, Dynamic Effects of Microcredit in Bangladesh, 2014.

拉国的普惠金融实践把妇女作为客户目标群体，有一些实证研究认为这提高了妇女在家庭生活和社会生活中的地位[1]；还有一些国家尝试借助小额信贷来帮助贫困人群修葺房屋、改造厕所、改善居民能源结构等。

最后，金融能力（Financial Capability）。根据德国国际合作机构的观点，如果金融消费者在面对各种金融产品和服务时，具备一定的知识、技巧和执行力，能够有效管理资金并做出有依据的决定，那么他就具备金融能力[2]。不具备金融能力的贫困人群，由于无法合理地评估自己的还款能力，也无法有效地制定财务规划，可能会选择不一定适合自己的金融产品和服务，也可能盲目参与非正式的民间金融，并很容易陷入过度借贷（Overindebtedness）的境地。对于金融服务的提供者来说，培养服务对象的金融能力也很有必要，因为这关系到金融资产的质量：如果缺乏金融能力的服务对象占比过高，形成的资产质量不佳，金融服务就无法稳健经营下去。对于一个国家来说，国民的整体金融能力也关系到金融体系的稳定。因此，培育并提高贫困人群的金融能力，无论对于贫困人群自身、金融服务提供者还是整个金融体系来说都非常重要。普惠金融在发展历程中一直特别重视普及金融知识、灌输金融理念、提高服务对象的金融素养（Financial Literacy）（可译作金融扫盲）；很多贫困人群通过接受普惠金融服务才开始了解金融和进行财务规划。可以说，普惠金融在贫困地区和偏远地区的推广过程也是对贫困人群金融能力的构建过程。即使在城市地区，经常耳闻的金融欺诈、误导，部分也是消费者金融教育匮乏、金融"文盲"太多所致，这也属于金融能力构建要解决的问题。

发展普惠金融，尤其是充分发挥普惠金融对于贫困人群的能力构建作用，将是治理贫困、推进经济包容性增长的重要措施。

四、推进数字化普惠金融

数字化普惠金融（Digital Financial Inclusion，DFI）就是以数字化方式提供的普惠金融，它是对普惠金融理论和实践的重要发展。世界银行下属的扶贫咨询专家组（CGAP）认为数字化普惠金融可以定义为"以数字方式获得和使用正规金融服务，这类服务应当符合客户的需要，并以负责任的方式以及客户可负担、服务提供商可持续的价格来提供"[3]。全球普惠金融合作伙伴组织（GPFI）则认为，数字化普惠金融是指

---

[1] Fredrik Graflund，The Impact of Microcredit on Women's Empowerment—A Case Study of Microcredit in the Tangail District，Bangladesh，2013.

[2] GIZ，Building Inclusive Financial Systems—Approach and Experience of GIZ，2011.

[3] CGAP，数字化普惠金融：对客户、监管部门和标准制定机构意味着什么，2015.

通过数字化金融设施的使用来提高普惠金融发展水平①。

我们在本章已经讨论过普惠金融中的一个重要概念——金融可得性，世界各国的实践表明，数字化普惠金融能够在提高金融可得性方面发挥独特的作用。全球普惠金融合作伙伴组织（GPFI）指出，"作为近十年推动普惠金融发展的伟大创新——数字金融，包括移动支付、网上银行、P2P、在线保险、众筹等，成功地提高了低收入人群、老人、年轻人、妇女、农民、中小企业和其他被金融排斥的人群获得金融服务的机会"②，"金融机构和非金融机构正在飞速地寻找向未被服务的人群提供数字金融服务的机会，数字金融的创新可以使得金融服务的范围涵盖偏远地区的人群，同时可以减少成本，一方面提高普惠金融服务的商业可持续性，另一方面降低金融服务的价格，使得更多的人能够接受服务"③。

具体来说，数字化普惠金融有几类表现形式：一是银行提供一种"基本"或"简化"的移动交易账户，通过载体或终端（移动设备、互联网设备或其他设备）进行支付、转账或储蓄。二是移动网络运营商或者其他非银行机构建立依托银行结算体系的数字化交易平台，并通过载体或终端（移动设备、互联网设备或其他设备）来实现支付、转账或储蓄。三是与上述两种实现形式相关联的其他金融服务，如保险、借贷甚至证券业务。

按照全球普惠金融合作伙伴组织（GPFI）的观点④，数字化普惠金融具备四个重要特点：

第一，数字化普惠金融需要有数字化的交易平台。金融消费者可以使用某种形式的终端，通过特定网络或数字通信网络，与具备支付结算功能的银行或非银行机构取得连接，并接收和传送交易数据，获得相应的金融服务。

第二，数字化普惠金融需要有终端设备。终端设备是多种多样的，包括手机、POS机、个人电脑等可以传输交易数据的工具。

第三，数字化普惠金融需要有代理商。代理商负责将金融消费者的交易数据转换为对支付结算系统的指令，实现资金的收付，如使用POS机的商户，搭建交易平台、发布应用手机软件的机构等，这里的商户和机构就是代理商。

第四，数字化普惠金融可以提供支付结算以外的附加金融服务。依托数字化交易平台，所有社会群体，包括被金融体系排斥在外或未能获得足够金融服务的人群可以获得进一步的金融服务；金融服务的提供者往往也依靠数字化的手段来定位目标客户和管理风险。

①④　GPFI，Issues Paper for GPFI BIS Conference on Digital Financial Inclusion，2014.

②　GPFI，China 2016 Priorities Paper，2016.

③　GPFI，Global Standard-Setting Bodies and Financial Inclusion—The Evolving Landscape，2015.

发展数字化普惠金融可以提高金融可得性，因而其是发展普惠金融的重要一环：首先，数字化普惠金融具有方便快捷的特点，如地处偏远地区或行动不便的人群可以方便地获得金融服务；其次，通过数字化普惠金融，金融消费者可以低成本地进行小额、零碎的资金收付和储蓄，尤其是贫困人群可以避免原本的时间成本、交通成本和较高的服务费用，并方便地管理他们通常不稳定的收入和支出；再次，通过数字化的手段，金融服务可以与日常生活更紧密地结合起来，如可以通过数字化交易平台支付水电费和消费账单等；最后，数字化手段有利于拓展金融服务和管理金融风险，通过分析消费者的相关数据，可以精确地为消费者提供额外的、特定的金融服务。

当然，在看到数字化普惠金融好处的同时，也需要重视其风险。数字化普惠金融的风险主要与操作和技术有关，如数据的传输和处理会存在各种风险。举例来说：短信发送失败会使客户看不到付款指示，数据传输和储存中可能存在隐私或安全漏洞，电脑程序处理交易可能会出错，大量数据可能会考验交易平台和硬件设施的处理能力等。代理商和交易平台存在运营风险，有可能出现金融犯罪和侵害消费者利益的行为，如欺诈、出错、现金管理不善和数据管理不当等。此外，代理商和交易平台还可能隐藏交易信息（如价格、服务条款和追索权信息）、恶劣对待客户（包括多收费）、泄露客户信息，还可能在尽职调查、交易档案管理和报告违法交易等方面存在问题。

随着数字化普惠金融的不断发展，如何对其进行有效监管被提上了日程。在传统的监管措施以外，需要特别注意两个方面的问题：第一，重视消费者保护。数字化普惠金融有利于原本被金融排斥的人群获得各种金融服务，而对于这类人群，金融消费者保护是格外重要的；同时，数字化普惠金融涉及面广，影响范围大，交易形式有别于传统的"面对面"形式，这些都增加了消费者保护的必要性。第二，加强监管协调。数字化普惠金融涉及支付结算体系和各类代理商、交易平台、金融服务提供者和金融消费者，服务范围已经从支付结算转向各类综合金融服务，因此各个金融监管部门要有明确的统筹和分工；由于数字化普惠金融依赖数据传输网络等硬件设施，电信监管部门可能也要参与到监管之中。在国际层面上，各个国家、国际组织和国际标准制定机构（SSBs）有必要加强沟通和协作。

五、促进中小企业创业创新

由于各国金融结构的差异，各国发展普惠金融的重点有所不同。例如，美国有比较发达的银行体系、发达的资本市场以及私募股权市场（如天使投资和风险投资等），中小企业的金融服务比较完善，而普惠金融主要侧重于新移民以及低收入人群。经典意义上的普惠金融主要指微型金融，主要为微型企业和低端家庭服务。考虑到我国的金融结构，正如我们在第一章概括的，中小企业的金融服务也比较欠缺，因此在我国发展普惠金融，中小企业的金融服务不应被忽视。

在近几年世界经济萧条的大背景下，多数国家都面临经济增速下滑、发展动力不足、国内社会矛盾加剧等一系列问题，迫切需要找到有效的经济增长模式和新的经济增长点。为实现经济和社会的稳定发展，激发其底层动力和内在活力，各国的政策制定者普遍采取一系列措施鼓励私营部门中小企业的发展，提升经济体的创新能力。普惠金融就可以很好地和这些措施结合在一起：一方面，作为金融体系的组成部分，普惠金融可以配置社会资源、提升经济效率；另一方面，普惠金融的特点可以使其在这些领域发挥比传统金融体系更加有效的作用。

连接普惠金融和创业创新的枢纽是中小企业。创业者都是从中小微企业起步的，大型企业也是从中小企业发展而来的，提高中小企业的金融可得性是扶持中小企业进而鼓励创业的最重要措施之一。此外，中小企业机制灵活，往往是创新最活跃的地方，在应用新技术、尝试新产品、开发新市场、进入新产业和采用新思路方面的积极性很强——这里的创新不仅指科学技术上的创新，更指理念和模式上的创新。因此，通过发展普惠金融来促进中小企业的发展对于提升社会创新能力也有重要的作用。总之，提倡创业创新，需要鼓励支持中小企业；鼓励支持中小企业，就需要发展普惠金融。在普惠金融联盟（AFI）组织世界各国签订的《玛雅宣言》中，就将普惠金融、中小企业和创业创新有机地联系到了一起："作为一个由发展中国家和新兴市场国家的监管机构和政策制定者构成的组织，我们承诺……五、支持中小企业获得金融服务，因为他们和普惠金融具有相同的目标——促进可持续、包容性的增长和推动创新。"[1]

无论是在发达国家还是发展中国家，中小企业在经济中的作用都是至关重要的。全球范围内，中小企业的数量占市场主体的90%，并创造了50%的就业[2]；而在我国，中小企业提供了50%以上的税收，创造了60%以上的国内生产总值，完成了70%以上的发明专利，提供了80%以上的城镇就业岗位[3]。虽然国内外对中小企业的划分标准不尽相同，但总体来说，中小企业是经济发展的主要动力之一，同时由于数量众多、分布广泛，中小企业的发展还关系到充分就业和社会稳定。但中小企业却常常需要面对"融资难"的问题——这个问题不仅是中国特色，也是世界性难题。根据世界银行（World Bank）和国际金融公司（IFC）下属的中小企业融资论坛（SME Finance Forum）的估计，在全球范围内中小企业面临2.1万亿～2.6万亿美元的融资缺口，占到了目前全球中小企业信贷存量的1/3左右；在全球范围内有2亿～2.45亿家企业或个体经营者无法获得足

---

① AFI，Maya Declaration updated as of September 2015，2015.
② GPFI，Report on SME Finance Compact Workshop，2013.
③ 数据来源于国务院新闻办公室于2015年5月27日召开的新闻发布会。

够的金融服务或者根本无法获得金融服务，而在这些被"金融排斥"的企业和个体经营者中，有90％都是中小企业[1]。因此，解决中小企业的融资难问题、提高中小企业的金融可得性成为这几年国际普惠金融关注的重点领域之一。

在传统的金融体系下，由于风险、信息、成本和制度等因素，中小企业获得金融服务，特别是信贷支持的难度比较大；在经济不景气的时期，传统银行体系的顺周期性导致的信贷收缩进一步降低了中小企业的金融可得性。这种情况从微观上当然具有一定合理性，但是对于整个经济社会发展却是有害的，既不利于资源的有效配置和利用，也给经济发展、充分就业和社会稳定带来了负面影响，更不利于鼓励创业创新。根据国际金融公司（IFC）在世界范围内的调查，中小企业普遍认为无法获得融资是企业成长的最大阻碍[2]。在提升中小企业的金融可得性上，从小额信贷逐渐发展而来的普惠金融相对于传统金融体系具有比较优势：普惠金融的经营理念、思路和措施都更加具有针对性，更能考虑到中小企业的实际情况并提供合适的金融产品和服务。

随着新的技术手段、经营方式、业务模式不断推广应用，普惠金融服务中小企业进而促进创新创业的方式更加多种多样。例如，运用大数据分析技术和新的信用评级模型可以对中小企业的信用进行更精确的评估，同时也降低了资信调查成本；平台化的金融运作使得中小企业获得金融服务的渠道更加通畅，金融服务的价格进一步降低；风险投资、众筹等新模式的不断发展使得中小企业的融资方式更加多元化。普惠金融本身就是对传统金融体系进行创新的产物，普惠金融的发展历程也是金融创新的过程，因此普惠金融和创新创业的中小企业可能更具契合点——金融创新可以和生产方式、生产技术上的创新相互促进、协同并进。

我国目前正处于经济结构调整和增长方式转型的关键时期，考虑到我国经济和社会的实际情况，鼓励创业创新和促进中小企业发展尤为重要。2012年以来，国务院已经专门出台了5份相关指导意见[3]，各部门和地方政府也出台了很多细则和具体措施。特别是在"十三五"规划中，普惠金融、创业、创新、中小企业等名词频频出现，体现了国家战略规划层面上的高度重视。在我国，普惠金融作为促进中小企业发展和创新创业的金融推进器，拥有广阔的发展前景。因此，考虑普惠金融发展战略的时候应将服务中小企业和推动创业创新作为重要的目标，使普惠金融可以在促进"大众创业、万众创新"中发挥独特的作用。

---

[1]　数据来源于中小企业融资论坛（SME Finance Forum）网站（http：//financegap. smefinanceforum. org）。

[2]　IFC，Assessing Private Sector Contributions to JobCreation and Poverty Reduction，2013.

[3]　这5份国家层面的指导意见是：《国务院关于进一步支持小型微型企业健康发展的意见》（2012年4月19日）；《国务院关于扶持小型微型企业健康发展的意见》（2014年10月31日）；《国务院办公厅关于发展众创空间推进大众创新创业的指导意见》（2015年3月2日）；《国务院关于促进融资担保行业加快发展的意见》（2015年8月7日）；《国务院关于大力推进大众创业万众创新若干政策措施的意见》（2015年6月11日）。

第三章 规划的解读

【摘要】国务院印发的《推进普惠金融发展规划（2016～2020年）》是我国普惠金融国家发展战略的纲领性文件和重要组成部分。该文件从统筹全局的视角出发，厘清了普惠金融的定义、范畴、服务对象、发展模式和宗旨，并结合我国的实际情况和国际经验，提出了具备可操作性的各项措施；特别是还明确提出了"政府引导、市场主导"的原则，强调了建设金融基础设施"软硬件"的重要性。当然，该文件也存在若干可以进一步完善的地方，本章将会加以讨论。

2016年1月15日，国务院印发了《推进普惠金融发展规划（2016～2020年）》（以下简称《规划》），这是我国普惠金融发展进程上的一个里程碑事件。《规划》的出台，标志着普惠金融已经被纳入了国家层面总体经济社会发展战略，对于未来我国普惠金融事业有着深远的意义。

一、《规划》的总体架构和思路

从《规划》的总体结构上来看，条理清晰，逻辑完整，涉及面非常广泛，针对性和操作性强；从规划的提出、内容和措施到实施，形成了全面的系统，体现了决策部门对于如何发展普惠金融进行的深入研究，是未来指导我国政府部门和社会各界发展普惠金融的纲领性文件（见图3-1）。

《规划》是系统性的有机整体，其思路就是在综合平衡中全面发展普惠金融，以全局性的视角来全面考虑有关普惠金融的问题。例如，如何处理好政府和市场的关系；如何做到突出重点与普遍受益的统一；如何平衡好商业性和公益性；如何处理好风险和创新；如何在加强监管同时激发市场活力；如何实现不同层次、不同性质、不同业务、不同服务对象的普惠金融服务提供者的协同；如何在快速发展中确保金融服务的质量和对消费者的有效保护；如何推动金融基础设施建设和金融业务发展的同步协调；

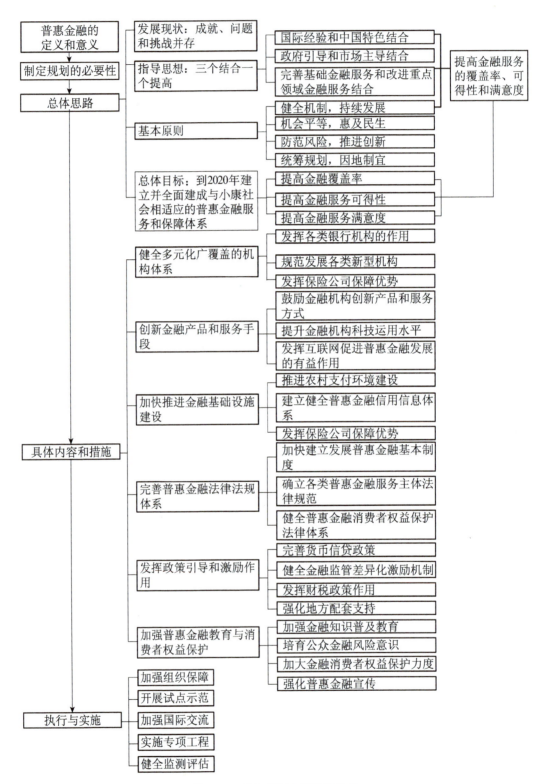

图3-1 五年规划内容总体结构

如何处理好不同经济、金融和社会发展水平的区域的不同发展需求；如何在借鉴国际经验的同时又能够体现我国国情；如何在制定目标的挑战性和具体措施的可行性之间找到平衡……发展普惠金融，尤其是制定国家层面上的战略规划，要综合考虑到方方面面，尽可能地调动积极因素，尽可能地协调好各类矛盾，这一思路贯穿《规划》的始终。

二、《规划》的具体解读

（一）关于普惠金融的范畴和服务对象

普惠金融的范畴和服务对象是制定发展普惠金融规划的主线，决定了普惠金融以什么样的形式去覆盖哪些人群，因此是制定普惠金融发展规划的核心问题。

从普惠金融的变迁来看，从早期以公益扶贫为宗旨的普惠金融试验，到以孟加拉国、印度尼西亚和南美洲国家小额信贷模式的推广，再到包括小额保险、小额储蓄、支付汇款等一系列概念被纳入普惠金融范畴，再到电子化、网络化的数字普惠金融模式纷纷涌现——整体看来，普惠金融的范围不断扩大，包含的金融服务和金融产品的种类越来越多，参与提供金融服务的主体也越来越多。

从普惠金融服务对象的变迁来看，正如我们在前面章节所述，普惠金融的服务对象应当既包括低收入人群，也包括收入相对较高但仍然被传统金融体系排斥的人群，还包括其他未能获得合适、充分的金融服务的人群。普惠金融具有普惠性，其含义即普遍地惠及整个社会。因此，认为普惠金融只能服务低收入人群的观点是片面的。当然，在服务对象中应当强调低收入群体在内的其他特殊困难群体，给予他们应有的照顾和倾斜。

综上所述，普惠金融应当是一种全面综合性的金融服务，能够满足不同人群不同层次的合理金融需求。《规划》里开篇就指出，"普惠金融是指立足机会平等要求和商业可持续原则，以可负担的成本为有金融服务需求的社会各阶层和群体提供适当、有效的金融服务"，这既给我国的普惠金融下了定义，同时也界定了普惠金融的范畴和服务对象。《规划》的基本原则中提到"机会平等、惠及民生"，要"以增进民生福祉为目的，让所有阶层和群体能够以平等的机会、合理的价格享受到符合自身需求特点的金融服务"；总体目标中提到"提高金融服务覆盖率"，"提高金融服务可得性"；具体措施中也贯穿了综合性金融服务和满足各类人群金融需求这两条主线。因此，《规划》对于普惠金融的范畴和服务对象的界定是符合普惠金融发展潮流的。

（二）关于普惠金融的发展模式和宗旨

普惠金融的发展模式和宗旨决定了以什么样的方式去发展普惠金融，因而也决定了发展普惠金融的具体措施。在普惠金融的发展历程中，对于普惠金融的发展模式和宗旨一直存在争论，而这两个问题从本质上是相关联的。

前面章节已经提到，最早的普惠金融实践多是公益扶贫性质的，但是实践证明，因为不具备可持续性，这些由政府或者公益性组织资助的项目的效果其实并不好。后来孟加拉国和同期其他国家的普惠金融实践开始从公益扶贫转向机构化、商业化，获得了切实的成效。再后来普惠金融的发展模式更加强调商业可持续，这推动了普惠金融在各个发展中国家的迅速发展。这里我们要重复前面章节的观点：普惠金融有助于扶贫减贫，也应当把扶贫减贫作为一项职责，但是普惠金融没有能力也不应该将扶贫减贫作为唯一宗旨。如前所述，首先，造成贫困的原因来自多个方面，仅依靠提供金融产品就能解决贫困的想法脱离实际；其次，贫困问题的实质是发展问题，为了扶贫而扶贫不一定会成功，只有促进经济和社会不断发展，才能最终解决贫困问题；最后，只注重公益扶贫会使得普惠金融的提供者不能实现持续经营，公益和扶贫也难以为继，普惠金融也无法发展壮大。

因此，国际主流观点认为：在发展模式上，普惠金融应当在商业性和公益性之间找到平衡点，不能放弃普惠金融的公益属性，同时也要保证业务经营的可持续性；在宗旨上，应当着眼于有效满足各类人群的金融需求以促进经济、金融和社会的均衡发展，从而实现包括扶贫在内的一系列目标。《规划》在为普惠金融下定义的同时，就指出普惠金融是立足于"商业可持续原则"，并且认为"大力发展普惠金融是我国全面建成小康社会的必然要求，有利于促进金融业可持续均衡发展，推动大众创业、万众创新，助推经济发展方式转型升级，增进社会公平和社会和谐"。《规划》还指出，要"确保普惠金融业务持续发展"，要"充分调动、发挥传统金融机构和新型业态主体的积极性、能动性"，要"尊重市场规律，使市场在金融资源配置中发挥决定性作用"，要"实现社会效益与经济效益的有机统一"；同时《规划》还明确了普惠金融的总体目标是建立与全面建成小康社会相适应的普惠金融服务和保障体系，提高金融服务的覆盖率、可得性和满意度。从这些方面来看，《规划》并没有把普惠金融局限到扶贫上来，而是在更大的格局上审视普惠金融的作用，从经济社会全面发展和人民生活水平提高的高度来为普惠金融确定发展模式和宗旨。

（三）从我国国情出发并借鉴国际经验

发展中国家的实际情况有很大差别，社会和人民对于发展普惠金融的需求也不尽相同。对于我国，普惠金融的定义、发展普惠金融的目标和具体措施都应当体现我国的特色和国情。经过多年的发展，目前我国普惠金融已经具备了一定的水平，应当把重点放在提升金融服务和金融产品的多样化程度，提高社会群体对于金融服务的满意度，实现普惠金融的平衡发展，解决本国普惠金融发展的短板。《规划》中对于普惠金融的定义、发展普惠金融的目标和具体的措施，非常具有针对性。尤其是在措施方面，结合我国现有的金融机构体系、金融产品结构、金融基础设施、法律法规和政策体系、行政和管理体制的实际情况，表述非常细致，涉及面非常广泛。

在考虑国情的同时，也要充分借鉴国际上发展普惠金融的经验。我国历来积极参与普惠金融相关的国际经济金融组织，如 G20 下属的全球普惠金融合作伙伴组织（GPFI）、普惠金融联盟（AFI）、世界银行和联合国有关普惠金融的工作组等，积极同其他发展中国家相互交流学习，掌握普惠金融发展的最新理论成果。《规划》在普惠金融的范畴和服务对象、发展模式和宗旨上与国际主流观点保持一致；此外《规划》还强调金融市场各个方面的建设、鼓励新技术手段和新模式的运用、注重落实和反馈、主张加强国际沟通交流等，这也体现对国际性组织和其他国家的观点主张的吸收和借鉴。

（四）强调金融体系构建、金融制度完善和金融基础设施建设

按照金融发展和金融深化的相关理论，发展中国家往往会存在金融排斥和金融压抑的状况，具体就体现在金融体系、金融制度和金融基础设施的不健全和不完善上。普惠金融联盟（AFI）在其最新报告中指出，绝大多数国家在制定国家普惠金融发展战略的时候都将解决制度性的障碍放到优先位置。多层级、多元化的金融体系可以有效满足不同层次人群的金融需求，有效发挥资源配置的作用；健全而适当的金融制度可以规范主体行为，防范金融风险，提高金融效率，促进普惠金融健康发展；完善的金融基础设施可以解决"最后一公里"的问题，提高金融服务的可得性和覆盖率。这几个方面对于发展普惠金融都具有重要的意义。

在金融体系构建方面，《规划》提出要"充分调动、发挥传统金融机构和新型业态主体的积极性、能动性，引导各类型机构和组织结合自身特点，找准市场定位，完善机制建设，发挥各自优势"，并对银行、保险和新型金融机构的发展做出了详细规划，同时鼓励金融产品、服务的创新和新技术的运用，从机构和产品两个维度去构造普惠金融体系；在金融制度完善方面，《规划》提出要"逐步制定和完善普惠金融相关法律法规，形成系统性的法律框架"，不仅要健全普惠金融服务主体适用的法律规范，还要健全其他配套相关民事法律制度，并且强调了消费者保护，从普惠金融的服务主体、服务对象和发展环境三个维度去完善普惠金融法律制度；在金融基础设施建设方面，《规划》提出要"改善普惠金融发展环境，促进金融资源均衡分布"，并强调改善农村金融设施以实现提高金融服务在农村地区的覆盖率，健全普惠金融信用体系以降低征信成本、提高金融服务的有效性和可得性，建立统计体系以便对普惠金融进行发展状

况评估和政策调整。

（五）鼓励创新

创新是金融发展的原动力，也是普惠金融的强大推进器。近年来，两个概念经常出现在国际性普惠金融组织的研究报告和论坛议题中："数字化普惠金融"（Digital Inclusive Finance）和"创新性普惠金融"（Innovative Inclusive Finance）。前者是指广泛地使用数字化金融服务来推进普惠金融，包括采用数字化手段来提高金融可得性、提高金融消费者满意度、降低金融服务的成本、提高金融业务的可持续性；后者并无严格定义，G20 在一份报告里认为，以新的思想和新的模式来促进普惠金融各个领域的发展，是创新性普惠金融的内涵[①]。因此，前者实际上是包含在后者中的，前者是狭义的技术创新，而后者是广义的全面创新。

从狭义的技术创新上来说，包括人工智能、云计算、互联网金融、移动金融、电子金融在内的新技术手段的兴起和推广为普惠金融的发展插上了翅膀。《规划》中就提出了"积极引导各类普惠金融服务主体借助互联网等现代信息技术手段，降低金融交易成本，延伸服务半径，拓展普惠金融服务的广度和深度"。尤其值得关注的是《规划》中"发挥互联网促进普惠金融发展的有益作用"、"引导和规范互联网金融有序发展，有效防范和处置互联网金融风险"的表述。这表明两点：首先，互联网能够在促进普惠金融发展中起到作用，《规划》中就提到了网络支付、网络借贷平台、股权众筹、网络金融产品等对发展普惠金融的有益作用；其次，要辩证地看待互联网的作用，加强管理，引导其发挥有益的一面。从普惠金融的定义来说，只要具有普惠性的金融产品和服务，都可以被纳入普惠金融的范畴。网络支付、网络借贷平台、股权众筹、网络金融产品分别属于支付结算、小额借贷、小额投融资、小额理财的范畴，《规划》将这些新型的金融形式纳入国家层面的发展战略，反映了决策制定者能够紧跟互联网和普惠金融发展的最新趋势，也表明国家对于互联网金融的支持和鼓励。

从广义的全面创新来说，创新应当贯穿普惠金融各个方面，如理论研究、发展方式、制度体系、产品和服务、业务模式、评估体系、国际合作等；此外，普惠金融这个概念本身就是创新的产物。整体看来，《规划》不仅鼓励创新，其具体内容本身也充满了创新亮点，包含了新思路、新方法和新举措。

---

① G20 Financial Inclusion Experts Group，Principles and Report on Innovative Financial Inclusion from the Access through Innovation Sub-Group of the G20 Financial Inclusion Experts Group，2010.

三、可以进一步加强和完善的内容

（一）加强普惠金融发展目标的可衡量性

普惠金融发展目标具有可衡量性的意义在于：一方面，可以跟进发展目标的完成情况，实时对发展状况进行评估，有效激励责任主体将相关发展规划落实到位；另一方面，根据评估的结果，可以实现及时反馈，对普惠金融发展战略进行调整和修正。全球普惠金融合作伙伴组织（GPFI）和普惠金融联盟（AFI）都鼓励其成员国制定可衡量的普惠金融发展目标。普惠金融联盟（AFI）倡议的《玛雅宣言》就强烈建议各个国家做出明确的、可衡量的承诺并将其纳入国家普惠金融发展战略的具体目标中[①]。这个建议得到了很多国家的认同，目前很多国家已经在普惠金融发展战略中设立了详细的具体目标。

我国《规划》中制定的普惠金融发展目标多是定性的，衡量目标完成进度比较困难，后续的反馈修正工作也会受到影响，因此这一点有待完善。

（二）建立普惠金融数据体系

这里的数据体系是一个更广泛的概念，既包括征信体系，也包括衡量经济金融发展状况和普惠金融发展水平的各类指标体系；既包括宏观的数据，也包括各个微观经济主体的数据；既包括普惠金融服务提供者的数据，也包括普惠金融消费者的数据。普惠金融数据体系应当具有全面性、标准性、持续性、可比性和多维度性。体系化的数据可以被有效运用到普惠金融业务上去，从而提高业务效率，降低业务成本；可以被用来对普惠金融进行差异化监管，提高监管水平；可以用来评估、分析普惠金融发展水平，发现薄弱环节和不足之处；也可以实现各地区、各国普惠金融现状的横向对比，提高国家以及国际性普惠金融政策的准确性和针对性。全球普惠金融合作伙伴组织（GPFI）和普惠金融联盟（AFI）鼓励各个国家建设和提高"国家数据统计能力"（National Statistical Capacity），并提出了一套名为"核心数据集"（Core Set）的指标体系[②]，推动各成员国加强数据建设、数据共享。

《规划》中也强调了"建立健全普惠金融信用信息体系"，"建立普惠金融统计体系"，"设计形成包括普惠金融可得情况、使用情况、服务质量的统计指标体系"，"开展普惠金融专项调查和统计"，"加快建立推进普惠金融发展监测评估体系"等内容，

---

① AFI，Maya Declaration updated as of September 2015，2015.

② GPFI，Financial Inclusion Data Assessing the Landscape and Country-level Target Approaches，2011.

如果能从国家层面上把这些方面都整合为统一而全面的"普惠金融国家数据体系"，将有助于推动普惠金融的进一步发展。

（三）制定实施路线图和明确政府引导责任

这里的"路线图"（Roadmap）是指普惠金融战略规划的实施路径，包含谁来实施和如何实施两方面的内容。普惠金融的出现，在很大程度上就是要解决金融市场失灵的问题，而市场失灵就需要政府出面干预，由此，许多人认为推进普惠金融的主导力量就是政府——这是一个误区。普惠金融的主流发展模式是商业化可持续，普惠金融的发展历程和自身特点说明了市场应该是其主导，关于这一点，我们在本报告第四章会有更详细的论述。在明确发展普惠金融的主导力量是市场之后，政府应承担起"引导"责任。在现阶段，政府引导主要体现在建设普惠金融的基础设施，如支持建立全覆盖的征信体系和支付体系、监测普惠金融进展的指标体系、有利于小微企业生存发展的法规体系以及提供普惠金融服务的多层次金融机构体系等。普惠金融的主要服务对象是广大中低收入人群，政府还有义务承担金融消费者保护的职责，并在尽可能多的人群中传播金融知识、普及金融教育。

《规划》明确提出"政府引导、市场主导"的原则，这为我国推进普惠金融发展确定了最基本但却是最重要的规则，回答了"谁来实施和如何实施"的纲领性问题。在不断推动经济和社会改革的大背景下，强调普惠金融发展过程中"政府引导、市场主导"的原则，实际上是对政府传统作为的一种挑战。怎样做到政府引导？首先要认识到何为引导，其次要明确如何去引导，提高引导的能力。在认清普惠金融发展各个阶段特征的前提下，一份详尽的行动路线图可以刻画出发展路径和政府的工作重心，进一步明确和阐述"谁来实施和如何实施"这一问题，因此制定实施普惠金融发展战略的路线图很有必要。我们会在第四章进行专门的讨论。

（四）加强协调机制建设

发展普惠金融涉及面广，利益相关者众多。普惠金融发展规划要和国家经济社会发展战略相协调，各个职能不同的政府部门、监管部门和公共部门之间需要协调，各层次的金融服务提供者之间需要协调，金融消费者的不同需求需要协调，以上各个方面之间也需要协调。因此，许多发展中国家建立了国家性的普惠金融协调机制，具体形式包括工作组、委员会或秘书处，有的国家的协调机制还分几个层级。根据国际经验，协调机制在协同完成金融发展目标、落实发展普惠金融具体措施方面起到了重要作用。

《规划》中提出"更好地发挥政府在统筹规划、组织协调、均衡布局、政策扶持等方面的引导作用",并提出建立银监会和人民银行牵头的、其他各部门参与的协调机制,地方政府也要加强完善相应的协调机制。但是《规划》中没有明确将政府以外的其他利益相关方纳入协调范围,未来可以考虑建立更加广泛和全面的、由社会各方面参与的协调机制,或者组建一个常设机构来承担协调责任。

第四章　战略的实施

【摘要】政府是普惠金融国家发展战略的实施主体。在实施战略时，特别重要的一点就是要正确认识政府和市场的关系，坚持"政府引导、市场主导"的基本原则。政府尤其要明确自身定位，把工作重心放到普惠金融基础设施建设上来——这里的"基础设施"，既包括有形的硬件设施，也包括无形的软件设施。此外，在操作环节上，政府还应当注意建立有效的沟通协调机制，并考虑到我国国情和普惠金融的发展阶段，制定递进式的发展路线图。

一、基本原则：政府引导、市场主导

处理好政府和市场的关系是所有经济金融战略都要面临的问题，政府和市场能否发挥各自应有的作用，通常关系到经济金融战略的成败。我们认为，在我国制定和执行普惠金融发展战略，应当坚持"政府引导、市场主导"的基本原则。

普惠金融需要政府的引导。由于种种主客观原因，市场中的金融机构会出现覆盖不足甚至服务空白的状况，部分群体特别是贫困人群和中小微企业不能获得足够的、适当的金融服务。很显然，相比起其他经济领域，普惠金融的特点决定了市场机制在其发展过程中更有可能"失灵"。在这种背景下，政府应当发挥应有作用以弥补市场失灵之失。如何给政府定位，在本报告第二部分中我们会在讨论一些实践案例的基础上展开进一步的分析。这里我们只是做一个形象的比喻：假如把普惠金融比喻成一条奔腾的河流，如果政府要引导河流的流向，最好不要去命令水往哪里流，而是应该挖掘好、疏浚好河道，并建好防护堤，这样水自然而然地就会向预想的方向流淌，同时也不用过分担心水患。换言之，政府应当主要起引导的作用，这种引导主要体现在统筹规划、均衡布局、组织协调、政策扶持等方面。从更宏观的视角上来看，政府还有必要在普惠金融中融入自己的意图，使普惠金融成为经济发展和社会改进的助推器，并使普惠金融战略和政府的其他各类社会经济政策相协调。

需要特别强调的是，由于普惠金融的特性，政府除了发挥引导作用之外，还应担负起有效监管的职能。部分普惠金融的服务对象处于弱势地位，如何促进金融消费者的保护，尤其是对贫困人群的保护至关重要。在培育和引导普惠金融经营机构的同时，如何正确处置民间非正规金融、规范新型普惠金融业务、避免金融风险、防范过度借贷等，都是普惠金融领域中政府监管需要面对的重要任务。

在普惠金融领域，市场要发挥主导作用。市场在现代经济中所起的作用不需多做论述，普惠金融的发展历程就是市场化的过程。从早期由政府和慈善组织补助的"扶贫"性普惠金融实践的失败，到商业化、可持续的普惠金融模式的成功，再到适应市场需求的、新型的普惠金融模式的快速兴起，这些都说明了市场应当在普惠金融发展中起到主导作用。更何况，普惠金融具有影响面广、利益相关者众多的特点，只有市场才有这样的机制来动员各类经济主体参与到普惠金融中来，通过充分的磨合和竞争，发展高效、健康、可持续的普惠金融体系。

我国在《推进普惠金融发展规划（2016～2020年）》中提出"政府引导、市场主导"的原则。正确处理政府与市场的关系，尊重市场规律，使市场在金融资源配置中发挥决定性作用，这是这份规划的高明之处。坚持"政府引导、市场主导"的基本原则，就是要正确认识政府和市场的关系，把握好各自的"度"。由于市场失灵，政府要给予引导，但政府切忌因此越位。这对于中国当前大环境来说是一项挑战，也是需要反复强调的逻辑。

二、政府用力所在：普惠金融基础设施建设

诚如前述，为了促进普惠金融健康发展，贯彻政府引导的原则，制定和执行普惠金融发展战略时，政府应当把工作重心放在河道和防护堤上，也就是金融基础设施的建设上。这里的金融基础设施是广义的概念，既包括有形的"硬件"，也包括无形的"软件"，涵盖普惠金融相关的指标体系、征信体系、支付体系、机构体系、法规体系和监管体系等。

（一）指标体系

建立完善的普惠金融数据指标体系的意义在于：首先，要想制定有针对性的总体性战略和具体措施，就必须对国内的普惠金融发展状况有清晰准确的认识；而传统的定性分析是不够的，需要分析大量的数据和指标。其次，在制定普惠金融发展目标的时候，按照国际主流做法，应当尽量设置量化的指标，使目标具有"可衡量性"，这就

要求有对应的一套指标体系。再次，在实施相关战略和措施之后，必须对实施效果进行评价，并对战略和措施进行修正和改进，这也需要有完善的普惠金融数据指标体系作为依据。最后，体系化的数据指标有利于总结各国各地区普惠金融发展经验，进行国际间、地区间发展状况横向对比。例如，如果指标体系包含了分省分地区的数据，则可以方便地进行省际和地区间的对比分析。因此普惠金融数据指标体系贯穿普惠金融发展战略的始终，是重要的普惠金融基础设施。

全球普惠金融伙伴组织（GPFI）专门成立了数据和测量工作组（Data and Measurement Sub-Group）来推动普惠金融指标体系的建立；在《玛雅宣言》中，各签署国一致同意"有根据地制定普惠金融发展政策，收集和分析各类数据，跟踪普惠金融发展进程，建立可比的各种指标"[1]；作为中国的代表，中国人民银行和中国银行业监督管理委员会在签署《玛雅宣言》时也承诺"建成一套普惠金融指标体系"[2]。

目前我国已有一些数据指标用于衡量普惠金融发展水平，但尚未建立比较完整的普惠金融指标体系。在本报告的第三部分，我们对如何建立中国特色的普惠金融指标体系进行了较详尽的讨论。概括地说，在进行指标体系建设工作时，可以从普惠金融的供给端、需求端、基础设施环境和数字化普惠金融四个维度去建立相应的数据库，以提高数据的可比性、透明性、持续性和有效性；特别要将非正规金融机构、中小微企业和贫困人群纳入数据采集范围，并在常规的指标之外，考虑如何设置金融服务质量、金融教育、能力构建、金融大环境等方面的指标。

（二）征信体系

信息不对称会带来风险，金融业产生的原因之一就是为了减少信息不对称；而在普惠金融领域信息不对称问题尤其突出。由于主客观因素的限制，往往一部分普惠金融服务对象，特别是贫困人群和小微企业无法提供信用评估所需的基础资料或者文件证明；或者即使可以提供这些信息，单个金融机构也没有足够的能力去收集零散的信息并加以规模化运用。信息不对称的坏处在于：对于普惠金融服务的需求者来说，会导致要么金融服务需求不足，要么"过度负债"，并因金融服务价格高昂而增加其获得金融服务的难度；对于普惠金融的提供者来说，会导致信贷资产组合的整体质量恶化和运营费用增加；对于监管机构来说，会影响其对整体信贷质量进行的监管，加大防范系统和非系统性金融风险的难度。因此，为了缓解和消除信息不对称而建设普惠金融征信体系，应当成为金融基础设施建设的重点。完善的征信体系可以提高经济主体

[1] AFI，Maya Declaration updated as of September 2015，2015.
[2] AFI，2015 Maya Declaration Progress Report，2015.

的金融可得性，降低金融服务的费用，提高金融服务的效率，更为重要的是有利于小微企业获得金融服务，提高经济的活力和创新能力。

在人民银行的主导下，我国已经建立了针对企业和个人的征信体系，但包含的信息仍待进一步完善，覆盖范围也有待进一步拓宽；目前还有一些非官方性质的征信机构已经通过应用大数据技术和互联网技术来尝试构建新型征信体系。如何整合这些社会资源，建立起一套覆盖全社会，尤其是要覆盖贫困人群和小微企业的"普惠金融征信体系"是值得探讨的问题。此外，还可以考虑将前面所说的普惠金融指标体系和普惠金融征信体系融合在一起，建立统一而全面的"普惠金融国家数据体系"。

（三）支付体系

支付和结算是金融体系的重要功能，也是普惠金融的重要组成部分。我国的支付体系发展迅速，但仍有很大发展空间：虽然银行间支付结算体系健全，金融网点覆盖率较广，支付结算硬件设施渗透率不断提高，但社会公众仍较习惯使用现金进行支付结算，部分群体因为地处偏远或者不具备金融知识，仍然不能或不愿使用非现金支付结算方式。发展普惠性支付体系，提高支付体系的使用率，要从两个方面着手：一是要进一步完善和推广传统的、银行主导的支付结算，二是要积极发展创新的支付方式。

支付结算体系是最具普惠性的金融基础设施，可以从整体上降低交易成本，提高交易效率和交易安全性。近几年一些新型的支付方式通过移动设备网络就可以随时完成小额支付转账，给社会公众的日常生活带来很大便利。观察非洲和南亚一些国家的普惠金融实践，促进数字化支付手段的普及，如通过手机银行、电话银行进行支付结算，推广"电子货币"、"移动货币"，成为这些国家发展普惠性支付体系的重要措施。目前在我国，通过类似方式进行支付结算也越来越常见，银行和第三方支付结算机构一直采用商业化的模式来推广网上银行、移动银行、第三方支付等新型支付结算手段。通过我们对我国农村地区的现场考察，一些过渡性的电子终端设备（如广西田东县使用的"桂盛通"（参见本报告案例一））在我国农村已有一定规模，对推进农村普惠金融发挥了重要作用。

支付结算体系影响面广、涉及人数多、与日常生活息息相关。确保各类支付结算机构和各自的支付结算系统安全稳健运行，协调好银行和第三方支付结算机构的关系，加强各类硬件设施的建设，应当成为我国普惠性支付体系建设的重点。

（四）机构体系

这里的"机构体系"是指金融机构和非金融机构构成的体系。普惠金融的发展过程是多层次机构体系不断建立的过程。"普惠性"要求各类普惠金融服务的提供者发挥比较优势，根据自身的特点，选择合适的经营范围和目标人群。观察国际上普惠金融发展水平较高的国家，其机构体系的最鲜明特点就是多层次、多样化。从参与的机构上来看，最初普惠金融只被视作公益性组织和小额贷款机构的专门领域，现在更多的商业银行、保险公司和其他传统金融机构也加入了发展普惠金融的队伍中来。这些传统金融机构或者成立专营普惠金融业务的子公司或下属部门，或者在原有业务范围里加强了普惠金融相关业务，推出一系列具有普惠性质的金融服务，这说明传统金融和普惠金融之间的界限已经开始模糊。除此之外，还兴起了一些以应用新技术、新模式为特点，主要使用互联网技术和数据分析技术的各类机构，涉及征信、支付、小企业投融资、小额资产管理等方面。总体看来，现在参与推动普惠金融的机构种类和数量更多，所提供的金融服务更广，既包括传统金融机构，也包括新型金融机构、各类非金融机构、非政府组织等。机构体系是金融服务的载体，推动建立多层次、多样化的机构体系是发展普惠金融、完善金融基础设施的重要举措。

此外，根据国际主流观点，应当由"正规"的金融服务提供者来从事普惠金融。正规指的是提供普惠金融服务的各类机构有合法的身份，并且具有经济实体属性，根据监管分类按对应的层级接受不同程度的金融监管。正规化的普惠金融机构体系有利于加强监管和消费者保护，并且由于业务合法、流程规范，可以更好地实现商业化，如能更容易地进行融资，更方便地对接资本市场等。对于原有的非正规金融服务提供者，也不宜"一刀切"地否定，对于可正规化的非正规金融服务提供者，应考虑如何将它们纳入普惠金融机构体系，分步骤、有节奏地将其正规化，并根据其自身条件及业务性质（如经济实力如何、是否具备系统重要性、是否吸收存款等），分层次地划定业务范围并进行有效监管。在过去几年我国普惠金融实践的进程中，已经显示出传统金融机构与新型非金融机构之间的竞争和合作，这体现出普惠金融机构体系演变过程中的一个主要趋势。

（五）监管体系

普惠金融的快速发展给传统的监管体系带来了挑战，将普惠金融纳入监管体系之中并进行有针对性的有效监管，是构建金融基础设施"软件"的重要一环。

由于金融服务的公共属性，通常金融监管机构对于金融服务提供者会提出各个方面的要求，可能包括资本金、消费者保护、风险控制、信息系统、合规流程、利率上下限、资本准入、税收和会计准则应用等。这些要求对于影响范围广、公共属性很强的大型金融机构是非常有必要的，但对于普惠金融服务的提供者，尤其是小型金融机构和非金融机构，是否仍然全部必要呢？

对普惠金融进行监管时，要考虑以下因素：第一，普惠金融服务提供者本身的运营成本就很高，再去执行全部的、统一的金融监管规定就会增加巨大的成本，这些成本往往会被转嫁到消费者身上。第二，普惠金融服务的提供者往往具有分布分散、信息系统不发达、数量众多的特点，业务模式也和传统金融业务有差异，执行全部的、统一的金融监管规定也会给监管部门带来不菲的监管成本。第三，普惠金融服务的提供者一般规模相对较小，多数未达到有可能损害金融体系系统稳定性的规模。第四，普惠金融的客户，特别是低收入人群和处于偏远地区的人群，还有老人和妇女，往往抗风险能力较差，也不具备足够的金融知识，而普惠金融服务的提供者往往自身的业务水平不高、正规化程度不够、合规和风控能力差，在这种情况下，消费者保护就成为要格外强调的问题。第五，新的普惠金融形式，如包含互联网金融和移动金融在内的"数字化普惠金融"，其风险特征异于传统的金融业务，传统的监管体系和监管方式要做出相应修正。国际主流的看法是：要考虑到普惠金融的特殊性，对于普惠金融的监管不应和传统金融机构尤其是银行相同。在全球普惠金融合作伙伴组织（GPFI）组织的"国际标准制定组织峰会"上，各主要国际标准制定组织（SSBs）达成了共识：监管的适当性原则（Proportionality Principle）——权衡好监管的风险和收益——是做好对于普惠金融进行监管的关键[1]。对于普惠金融产品和服务的提供者，根据其业务性质界定其是否具有系统重要性，划分好普惠金融的层次，再对其进行有针对性的、有重点的、分层次的监管，成为了国际上通行的做法。

三、政府部门的协调机制

协调好不同政府部门之间以及政府部门和社会公众的关系，充分发挥各个政府部门在发展普惠金融中的作用，从而确保普惠金融国家发展战略的顺利实施，是操作层面上需要考虑的重要问题。

确定发展普惠金融的领导机构是国际上通行的做法。普惠金融联盟（AFI）在2010年发布的一篇有关普惠金融发展战略的调查报告认为："强有力的领导是从国家的角度上制定普惠金融战略的基础。"[2] 根据统计，目前大多数已制定或正在制定普惠金融发展战略的国家都选择中央银行作为领导机构[3]，原因在于中央银行通常具有较高威望和政治独立性，因此在政策协调、落实推动方面具备优势。在中央银行之外，也有许多国家选择财政部作为领导机构。无论是谁担任发展普惠金融的领导机构，都必须具备足够的能力和充分的授权，可以将其他相关政府部门和社会上各类普惠金融

---

[1] GPFI，SSBs Conference Issues Paper 1—Standard-Setting Body Engagement on Financial Inclusion，2012.

[2] AFI，The 2010 AFI Survey Report on Financial Inclusion Policy in Developing Countries，2010.

[3] AFI，National Financial Inclusion Strategies-Current State of Practice，2015.

利益相关者凝聚在一起。

在确定领导机构后，需要制定发展普惠金融相关事项的议事机构和协调机制。这一套机制要明确政府部门内部如何合作，政府部门和其他非政府机构、社会公众如何沟通。在2012年普惠金融联盟全球政策论坛上，50％的与会者在问卷调查中认为"政府部门的协调"是制定和实施普惠金融发展战略中最有挑战性的环节[①]。参考国际上的经验，多数国家建立了委员会、秘书处、工作组等机制，并将各个政府部门和社会公众代表纳入其中。

国务院印发的《推进普惠金融发展规划（2016～2020年）》中提到"由银监会、人民银行牵头，发展改革委、工业和信息化部、民政部、财政部、农业部、商务部、林业局、证监会、保监会、中国残联等部门和单位参加，建立推进普惠金融发展工作协调机制"，还提到了地方政府也应建立协调机制。除此之外，我们认为我国建立发展普惠金融的沟通协调机制，还应当考虑到以下几方面的问题：

第一，我国目前还没有常设的普惠金融议事机构和制度化的普惠金融议事机制。未来可以考虑建立一套稳定的协调制度，以确保在落实普惠金融国家发展战略和执行具体措施时都能够实现群策群议、良好沟通和协调运作。

第二，在现阶段我国分业监管的情况下，人民银行侧重于宏观管理，银监会专注于银行业金融机构的管理；而普惠金融是个宽口径的概念，在信贷领域以外还有很多其他普惠金融业务形式，目前新型的普惠金融模式也在不断涌现。由人民银行和银监会负责牵头，是否能够覆盖宽口径的普惠金融？前文我们论述了政府的着力点应当放在金融基础设施建设上，金融监管机构能否有足够的能力去动员这种基础设施建设？普惠金融对促进经济发展和社会改进有重要作用，是否要考虑在更高层面上设立普惠金融领导小组？

第三，普惠金融的利益相关者众多，各市场主体和社会公众在发展普惠金融中有不同的利益诉求，只有协调好各方面的利益相关者，才能确保相关政策和措施的顺利实施，因此可以考虑将市场主体和社会公众的代表也纳入普惠金融协调机制之中。

四、战略实施路线图

我国目前正处于改革和发展的关键时期。一方面，随着我国经济增速放缓，一些经济社会问题逐渐显现，经济结构调整和发展方式转型压力大、任务重；另一方面，我国幅员辽阔，各区域经济和社会发展水平不均衡，各群体的利益诉求不尽相同。在

---

① AFI，National Financial Inclusion Strategies-Current State of Practice，2015.

这种情况下，制定和实施普惠金融发展战略，就需要考虑到我国的国情，加强顶层设计，树立全局性的发展理念，制定完善的一揽子方案，平稳、有序地推进普惠金融发展。同时，还应鼓励各地方制定本地区的普惠金融规划或战略。

普惠金融战略并不是一成不变的，应当随着国内普惠金融发展水平的提高而不断演进，因此制定递进式的发展路线图很有必要。参考国际金融公司（IFC）的观点，我们把普惠金融的发展水平划分为四个阶段[①]；而随着所处阶段的不同，我国的普惠金融发展战略应当有不同侧重点：

（1）"构建基础"阶段：普惠金融发展水平不高，金融基础设施也不够完善，普惠金融的发展基础有待提升。这一阶段我国应当把发展普惠金融的重点放在大力建设金融基础设施"硬件"上。

（2）"促进融入"阶段：已经构建了普惠金融的发展硬件，但是仍然有较多的个人和企业游离于正规的金融体系之外，没有接受到各种正规的金融服务。这一阶段我国应当把发展普惠金融的重点放在建设金融基础设施"软件"上，促进社会各群体融入正规的金融体系之中。

（3）"提升广度"阶段：已经构建了较为完善的普惠金融基础设施，并且正规的金融体系已经涵盖了大量的人群。这一阶段我国应当把发展普惠金融的重点放在提升金融服务和金融产品的多样化程度上，使个人和企业能够获得全面的金融服务。

（4）"较高水平"阶段：普惠金融发展水平较高，金融体系能够有效地提供各种类型的金融产品和服务。这一阶段我国应当把发展普惠金融的重点放在实现普惠金融的平衡发展、解决本国普惠金融的"短板"上。

这种递进式发展路线图的优势在于：简单清晰，可以确保在考虑我国实际情况的前提下构建目标导向的普惠金融战略，同时还能够结合国际上处于同一阶段的其他国家的发展经验。此外，通过递进式发展路线图，还可以认识到普惠金融是一个多阶段的过程，其发展战略也应当不断升级。

结合实际，我们认为我国目前普惠金融的发展水平处于"构建基础"阶段和"促进融入"阶段之间，因此普惠金融发展战略的重点应当放在包括"软件"和"硬件"在内的金融基础设施建设上。

五、结束语

发展普惠金融是一个完整的系统性工程，既要落实总体的发展战略，也要落实各

---

① IFC，Financial Inclusion Initial Target-Setting Assessment，2011.

个阶段的路线图。总体的战略着眼于经济发展和社会改进，而各个阶段的路线图涉及广泛，利益交错。总体战略起到指引和纲领的作用，但可执行性比较差；而各个阶段的路线图则更加清晰具体，可执行性强。因此要处理好总体战略和路线图的关系，确保这两者的协调一致。

发展普惠金融需要兼顾到社会各个群体，最忌讳闭门造车。发展普惠金融的影响深远、利益相关者众多，因此在实施战略、实施路线图时应当广泛听取社会各群体的意见。

发展普惠金融的目标和措施在优先级上应当有差异。各个国家的实际情况有区别，尤其是对于发展中国家，经济、金融和社会的发展状况往往不平衡，政府能够动用的资源也有限。因此需要把有限的资源集中到普惠金融发展最薄弱的领域上去，如赋予某些方面的发展目标和措施更高的权重，而有些方面的目标和措施可以被排在后面。构建发展路线图的目的就是确定各阶段发展普惠金融的工作重点。

发展普惠金融的战略目标和行动路线既要有挑战性，又不能脱离国内外的实际情况。好的目标和路线可以清晰地传递政府发展普惠金融的信心和决心，可以得到各个社会群体的认同，因此可以激发全社会的积极性。总结各国发展普惠金融的目标和路线，多数建立在对本国当前金融、经济和社会发展情况的理性考虑基础之上。换言之，发展普惠金融的战略目标和行动路线要在挑战性和可行性之间找到平衡。

发展普惠金融，要在控制风险的前提下鼓励创新。金融创新往往在提高金融效率的同时产生新的金融风险，特别是无序的、冒险的"创新"更会带来出人意料的风险。因此对于普惠金融的监管要把握好分寸，在促进金融创新和防范金融风险之间也要找到平衡。

普惠金融发展战略包含了战略的制定、实施和评估几个环节。我们在对如何制定和实施战略进行了深入探讨之后，还要格外强调战略评估的重要性，如果普惠金融发展战略没有得到不断的评估修正，那么即使最初制定的战略再好，即使战略实施可能取得局部的成功，最终仍很有可能归于失败。

专题

主要的国际性标准制定组织（SSBs）关于普惠金融的观点和相应措施

伴随着普惠金融理论和实践的不断发展，国际性标准制定组织也达成了一些共识，总体而言就是国际金融标准要致力于促进各个国家普惠金融和整个金融体系的发展，并且在具体实施标准时应当秉承"适当性"的原则，权衡好实施标准的风险和收益。由于普惠金融可以促进经济和社会发展，进而为实施金融标准创造良好的经济金融环境，所以国际性标准制定组织有动力将促进普惠金融纳入这些金融标准之中。具体来说：

第一，金融排斥会影响到金融体系的完整性和安全性、社会和政治的稳定甚至是金融稳定，从而给各标准制定机构负责的领域带来风险。例如，金融排斥和不完备的金融体系导致现金交易比例过高，引发洗钱和为恐怖主义融资的风险；又如，非正规金融带来的储蓄和投资风险可能会波及整个国家的银行体系。因此，金融行动特别工作组（FATF）就提出金融排斥是一个重要的经济、社会和政治风险。

第二，随着普惠金融的发展，金融风险的性质会发展变化，从而导致在制定金融标准时考虑的因素发生变化。例如，许多原来被排斥的人群获得了金融服务，他们的风险特征并不同于传统金融体系原有的服务对象；又如，创新的技术手段和经营模式被广泛使用，也会给金融体系带来新的风险。当然，普惠金融所带来的好处，包括经济发展、效率提高、福利增进，可以有效地缓和或抵消这些风险。

第三，标准制定组织制定的相关金融标准应当考虑到各个国家的国情，主要包括两个方面：一方面要考虑特定国家的金融发展水平，另一方面要考虑特定国家的政策制定者和监管部门落实国际金融标准的能力。因此，在普惠金融发展程度较低、金融排斥现象较为严重的低收入国家，完全落实某些国际金融标准应当成为一个长期的目标。国际金融标准的实施应当是有弹性的，在某些国家可以立刻实施，但在某些国家可以先成为指导性意见。

代表性国际标准制定机构关于普惠金融的观点有：

（1）巴塞尔银行监管委员会。巴塞尔银行监管委员会为各国银行业及存款机构的监管制定相应的国际性制度和指引。2010年的巴塞尔银行监管委员会报告中就"微型金融活动和有效银行监管的核心原则"进行了探讨，为在发展普惠金融的过程中如何落实巴塞尔核心原则建立了基础。巴塞尔银行监管委员会重点考虑了对存款机构建立多样化的监管指引，这些存款机构不属于商业银行的范畴，主要服务低收入群体，但是却没有被纳入有效的监管中来；此外，巴塞尔银行监管委员会还考虑了对于普惠金融创新的监管，如非柜台业务（包括电子货币和利用金融代理商来开展业务）等。对于巴塞尔核心原则的修正可以更好地适应普惠金融的发展需求，更好地实现监管和消费者保护。巴塞尔银行监管委员会在讨论哪些适用于商业银行的促进普惠金融的条款可以被放在核心原则里，而哪些适用于非银行机构的条款可以被放在附属指引里。

（2）国际支付结算体系委员会。国际支付结算体系委员会过去主要把工作重点放在大额支付和系统重要性支付结算体系上，近些年来，该委员会拓展了工作的范围，开始关注如何促进零售支付系统和支付设施的安全性和有效性。国际支付结算体系委员会的工作是促进普惠金融发展的，因为该委员会推出的金融标准会提升支付结算服务的质量，降低支付结算服务的费用，从而能够使更多的人受益。国际支付结算体系委员会目前在鼓励支付结算的创新，使原本被金融排斥的人群有机会获得支付结算服务，并提高在发展中国家通过支付结算体系进行交易的比重。该委员会建立了相应工作组，并推出了各类指引，推动各国采用适当的法律法规和监管措施来促进零售支付结算的创新。

（3）金融行动特别工作组。金融行动特别工作组为各国反洗钱和杜绝为恐怖主义融资建立金融标准，并推动相关监管框架的建立。金融排斥会损害金融体系的完整性，给这些非法活动带来了可乘之机。随着普惠金融的发展和金融体系的不断完善，使用现金进行的交易会越来越少，通过金融体系完成结算的交易会越来越多，从而更多的交易会有迹可循——这与金融行动特别工作组的目标是契合的。金融行动特别工作组在其2011年的指引文件中就把反洗钱、杜绝为恐怖主义融资和发展普惠金融并列，成为首个明确地将金融排斥带来的风险纳入官方指引的金融标准制定组织。

（4）国际存款保险公司协会。国际存款保险公司协会为国际间存款保险机构、中央银行和其他国际组织建立了论坛，讨论金融稳定、存款保险和对问题银行的处置等议题。国际存款保险公司协会的核心原则和巴塞尔银行监管委员会的核心原则有重合的地方，体现了存款保险是构成"金融安全网"的重要部分，需要进行有效的监管。建立有效的、为社会公众所了解的存款保险制度可以加强社会公众对于银行体系的信心，鼓励低收入人群去正规金融机构进行储蓄，2010年，国际存款保险公司协会成立了"普惠金融和创新分委员会"（Financial Inclusion and Innovation Subcommittee）来研究和探讨普惠金融与存款保险之间的关系。目前各种类型的可进行存款的机构纷纷出现，新形式的类存款金融产品如"电子货币"等也迅速发展，这些新的机构和产品一方面为原来被金融排斥的群体提供了金融服务，促进了普惠金融的发展；另一方面也带来了问题，是否要把拓宽存款保险的范围，将它们纳入存款保险中来呢？如果将其纳入存款保险的范围，就需要建立配套的金融监管制度并建立有效的存款保险体系，这对于许多发展中国家无疑是一个挑战。

（5）国际保险监管机构协会。国际保险监管机构协会以促进保险市场发展为宗旨，促进普惠金融的发展和其审慎监管、消费者保护的目标相互交织。在推动小额保险发展方面，国际保险监管机构协会确立了两个重点关注的议题：一是使传统保险服务惠及更多的社会群体；二是将非正规的保险服务提供者纳入保险监管核心原则（Insurance Core Principles）的有效监管中来。为此，国际保险监管机构协会对其保险监管核心原则做了修改，以适应普惠金融的发展需求。

这些代表性的国际标准制定组织互相建立了沟通交流机制，并且制定的金融标准也有交叉之处。关于普惠金融，有些原则被国际标准制定组织放到了相同的位置上，而有些原则则有所差异。

首先，各个国际标准制定组织都认识到，将非正规的金融服务提供者正规化是非常重要的，因为这些组织只对正规的金融服务提供者进行监管。正规化对于普惠金融也是个重大议题，因为目前在很多国家存在大量非正规的金融服务。因此，应以适当的节奏来进行"正规化"，如果不能把握好这一点，那么许多非正规金融服务提供者将无法实现正规化，最终也将会不利于普惠金融的发展。

其次，消费者保护受到各个国际标准制定组织的普遍认同，但是各组织在具体认同程度上存在差异。考虑到金融排斥的低收入人群的实际情况，考虑到各个国家金融政策制定者和执行者能力上的区别，考虑到金融消费者自身知识和能力的差异，各个国际标准制定组织在这个问题上都有自己的认识。

最后，在创新性的金融业务（包括电子货币、金融代理商和互联网金融等）上，各个国际标准制定机构存在利益不一致的地方。新型的金融模式模糊了传统金融的界限，同时也模糊了各个标准制定机构的业务范围，如在银行业经营模式和支付结算上的创新就模糊了巴塞尔银行监管委员会和国际支付结算体系委员会的分界。

第二部分

如何发挥政府的引导作用

第五章　弥补市场失灵的手段

【摘要】在理论上，普惠金融可以被认为是一种公共物品，容易出现市场失灵的现象，需要政府在纠正市场失灵方面发挥作用。本章回顾大量的文献，从理论和实践上，分析政府在哪些方面可以发挥作用，如何发挥作用，以及介绍其他国家政府如何促进普惠金融的发展，希望给中国普惠金融发展带来有益的启示。普惠金融发展中市场失灵不同程度地存在，政府应该在弥补市场失灵方面扮演重要的角色。

　　政府通过调整金融法规、政策体系等普惠金融的有机构成部分，增加金融服务的广度，提高金融的普惠性。尤其是，政府可以引导农村金融组织创新、服务方式创新、金融基础设施的完善等，扫除农村金融服务盲区，解决"最后一公里"问题。在这方面，国际上已经进行多年的研究、探索和实践，产生了许多可以借鉴和学习的理论、经验和案例。

　　本章回顾国际上在发展普惠金融方面的研究成果和重要经验，试图阐述政府可以在哪些方面发挥作用，应该如何发挥作用，哪里是普惠金融发展重点应该聚集的领域，其他国家的具体做法是什么，目的是启示中国普惠金融发展。

一、政府可以在哪些方面发挥作用

　　政府在金融发展中有着重要作用，但是在构建普惠性金融体系中，政府到底应该和能够发挥什么样的作用、如何发挥作用等具体问题，是存在争议的话题（Helms，2006）。实际上关于普惠金融中政府的作用，主要是要认清和处理好两组关系：一是政府与市场的关系；二是金融稳定与普惠金融的关系。

（一）消除市场失灵

　　有不少研究结果认为，政府在消除市场失灵方面的作用不容忽视（Barr et al.，

2007；Demirguc-Kunt，2008；Beck，2008；UNCDF and UNDESA，2006；Helms，2006；Llanto and Badiola，2011；Ledgerwood，2013；World Bank，2012，2013；Delius，2012；Hunter，2013；Hassan，2011）。政府在普惠金融方面的关键作用主要是处理金融服务的供给和需求中可能出现的信息不对称（导致逆向选择和道德风险问题）和交易成本较高引起的各种市场失灵。

普惠金融可以被视作一种准公共物品（Mehrotra et al.，2009），可能存在市场失灵的现象。大多数情况下，信息不对称和交易成本高引起的市场失灵，将会影响金融市场作用的发挥，妨碍金融服务向某些特定人群的延伸，从而影响金融市场的效率，金融服务的使用受到市场失灵的约束；市场失灵导致金融服务的价格过高，或者因为管制障碍、法律障碍、市场分割和文化因素而无法获得金融服务（世界银行，2013）。

政府的政策在一定程度上是可以克服市场失灵的。政府发展普惠金融的政策可以提升个人金融服务的可获得性（Allen，Demirguc-Kunt et al.，2012）。一个所有人都有机会获得服务的发达的金融系统可以降低信息和交易成本，影响储蓄率、投资决策、技术创新、长期增长率（Beck et al.，2009）。由于交易成本高、信息不对称等市场摩擦（Market Friction）的存在，储蓄转化成投资的资金融通往往受阻。为了消除市场摩擦，金融机构和市场应运而生，而金融机构和市场的有效运行有赖于宏观稳定、有效的契约制度与信息框架（Beck，2008）。政府在金融深化（Financial Deepening）和金融广化（Financial Broadening）中扮演重要角色，但是关于政府的具体作用，学者们还没有达成共识，只是对于政府在宏观经济稳定、契约和信息框架建构等方面所发挥的作用争议最少。但是在过去的 50 多年中，很多国家政府采取激进政策（Active Approach）过度干预金融体系，以致政府的作用超出了提供基本的制度基础设施的范围。

在普惠金融体系建设中，政府制定有效的政策可能是积极性的，但是政府干预也可能阻碍金融部门的发展（UNCDF and UNDESA，2006）。所以，需要明确在普惠金融和金融资源配置中公共部门和民营部门的角色，明确各自作用发挥的领域和程度，并努力寻求政府和市场之间的平衡。

当然，政府行为在矫正市场失灵的同时，也可能导致一些政策出现低效率（Demirguc-Kunt et al.，2008）。有很多研究和事实表明，政府干预信贷市场可能要付出较高的代价，在可能出现政治俘获的同时，还会放大市场扭曲，进而进一步加深金融排斥的程度。Cole 的研究发现，在选举年，农业信贷增加了 5%～10%，尤其是在竞争比较激烈的地区。发放给对执政党具有政治利益的地区的新增贷款被偿还的可能性很小，而且选举年信贷增加也没有带来更多的农产品产量（Cole，2009）。de La Torre 等根据发生在印度南部的小额信贷危机，使用 2007 年从安得拉邦（Andhra Pradesh）3 个地区收集的调查数据，评估了 72 家初级农业信用合作社（Primary Agricultural Cooperative Societies，PACS）得出的结论认为，印度初级农业信用合作社已经被用来作为政治工具，结果是借款人在偿还初级农业信用合作社贷款之前优先偿还机构贷款（如小额信贷机构、非正规借款等），因为借款人把合作社与政府经常实施的豁免计划相联系。他们的研究结果说明政府过多地干预信贷市场可能造成不好的后果，政府控制 PACS 会导致治理不力、管理不善，倾向于被政治俘获，鼓励违约（de La Torre, Jordi, Xavier Giné, Tara Vishwanath，2011）。一项对印度 2008 年最大的救助项目"小农户和困难农户债务减免计划"的深入分析表明，虽然这一行为最初是打算减少农村地区家庭的债务，但是结果并没有减轻受益人的债务积压问题。项目接受者对非正式金融的依赖反而加大了，间接地导致了生产性投资的减少和农业产量的降低（Kanz，2012）。

（二）兼顾金融稳定与普惠金融双重目标

近年来，政策制定者在金融部门发展的角色在变化。金融监管的传统目标是金融机构的安全、金融系统的稳定，而 2005 年"普惠金融"提出来之后，许多国家开始将普惠金融作为监管目标和内容，实施了很多意在增强金融可及性的政策和具体项目。虽然普惠金融并没有成为中央银行或其他金融监管部门的核心内容，但是普惠金融在缓解贫困、平衡增长和稳定经济中的重要作用，越来越受到政策制定者的关注。促进普惠金融日趋成为政策制定者的一个核心目标。世界银行《金融可得性 2010》报告在分析金融稳定和普惠金融的关系后指出：金融稳定是金融监管的目标和职责，但是许多经济体将普惠金融纳入改革和发展的目标，金融监管部门也在普惠金融方面发挥了重要作用（世界银行，2010）。根据世界银行的估计，超过 60 个国家在最近几年提出改革促进普惠金融的扩张（世界银行，2012）。普惠金融已经成为与货币和金融稳定、消费者保护及其他传统的监管目标并行的一个重要政策目标（Hannig and Jansen，2010）。然而，2008 年的国际金融危机显示了金融不稳定会从金融系统内部传播到实体经济，破坏经济增长。这不禁促使人们反思：金融监管当局到底在多大程度上能促进金融可得性？如何将金融稳定和普惠金融两方面的目标融合起来？政府哪个部门应该负责推进普惠金融改革？对于监管者和政策制定者而言，保持金融稳定是一个非常重要的目标，必须对现有政策工具加以检查，包括探讨普惠金融政策对金融稳定性的影响。政府在金融发展、金融稳定和普惠金融方面的政策目标可能不一致甚至存在冲突，促进金融发展的政策并不一定能够促进普惠金融（Demirguc-Kunt et al.，2008），二者之间的一致性可能会是个难题。如当银行试图克制系统性风险时，它将减少向弱势群体和低收入群体提供金融服务的努力，从而影响普惠金融的程度。

关于普惠金融和金融稳定二者的关系，不同学者的看法并不一致。

Khan（2011）认为普惠金融从以下几个方面促进了金融稳定：①贷款给小公司所形成的银行资产的多样化有可能降低金融机构贷款组合的总体风险；②低收入借贷者倾向于保持稳定的金融行为，普惠金融为金融机构特别是银行提供了更加稳定的零售资源，这些资源增强了金融机构的坚固性和弹性，这可以减少银行对在危机期间更加不稳定的非核心融资的依赖；③一个更好的货币政策传导会导致更强的普惠金融，也有助于金融的稳定；④为了将更多的人口纳入正规金融服务的范畴而做出的努力会促进金融的创新，而金融创新有可能会降低成本、提高金融的有效性和稳定性；⑤通过谨慎的政策取向，普惠金融可以帮助减少收入不平等和弥合富人和穷人之间的裂痕，促进社会、政治、金融稳定。

低收入群体被认为对经济周期相对不太敏感，所以将低收入群体纳入金融机构的服务对象中往往会增强存贷的稳定性（Hannig and Jansen，2010）。

Prasad（2010）的研究认为中小企业有限的信贷可得性对总体就业率产生了负面影响，因为这些中小企业通常是更加劳动密集型的企业。从这个角度来看，金融服务收缩会导致金融的不稳定。

Morgan P. 和 V. Pontines（2014）实证分析了普惠金融和金融稳定之间的因果关系。他们发现金融机构增加对中小企业（SMEs）的贷款份额，减少不良贷款和违约发生的概率，可以改善金融稳定。这证实了通过贷款给中小企业，普惠金融对金融稳定存在积极影响，也就是说增加普惠金融的政策也会给金融稳定带来好处。

在金融危机期间，银行的储蓄者会挤兑，从银行取走他们的存款。大的储蓄者通常会成为第一个挤兑者。按大数定律和组合理论，如果银行储蓄者更加分散，相关储蓄被取走的情况就会有所缓解，银行的存款组合会更加稳定。普惠金融使更多成年人有机会进行银行储蓄，可以实现银行储蓄的分散性。银行储蓄方面更广泛的普惠金融能够显著地提高银行业资金的弹性，有利于金融稳定（Cull et al.，2012）。Han 和 Melecky（2013）的一项研究得出了相同的结论。他们检查了 2008 年危机之前银行存款更大的可及性与危机中银行存款增加的动力之间的关系，作者发现银行存款更大的可及性能够显著缓解银行存款在危机期间被撤回或银行存款增长放缓的速度。变量的估计系数显示，有机会获得银行储蓄机会的人口增加 10%，会使储蓄被取走的比率下降 4% 左右。因此努力提高金融稳定的政策不仅要致力于宏观审慎监管，而且还要承认银行存款更大的可及性对金融稳定的积极影响。

Khan（2011）的研究中同样发现有些情况下普惠金融与金融稳定之间会呈现反方向的关系：①金融机构试图增加借款者数量时，贷款标准将会降低；②如果银行将信用评级等各种功能外包，银行的声誉风险将会提高；③如果小贷机构不被有效监管，贷款组的增加能够减弱经济监管的有效性以及增加金融系统性风险。银行盈利能力是提高金融稳定性的手段之一，有些银行辩论说虽然普惠金融的好处容易理解，但是服务穷人的成本短期内会显著影响银行的盈利能力（Raj，2011），因此导致金融不稳定。

普惠金融可能给金融系统带来新的风险，如果不能被合理地管理，会造成金融的脆弱性（Ghosh，2008）。但是 Hannig 和 Jansen（2010）对此有不同看法，他认为更高的普惠金融提供了提高金融稳定的机会。Oscar Chiwira 和 Ruramayi Tadu（2013）利用金融监管的重要性来解释普惠金融与金融稳定之间的关系。通过缓和普惠金融可能给金融系统带来的风险，金融监管扮演着一种调解的作用，确保了普惠金融会带来金融稳定。同时他们指出，能保证普惠金融会带来金融稳定的金融监管机制应该包括消费者保护、金融素养、金融诚信等方面的规制。

在一项针对智利的银行信贷损失分布的研究中发现，小公司要比大公司具有更低的周期敏感性，所以小额贷款损失要比大额贷款损失具有更低的系统性风险（Osvaldo Adasme，Majnoni and Uribe，2006），这表明通过普惠金融政策，向中小企业提供信贷，将会降低银行贷款组合的总体风险，从而增强金融的稳定性。从这个意义上说，政府应该选择合适的政策提升穷人和没有银行账户者更广泛、更完善的信贷可得性。

Hirwa Amatus 和 Nasiri Alireza（2015）使用动态面板数据的广义矩量法，利用撒哈拉以南非洲（SSA）35 个国家 2004～2011 年的数据研究了普惠金融和金融稳定二者之间的关系，使用了贷款余额（Outstanding Loan）和存款余额（Outstanding Deposits）这两个变量来代表普惠金融。研究发现商业银行更高的贷款余额会导致金融稳定，而商业银行存款余额对金融稳定有负面影响。这是因为在撒哈拉以南非洲，金融服务使用者缺乏多样性。考虑到控制变量之后，银行对私营部门的国内信贷会导致金融稳定。所以合适地提高普惠金融水平也有助于实现 SSA 金融系统更大的稳定性。

根据 Hawkins（2006）的研究，通过以下五个方面，中央银行可以同时实现普惠金融和金融稳定的目标：①分层的银行体系；②银行竞争；③全国支付系统；④储蓄保险；⑤外资银行。

显然，目前没有很强的事实证据能证明普惠金融和金融稳定之间的关系。普惠金融和金融稳定之间的关系错综复杂，所以金融监管部门和政策制定者需要在促进金融部门成长和保障金融体系稳定之间寻求平衡（Ardic et al.，2011），进行金融监管当局的普惠金融职责调整与改革。

（三）制定和实施普惠金融国家战略

实施普惠金融改革的一个有力措施就是制定综合普惠金融战略，设定普惠金融议程、计划、规划。普惠金融战略可被界定为政策制定者和其他利益相关者形成的追求普惠性金融部门的一种共同愿景。联合国资本开发基金会（UNCDF）和联合国经济社会部（UNDESA）2006 年出版的《构建能推进发展的普惠性金融部门蓝皮书》（Building Inclusive Financial Sectors for Development），是普惠金融领域最早、最主要的文献之一。该书就提出要制定普惠金融国家战略。普惠金融国家战略应该包括国家宏观经济、社会政治环境的评估，普惠金融应与国家宏观经济、发展目标相一致，与其他国家战略（如扶贫战略等）相协调。普惠金融战略应包括监管框架、能力，近期和远期改革目标等。需要从需求方评估金融可及性、金融服务使用状况，从供给方评估其供给能力和潜在机会、障碍因素，提出给予现实的支持、技术和金融服务水平，制定发展规划（Porter，2011）。

世界银行《金融可得性 2010》报告的资料分析显示，将促进普惠金融上升到国家战略的经济体占所调查经济体的 45％，其中 91％是从 2004 年之后才实施普惠金融国家战略的。制定和实施内容广泛的普惠金融议程，需要专门的人员和资源，因此，许多经济体设立了专门的机构和团队。但并不是所有进行普惠金融改革的经济体都配有专门的资源，如开展储蓄促进、农村金融促进的经济体分别有 49 个和 52 个，而设有专门机构和团队的经济体只占各自的 47％和 71％。

2012 年世界银行出版了一份普惠金融战略参照性框架，描绘了样本国家是如何实现普惠金融目标的，并试图为打算制定普惠金融战略的国家提供参照性指南。目前，越来越多的国家制定了正式的普惠金融国家战略（World Bank，2013），包括经过协商程序制定的若干公共文件，而协商程序一般涉及很多公共部门和机构（财政或经济部、中央银行、消费者保护机构、司法部门、社会保障机构等）、私营部门企业（商业银行、保险公司、非银行金融机构、电信公司等）、民间社会合作伙伴（微型金融组织、NGO 的金融教育组织等）。虽然对有关普惠金融国家战略进行严格的检验为时尚早，但还是有些迹象表明通过公共部门和私营部门合作承诺实施普惠金融可以取得一些进步。例如，南非金融部门宪章帮助提升了成年人获得银行服务的机会，在四年内从 46％提升到 64％，开设了 600 万个基本银行账户。在英国，一个普惠金融工作组通过电子货币监管、与银行账户联系的 G2P 支付以及通过邮局获得金融服务等方式，帮助把没有银行服务的成年人人数降低了一半。巴西政府实施了监管改革，极大地扩展了获得金融服务的比率，巴西每一个城镇，包括农村偏远地区的城镇，都得到了金融覆盖（世界银行，2013）。

二、政府如何发挥作用

（一）政策取向

关于政府在金融发展和普惠中的作用、政府与市场的关系取向，可以分为三种，即放任自由取向（Laissez-faire Approach）、激进取向（Activist Approach）、市场增进取向（政府与市场协调的中间取向）（Beck，2008）。放任自由取向的金融部门政策就是将政府的作用限定在提供基本的制度框架（Basic Institutional Framework）内，而其他任何对金融体系的政府干预都将是有害的。与此相关的就是所谓的现代主义取向（Modernist Approach），这是北美、西欧国家金融体系发展中得出的经验教训，并试图推广应用到目前的发展中国家和新兴经济体。但是这两种忽略市场失灵、缺乏对发展中国家本土政治经济考虑而简单移植发达国家经验的做法，是备受质疑和批评的（Beck，2008）。激进取向的金融部门政策过分强调政府的作用，基于这种取向，很多国家在20世纪六七十年代都采取了非常激进的金融干预，如开设国有银行动员储蓄、向优先发展或融资缺乏的部门提供直接信贷、实施严格的利率管制和补贴等。但事实证明，这些并不是有利于金融发展的有效政策，替代市场（Market-substituting）的金融政策是失败的，如在全面调查文献的基础上，《全球金融发展报告2013》认为国有银行经常服务于政治利益，因而在信贷分配上一般没有效率（世界银行，2012）。市场增进取向（Market-enabling Approach）的政策则是要规避自由放任和市场替代两种政策取向的缺陷，让作为市场主体的金融机构在金融服务提供中发挥基础性作用，而让政府对市场主体进行促进、激励、调控。市场增进取向的政策，就是试图通过促进竞争、监管、市场友好的积极政策（Market-friendly Activist Policies）等一系列措施推动金融机构和市场的优化。

Demirguc-Kunt（2008）也强调市场规律（Market Discipline）是金融繁荣的基础，而干预主义政策将阻碍金融发展，但政府的确在构建有效和普惠的金融体系、促进金融体系功能完善等方面具有非常重要的作用，例如，稳定政治和宏观经济环境、完善法律和信息基础设施、实施金融监管、增进竞争和效率、改进政府所有的金融机构运营机制、放松金融管制和推进金融自由化、易化金融可及性等。

Johnson和Williams（2013）则用"亲市场激进主义中间道路"（the Middle Way of Pro-market Activism）来表述普惠金融中政府与市场的关系，指出推进普惠金融的过程中，政府应该采用亲市场的激进主义取向（而不是单纯的自由放任的现代主义和极端的激进干预主义），如通过创造有利的政策环境（如建章立法等）、实施亲市场的激励促进政策、改善市场信息基础、设置市场准入条件、促进竞争等，实现对弱势人群的普惠金融。同时指出要进行"大市场"（BigM）取向普惠金融改革（而不是"大政府"（BigG）的模式）。

世界银行2012年出版的《全球金融发展报告2013》（*Global Financial Development Report* 2013）第一卷的主题就是"重新思考国家在金融中的作用"（Rethinking the Role of the State in Finance）（World Bank，2012）。20世纪90年代，世界银行的

所谓"华盛顿共识"强调的是自由化、私有化、完全的市场化，而这本书的主题也反映出世界银行近年来，特别是 2008 年全球金融危机以来，在反思金融发展和普惠金融中市场与政府的关系，强调政府在金融资源配置和普惠金融中也发挥着重要作用。该书论述了国家作为金融监管者的作用、在实施竞争政策中的作用（如促进竞争性银行体系的形成、创建"市场友好型"信息与制度环境）、直接干预（设立发展银行、政府所有的商业银行、政府主导的融资性担保基金等）、国家在金融基础设施建设中的作用（促进信贷市场上信息分享、减少清算支付系统中交易对手风险等）。

（二）普惠金融政策框架

普惠金融需要公共政策。所谓政策，是指政府为了阻止因市场失灵而导致的某特定行业部门的衰退，或为了促进特定行业的发展、纠正部门之间或区域之间不均衡而制定的公共行动策略。增进普惠金融就需要把那些导致金融排斥的政策和市场问题解决掉。公共部门可以通过构建适宜的法律与监管框架、完善信息环境、加强金融教育与消费者保护等来实现普惠金融的目标。公共部门的干预需要私人部门的配合才能有效，如信贷环境、信息披露制度、抵押制度框架的改善，也需要私人部门的参与，才能取得有效的结果（World Bank，2013）。

《金融可得性 2010》利用对全球监管者调研的数据，分析和呈现了金融监管部门在普惠金融改革和资源配置中发挥作用的情况。结果显示：金融监管当局在普惠金融中发挥作用的领域包括消费者保护、金融技能（或金融素养、金融教育）普及、微型金融监管、储蓄促进、中小企业融资可及性提高、农村金融促进等，其中，88％的经济体的监管当局至少在一个领域发挥作用，71％的经济体的监管当局至少在两个领域发挥作用，18％的经济体的监管当局发挥作用的领域则囊括了上述所有 6 个领域。消费者保护和金融素养提升是政府推进普惠金融中付诸实际行动最多的两个领域，在调研经济体中分别占 68％和 58％。40％的经济体有关于农村金融促进的内容，其中 29％的经济体设有专门的实施团队。发展中国家监管当局在促进普惠金融方面做出了更多努力（发达国家普惠金融责任和行动主要在消费者保护及金融技能提升方面），许多政府部门被授权参与到深化普惠金融建设中。微型金融监管、金融活动促进成为发展中国家监管当局推进普惠金融的优先领域。在发展中的经济体中，微型金融监管、促进储蓄、中小企业融资、农村金融促进是其重要责任领域，实施这些行动的经济体分别占 65％、48％、52％、51％。

而且，普惠金融需要一套政策。发展中国家普惠金融联盟（AFI）的一份报告指出：普惠金融不可能通过一种金融产品或技术创新来实现，所以政策制定者需要制定一套适宜本国条件的方案，以增进贫困、弱势群体的金融可及性（AFI，2010）。世界银行的《普惠金融 2014》研究报告中建议：将各种干预措施放在一起，实施一揽子改革计划非常重要、非常必要（World Bank，2013）。如一个国家，如果在司法制度不健全、债权人权益保护很弱的情况下，单纯实施动产抵押信贷登记电算化和整合的政策，而缺乏相关政策改革和支持，其在信贷普惠方面的效果会有限。但是，其报告重点关注 3 个领域（而不是对所有政策面面俱到）：①新的信息技术应用与改进普惠金融。②商业模式与产品设计的作用。③金融素养、金融技能和商业训练的作用。这 3个领域可以相互加强，如信息技术的使用不仅是增进了普惠金融，而且可以改进产品设计、提升金融技能（如可以利用短信息改进储蓄行为）。其之所以将重点放在这 3 个领域，一是因为它们对推进普惠金融很重要；二是因为有一些新的数据资料。该报告新的数据资料显示，政府在监管信息环境方面具有相当重要的作用。公共政策部门通过改革完善征信体系、抵押物登记制度等，可以实现普惠金融的目标。该报告指出，引入或改革动产抵押，如机械设备抵押，可以大大地激发企业（尤其是中小企业）的融资可得性。资料显示：法律、监管和制度环境的改善，不仅有利于金融总体发展，而且对普惠金融尤其有利。政策如何聚焦普惠金融目标呢？123 个国家 142000 人建议，政策专门针对低收入人群、妇女、年轻人和农村居民，改善账户和支付结算，将是很有效的。

Allen、Demirguc-Kunt 等（2012）的研究也显示，那些银行成本高、个人金融排斥严重的经济体，往往面临因额度小而难以开户的困难。仅就"没有足够钱"而面临金融排斥的情况而言，可以通过提供基础性或低收费账户、发展代理银行制度、加强消费者保护、通过"政府向个人支付"（G2P）项目等，降低因钱少而无法开设账户的可能性。这些事实资料的含义是，促进普惠金融的政府政策，与当事人对金融服务可及性的认知是相关的。相反，政府对信贷市场的直接干预政策（如家庭救助贷款、利息补贴、国有银行直接信贷等）往往是政治驱动的，难以成功（特别是在制度环境薄弱的情况下）。

金融消费者保护是普惠金融的重要内容。世界银行《金融可及性 2010》的报告基于 2009 年世界各国金融监管当局的调查数据，对普惠金融主要改革领域和政策实施情况进行了分析。结果显示：最普遍的一个改革领域是消费者保护（进行此项改革的有65 个经济体，占 56%），而在消费者保护领域，改革内容最多的一项就是信息披露要求（有 10 个经济体进行此项改革），其次是建立和完善求助机制、投诉处理和纠纷处理制度等（有 9 个经济体进行此项改革）。还有一些经济体（奥地利、新西兰、澳大利亚）将存款保险的推广作为消费者保护改革的一项内容，有些经济体（捷克、芬兰、阿尔及利亚）则聚焦于保护消费者免受欺诈的改革。消费者保护的有效实施，有赖于金融素养的提升，但是金融技能和素养、金融教育方面的改革还不太多，只有 40% 的经济体进行了这方面的改革（2009年）。改革内容从升级金融教育学校（阿根廷、新西兰等），到设立金融素养提升周、创设金融学习中心等。世界银行《金融可及性2010》的报告认为第二普遍的领域是设定"知晓你的客户"（Know Your Customer，KYC）要求。近年来许多经济体严格落实"知晓你的客户"要求（占48%）。之所以要做这些规定，就是要保证金融系统不被用作达到非法目的（如洗钱、恐怖主义融资等）。这些规定往往会有意料之外的后果——就是限制了穷人金融服务可及性，因为穷人常常缺乏开设账户所需要的一些证明材料。《金融可及性2010》调查数据显示，48%的经济体修正了KYC要求。当然许多经济体修改KYC要求并非专门针对普惠金融目标。有三个经济体的确是为了提升金融可及性，如阿富汗改革了关于无分支银行的KYC要求，哥伦比亚放松了开设电子存款账户的KYC要求，加纳简化了关于小额交易的KYC要求。还有一个领域是中小企业（SME）融资促进（占47%）。有15个经济体建立或扩展了信贷担保项目。有些经济鼓励银行向小微企业贷款，有些经济体则设定向小微企业贷款的最低比例。其他领域的情况是：微型金融监管占45%；农村金融促进占42%；金融素养提升占40%；改进无分支银行环境占36%；控制过度负债占32%；政府实施向个人支付（G2P）项目占24%；推进设立基本账户占17%。

普惠金融政策从作用方式来看，可以分成三种类型（Helms，2006）：一是直接或间接提供金融服务的政策（主要是为了向政府拟优先发展或缺乏融资能力的部门提供信贷发放）；二是影响金融体系的政策，包括宏观经济稳定、利率自由化、银行监管等方面的政策；三是积极的普惠金融增进政策，如通过实施财政激励、设置金融机构向低收入人群提供服务的要求，促进普惠金融。

Arora等（2012）提出了"让市场服务穷人"（Making Markets Work for the Poor）的农村金融发展战略框架，包括微观（供给端与需求端）、中观（金融基础设施）、宏观（宏观经济稳定、监管、影响与支持政策等）三个层面，并形成了从宏观、中观到微观的农村金融政策方案。

Demirguc-Kunt等（2008）区分了促进整个金融部门发展的政策和促进金融服务可及性的政策，并指出，政府政策对于纠正市场失灵是必要的，但是这些公共政策并不一定都有效，或达不到预期的目标；促进金融发展的政策和增强金融可及性的政策并不总是相同的，或是说政策在促进金融发展和金融可及性方面的效果并不一定相同。有些政策是促进整个金融系统发展的，如严格的谨慎性监管，有利于整个金融系统的稳定，但可能不利于对中小客户的信贷服务。追求增强金融可得性目标的改革，可能提升金融发展水平。所以，政策制定一定要有清晰、特定的目标。

世界银行2013年出版的《2014年全球金融发展报告：普惠金融》指出，在个人普惠金融方面，政府在缓解普惠金融面临的信息不对称、高交易成本和消费不理性问题时可能起到的三个作用：①建立法律与监管框架；②创造良好信息环境；③为金融服务提供补贴或者实施其他的直接政策扩展普惠金融。在企业普惠金融政策方面，世界银行建议采取更具市场导向的政府行动，旨在改善金融部门基础设施，以便减弱SME面临的代理问题。这些政策包括：①建立完备的动产担保财产法律和注册登记制度；②通过改善公司会计并支持包括银行、公用事业和供货商在内的各种行为人之间的信息分享，巩固信用信息的可获得性；③加强保理与融资租赁方面的法律、监管和制度基础设施建设（世界银行，2013）。

如前文所述，在普惠金融发展中，由于信息不对称和交易成本高等市场失灵现象的存在，政府的作用不可缺少，但是不合理的政府干预会破坏普惠金融的健康发展。所以需要合理界定政府的作用以及准确瞄准政府政策可以发挥作用的领域。

（1）建立合理的法律和监管框架。合理的法律和监管框架是促进金融业健康发展的重要基础。很多研究分别从信贷的提供方和需求方的角度发现法律的质量和债权人权利的执行效率都会影响家庭获得信贷的机会、能力和成本。Warnock 等用 62 个国家2001～2005 年至少一年期的抵押债务数据进行研究，在控制国家规模后，他们发现影响住房金融系统正常运转的一个重要因素就是关于借贷双方的法律权利，法律权利保护（主要通过抵押和破产法律）力度更大的国家，其住房金融系统深度和长度都会更大（Veronica Cacdac Warnock，Francis E. Warnock，2008）。Qian 和 Strahan 针对债权人权利的研究显示更强的法律权利会导致更长的贷款期限和更低的贷款利率差（Qian and Strahan，2007）。Bae 和 Goyal 进一步同时考虑债权人权利和合同的强制执行力，他们使用腐败、私人财产被征用、合同被拒绝履行三个国家风险变量来度量财产权利，利用 48 个国家 1994～2003 年的 63158 个贷款机构、22000 个借款者的数据针对法律保护是否会影响贷款规模、期限和利率差进行检验（Bae and Goyal，2009），发现债权人权利只影响到贷款利差，与贷款规模和贷款期限没有系统相关性，但是面对弱的合同强制执行力（财产权利的保护），银行的反应是减少贷款数量、缩短贷款期限、提高贷款利差，这些影响具有统计上和经济上的显著性。在所有样本国家中，如果一个借款者从一个财产权利保护最弱的国家移动到财产保护最强的国家，平均贷款规模将增加 5700 万美元，平均贷款期限将会增加 2.5 年，平均贷款利率差会降低 67个基点，这表明合同的强制执行力的变化对贷款构成和贷款定价有重要影响。Haselmann 和 Wachtel（2010）用 20 个转型国家的数据库的调查数据研究法律环境如何影响银行的行为，研究结果显示银行的贷款组合构成取决于法律环境。在一个法律环境良好的国家，银行一般会更多地贷款给中小企业和提供更多的抵押贷款；相反，如果法律环境不健全，银行就会更多地贷款给大公司和政府。

从信贷的需求方角度，多项研究表明债权人权利设计不合理、执行力弱可能会抑制信贷的需求并可能鼓励家庭违约。如在一项聚焦欧洲的研究中，Freixas 发现担保财产过户所需司法程序的成本和时间与消费贷款和房屋贷款呈现负相关（Freixas，1991）。针对意大利的两项研究发现，司法区域积压案件的增加对家庭拒绝贷款的概率产生统计上和经济上显著的正效应（Fabbri，Padula，2004；Japelli，Pagano，Bianco，2005）；Duygan-Bump 和 Grant 使用欧洲委员会 1994～2001 年的家庭面板数据进行研究，发现如果面临负面冲击，债权人权利保护弱的国家的家庭更可能拖延支付贷款（Duygan-Bump and Grant，2009）。

可见，政府通过引进保护产权和债权人权利的法律并确保这些法律的充分实施，在发展普惠金融中扮演重要角色（世界银行，2013）。

设计合理的政府监管制度有助于确保贷款流向信用可靠的家庭，从而帮助保护金融部门的稳定，避免消费者过度负债的负面效果（世界银行，2013）。同时，合理而健全的监管框架对促进金融机构进行金融产品和服务的创新具有重要作用。世界银行的一份报告指出，要鼓励金融机构提供更有助于普惠金融的产品，采用更有助于普惠金融的商业模式，就必须让金融机构感受到监管环境支持产品设计和实施的创新，监管框架必须为建立在新技术基础上的金融服务提供商创造宽松的条件，同时包含消费者的权利（世界银行，2013）。GPFI 的一份研究给出了相似的结论，尽管监管者考虑金融稳定和消费者保护是正确的，但他们也应该对普惠金融创新产品和商业模式保持开放和支持的态度。他们应该建立一个监管框架，这个框架与创新产品和服务的风险相匹配，并建立在对当前监管制度的差距和障碍的理解基础上（GPFI，2011a）。除了采用合适的监管措施，政府还可以通过收集个人在金融产品上的偏好与习惯方面的数据来支持创新产品设计和实施，金融机构可以使用这些数据，以便使其开发的产品和商业模式适合目标人群（Group of 20 Financial Inclusion Experts，2010）。

（2）改善竞争环境。金融市场更强的多样性有助于促进普惠金融（世界银行，2013）。有证据表明金融部门内的竞争是提升普惠金融的关键因素，金融部门的竞争加剧可以增加信贷的供给、提高金融可得性和降低金融中介的成本。通过更多的竞争、金融基础设施的改善和适当的激励，可以鼓励银行走出去接纳新的客户（Berger and Udell，2006；de La Torre，Gozzi and Schmukler，2007）。与以往通常集中于某一特殊国家（主要是美国）评估银行集中度影响的实证文献不同，Beck 等使用了 74 个发达和发展中国家大中小型公司的独特数据库进行横截面实证分析，评估了银行竞争对公司信贷可得性的影响，特别是，他们使用了公司感觉到的融资障碍的调查数据，并将这些数据与金融市场的竞争环境联系起来。在控制了所有权结构和制度环境之后，他们发现银行集中度越高，有规模的公司面临的融资障碍就会越大，这种融资障碍随着规模的扩大而减弱。不过这种影响只存在于经济和制度发展水平比较低的国家。当对银行行为的限制越多、金融部门中政府干预越大、国有银行占比越大时，这种影响就会越大（Thorsten Beck，Demirguc-Kunt and Vojislav Maksimovic，2001）。Love和 Martínez Pería 分析了 53 个国家 2002～2010 年的企业数据，发现银行的竞争极大地促进了企业获得融资，银行竞争对企业信贷可得性的影响取决于银行所面临的环境（Love and Martínez Pería，2012）。在一个更微观的分析中，Morais 等使用一个包括2002～2012 年每一个商业银行的所有公司贷款的新的数据集，检测了墨西哥银行的竞争性。他们的研究结果显示，银行通过地理位置、规模和现在的银行关系划分它们的客户，当竞争缺乏时，银行就有动力进行共谋，而竞争使得共谋行为减少，但是银行竞争的缺乏给不同规模的公司带来的痛苦是不一样的，一般而言，由于竞争的缺乏，小公司遭受的痛苦会更大（Morais and Ruiz，2013）。一份对西非经济货币联盟（WAEMU）的研究结果显示，银行及其分支机构大量增加，银行集中度下降，净利息差幅（Net Interest Margin）并没有下降。中央银行的数据显示，总体上，2005～2009 年 SMEs 的存贷款利率并没有太大的变动，但是大公司得到了更好的银行服务条件。一组来自世界银行对塞内加尔公司调查的面板数据显示，大中企业获得短期银行信贷的提高了，但是微小企业的信贷可得性并没有得到改善，仍然得不到银行服务，说明小微企业仍然面临金融排斥（Diagne，2011）。该研究意味着降低市场支配力、提高银行间的竞争可以鼓励投资，但是对于个人和小公司，这种好处是不明显的，其金融可得性仍然是有问题的。基于亚非地区 1994～2009 年的商业银行的一项研究表明，在竞争不足的市场中，银行表现出更低的贷款增长率和更大的不稳定性。促进银行竞争对克服银行风险和加强金融中介功能有很大作用（Wahyoe Soedarmono，Amine Tarazi，2015）。Aysan 等（2013）对土耳其的研究显示，更激烈的银行竞争可以刺激银行扩大服务范围。Florian Léon 使用 69 个发展中国家和新兴国家 28642 个公司的数据考虑了银行竞争对信贷可得性的影响，研究结果表明银行竞争缓和了信贷约束，不仅导致借款者更有信心申请贷款，也使得金融机构贷款批准决策变得更宽松（Florian Léon，2015）。但是 Mudd 对 33 个国家的研究得出了银行竞争和公司获得信贷额度的可能性之间存在更复杂的关系。竞争对公司使用银行资金有积极但递减的影响（Mudd，2013）。Ryan 等使用 20 个欧洲国家 2005～2008 年超过 118000 家小微企业（SMEs）的面板数据检测了银行市场力量是缓和了还是扩大了 SME 的信贷约束。研究结论强烈支持了市场力量假说，市场力量的增强会导致 SME 面临的信贷约束提高（Ryan R. M. et al.，2014）。

金融服务提供者之间的竞争也是影响新技术作用的一个因素。为了最大限度地发挥技术潜力，监管者要允许金融服务提供商相互竞争，并保证消费者能够最大限度地利用技术创新。2012 年的《全球金融发展报告》中提到，众多危机的证据证明金融服务提供商之间的健康竞争能够使业绩良好的提供商得到回报，同时增强消费者对市场的影响力（世界银行，2012）。新的证据表明银行业之间缺乏竞争会降低企业获取金融服务的能力（世界银行，2014）。

所以，一个直接的政策含义就是促进竞争，允许多种金融机构经营。跟金融监管有关的最直接的改革就是移除现有的妨碍竞争的障碍。建立信息共享机制，打造一个能促进竞争的环境。除此之外，政府可以通过确保消费者能够获得信息和金融素养，或者通过推动关于部分金融机构违背竞争的行为的界定、检查和制裁来促进竞争。政策制定者还应该意识到比较低的信贷使用率主要是受借款者不自信影响的，所以对发展中国家借款者行为的调查工作是至关重要的（Florian Léon，2015）。Beck 等的政策建议是：政策制定者可以影响银行系统的所有权结构、规章制度、制度环境，如消除行为限制可以减轻银行集中度对金融可得性的负面影响（Thorsten Beck，AsliDemir-guc-Kunt and Vojislav Maksimovic，2001）。

（3）加强征信体系建设。金融服务的供给方和需求方之间存在信息不对称，导致逆向选择和道德风险。作为重要的金融基础设施，健全有效的信用信息系统强调信用信息的共享，降低信息不对称程度，提高个人和公司的金融可及性，有助于提高金融的普惠程度。信用信息系统的核心是它提供了包含个人或公司的支付记录的信用报告，有利于贷款者更准确地评估信贷风险、缩短决策时间和降低决策成本；信用报告也能强化借款者的纪律。信用报告有助于预测潜在借款者的违约风险，从而可以促进借贷行为的增加（Miller，2003）。Jappelli 等（Jappelli and Pagano，2002；Djankov，Mcliesh and Shleifer，2007）证明，在信息分享发展得比较成熟的国家，银行给私营部门的贷款数量更多，同时信贷风险更低。de Janvry 等关于危地马拉小贷机构的一项研究提供了证据，信息分享也会影响借款者的行为、对抗道德风险、提高还款率（de Janvry，McIntosh and Sadoulet，2010）。信用登记机构的存在对信贷决策也会产生影响，如 Cheng 和 Degryse（2010）使用包含信用卡申请和中国主要银行决策的详细信息的独特数据集，分析引进通过公共信用注册登记进行信息分享的制度如何影响银行信贷决策。他们发现有额外信息的借款人（指那些银行与其他金融机构分享其信息的人群）获得的信用卡额度要比那些只能从银行获得信息的借款人获得的信用更多。因为参与公共信用注册登记一般是强制性的，这就可以在没有私营信用机构的国家启动信用汇报机制（Jappelli and Pagano，2002）。Bruhn、Farazi 和 Kanz（2012）认为，虽然信息分享对信贷市场的有效性有很大作用，信用报告机构不会总是自发地发展，大概有 26％的国家根本没有任何信用报告机构，19％的国家只有一家公共信用登记机构（政府授权的）。他们用超过 130 个国家 2005～2010 年的数据考察了银行集中、银行竞争与私营信用机构发展之间的关系，发现银行集中与信用机构建立的可能性之间呈现负相关，金融市场进入门槛比较低（银行竞争比较充分）的国家是不太可能有信用机构的，原因可能在于当市场进入威胁比较大时，银行不太愿意共享专有的信息。相反，银行竞争与公共信用机构之间没有显著的关系，银行被强制要求提供信息。数据还显示银行集中度越高，信用机构的信息覆盖面越窄，信息的质量越差。这些研究结果说明市场失灵会妨碍有效的信用分析制度的发展，暗示政府干预将有助于克服这些障碍以及政府制定旨在促进信用机构的成立和运行时需要考虑银行从专有信用信息中能够获得的垄断租金。

对企业层面而言，可以让 SME 金融服务具有可得性的关键要素是信用信息。这些信息包括有助于贷款人确定企业是否有信用的任何数据。Berger 等在分析小企业信用评分技术（SBCS）与小企业获得贷款的数量、价格和风险之间关系时，发现把信用评分技术用于小企业贷款扩展了小型且高风险企业获得贷款的范围，甚至那些本来可能远离这些企业部门的大银行也提供了贷款（Berger，Frame and Miller，2005）。对企业层面数据的研究结果表明，在有信用机构或者注册登记机构的国家，获得银行信用更容易（Brown，Japppelli and Pagano，2009）。跨国家研究证据证实，获得关于预期客户的借款和偿还行为的详细信息有利于银行更好地评估违约风险、应对逆向选择并监测制度性信用风险（Jappelli and Pagano，2002；Miller，2003）。另一项基于 129 个国家的跨国家研究还发现，信用机构的存在与 SME 面临的低融资约束和高银行融资份额以及更高的私人信贷与 GDP 的比例是有关系的（Djankov，Mcliesh and Shleifer，2007）。不过不同类型的信用登记注册机构对融资约束的影响不同，私营的信用登记处的存在与低融资约束有关系，而公共信用登记处的存在对融资约束没有显著的影响，公共信用登记处的存在对年轻公司的好处要多于老的企业（Love and Mylenko，2003）。此外，Brown 等用 24 个转型经济体的企业层面的调查数据研究发现，银行分享信息与企业获得信贷的成本降低与改善有关系，不透明的企业比透明的企业这种关系更强（Brown，Japppelli and Pagano，2009）。Beck 等指出在一个拥有更有效的信用信息分享系统的国家里，企业更不愿意偷税避税，尤其对于规模更小的企业和小城市的企业更是如此（Beck，Lin and Ma，2010）。Barth 等使用独特的世界银行数据集（该数据覆盖了超过 56 个国家的 4000 多家公司）检验借贷双方的竞争和信息分享对银行贷款中腐败的影响，他们发现强烈的证据表明信息分享会降低贷款的腐败，也会帮助加强在抑制腐败时竞争的积极影响（James R. Barth，Chen Lin，Ping Lin and Frank M. Song，2009）。为了达到效果，公共信用注册登记需要提供关于借款人及其可信度的及时充分的数据（Maddedu，2010）。

（4）强化金融消费者保护。普惠金融、金融消费者保护和金融稳定之间存在正相关关系（Robert，2012）。金融消费者保护是普惠金融的重要内容。金融产品的日益复杂化、快速的技术变革、金融服务和产品供给方有效信息披露的缺乏和虚假广告的存在，以及金融服务和产品的需求方金融知识的匮乏，使得金融消费者保护面临巨大的挑战。尤其是在不发达的金融市场中，由于金融服务供给方缺少充分竞争和消费者意识的薄弱，金融消费者经常面临欺诈、滥用、处理不当，特别是对于低收入和缺乏经验的消费者。在金融消费者保护缺位的情况下，普惠金融所带来的经济增长的积极作用可能完全丧失或被严重削弱。2008 年的金融危机证明了充分的金融消费者保护是金融稳定的一个重要贡献者。消费者对金融服务的信心和信任将在长期内有效促进金融稳定、增长、高效和创新。世界银行的一份报告认为，消费者保护可以提升消费者对金融产品和服务的信心，增加其进入市场的意愿，如果在金融知识和金融能力之间存在差距，尤其是当旨在提升普惠金融的政策打开了新的细分市场而且金融机构引进新的分销渠道时，消费者保护尤其有用（世界银行，2013）。

长期以来，人们对如何把金融消费者保护应用到贫困人口的金融服务中知之甚少（CGAP，2005）。焦点问题之一是关于贷款利率上限的争论，支持者以保护弱势消费者的名义要求设定贷款利率上限，而反对者则认为此举无助于保护消费者利益，反而导致信贷可获得性减少。在金融产品创新过程中，随着互联网金融发展和数字金融技术运用，金融消费者保护问题越发复杂。

Oya Pinar Ardic、Joyce A. Ibrahim 和 Nataliya Mylenko（2011）第一个系统地收集和分析了关于金融消费者保护法律和政策的跨国数据，该数据来自世界银行和CGAP 在 2010 年组织的年度金融可得性调查中对 142 个国家金融监管者的调查，该调查只涉及储蓄和信贷，而没有覆盖投资、养老金、保险和其他金融产品。他们认为有效的消费者保护法律通过降低金融服务供给者和需求者之间的信息不对称和权力不平等，提高竞争和创新，增加消费者对金融系统的参与，可以促进所有人公平地获得金融服务，有助于提高金融零售市场的有效性、透明度、竞争性和可得性。调查结果显示，有些证据表明，在很多国家，执法资源、执法权力、监测能力的缺失，特别是独立的第三方争论解决机制不够普及，阻碍了既有法律的有效执行。调查结果同时显示，大多数国家都已经制定了一些消费者保护的法律，但是没有特别针对金融服务行业的规定。一个有效的消费者保护框架应包括三个组成部分：管理金融服务供给者和需求者之间的关系和确保公平、透明、资源权利的法律；包括争议解决在内的执行机制；金融素养的提高，帮助金融需求者获得必要知识和能力以便管理金融活动。

OECD（2009）认为信贷市场的创新和复杂性的增加使得人们越来越难了解金融产品，从而增加了个人的金融风险。而且在 OECD 和其他国家的调查显示出消费者的金融素养比较低，当他们面对信贷产品时，经常高估自己的技术、知识和意识，后果就是做出不合适的信贷决策。

一份基于对肯尼亚金融消费者保护的研究表明，虽然大多数金融服务快速增加，也的确给消费者带来了显著的利益，但是越来越多的证据证明了由于价格和关键条款有效披露的缺乏、争议处理机制的不当、操作违规等，消费者福利受到了损害。如在2010年一项 FSD/CGAP 的调查中，25％的银行储蓄者对他们不知道的收费表示"惊讶"（CGAP，2011）。

G20 集团 2011 年提出了具有普适性但不具有约束力的金融消费者保护的十条原则：法律、管理和监督框架；监督机构的角色；公平公正的消费者待遇；信息披露和透明度；金融教育和意识；金融服务机构及其授权代理机构负责的商业行为；防止欺骗和误导消费者资产；保护消费者信息和隐私；投诉处理和赔偿；竞争。

根据一份针对全球 114 个经济体的消费者保护和金融素养进行调查的报告（Mylenko，Nataliya，2014），金融消费者保护的重点在于：①法律框架。虽然绝大多数经济体（114 个受调查经济体中有 112 个经济体）都制定了消费者保护的法律框架，但是法律又杂又乱，还经常重复，需要精简实施。同时，需要明确各种利益相关者的职责。②制度安排。越来越多的经济体为消费者保护的监管安排了资源，但是制度安排仍然是复杂的，监管当局和合规监控工具仍然受到限制。③公平待遇。少数经济体仍然存在掠夺性贷款限制（Restrictions on Predatory Lending）（59％）、捆绑服务（Bundling and Tying of Services）（49％）和滥用（Abusive Collections）（45％）等现象。④披露要求。监管机构对 67％的经济体有进行披露的要求。需要更多的研究和消费者测试确定有效的披露形式和合规披露的方法。⑤负责任的放贷。77％的经济体要求放贷者必须评估借款者的还款能力，35％的经济体明确限制与某种产品（如信用卡、抵押贷款等）的收入相关的贷款或负债的数量。⑥争议解决和资源。从金融提供方层面来说，有效的争议解决机制是金融消费者保护框架中关键的部分。73％的经济体中金融服务提供方被要求落实处理消费者投诉的程序和流程，75％的经济体中存在金融监察员或类似组织，1/3 的经济体中，争议解决职能是由一个监管机构负责的。

加强金融消费者保护的最佳战略是立足于务实地解决影响大部分消费者问题的方案。需要建立协调保护机制，该机制应该涉及以下核心领域：价格和合同语言的最低披露要求；供应商层面纠纷处理机制和独立第三方赔偿的最低要求；明确供应商有责任对服务提供中扮演角色的第三方机构进行监督的规定；供应商在一些基本领域业绩的公开报告（CGAP，2011）。

制定合适的消费者保护法律法规并不意味着消费者的状况就会得到改善，很大程度上还取决于消费者保护法律法规的执行情况。根据世界银行的银行监管调查，很多国家都制定了消费者保护的监管规则，但是实际上只有一部分被执行了（Cihak et al.，2012）。

（5）提升金融素养。消费者保护的有效实施有赖于金融素养的提升，但是金融技能和素养、金融教育方面的改革还不太多，只有 40％的经济体进行了这方面的改革（2009 年）。改革内容从升级金融教育学校（阿根廷、新西兰等），到设立金融素养提升周、创设金融学习中心等。金融素养包括金融知识和金融能力。金融知识和金融能力是不一样的，金融知识不能确保一个人有金融能力并且能够做出财务稳健的决策。

对调查数据的广泛分析发现发展中经济体和发达经济体都缺乏基本的金融知识，平均地，只有 55％的个人表现出对复利的基本理解；61％能够正确地回答关于通货膨胀对储蓄的影响的基本问题；49％的人能够正确地回答关于风险分散的基本问题（世界银行，2013）。研究显示，消费者对其所消费产品的特性经常一无所知，他们经常做出不明智的消费决策，而且信用提供商经常有利用消费者犯错误的倾向。具体地，诸如指数偏好等消费者偏好和诸如缺乏金融知识等认知局限都会导致消费信贷市场的无效率和过度负债（Lusardi and Tufano，2009；Stango and Zinman，2009）。Agarwal 和 others（2009）随机选择 2002 年 1 月至 2004 年 12 月大约 128000 个信用卡账户样本进行研究，认为超过 28％的消费者因为犯错误而产生费用，包括滞纳和现金预付费用。信贷市场更复杂，从而提供了更多的犯错误机会。

普遍取得的共识是，提高金融素养应是政策制定者重点关注的一个问题，因为金融素养的提高不仅使个人直接受益，而且也能使家庭成员受益。如 William G. Gale 等的一份研究认为家庭成员可能会经历一种在财务上更安全的工作、生活和退休方式，或可以就读一个学费更高的大学。这些将使个人和他们的家庭体验到社会的经济收益，从而减少他们的金融脆弱性（William G. Gale，Ruth Levine，2010）。Leora Klapper 和 Georgios A. Panos 检验了俄罗斯计划退休人员金融知识的关联性。俄罗斯是一个人口迅速老龄化的国家，地区差异大，金融市场崛起迅速。他们发现只有 36.3％的回答问题者理解复利，只有一半的人能够回答关于通货膨胀的问题。在一个拥有广泛的公共养老金规定的国家，他们发现金融素养与涉及私人养老基金的退休计划方案显著正相关。伴随着鼓励私人退休计划的可得性，努力提高金融素养是扩大使用这种计划的关键（Leora Klapper，Georgios A. Panos，2011）。Maarten C. J. van Rooij 等提供了两个关于财富积累和金融素养之间关系的重要证据。财务知识渊博的个人更容易投资股票并有更好的退休规划。他们认为这是因为金融素养降低了收集和处理信息的成本，减少了规划成本，从而有利于金融决策的执行和降低股票市场参与或退休储蓄的经济和心理门槛，以及退休计划的后续发展。他们的工作表明，金融素养与财富积累呈正相关（Maarten C. J. van Rooij，Annamaria Lusardi，Rob J. M. Alessie，2012）。

金融素养的提升需要依靠金融教育的加强。受教育水平与金融能力之间存在正相关关系（De Meza，Irlenbusch and Reyniers，2008），具有更高教育水平的人在很多维度上都表现得更好，包括预算、量入为出的生活、对未来的态度和冲动控制（Kempson，Perotti and Scott，2013）。金融教育是提高普惠金融参与率和社会包容性的关键（Clare Chambers，2009）。目标定位于普通民众的金融知识项目尚未表现出效果，但是专注特定人群，尤其是那些正式或者非正式教育水平低的人群的项目，可以产生实质性的重点效果（世界银行，2013）。Cole、Sampson 和 Zia（2011）使用了印度尼西亚的实验数据评估了金融知识干预和货币激励对开设银行账户的影响，研究发现，金融知识培训对那些没有经过正式学校教育的家庭产生重大影响，增加了开设账户的概率。金融知识干预也对起初金融知识水平低的客户产生了更大的影响，极大地增加了他们开设账户的可能性。更多的货币激励政策确实能够提高开设银行账户概率。Caroline Corr 等在爱尔兰做的调查发现，受访者建议应该提供与基本银行账户相关的金融教育以便他们可以得到全部好处；应该提前计划金融教育项目来应对长期或是无法预料的事件；聚焦于信用社与借贷者的优势比较，而与自我排斥以及银行账户的需求等意识相关的问题，可以通过教育解决（Caroline Corr，Combat Poverty Agency，2006）。Tullio Jappelli 用 1995～2008 年的 55 个国家的数据，发现跨国家的金融和经济能力有很大的异质性，人力资本指标（PISA 测试成绩和大学入学率）与经济素养呈正相关关系（Tullio Jappelli，2010）。

Ian Hathaway 和 Sameer Khatiwad 的研究结果表明，一个积极的国家通过教育和扫盲计划来促进储蓄的行动对消费者行为有显著影响，金融知识确实会导致储蓄增加。而且，他们认为养老和社会财富保障的存在表明家庭财富的退休教育仍然是重要的。因此，他们主张应高度针对特定的受众和特定的地区开展金融教育培训（如家庭拥有的信用卡咨询等），培训应该发生在相应的财务事件之前（如家庭购买或信用卡使用）（Ian Hathaway，Sameer Khatiwad，2008）。

教育可以提高金融知识。在个人从事金融工作并在他们开始做金融决定前，提供金融教育是有益的。在这方面，在高中开设的金融扫盲课程可能是提高有效性的方式（Annamaria Lusardi，Olivia S. Mitchell，Vilsa Curto，2010）。不过世界银行对此似乎有不同的看法，他们的一份研究报告表明，针对普通人群的标准化课堂金融教育对普惠金融影响有限。培养从金融服务中获利的金融能力，讲座和概念记忆远远不够。最近的研究发现，某些干预能够提升个人和企业的金融技巧，精心设计和有针对性的金融干预，能提高金融能力。在诸如开始一份工作或购买金融产品这些适合受教的时刻进行干预，收到了良好的效果。这些证据也表明，金融教育处于中低教育水平且金融技巧有限的人群尤其受益（世界银行，2013）。

一份针对全球 114 个经济体的消费者保护和金融素养进行调查的报告（Mylenko，Nataliya，2014）显示，71% 经济体中的金融监管者参与了金融教育活动。监管者的主要焦点在于提高公众在金融方面的意识和开发培训资料。

Paul Ali 等认为金融素养的提高对于监管干预的减少和经济参与程度的提高有显著的好处。他们发现目前主要是关注成年人的金融素养，年轻人作为积极的消费者，他们的金融素养水平和他们广泛的消费活动是不匹配的。所以他们开展了一份针对澳大利亚中学高年级学生金融素养的调查，发现参与者的金融素养存在缺口，参与者自我评估的能力和表现出来的能力是矛盾的。他们同时也发现，那些积极省钱和学习更多金融事务的参与者取得了更高的测试分数，说明态度在金融素养中扮演重要的角色。不同地区的参与测试者的金融素养显著不同，农村和地区性城市参与测试者的分数要低于大都市参与测试者的分数（Paul Ali，Malcolm Anderson，Cosima McRae and Ian Ramsay，2014）。

Annamaria Lusardi 的研究还阐明了在年轻人对金融知识的获取上，其父母的重要影响。政策制定者们开始关注年轻人的财务状况，如信用卡的责任、信息披露的行为等（Annamaria Lusardi，Olivia S. Mitchell，Vilsa Curto，2010）。

金融教育的普及需要政府部门的协调，不仅包括金融监管机构，也包括教育部、社会保护和福利部，三方共同解决弱势群体的需求。一个国家的金融教育战略是一个协调各政府工作机构的有效平台，确保预算资源的有效配置并提出提供一个通过各种渠道传递金融教育的系统方式。金融监管机构在推动金融教育中可以扮演重要角色。从监管的角度看，需要确定金融监管机构作为金融机构监管者的角色，以找到整体提升金融教育的最佳做法（Mylenko，Nataliya，2012）。私营部门在提高金融素养上也有关键作用。同时，公共部门至少也有同样重要的作用。首先，通过一个围绕综合网站的活动，公共部门可以及时地提供可靠并且可信的信息。其次，在储蓄方面，努力整合现有的政策，可以提高人们学习金融知识的主动性（William G. Gale，Ruth Levine，2010）。由政府或行业协会领导的广泛的金融和保险教育的努力可以提高消费者认知和传播信息。当消费者、政府、捐助者、行业一起参与时，这些努力是最有效的。政府经常有"最纯粹的"动机教育消费者，但他们往往缺乏开发有效信息、预算和传递信息渠道的实践，保险公司和交付渠道可以更好地了解保险产品和低收入消费者；捐赠者可以带来资金和来自其他方面的经验和产品（世界银行，2013）。

（三）聚焦农村普惠金融发展

联合国粮农组织（FAO）的一份报告指出：有效的农村金融政策需要不同部门之间的沟通和协同。农业与农村金融政策框架要有三个构成部分，即宏观环境、农业部门政策、金融部门政策（Coffey，1998）。具体而言，有以下三个方面：一是有利的宏观环境。即农村金融市场的健康发展和有效运行所需的法律和监管框架，如银行法规、谨慎的监管法规、金融合同法、合同执行方面的法规、直接的政策干预或规制等。二是促进农业部门发展的政策。即有利于农业发展的宏观经济政策，改进农业与农村基础设施、农村公共服务（如交通、市场流通设施、农业研究与推广等）的政策措施。通过这些措施，改善农业生产经营环境和基础条件，增强农业和涉农部门的盈利能力，进而提高农村金融机构服务于农业的意愿。三是农村金融创新促进政策。农村金融改革是整个金融改革的重要内容。由于农村的地理、经济、社会条件特殊，农村金融机构客户群体复杂多样，包括农业、农村居民、中小企业等；农村金融机构的业务也多种多样，包括储蓄、信贷、支付等。针对多样化的客户、多样化的金融需求，金融机构需要进行针对性的金融服务模式创新，以及金融产品和服务方式的试验、传播。金融创新具有外部性，需要政府给予相应的激励政策。同时，农村金融机构开拓新的农村市场、向边缘客户提供服务，面临着较高的成本和风险，需要政府在缓解风险、增强信心、改善信息获取渠道等方面制定相应的政策，以激励金融机构提供更多的服务，增加对农村地区金融服务的覆盖面。这些政策包括税收优惠、补贴、奖励等激励政策，以及农村金融监管政策等。

Gonzalez-Vega（2003）勾画了农村金融深化所需要的政策框架。农村金融深化包括农村金融交易规模的扩展、客户覆盖面的扩大、金融服务类型和内容的增加、服务质量的改进，而农村金融深化需要创建必要的物理和制度性基础设施，针对农村各类金融需求主体，设计和构建新的金融组织体系，创新和传播新的金融技术。促进农村金融深化，需要适宜的宏观环境、政策框架和政府干预措施。这些政策措施包括：制度性变革（如产权制度、借贷合同制度、司法执行制度等变革）、新的金融政策（如利率政策、汇率政策、准备金要求等）、新的监管框架（如金融机构的准入和退出政策、金融市场竞争规制、谨慎性监管政策等）。具体地，农村金融深化与发展政策包括以下几个层面：①农村金融深化政策中，完善的法律体系、监管框架是农村金融市场有效和稳定运行所必需的制度性基础设施的构成部分。②产权登记、征信体系、评级机构等金融基础设施的发展，对降低市场参与主体的交易成本、扩展农村金融市场的覆盖面至关重要。金融基础设施大多具有公共产品的性质，因而需要政府参与或激励这些公共服务的供给。③促进农村实体经济发展的政策，将会影响农村金融服务的需求和供给，因为有利于提升农村产业和客户的商业盈利性的政策，一方面将促进农村金融服务需求的增加，另一方面将推动农村金融服务供给的增加。④金融机构需要针对农村各类主体进行储蓄、借贷技术的创新，以降低金融服务的成本和风险，提高农村金融种类、质量、水平等。但是，由于金融创新具有外部性，商业化机构对金融创新的研究开发、试验、扩散投入，往往难以达到社会的期望水平，因而需要政府制定相应的政策，给予激励。⑤对于金融组织而言，仅有金融创新的知识并不能保障农村金融服务的扩展，因为金融机构提供农村金融服务，需要包括人力资源、领导能力、网络、信息资本、可贷资金等多方面的资源。政府需要制定相应的补贴、奖励政策，引导和鼓励金融机构利用其资源和金融技术创新成就，为农村提供更多的服务。⑥鼓励那些能够适应农村金融环境的金融机构组织形式的发展，形成与农村经济社会环境相容的组织形式、所有权结构、治理结构。

农村金融深化政策也可以从政府政策对农村金融市场参与主体行为的影响作用角度，分成促进需求扩展、降低风险、促进供给扩张、促进金融创新几个层面（Gonzalez-Vega，Claudio，2003）：

（1）促进农村金融服务需求的政策。这主要是通过政策制定和实施，缓解制约农村金融需求主体对金融服务需求的因素。改进农村金融需求层面的相应政策包括：①增加农村公共产品的供给。"距离"是决定农村金融服务中交易成本的重要因素。地理、文化、社会阶层、户籍等，导致了借贷之间的距离，而由于交通、通信基础设施不好，会产生较高的交易成本。交通、通信设施、电力等公共产品供给的改善，将有助于降低交易成本，从而增进农村家庭、企业对金融服务的需求。基础设施的改进将改善农村家庭和企业的市场、投入品的可得性，从而增强还款能力。②完善能够促进农业投资的经营制度，改进农村教育培训、农业研究与推广条件，推进农村基础设施建设。因为农村家庭、企业的生产机会及是否有稳定的现金流等，会影响其还款能力、储蓄能力。通过农业与农村发展促进政策的实施，如改善农村家庭、企业的生产性资产状况（如土地的质量、灌溉条件）、人力资本状况、信息获取能力等，提高农业生产技术和市场销售技能、改善农业生产资料市场环境，将增加他们的收入获取能力，降低农业生产的自然风险和市场风险冲击，从而增加农村金融需求。③实行稳定价格政策、城乡公平发展的政策。这些政策也将有利于促进农村家庭和企业的还款能力和储蓄能力，增加金融需求。④增加对农村家庭和企业的金融教育、金融宣传。⑤完善农村金融法规、促进宏观经济稳定、对存款金融机构进行适度的监管。健全的法律、稳定的宏观环境、谨慎性监管、存款保险等，将降低借款和存款的风险，促进金融需求。

（2）增强农村家庭和企业风险应对能力的政策。过大的风险将降低农村金融服务的需求和供给。农户面临众多的风险，如生产、健康、疾病、价格等的风险，而农村家庭、企业缺乏正规的保险手段，风险应对能力较弱，从而导致农村家庭和企业因为担心风险而还款能力不足，害怕失去抵押品、影响信誉，进而金融需求不足。对于金融机构而言，由于担心农村家庭或企业因缺乏风险应对能力而信贷风险大，而不愿意提供农村金融供给。保险是化解风险的一种手段，但是对农业与农村而言，保险本身供给不足。因为商业性的保险机构面向分散的小农户、小微型企业提供服务，交易成本高，同时，面临着较为严重的信息不对称所引发的一系列问题。政策性保险的推行，也面临着很多方面的挑战。

（3）促进农村金融服务供给的政策。通过制定和实施相应的政策，可以克服阻碍农村金融供给的因素，从而促进金融机构增加对农村金融服务的供给，扩大覆盖面。促进农村金融供给的相关政策包括：①农村公共基础设施建设和农村公共服务改善政策。如农村交通、通信、教育、公共安全等方面的改善，将降低金融机构提供农村金融服务的交易成本。物理和制度性农村基础设施建设，将加大农村金融发展和深化程度。②金融政策。一方面是减少政府干预，消除金融压制，如消除通胀税、消除汇率扭曲、减少准备金要求、放松利率限制、消除信贷的行政配额等；另一方面是制定能够降低成本及风险的政策和监管框架，如增进农村金融基础设施建设，健全征信体系，完善信用等级评定制度、会计制度、抵质押制度、登记制度、信贷合同制度等，鼓励金融机构进行产品和服务方式的创新。

（4）促进农村金融创新的政策。针对农村客户提供服务，需要针对农村家庭、企业的特点进行金融创新。但是金融创新试验、传播、学习，需要财力和人力投资，而"金融创新"活动具有外部性，具有公共产品特性。政府需要通过制定和实施相应的政策，激励和促进农村金融机构的创新。但是，毕竟农村金融创新，要适应地方的经济、社会、文化、地理等条件，需要了解地方信息、掌握地方化的知识，所以，政府如何干预和支持农村金融创新，需要权衡。政策可以解决信息、制度、激励问题导致的农村金融市场中的市场失灵问题，但是，不正当的干预可能引发政府失灵。政府或外部的捐赠机构可以提供一些技术援助，对金融技术创新给予奖励等，但不能过度干预。

三、其他国家政府如何推进普惠金融发展

最近各国政府逐渐认识到发展普惠金融的重要性，特别是 G20 国家，分别于 2010 年在加拿大多伦多通过了 9 条"普惠金融创新准则"，2016 年又在中国杭州通过了 8 条"数字普惠金融高级原则"。然而，根据我们获得的文献资料，各国政府采取系统性的政策措施来促进普惠金融发展的情况不多。根据 *The Economist Intelligence Unit* （1）发布的 Microscope 的"政府对普惠金融支持"指标，他们收集了 55 个国家的数据，给每个国家打分，分值介于 0～100。结果显示，2015 年这 55 个发展中国家的平均分为 45 分，哥伦比亚、菲律宾和坦桑尼亚获得满分。中国获得 44 分，排名第 28 位，表明中国在推进普惠金融发展方面需要向其他国家学习。

根据所获得的大量资料，对各国政府在促进普惠金融发展中的表现进行比较，发现印度和英国政府采取了比较系统性的安排，对中国具有一定的借鉴意义。下文将对这两个国家的政府如何推动普惠金融发展做简要介绍。

（一）印度

印度政府是比较积极推动普惠金融发展的国家之一。根据 *The Economist Intelligence Unit*（1）发布的指数，印度政府对普惠金融的支持排名第12位。

早在2004年，印度储备银行（RBI）就设立了一个委员会（Khan Commission）来调查普惠金融发展情况（Paramasivan & Ganeshkumar，2013）。该委员会提交的报告被列入政府2005～2006年度中期政策审议内容，报告建议银行提供一种"无附加条件"的账号。

2005年，印度银行主席在庞第皆瑞地区开展普惠金融试点，试点村为全部农户提供金融设施。

2006年1月，印度储备银行允许商业银行利用NGO、小贷机构、其他民间组织作为中介提供银行和金融服务，要求商业银行在不同地区开展普惠金融试点工作。试点的结果使庞第皆瑞、喜马偕尔邦和克拉拉等州/邦宣布它们所有地区实现100％普惠金融。当时，印度储备银行希望到2020年有6亿新用户开设银行账户。

印度政府于2009年启动一个旨在推动普惠金融的项目（Parussini，2015），即给每一个公民一个12位数字的带有生物识别数据的身份证号（Aadhaar Number），这个号码可以用于识别个人是否有资格获得政府补贴，同时也可以用于排除重复的银行账号，使没有银行账号的人群容易获得银行服务。但是法院裁决，不能强迫人们登记以获得身份证号。到2015年，印度有1/3的新账号与这个身份证号关联。

2010年的印度小贷危机被认为是极端盘剥性的高利率、强迫收贷和多方放贷的结果（Barua，Kathuria and Malik，2016），这三个问题都与借方和小贷机构的沟通有关。为了纠正这些问题，印度储备银行于2011年强制要求在贷款时必须就借贷利率、贷款期限、还款弹性做好明确沟通。同时，还引进小贷机构的自律行动，如行业行为准则，建立信贷局负责小额贷款等。

2014年，印度政府成立小企业和低收入家庭综合金融服务委员会（Barua，Kathuria and Malik，2016），由储备银行行长莫尔（Nachiket Mor）领导。该委员会提出，到2016年1月：①为每一位18岁以上的居民提供一个私人、全功能的电子银行账号；②建立广泛分布的电子支付网点，提供成本合理的存取款设施；③为低收入家庭获得正式有监管的服务提供便利通道，服务商提供的服务包括价格合理的适当的信贷产品、投资和储蓄产品、保险和风险管理产品；④为所有客户获得适当金融服务的权利提供法律保护。

同年，印度储备银行制定了一个叫作人民财富的普惠金融计划（PMJDY）（Thyagarajan and Nair，2016），鼓励各银行高层承诺采纳结构和规划性的方法促进普惠金融。计划包含建立实体分支机构、业务代理（代理＋网络通信技术）或其他方式等，自动瞄准还没有银行服务的村庄、提供无附加条件账号、发放农夫信用卡和通用卡等，这项计划也被用来评估各银行的表现。印度储备银行也创造条件在没有银行服务的村庄提供登门银行服务，这种登门服务包含了退出机制。计划的目标是让每一个印度人都拥有银行账户（Wharton，2015）。在政府补贴直接通过银行账户支付的作用下，项目很快增加了 1000 万个以上账户，但是很多人在同一天就把钱取光。2015 年印度 1.745 亿个银行账户中，有 46％以上是零余额账户。这个目标遇到了文盲问题的挑战，如果按读写和基本算术能力来定义文盲，印度只有 30％不是金融文盲。

同样在 2014 年，为了促进普惠金融发展，印度政府批准 Bandhan 银行和 Infra-structure Development Finance Company（IDFC）两家银行营业。印度储备银行还允许了 11 家支付银行建立支付店铺，但只允许运用手机支付，不允许借贷。此前，印度储备银行（Reserve Bank of India）曾经给多家银行颁发营业执照，如 HDFC Bank 和 Global Trust Bank。前者成功了，后者失败了。第二批有 Kotak Mahindra 和 Yes 银行开张。结果形成了两层银行系统，普通银行聚焦于交易，支付银行着重于服务的渗透性和普惠性。

除了上述项目以外，政府在推动普惠金融发展方面，还开展了包括国家农村生计计划、城市生计计划、淘粪工自谋职业计划、差别化利率计划等项目；在储备银行中央董事局主席设立外部顾问委员会，协同个人和机构的共同努力，促进普惠金融发展；采用当地语言申请，放松对小额账户"了解客户"的要求；采用信息技术；于 2014 年 4 月取消对小贷机构 26％的最高利率限制（Barua，Kathuria and Malik，2016）；允许银行业务代理，这是普惠金融监管方面的重要变化（Barua，Kathuria and Malik，2016），业务代理把"最后一公里"打通了。

（二）英国

英国也是一个较早使用普惠金融概念的国家，根据普惠金融委员会（Financial Inclusion Commision，2016），普惠金融一词于 1997 年第一次在文件中出现。1999 年，社会排斥局设立政策行动组来审视普惠金融；2003 年引入基本账户政策；2004 年财政部颁发"促进普惠金融"政策。

2003 年以后，金融服务局负责领导和协调金融能力国际战略。对象是学校、年轻成年人、劳动力、新父母，内容包括消费通信、在线工具、金融咨询。此外，还成立金融能力创新基金，部分组织申请并获得这个创新基金，用来支持特定人群通过主要渠道获得金融服务。有部分研究认为，这个战略没有充分解决普惠金融的问题，没有针对缺乏金融服务人群的真正需要。建议采取更主动的行动，而不是停留在散发传单和上传到网站；金融服务局应该和普惠金融工作组协调一致，刺激受排斥人群的金融服务需求。

英国金融服务局有一个公平对待客户（Treating Customers Fairly，TCF）行动，保证将"企业务必给予客户适当的尊重和公平的待遇"的原则充分体现在企业的战略、文化和运作中。这个活动具有一定的普惠金融意义，但是它只是覆盖到那些获得金融服务的客户，对那些没有金融服务的客户无能为力。

2004年政府宣布成立1.2亿英镑为期3年（2005～2008年）的普惠金融基金（House of Commons，Treasury Committee，2006），其中4500万英镑由贸工部管理，用于提供面对面咨询服务；600万英镑由法律服务委员会用于针对那些通常不参加债务咨询的人群开展货币咨询试点。

英国财政部于2005年2月成立普惠金融工作组，成员来自产业、第三部门、消费者组织、当地政府和学术单位等。工作组监督普惠金融基金的执行，与私营企业、志愿者和社区组织结成伙伴关系，开发可承受易获得的贷款模式；为政府和普惠金融相关单位提供咨询，提高为最弱势群体提供免费的面对面咨询的能力。它的中心任务是确保最弱势群体获得银行服务、可偿还信贷和面对面咨询服务。普惠金融工作组按计划于2011年解散。

普惠金融委员会是一个由专家和国会议员组成的独立体，它着手于：①对金融排斥和当前组建普惠金融的各种干预进行评估和判断；②审查普惠金融工作组解散4年以后各种环境的变化，包括福利改革、技术和家庭支付的紧缩情况；③提供对金融排斥的认知；④敦促政策制定者、监管者、金融服务企业和利益相关者，为把英国建设成为更加具有金融包容性的社会提供支持。

该委员会于2015年提出《促进国家金融健康发展》的建议：

（1）委派一名高级部长——金融健康部长，代表政府领导普惠金融和提高金融能力；

（2）在有关部门和下级政府建立部级普惠金融领导人；

（3）设立独立专家组，类似于普惠金融工作组，就紧急问题和普惠金融进展等向金融健康部长汇报；

（4）赋予金融行为监管局促进普惠金融发展的法定责任，这为其核心目标之一；

（5）建立独立的由行业资助的智库，与消费者一起努力，解决监管难题，促进基于被金融排斥者利益的创新。

上述两个国家政府在普惠金融发展方面均根据自身的情况：①成立专门的机构来协调各有关部门，积极参与到普惠金融发展的过程中；②从国家层面制定普惠金融发展战略规划；③根据战略规划动员各种资源，采用专门项目的形式，落实普惠金融发展规划。

四、国际经验启示

2013 年召开的中共十八届三中全会形成的《中共中央关于全面深化改革若干重大问题的决定》中提出要发展普惠金融。有力的法律法规、政府政策是普惠金融体系的重要组成部分，政府在推行普惠金融中具有重要作用，但是需要恰当界定政府作用的边界，制定恰当的政策，促进金融基础设施和多样化金融供给体系的发展，扩展金融供给能力和规模。

（一）发挥政府引导和市场主导作用

在我国普惠金融发展中，协调好政府与市场的关系是重要的一环。中共十八届三中全会《决定》中提出，要"紧紧围绕使市场在资源配置中起决定性作用深化经济体制改革"，"经济体制改革是全面深化改革的重点，核心问题是处理好政府和市场的关系，使市场在资源配置中起决定性作用和更好地发挥政府作用"。在发展普惠金融的过程中，也要强调市场在资源配置中起决定性作用，构建治理良好、功能齐全的农村金融市场体系。同时，也要发挥好政府在金融机构多元化、农村金融服务激励、金融基础设施建设、农村产权制度与抵质押制度改革、金融监管、消费者保护与金融教育、金融素养提升等方面的作用。

（二）成立专门机构落实普惠金融发展战略

2015 年 12 月国务院发布了《推进普惠金融发展规划（2016～2020 年）》，提出由银监会、人民银行牵头，多部门参与，建立推进普惠金融发展工作协调机制，制定促进普惠金融发展的重大政策措施等。但总的来说，我国目前还没有专门的普惠金融国家战略，也没有专门的组织机构和团队。要切实发展普惠金融，需要协调各个部门，尽快制定符合我国国情的农村普惠金融国家战略，并建立专门的部门、配备专门的人才队伍来实施国家农村普惠金融战略。在农村普惠金融战略中，要协调好金融发展、稳定和普惠金融的关系。

（三）深化农村金融改革

推进普惠金融发展，提高农村金融服务的覆盖率、可得性，需要改革和完善促进农村金融供给侧发展的政策。一是适度放松农村金融组织准入门槛，发展接地气、草根性的农民友好型农村金融组织，特别是合作金融组织。规范化的合作金融具有自我服务、治理稳健、风险免疫的特性。二是在严格考核的基础上，对提供农村金融服务的机构或业务给予适度的税收优惠或费用补贴。三是推进利率市场化，减少对利率的不当干预，促进金融机构的商业可持续，同时慎重使用利率补贴政策。四是建立和完善农村信用体系，健全农村金融基础设施，出资设立风险基金，协助农村金融机构化解金融扶贫风险。五是结合扶贫政策、农业政策，通过建立和完善扶贫组织网络，选择适合金融扶贫的对象，并促进诚信环境建设，协助金融机构降低成本和风险。

中国普惠金融的盲区主要在农村，"最后一公里"问题主要出现在农村。正如第六章所述，最近几年，中国政府已经在不同地区开展了农村金融改革试点，取得了丰富而宝贵的经验。目前的主要任务是，结合国际经验，走符合中国国情的农村普惠金融发展道路。

第六章　农村普惠金融引导性政策与
广西田东县金融改革

【摘要】本章聚焦国内普惠金融发展，尤其是农村的普惠金融发展。在中国农村，服务"三农"是普惠金融的一个重要目标。本章首先回顾与农村普惠金融相关的政策，以了解政府如何在农村普惠金融发展中发挥作用。其次以广西田东县农村金融改革为案例，分析贫困地区政府是如何在促进普惠金融发展中发挥作用的。讨论发现，政府和市场应该同时发挥作用，但是，必须注意两者的边界，保持商业可持续性，政府在发挥其积极作用的同时要避免过度干预。

第五章讨论了国际上政府在普惠金融发展中的主要观点和部分国家的做法，本章将焦点转移到国内。如第一部分所述，随着改革开放的不断深入，普惠金融已经成为中国的一个热门话题。政府把普惠金融发展提高到国家发展战略的高度，于2015年由国务院颁发了《推动普惠金融发展规划（2016～2020年)》。普惠金融发展的主要对象之一是农村从事农业生产的居民，也就是说，农村普惠金融与"三农"密切相关。中国政府历来把农村普惠金融当作解决"三农"问题的重要途径，政府往往把农村金融发展和农村普惠金融发展等同看待。

过去，中国政府为了发展农村普惠金融做出很多努力，出台了各种涉及"三农"的政策文件，在全国不同地方开展了不同形式的改革，取得了显著的效果。广西田东县在中央政府部门的指导下，开展了历时8年的金融改革试点，根据我们对田东县金融改革进行的问卷调查评估，改革对多项普惠金融指标产生了正面的影响，效果显著。本章首先对我国农村普惠金融政策进行回顾，然后就"田东模式"进行讨论。

一、农村普惠金融政策

一直以来，中国政府在农村普惠金融发展中扮演非常重要的角色。改革开放以来，政府在促进农村金融发展方面采取了不同的策略和方法，总的来说，更加强调采用市场化的方法。主要通过出台各种宏观和微观的政策文件、金融和财政的激励、试点经验推广等手段推动农村金融的普惠性。

（一）普惠金融政策

在普惠金融这个概念还没有提出来之前，中国政府在涉农文件中常用的与普惠金融相关的概念是"三农"金融服务，也就是农业、农村和农民的金融服务。"三农"金融服务和农村普惠金融都强调把金融服务扩展到难以获得服务的农业产业、农村地区和农民。2014 年国务院办公厅发布《关于金融服务"三农"发展的若干意见》，普惠金融概念首次出现在正式的农村政策文件之中。

中国政府历来重视农村发展，其主要体现方式是一年一度的中央一号文件，大多数都是关于"三农"发展的政策，而且农村金融改革在中央一号文件中占有越来越重的分量。2013 年，中共十八届三中全会正式提出普惠金融概念。2014 年，国务院办公厅发布《关于金融服务"三农"发展的若干意见》，首次提出大力发展"农村普惠金融"。文件明确指出，建立完整农村金融体系的基本要求和目标是，建立满足或适应农村多层次金融需求、功能完善、分工合理、产权明晰、管理科学、监管有效、竞争适度、优势互补、可持续发展的普惠性的完整农村金融体系。文件认为，只有这样才能真正解决农村地区农民贷款难且贵和金融服务难的问题，促进当地农业和农村经济的发展，为建设新农村和构建和谐社会营造良好的金融环境。

更具有战略性的文件是 2015 年底国务院办公厅发布的《推进普惠金融发展规划（2016～2020 年）》，文件指出，到 2020 年建立并全面建成与小康社会相适应的普惠金融服务和保障体系，有效提高金融服务可得性，明显增强人民群众对金融服务的获得感，显著提升金融服务满意度，满足人民群众日益增长的金融服务需求，特别是要让小微企业、农民、城镇低收入人群、贫困人群和残疾人、老年人等及时获取价格合理、便捷安全的金融服务，使中国普惠金融发展水平居于国际中上游水平。

（二）激励政策

除了各种普惠金融发展政策，政府相关部门及地方各级政府也出台了相应的文件，落实和细化国家普惠金融的发展战略，通过加强政策指导和组织协调，努力构建农村金融创新工作的长效机制，激励农村金融发展。这些政策包括：中国人民银行利用差别化存款准备金率、支农再贷款以及涉农信贷政策导向，鼓励和支持金融机构加大对"三农"的信贷投放；中央和各级地方财政利用农业保险保费补贴、县域金融机构涉农贷款增量奖励、新型农村金融机构定向费用补贴加强激励引导；银监、证监和保监部门在新型农村金融机构市场准入、扩大农业保险覆盖范围、支持企业通过资本市场融资等方面，不断加大对农村地区的支持力度，各项政策的协同效应不断增强。

1. 存贷政策

在信贷政策方面，中国人民银行运用信贷政策支持再贷款、再贴现引导金融机构加大对"三农"、小微企业等经济重点领域和薄弱环节的信贷支持。截至2015年末，全国支农、支小再贷款和再贴现余额分别为1962亿元（2013年该数据为350亿元）、752亿元和1305亿元，其中，西部地区支农和支小再贷款余额占比分别为55.4%和38.4%。同时，对中西部地区的信贷倾斜加大。2015年，中西部地区贷款余额同比分别增长15.4%和14.9%，分别高于东部地区4.3个和3.8个百分点。2015年末，西部地区第一、第二、第三产业贷款余额分别增长8.1%、5.8%和20.2%，分别高于东部地区2.9个、3.4个和7.7个百分点。各地探索创新再贷款、再贴现运用方式，提高对结构调整的支持效能。四川、江苏等地遴选重点支持企业、项目和领域，专项匹配再贷款额度，增强支持的精准性。陕西、贵州等地鼓励金融机构依托再贷款资金和自有资金，创新信贷产品，提升再贷款对涉农和小微贷款发放的撬动作用。

在存款准备金方面，2015年2月5日，中国人民银行下调金融机构人民币存款准备金率0.5个百分点。同时，为进一步增强金融机构支持结构调整的能力，加大对小微企业、"三农"以及重大水利工程建设的支持力度，对小微企业贷款占比达到定向降准标准的城市商业银行、非县域农村商业银行额外降低人民币存款准备金率0.5个百分点，对中国农业发展银行额外降低人民币存款准备金率4个百分点。定向调降存款准备金率源于支农惠农的政策指向性，增强农村金融机构的活力，增加农村金融机构资金运用的规模，加强金融对"三农"发展的支持力度。

在利率方面，2015年10月，对商业银行和农村合作金融机构不再设置存款利率浮动上限，标志着利率管制基本放开。各地区加快成立省级市场利率定价自律机制，有效维护区域市场定价秩序，各地区金融机构存款定价分层有序、差异化竞争的格局基本形成。

2. 财税政策

2015年5月，财政部发布《关于调整完善农业三项补贴政策的指导意见》，在全国范围内调整20%的农资综合补贴资金用于支持粮食适度规模经营，并选择安徽、山东、湖南、四川和浙江5个地区开展农业"三项补贴"改革试点，提高财政补贴服务"三农"力度。

2010年9月，财政部颁发的《财政县域金融机构涉农贷款增量奖励资金管理办法》规定，财政部门对县域金融机构当年涉农贷款平均余额同比增长超过15%的部分，按2%的比例给予奖励。对年末不良贷款率高于3%且同比上升的县域金融机构，不予奖励。2014 年 3 月，颁布《农村金融机构定向费用补贴资金管理办法》，对存贷比和涉农贷款占比等指标达到规定条件的新型农村金融机构，财政部门按当年贷款平均余额的 2‰给予补贴。对西部基础金融服务薄弱地区的银行业金融机构（网点），财政部门按其当年贷款平均余额的 2‰给予补贴。

2015 年，财政部表示中央财政将提高农业保险保费的补贴比例，由原来的中西部 40％、东部 35％，逐步提高至中西部 47.5％、东部 42.5％。2007～2015 年，中央财政共拨付保费补贴资金 780 多亿元，年均增长 27％，累计为 14 亿户次农户提供风险保障超过 7 万亿元。2015 年 2 月，财政部、农业部、保监会联合发布《关于进一步完善中央财政型保险产品政策拟订工作的通知》，该政策扩大保险责任，如明确将地震和旱灾列为必保的保险责任；提高保障程度，明确保险金额应覆盖直接物化成本或饲养成本，取消理赔时的绝对免赔条款；提高理赔比例，明确绝产标准等其他规定，保护投保农户利益。

3. 准入政策

2006 年 12 月，中国银监会颁布《关于调整放宽农村地区银行业金融机构准入政策，更好支持社会主义新农村建设的若干意见》，依此设立的村镇银行、贷款公司和资金互助社被定义为新型农村金融机构。政府希望此类主体能够植根于社会基层，服务于农户和农村小微企业，解决农业自身抵御自然灾害能力差、农村金融机构竞争不充分等城乡金融发展不平衡的问题。

4. 基础设施政策

2014 年以来，土地经营权流转改革成效显著。《深化农村改革综合性实施方案》印发，允许经营性用途的存量农村集体建设用地与国有建设用地享有同等权利，可以出让、租赁、入股；推进农村集体资产股份合作制改革，支持将农村经营性资产折股量化到本集体经济组织成员，赋予农民对集体资产更多权能。《国务院关于开展农村承包土地经营权和农民住房财产权抵押贷款试点的指导意见》出台，支持盘活农村存量资产，提高农村土地资源利用效率。两项试点共覆盖 278 个县级行政区，约占全国县域行政区域的 9.7％。受惠于改革措施，土地经营权有序流转，农村土地经营规模化程度提高，山东 95.7％的村（社区）完成承包地确权登记颁证工作；黑龙江农村土地流转和规模经营面积达 6897 万亩和 6389 万亩；新型农业生产经营主体快速涌现，湖北新增新型农业经营主体 2 万家；安徽新增农民专业合作社 1.3 万个、家庭农场 1.5 万个。同时，国家适时调整完善农业补贴政策，在全国范围内安排 20％的农资综合补贴资金用于支持粮食适度规模经营，重点向专业大户、家庭农场和农民合作社倾斜。

（三）改革试点

从 2009 年开始，广西田东、吉林九台、浙江丽水、福建沙县等金融改革试验地区在农民增收和金融创新方面均取得重大突破。

各地区银行业金融机构着力盘活存量、用好增量，持续加大对国民经济薄弱环节的支持力度。一方面，积极创新产品和服务，支持小微企业，加快"三农"发展。广东创建"数据库＋服务网"模式。山东创推主办银行制度和银税互动机制，服务中小微企业融资效果较好。山西设立企业资金链应急转贷资金，为中小企业接续贷款 41 亿元。天津财政出资 60 亿元，为中小微企业贷款提供风险补偿。重庆、福建、黑龙江等多个省（市）推动"两权"抵押贷款创新，推出单独抵押、组合抵押、组合担保、反担保等多种模式。2015 年末，全国小微企业人民币贷款余额同比增长 13.9%，增速比同期大型和中型企业贷款增速分别高 2.7 个和 5.3 个百分点；本外币涉农贷款余额 26.4 万亿元，同比增长 11.7%，占各项贷款比重的 27.8%。另一方面，强化社会责任意识，加大民生领域、扶贫领域金融资源投入。各地区因地制宜，加快金融扶贫机制创新、制度创新、产品创新。广西田东将农村金融改革和扶贫开发工作紧密结合，首创田东金融精准扶贫模式。青海率先建立扶贫开发金融服务主办行制度。2015 年末，全国 832 个贫困县人民币贷款余额 4.2 万亿元，同比增长 18.2%，高出全国人民币各项贷款增速 3.9 个百分点。

2016 年，一是政府继续实施"以奖代补"政策，对投入整合力度大、创新举措实、合作组织发展好、主导产业提升和农民增收明显的示范区安排 1000 万元"以奖代补"资金，引导示范区深化农业和农村改革。二是继续安排中央预算内基本建设投资，支持示范区旱涝保收标准农田建设，每亩建设投资不低于 1500 元，其中中央定额补助 1200 元。三是探索金融资金支持示范区建设的有效办法，搞好 27 个示范区的财政资金撬动金融资金试点，引导国家开发银行、中国农业发展银行、中国邮政储蓄银行等金融机构加大对示范区的贷款支持力度。四是开展财政支农资金整合试点，推动各类资源、各方要素向示范区集聚。

农村普惠金融改革试点获得初步成效：

（1）涉农信贷投放大幅增长。据统计，2015 年末全国金融机构涉农贷款余额 26.4 万亿元，是 2012 年 17.63 万亿元的 1.5 倍。涉农贷款余额在各项人民币贷款余额中的占比达 28.1%，涉农新增贷款在全年新增贷款中占比为 32.9%，新增贷款中超过 1/3 的款项投向了"三农"领域。涉农信贷投放的增加带动农业增产、农民增收，全国粮食产量实现"十二连增"，农民人均纯收入持续较快增长，是 2012 年的 1.4 倍，城乡和区域发展协调性强。

（2）机构创新产品和服务方式种类明显增加。中国农业银行打造推广"e 农管家"电商平台，满足农企、农民日常生产生活的金融需求，持续完善"最后一公里"的农村基础金融服务。中国邮政储蓄银行深圳分行设立"银发特色支行"，多举措为中老年客户搭建"一站式"综合服务平台。内蒙古农村信用社推出"富民一卡通"，持卡人在授信额度及授信期内，可随时在银行获得贷款和归还贷款，简化了办贷手续，降低了贷款成本。

（3）农村地区金融基础设施和支付环境明显改善。据不完全统计，截至 2015 年末，全国助农取款服务点办理取款业务 2.4 亿笔，金额达 1000 亿元。基础设施建设明显提速，支付环境进一步改善。江苏、广东、黑龙江实现金融支付终端年行政村覆盖率 100%。昆山成为全国首个 ATM "村村通"的县级市。湖北推广"三公里"金融服务、"村级金融服务站"等创新服务模式，电子机具乡镇覆盖率 100%。吉林、安徽、湖南、四川、甘肃、陕西、青海、宁夏积极推动银行卡助农取款服务，业务量和覆盖率进一步扩大。北京、黑龙江、福建稳步推进农村地区手机支付试点，有力地改善了农村支付环境。

2015 年末，全国 41036 家农村合作金融机构网点接入央行农信银支付清算系统，农村地区助农取款服务点覆盖全国九成以上村级行政区。2015 年，全国助农取款服务点办理取款业务 2.4 亿笔，金额达 1000 亿元。各地在农村支付体系建设领域进行了大量有益探索，重庆开展全国首个农村支付服务环境建设综合试点。浙江打造农村"一公里"金融和电商服务圈，助农服务业务量同比增长 1 倍；河南探索"惠民支付＋农村电商"融合发展；海南探索构建"支付＋民生"、"支付＋信贷"等普惠金融服务模式；云南成为全国首个 NRA 账户放开存取款功能试点省份。

二、田东县农村金融改革试点

2009 年以来，在中央相关部门的指导下，广西田东县开展综合全面的农村金融改革，建立了组织机构、信用、村级服务、支付、担保抵押和保险"六大农村金融体系"，形成一种由政府积极推动的改革模式。

（一）政府在改革中的作用

1. 主动推动和参与改革

在改革之前，与其他国家级贫困县一样，田东县农村地区金融服务存在生态环境不佳、金融服务覆盖率低、农民金融意识不强、农民贷款难等问题。调查后，田东县明确了以改善农村金融生态环境、提高农民群众金融意识、创新金融产品和金融服务等为改革试点工作的切入点，制定了一系列政策，政府部门主动作为，积极参与。

针对落后的金融服务现状，田东县出台了若干个政策启动改革，把金融改革纳入政府的主要工作内容。2008 年 12 月 30 日，《关于开展田东县农村金融改革试点工作的决定（东发〔2008〕38 号）》文件提出，以"多方联动、市场取向、政策扶植、广泛覆盖"为改革的指导原则，健全完善金融组织体系。在这个文件的指导下，田东县组织开展了如下几方面的改革措施：

（1）组建、引进和重组金融机构。改革之前，田东县金融服务机构为数不多，对农村提供金融服务的主要有农信社和邮储银行两大机构，邮储银行在当地只储蓄不放贷，信用社是农村信贷的主要来源。为了解决服务不足的问题，田东县引进和组建北部湾村镇银行、广西金融投资集团、国海证券股份有限公司（2012 年）以及保险公司等金融服务机构；组建祥周鸿祥和思林竹海等农村资金互助社，烁城、绿保小额贷款公司，扶贫资金互助协会；引导农信社改组为农商行（2009 年）；由政府主导成立了田东县农村产权交易中心（2012 年）和国有控股的国泰投资公司等。其中，国泰投资公司在广西率先探索农村土地信托模式，即农户、农村集体的土地经营权先流转到国泰投资公司，公司利用农业发展银行贷款进行土地整理，再将其流转到有意向开展农业经营的企业。

（2）优化普惠金融发展环境。田东县是个国定贫困县，产业发展滞后，金融发展的环境条件较差。政府及相关部门首先要加强联络沟通。通过外引内联，一方面到县外联系，另一方面多次组织政银企（农）参与座谈会、信用企业座谈会，搭建投融资平台。其次积极宣传普及金融知识。联合金融机构开展金融知识的宣传普及，全面提升农村居民的金融素质。再次加强权益保护。由有关部门成立金融消费权益保护中心，确保农村金融消费者诉求渠道畅通，妥善处理金融消费纠纷。最后积极防控风险。田东县农业保险起步晚，加之农业的弱质性和风险性，农户收入有限，承保机构和农户对农业保险都缺乏积极性。为此，县里加大政策性农业保险发展力度，为甘蔗、香蕉、竹子、芒果等具有地方特色的农产品设立保险险种；健全县乡村三级保险服务网络，实现保险服务站乡镇、保险服务点行政村全覆盖。同时设立农业保险县里理赔定损小组，制定大灾理赔应急预案，建立理赔绿色通道，实行限时结案制和责任追究制，提高保险服务效率。

（3）建设共用信用体系。由于农户和小微企业的资金有限，能提供有效担保物的实力不足，因此信用建设至关重要。建立健全征信体系是田东县农村金融改革的切入点和重点，实践证明这也是普惠金融发展的有力措施。从 2010 年开始，在县域农村信用体系的建设上政府发挥着主导作用。按照"政府主导、人行推动、多方参与、共同受益"的工作思路，县政府与市人民银行合作，打破原来由各涉农金融机构自建自用的分散型征信评价体系格局，共同建设统一集中型农户信用信息采集和评价系统，供相关金融机构共用。共用信用体系的建设不但节约了金融机构在信用信息采集和评估方面的成本，也成为有效推动全社会信用升级完善的机制。

（4）设立专项贷款。从 2010 年开始，由县财政出资本金，设立"贫困农户发展生产资金互助协会"，到 2015 年底已经累计成立了 29 家。这些资金互助社专门面向资产缺乏导致信用等级太低而达不到银行贷款条件的贫困户，为他们提供 5000 元以下短期（半年或不超过一年）小额贷款。到 2015 年底累计扶持 1128 户贫困户发展生产。

（5）完善财产确权，创建产权交易市场。明晰的产权是资源自由交易、优化配置的前提，为此，田东县分别于 2011 年、2012 年、2015 年完成了农村集体林权、农村集体土地所有权和承包土地确权工作；农村集体土地承包经营权、集体建设用地使用权、农村宅基地使用权、农村房屋所有权、小型水利工程产权的确权登记颁证工作全面推进。同时，为丰富农村抵押担保物，田东县于 2012 年成立广西首家农村产权交易中心——田东县农村产权交易中心，组织开展农村产权交易信息发布、产权交易鉴证、产权抵押贷款、资产评估、投融资等服务，为农村产权融资提供平台，有效地激活了农村资产变现和生产要素流转，将沉睡的资源和产权转变为发展的资本。

2. 创新经营权

营业权是金融机构赖以生存和发展的根本，改革赋予田东县一个创新营业的机会，政府积极主动地抓住这个机会。先是赋予了小贷公司、资金互助社进行借贷的权利，又创新地给予土地交易中心经营土地流转、抵押和农村产权交易的权利。再就是农业保险的创新，田东县独创了竹子等的保险险种。当然这些创新离不开上级政府部门的支持，尤其是在金融产品审批方面。经过调查研究确定创新产品之后，县政府主动与相关金融上级部门沟通协商，争取更灵活和多样化的金融产品。例如，农业银行总行、广西区分行与田东县人民政府 2009 年签订《整体推进农行金融产品、促进田东县城乡经济发展合作备忘录》，扩大信贷审批权限，开辟贷款事项审批"绿色通道"，田东县农业银行享有与其二级分行同等的转授权，对超权限的信贷事项直接上报区分行审批。

3. 多方面激励金融服务于"三农"

商业化金融机构对资金盈利性、安全性的要求，与农业经营周期相对较长、回报率低、风险大产生了矛盾，需要政府相应扶持，否则市场经济规律会严重制约金融的普惠度。田东县政府通过对农业和贫困农户实施补贴和担保、对金融机构实施贴息和税收优惠等措施，弥补市场机制的缺陷。

（1）财政补贴。政府充分发挥财政资金的杠杆作用，构建利息补贴机制以分担贫困农户信贷成本，激励信贷机构向其提供贷款。县财政出资 200 万元，设立贫困农户小额贷款奖补基金，近几年已累计为 3950 户建档立卡贫困户提供了小额贷款利息补贴。

出台农村金融机构定向补贴政策。制定了《田东县金融机构涉农贷款奖励办法》、《田东县金融机构信贷增量奖励办法》等，如对涉农贷款达到贷款总额 60% 以上的金融机构给予一定的费用补贴。

（2）财政专项基金。一是设立涉农贷款风险补偿基金。如县财政出资800万元建立风险补偿基金，用于偿付金融机构的农户小额贷款坏账，到2015年底已累计为农户小额贷款坏账补偿了219.8万元，加强金融机构对不良涉农贷款的处置能力。二是县财政安排资本金，支持设立"贫困农户发展生产资金互助协会"。三是政府直接通过财政出资成立助农融资担保公司。2009年出资1000万元，2012年再注资2000万元，使得公司注册资本达到了3000万元，为带动贫困群众发展的涉农小微企业、专业大户、合作组织提供担保，解决其贷款额度超出小额信贷额度的问题。截至2012年12月末，先后为客户担保101笔，担保金额共4900多万元。四是设立保险基金，开展各种特色农业保险。自2009年开始，田东县正式开展政策性农业保险试点项目工作，通过探索三级财政各出一部分、农户出一部分的方式筹集保费，当年开办了甘蔗、香蕉种植保险，之后不断加大财政投入，扩大范围，目前可保险种植品种已经达13类。在此基础上，探索"小农户＋小贷款＋小保险"模式，有效地规避银行信贷风险。县政府鼓励保险公司积极探索和推行"保险＋信贷"工作，如鼓励农户"以参保的农作物等品种作为抵押物申请银行贷款"，开展"小农户＋小贷款＋小保险"、"新农合＋农村小额保险"的综合保障服务模式等，以小保险撬动更多的金融资金支持农业。农业保险的风险防范和化解功能，在发挥吸引金融机构加大发放信贷支农资金力度进而促进农业生产、维护农村社会稳定方面发挥了积极作用。五是专门安排农村信用体系建设专项经费，保障农户信用信息采集和评价系统开发工作的顺利开展。

（3）税收优惠。第一，用足用好国家已有的涉农金融机构的税收优惠政策，如落实《财政部关于实行新农村金融机构定向费用补贴通知》中相关税收优惠政策，对支持农村经济发展取得较好业绩的农村金融机构给予一定的税收优惠，以弥补日常营业中的开支成本。第二，为鼓励金融机构发展涉农贷款业务，银监会田东办事处在其《关于支持农村金融发展税收政策问题的请示》中，为田东县涉农金融机构争取到更多的税收优惠。例如，在2009年1月1日至2013年12月31日，对于所有的在一定数额范围内的涉农贷款的营业利润，税务部门免除其营业额，超过部分则按85％征收。第三，涉农信贷准备金税前扣除政策。

4. 加强审慎监管

（1）防范金融风险。以人民银行田东县支行为主体，开展经常性县域金融运行情况分析、监测和预测，及时发布各种反映经济和金融运行状况的指标和数据。尤其重视加大对县级投融资平台公司、担保机构、小额贷款公司、资金互助社的监管力度，加强对不良贷款的处置，防止过度贷款，防范金融风险发生。

（2）实施向涉农领域倾斜的监管制度。一方面免收农发行、农商行、村镇银行、农行"三农金融事业部"的监管费；另一方面为体现支农监管导向，增加对金融机构监管评价中的支农服务情况、"三农"贷款余额及其增量监控等项目，以保证金融机构不断加大对农业农村的信贷支持力度，提升金融支农整体水平和服务县域经济发展的能力。

（3）开展金融普惠性评价。为更好地了解和把握金融发展状况和金融服务地方经济和民众情况，田东县重视开展金融普惠性评价。依托人民银行县支行，联合金融办、扶贫办等相关职能部门，经常性地对县域范围内各金融机构普惠金融发展状况开展统计和分析，从乡镇、村区域布局和群众对金融需求的满足度等维度，掌握普惠金融服务相关数据和信息，建立评估考核工作机制，制定工作计划，以激励和督促各地区、各金融机构和相关职能部门根据评价情况改进普惠金融服务。

（二）田东县金融改革结果

1．"六大体系"建设，夯实农村金融服务的基础

田东县不断深化和推进农村金融改革，通过着力建设和完善农村金融的组织机构体系、支付结算体系、信用体系、保险体系、抵押担保体系、村级服务体系"六大体系"，农村金融服务的基础得到极大夯实，服务环境显著优化。

具体以组织机构体系的建设效果为例。经过八年的金融试点改革，田东县目前已经发展成为由商业性、政策性和合作性银行类金融机构，新型农村金融机构，保险、证券、担保公司和农村产权交易中心等其他机构构成的金融组织机构体系。金融机构种类齐全度高居广西县域首位，形成了一个多层次、广覆盖、有序竞争、协同运作的农村金融组织体系（见表6-1）。

表6-1　田东县金融组织机构体系

机构类别		机构名称
监管单位		中国人民银行田东支行、银监会田东办事处、田东县金融办
银行	政策性	农业发展银行田东支行
	商业性	工商银行、建设银行、农业银行、邮储银行田东支行
	合作性	农村商业银行
新型农村金融机构		田东北部湾村镇银行、小额贷款公司、农村资金互助社、扶贫资金互助社
保险		中国人保财险、北部湾财保、太平洋保险田东支公司、中国人寿保险田东支公司
证券		国海证券田东营业部
担保		助农融资担保公司、广西金融投资集团田东综合服务中心
其他		农村产权交易中心、典当公司等

组织机构体系、支付结算体系、信用体系、保险体系、抵押担保体系、村级服务

体系构成的"六大体系"协调互动，构成服务田东"三农"发展的金融支持体系。

2. 涉农信贷投放总量和服务水平大幅提升

这表现在主要涉农金融指标大幅提高，信贷投放能力显著提升。涉农贷款余额由 2008 年的 15.37 亿元增长到 2015 年底的 64.72 亿元，年均增幅 22.54%，占全部贷款余额比重的 70% 以上。服务内容日益丰富，满足农村各类经营主体多样化金融服务需求的能力提升。农户贷款覆盖率、贷款满足率分别由 2008 年的 26%、35% 提升到 2015 年的 90%、92.8%（见表 6 - 2）。

表 6 - 2　2008 年和 2015 年田东县主要金融指标对比

主要金融指标	2008 年	2015 年
各项存款余额（亿元）	30.45	93.71
各项贷款余额（亿元）	23.07	85.59
涉农贷款余额（亿元）	15.37	64.72
涉农贷款比例（%）	66.6	75.6
农户信用评级覆盖率（%）	—	89
拥有银行机构网点数（个/万人）	0.99	1.1
农户贷款覆盖率（%）	26	90
农户贷款满足率（%）	35	92.8
单笔贷款额（万元）	1.86	5.84
农村金融机构不良贷款率（%）	2.36	0.88
农业保险综合覆盖率（%）	30	73
金融知识普及率（%）	0.20	92
电子机具（ATM/POS 机、转账电话）数量（台）	170	2208
银行卡发卡量（万张）	19	77.05
大小额支付系统接入网点数（个）	7	46

3. 征信体系建设促进金融生态环境优化

征信体系建设使农户、合作社、企业等直接体会和意识到信用是十分有用的无形资产和担保，信用能直接创造价值，换言之，诚实守信者不但能得到无抵押贷款，还能享受利率优惠。通过诚信价值化、文化化的信用建设，全县形成了重视、维护和建设信用的良好氛围，金融生态环境显著优化。从 2010 年开始建设信用体系，到 2011 年 10 月，田东县已经获批成为广西第一个也是全国第一个"信用县"，2014 年人民银行总行授予田东县"全国农村信用体系建设示范区"称号。截至 2015 年底，全县评定 A 级以上信用户 5.8 万户（总 7.9 万户）、信用村 139 个（总 167 个）、信用镇 7 个（总 9 个），分别占农户、村和镇的比重为 73.5%、83.2% 和 77.8%。182 个农民专业合作社中评定为 2A 级以上的 5 个、A 级的 11 个，其余的绝大多数被评为 B 级。这些农村经营主体根据其所评的信用级别，享受金融机构和其他机构给予的相应融资服务。

4. 金融改革为金融机构自身和农业生产经营提供有力的风险保障

这具体表现为田东农村不良贷款率由 2008 年的 2.36％降低到 2015 年的 0.88％，农业保险综合覆盖率由 2008 年的 30％提高到 2015 年的 73％。

5. 金融改革促进农业发展、农户增收和金融机构效益提升

2008～2015 年，田东县涉农贷款余额年均增幅和占全部贷款余额的比重高于全国平均数，充分体现农村金融改革对农村经济特别是特色农业发展的支持作用。田东县农业总产值由 2008 年的 21.08 亿元增长到 2015 年的 41.43 亿元。通过设立特色农业发展的保险险种，以及金融支持特色优势农业产业化发展等方式，田东县的芒果、竹子、甘蔗、油茶、中药材、养鸡等特色支柱农业不断发展壮大，特色农业产业链日趋完善。

农村金融改革使农户贷款的满足率由 2008 年的 35％提高到 2015 年的 92.8％，有效地促进了农民收入的提高，全县农民人均纯收入从 2008 年的 3363 元增长到 2015 年的 9234 元，年均增长 15.1％，农民人均纯收入在百色市排名第一，城乡收入比由 2009 年最高时的 4.22∶1 降到 2015 年的 3.04∶1，连续 6 年下降。此外，农村金融改革加快了田东县贫困农户脱贫致富的步伐，并且激励贫困群众从"要我发展"转变为"我要发展"，主动寻求脱贫致富的新路子。田东县贫困村贷款余额由 2008 年的 5938 万元增长到 2015 年的 2.19 亿元，5 年来累计为贫困户发放 9145 户次、4.56 亿元小额信用贷款。田东金融改革过程中对贫困区域和贫困农户特别关注，通过金融扶贫大大改变农村贫困面貌，贫困群众收入水平显著提高。农村贫困人口从 2011 年的 14.63 万人下降到 2015 年的 5.2 万人，贫困发生率从 2011 年的 39.4％下降到 2015 年的 14.5％。贫困村农民人均纯收入从 2012 年的 3418 元增加到 2015 年的 5506 元，年均增长 17.2％。

金融机构通过参与金融改革促进农业发展和农户增收的同时，也实现了自身发展的商业化可持续目标。2015 年田东县金融机构利润总额达到 2.32 亿元，比改革前的 2008 年增长了 3.5 倍。

总之，五年多来，田东县积极探索创新，在深化农村金融改革、发展普惠金融方面取得了显著的成效，形成了独具特色的"田东模式"，该模式可以用表 6 - 3 说明。

表 6 - 3　农村金融改革的"田东模式"

		组织体系
金融改革 田东模式	普惠机制 （六大体系）	支付体系
		信用体系
		保险体系
		担保体系
		服务体系

续表

金融改革 田东模式	产权改革	产权确权 产权市场 产权交易
	三个结合	与农业现代化相结合 与扶贫开发相结合 与城乡一体化相结合

三、讨论

无论国际国内，对于政府是否可以在普惠金融发展中发挥作用，应该发挥什么样的作用，都存在争议。一部分人认为，政府不应该干预普惠金融的发展。另一部分人认为，应该在其中发挥重要的作用，尤其是在发展中国家，普惠金融是一种发展的手段。中国是一个发展中国家，普惠金融的发展处于初期阶段，政府对普惠金融的发展越来越重视，出台的政策越来越多，层级越来越高。如第一部分所述，2016年是我国实行新的普惠金融战略规划的第一年，政府提出"政府引导、市场主导"的原则，意味着政府将在普惠金融发展中扮演重要的角色。要落实这样的原则，需要准确界定政府和市场的作用边界，以确保在市场失灵时政府能发挥其应有的作用，包括其在支持、引导、规范、协调和监管等方面的积极作用。同时，我们也认为政府在引导普惠金融发展时，应该积极主动作为，尤其是在比较贫困的边远地区。必须指出，政府在积极引导时，需要注意避免干预过度。

（一）政府与市场的边界

承认政府和市场都可以在普惠金融发展中发挥不同的作用，意味着需要明确两者的边界。一般来说，要给政府和市场划出一个明确的边界是非常困难的。困难来自于，不同地方的市场发育程度、金融环境、金融知识的普及情况不同等会影响政府发挥不同的作用。

在金融服务比较发达的地区，金融服务覆盖面大，产品比较齐全，金融服务供给充足，市场的作用应该更大一些，政府可以给市场更多的自由发展空间，让市场发挥资源调配作用，这样可以增加效率。在这种市场条件下，政府的主要功能是监督，保证金融服务质量，防范金融领域的风险，维持金融秩序和稳定。

在一些比较落后的地区，由于市场发育滞后，金融可得性不足、满足率低、使用率低、服务质量不高、金融基础设施比较差，金融发展成为当地经济发展的一个瓶颈。因此需要政府发挥更大的作用，如田东县这样的国定贫困县，需要政府主动作为来纠正市场失灵。

虽然没有办法确定一个明确的边界，但是我们依然可以提出一条原则，那就是政府在干预市场的时候，不能违背经济的发展规律，不能越俎代庖，代替市场发挥作用，更不能伤害金融市场的可持续发展，或者说不能伤害金融服务的商业可持续性。

（二）政府的积极作用

田东县的改革实践表明，在一切金融发展不发达的地区，政府可以在如下几个方面发挥积极的作用：

1. 统筹规划和组织协调

为推进和深化农村金融试点改革工作，县里成立了工作领导小组及工作机构，组长由政府主要领导担任，成员由政府各部门（如学习实践办、发改委、财政及有关金融监管服务部门）和金融机构主要负责人组成，重点做好金融改革的顶层设计，统筹做好普惠金融发展规划，明确宏观发展目标和总体工作思路，建立起分工协作、相互配合、上下联动、齐抓共管、共同推进的工作机制和合力，为金融改革试点工作的顺利推进提供强有力的组织保障。毫无疑问，通过政府行政力量推动农村金融改革是田东的一大特色，也是成功的一大关键因素。

2. 政策激励和制度扶持

农村金融服务成本高、风险大、周期长、收益低，仅依靠市场机制，商业性金融机构大多不愿介入。调动金融机构支农积极性，需要发挥政府的政策激励和制度扶持。在"六大体系"建设中，信用体系、担保体系、村级服务体系是在政府引导和积极推动下建立的，而在组织机构体系、支付结算体系、农业保险体系建设中，都体现了政府在财政资金扶持、制度建设等方面的积极作用。

田东县政府等相关职能部门充分发挥行政资源优势，整合各方面力量，协同并出台了一系列财税支持政策和其他相关配套政策，运用公共财政资源建立的各种奖励和风险补偿激励机制，激发了各金融机构参与农村金融改革和支农服务的内生动力，实现了农村金融服务由"要我做"转变为"我要做"。一方面，田东县通过信用评级降低银行贷前调查成本，利用村级金融服务室降低银行贷后管理成本。另一方面，推动财政政策与金融政策的有效衔接。采取县级财政出资设立贫困农户小额贷款奖补基金、涉农贷款风险补偿基金、建立财政性存款与涉农贷款挂钩机制等政策措施，加强对金融机构履行支农职责的监督检查等制度建设，推动农村金融服务实现商业可持续。

3. 环境优化和监管监测

政府的服务主要集中在金融软环境改造提升和风险防控方面。从田东的金融改革历程可以看出，县级政府在整合各方面的力量、推进农村社会信用体系建立健全、开展农村金融服务的宣传教育和培训、建立完善政银企沟通协调机制、搭建银保及银担合作平台等金融发展环境优化方面可以发挥主导作用。

同时，正确处理促发展与防风险之间的关系。地方政府要坚持促发展与防风险兼顾并重的思路。通过设立地方金融监管部门，不断建立健全监管制度，着力做好风险识别、监测、评估、预警和控制工作，维护县域农村金融稳定的同时，注重提高农村金融服务的效果。

（三）避免过度干预

政府在参与推动普惠金融发展过程中，特别是在我国这样的计划经济烙印依然存在、"服务型"政府职能有待培育的情况下，容易发生过度干预的现象。

另外，政府在参与推动普惠金融发展过程中，还容易发生经营成本高、难以市场化并实现可持续发展等问题。如田东县的农户征信体系建设、农村产权中心建设、涉农保险补贴的高成本以及持续运作的相关成本如何在各级政府（中央、省区、地方）有效分担，如何市场化并且实现可持续问题，值得认真研究和思考。

案例一 "桂盛通"

——一种惠农的非现金支付产品

【摘要】农村地区由于经济发展水平低、居住地分散、交通不便等一系列限制性因素，金融服务匮乏，农户难以获得最基本的如取款、转账等服务。为解决这一问题，田东县农村商业银行进行了有效尝试，在农村地区广泛设置了"桂盛通"惠农支付便民点。这一举措极大地方便了农户的生活，较好地解决了"最后一公里"问题，2015年底"桂盛通"实现了辖区内行政村的全覆盖，极大地促进了当地普惠金融的发展。然而，还有进一步改进的空间，如需要加大业务宣传，加强金融风险防控及当地政府的相关政策支持。

"桂盛通"是广西壮族自治区农村信用社系统开发的一种非现金支付产品，通过自助结算终端与商户银行卡、固定电话的一对一的系统绑定，为银行卡持卡人及商户提供在批发市场、商户收银台、农村及超市商店应用银行卡的电子结算服务业务。百色市田东县农村商业银行立足于实际，根据当地农村地区的经济发展状况，将其进行推广，在农村地区设置了"桂盛通"惠农支付便民点，极大地方便了田东县农村居民的生产生活，同时也是金融扶贫工作的重要举措之一。

惠农支付便民服务点具有小额存取款、转账汇款、代领补贴、代理缴费等功能，农村金融综合服务站是在开展支付服务的基础上，从现金服务类业务、信贷服务类业务、国库类业务、征信类业务、金融消费权益保护类业务中选取开展信贷服务类、征信类及金融消费者权益保护类业务。"桂盛通"便民服务点的设立，在一定程度上填补了农村非现金支付区域的空白。

为推动"桂盛通"惠农支付便民服务点的建立及有效运行，田东县农村商业银行的举措包括：

（1）严格按照要求选点。农商行严格按照"合理布点、资格审查、授牌代理、稳妥推进、风险可控"的原则，在各个行政村设立"桂盛通"助农取款便民服务点。综合考虑当地人口总量、经济发展现状，对当地环境进行考察。勘察选点，调研分析，对周边群众接受度进行调查，了解当地金融服务需求。从道德品质、社交范围、资金实力方面考量，挑选适合的商户。对商户进行考察，与当地群众核实情况，并且寻求当地干部的配合，做通商户思想工作。

（2）努力做好商户培训工作。根据相关文件要求，为便民点配备POS机具，安装各类标识牌，定制相关宣传资料。还为符合标准而提升为金融服务站的便民点配备了点验钞机、打印机、保险柜、摄像机等设备，对商户进行机具操作培训，对定点商户进行金融知识宣传。

（3）积极做好回访维护工作。维护期间做好商户的回访维护：主要包括商户继续教育培训，机具日常维护，各类标识牌更新；开展宣传营销活动，及时提供其他耗材支持，并核实商户交易真实性，按月向商户支付代理补贴；对选址或选人不合理的便民点要及时进行调整，确保便民点的布放符合业务要求。

（4）以点带面，步步推进，向农户传播金融知识。在2015年初，农商行选取当地人口基数较大、当地民众接受度较高的地区，联合代理商户及当地村干部进行"桂盛通"业务宣传，开展了"便民点存取，享农信好礼"活动，通过办理业务有奖活动，进一步引导民众在惠农支付便民点办理相关业务。于2015年底，结合亮化便民点标识牌的工作，总行再一次组织各支行在辖内开展便民点办理业务有奖活动，为前来便民点办理业务的村民发放反假币、反洗钱及其他电子业务的宣传材料，赠送小礼品，使更多村民体验到惠农支付便民服务点的便捷性。

（5）制定符合农村支付结算收费标准，切实减轻农民负担。田东农商行作为扎根农村、服务"三农"的金融机构，深知农民疾苦。在制定支付结算收费标准时，基本低于同业标准，同时还对一些特定项目实行免费或优惠策略，以减轻农民负担。在桂盛通上办理小额取款、现金汇款、本地卡（折）汇本行本地卡（折）账户、转汇本行异地卡账户或他省农信卡（折）免费，安装"桂盛通"免收商户机具押金，并承担商户代理业务产生的流量费用。

"桂盛通"这一产品的开发，极大地方便了农户的生活，促进了普惠金融在农村的发展，具体而言其影响主要表现在以下几点：

（1）"桂盛通"极大地方便了群众，惠及万家。农商行惠农支付便民点的安装，使广大农户实现足不出村就能享受到高效便捷的金融服务。在2012年以前，农户办理存取款业务，需要乘车到最近一个镇上的营业网点办理，既需要支付车费又要费一天的工时。现在通过村里"桂盛通"便民点，有效缩短了农户办理金融业务的时间，节约了前往营业网点办理业务的成本，提高了支付效率。乡亲朋友们在家门口就办理银行账务查询业务，了解资金到账情况，掌握资金动态；实现现金存取，及时领取粮补、低保、农保等各项补贴；办理转账汇款，为外出务工的亲人、在校学习的子女汇生活费。乡亲们不需再从乡镇银行营业网点排队领取现金回来使用，办理流程安全快捷，大大降低了携带现金的风险，真正实现了"方便群众，惠及万家"。

（2）"桂盛通"实现了村村通，稳扎稳打，业务不断拓展，改善了农村的支付环境。截至2015年12月，田东农商行通过不懈的努力，已在全县162个行政村布设了166台"桂盛通"助农取款服务终端，实现了辖区内行政村的全覆盖。现正式挂牌的惠农支付便民点161个，农村金融服务站5个。由点到面逐步推进，服务点业务量从无到有，业务项目不断丰富。2013年度办理查询业务0.2万笔；助农取款业务0.05万笔，金额33.33万元；转账业务0.04万笔，金额83.6万元；消费业务0.06万笔，金额67.15万元。2014年度办理查询业务1.13万笔；助农取款业务1.12万笔，金额598.3万元；转账业务0.21万笔，金额1023.35万元；消费业务0.29万笔，金额802.55万元。2015年度累计办理查询业务2.1万笔；助农取款业务2.53万笔，金额1055万元；助农存款业务1.1万笔，金额580万元；转账业务0.6万笔，金额2698万元；消费业务0.5万笔，金额1988万元。从以上数据可以看出，"桂盛通"便民服务点在农村支付环境建设过程中确实发挥了一定成效。

"桂盛通"这一产品的成功开发，在推进农村普惠金融发展和改善农户生活方式方面已经取得了很大的成绩，但仍然面临一些挑战和风险，需要采取措施积极应对，以实现普惠金融惠万家的目标。

第一，应该加大便民点的业务宣传和营销推广使用。在接下来的工作中，需要争取地方政府和官方媒体的支持，通过多途径、多元化的宣传方式，提高民众的金融知识水平，营造农村区域非现金支付体系的氛围，让更多的群众认识到便民服务点在办理金融业务上的方便与快捷，使"桂盛通"真正发挥便民惠农的作用。

第二，加强金融风险防控，定期回访，加强代理商户业务培训及发挥其积极性。培训及防控内容包括机具操作、档案分类、金融知识及相关金融政策宣传等；进一步加强商户操作能力，增强代理商户操作熟练度，提升代理商户的业务知识水平，使其能够全面掌握并熟练操作所使用或代理的支付服务产品；提高代理商户的代理费用，调动代理商户办理业务的积极性，充分发挥代理商户端的作用，进一步提升向群众进行宣传的服务意识，从而达到提升农村支付环境安全建设的目标。

第三，当地政府出台相关政策支持。根据现实支付环境的需求，建议当地政府部门出台与农村支付体系相关的财政政策，给予金融部门财政资金扶持，进一步完善支付系统功能，及时对机具进行升级更换，保证农村支付环境建设的硬件设施。

"桂盛通"是在田东县农商行的大力推动下，凭借先进的技术水平，对农村地区非现金支付产品的一次开拓与创新，极大地方便了农村地区农户存取款和办理其他金融业务。田东县农村商业银行立足当地农村金融服务现状，从打造便捷的支付终端着手，有效解决了农户存取款繁、远、难的问题，广大农户得到了高效便捷的金融服务，为解决"最后一公里"问题提供了有力借鉴，具有很大的推广价值。

案例二　田东县农村金融信用体系建设

【摘要】推动普惠金融的发展，社会信用体系的建设是关键。2009 年，田东县开始了全国农村金融改革试点工作。2010 年 6 月 30 日，田东县社会信用体系建设工作正式启动。在全面推进信用体系建设过程中，田东县以建立"农户信用信息评分与评级系统"为突破口，进行了数次农户信用信息更新工作，至 2015 年 11 月，实现了信用村在 53 个贫困村的全覆盖。经过八年的努力，田东县农村信用体系建设取得了一系列成效。经调研发现，政府推动和农户系统的建立对田东县信用体系建设的推进有显著作用。

田东县位于广西壮族自治区百色市，于 2009 年开始全面推进信用体系建设。八年来，田东县积极探索创新，社会信用环境得到了明显改善，县域金融生态环境和农村金融服务质量得到提高，成功地打造成了全国第一家"信用县"，"诚信田东"品牌深入人心，有效地促进了田东县社会经济发展，受到各界关注。因此，通过到田东进行实地调研，分析广西田东推动信用体系建设的背景、实施及成功经验，试图找出可推广的经验，以推动整个社会信用体系的建立。

一、项目实施前的情况

在农村信用体系建设工作启动之前，田东县的农村信用环境较差。主要有四个方面的原因：首先，由于田东县人口总量达 42 万人，农户总数约 7.9 万户，全县农户信用信息采集、录入、评级等工作量和难度都很大，导致田东县农村信用体系建设工作难度大。其次，农户信用体系建设尚未形成合力，各金融机构采集指标不统一，出现各自为战、多头采集、重复采集的情况。农户信用信息采集进度缓慢，从而导致金融机构和农户信息不对称和信息无法共享，服务范围狭小。再次，全县没有一个统一的农户信用评分标准，整个农村信用评级活动仅由金融机构进行内部评分，所得结果仅限其内部掌握，其他金融机构难以认可。内部评分不排除掺杂有个人感情的可能性，从而有失公平、公正，导致评级结果公信力不强。最后，农村地区农户信用意识相对薄弱，农户对自身信用状况管理比较随意，部分农户对按时归还金融机构贷款重视程度不够，农户不按时归还贷款的情况时有发生。2010年田东县农户不良贷款余额为2286万元，不良率高达2.77%；农行田东支行2010年初由于农户贷款不良率超过上级行2%的风险控制线，全县范围内停办了小额农户贷款。

二、项目的提出

2008年，田东县成为时任中共中央政治局常委、全国人大常委会委员长吴邦国深入学习实践科学发展观活动的联系点。在学习实践活动中，吴邦国同志做出了"金融是发展农村经济的瓶颈，建议以田东县为试点，在中央金融部门的支持下，破解这一难题"的批示。为破解这一难题，优化金融环境，促进社会经济健康发展，田东县人民政府和中国人民银行百色市中心支行于2010年联合推出了《加快推进田东县农村信用体系建设的工作方案》。同年6月30日，县政府召开田东县农村信用体系建设工作动员大会，标志着田东县社会信用体系建设工作正式启动，农村信用体系建设按照"政府主导、人行推动、多方参与、共同受益"的工作思路顺利开展。与此同时，县政府还安排专项经费用于农村信用体系建设，保障了此项工作的顺利开展。

三、项目的实施

为了让更多的农户获得信用评级而享受信用贷款，进一步培育农村地区信用意识，完善信用环境建设。县委县政府决定以建立"农户信用信息评分与评级系统"（以下简称"农户系统"）为突破口，结合农村信用评级活动及其他系统，全面推进农村信用体系建设。

（一）农户系统

2010年9月17日，田东县农户信用信息采集和评级系统正式上线运行，按照"强化点、扩大面，先上规模、后完善"的工作思路，农户信息采集和录入在全县全面推进，措施主要有：

首先，通过县委县政府主要领导动员讲话、电视台、网站和金融知识下乡等形式广泛宣传信用知识。

其次，百色市人民银行牵头各部门研发"农户系统"，设置指标参数，保证"农户系统"能够正常录入信息，评分评级科学合理。参照中国人民银行信用体系相关指标标准，结合田东实际，"农户系统"共设置了 54 项采集指标和 119 项系统指标，能够科学合理地采集和分析农户的各项信息，最终达到为农户增信以获得贷款权利的目的。

再次，加强两级工作人员培训工作。信用体系建设领导小组办公室多次组织县直相关部门和村干部等进行指标设置和数据采集培训，保证了农户信用信息采集的真实性和完整性。

最后，组织人员对农户信息进行采集和录入，各行政村由村干部等组成信息采集工作小组对本村农户进行信息采集，由乡（镇）工作组把关后报送县信用体系建设领导小组，由 60 人组成的录入小组完成所有信息录入和核对工作。

从 2010 年 9 月 17 日开始，至 2010 年 10 月 20 日，田东县完成了对陇穷、中平、模范、四平和百谷五个试点行政村的农户信息采集和录入工作。同时顺利开展了初评、复评和终评三级联评工作，涉农金融机构对符合条件的 1109 户"信用户"进行授信，金额 8713 万元，实际发放贷款 1096 万元。到 2010 年 11 月末，系统共建立农户信用档案 79902 户，其中通过采集和录入的档案信息共 66099 户，占全县有效农户数的 97.21%，实现了林权、计生、公安等非银行信息的批量录入，使得农户信用档案信息更为完善，通过批量导入林权信息新建的农户档案 13486 户。已评定信用户 40844 户，信用村 88 个，信用乡（镇）7 个。系统上线后至 2012 年 10 月末，涉农金融机构共对 40844 户信用户进行授信 119780 户/次，授信金额达 42.34 亿元，通过系统查询农户个人信用报告 59197 次，累计发放农户贷款 160164 万元。

2013～2014 年，田东对全县农户信用信息进行更新工作。在更新数据前，多次召集金融机构研究完善信用评分评级标准，进一步提高农户系统对金融机构的决策影响力。多次召集政府各职能部门落实行业指标标准，协调各部门数据的批量采集工作。经过几年的工作经验积累，这次更新农户信息的培训、采集和录入工作进展顺利，农户系统的统计查询等功能也有了很大改善。更新工作共完成 7.3 万户农户的信用信息档案及信用评级工作，评定 A 级以上信用户 5.5 万户、信用村 99 个、信用镇 7 个。通过第二次农户系统数据更新，对 34 个非信用村的贫困村进行针对性的信用建设，从系统中提取了全县贫困村 19000 余户数据进行分析，着重对不良贷款进行了催缴清收，帮助农户提高信用等级，还对贫困户的评分指标进行了重新调整，完善贫困户信用评级工作。

（二）农村信用评分评级活动

2010 年，农村信用评分评级活动开始，按照信用户占全村农户 60% 以上、按期归还贷款的农户占本村贷款农户总数的 80%（含）以上、不良贷款不高于 3% 的硬性指标来评定信用村；按照按期归还贷款的农户占本乡镇贷款农户总数的 80%（含）以上、不良贷款不高于3‰、近两年新发放的贷款不良率不高于1‰的硬性指标来评定信用乡镇。2010年，田东县共评出了88个信用村（在57个贫困村里有23个被评为信用村）和7个信用乡镇，如表1所示。深入开展信用体系建设后，进行多次重新核定。

表1　2010年信用村信用户分布图

乡镇	总村数（个）	信用村数（个）	信用村占比（%）	信用户数（户）	信用户占比（%）
平马	17＋5	4	18.18	6111	74.69
祥周	21	16	76.19	7986	85.45
林逢	21	14	66.67	8421	85.51
思林	30	10	33.33	6599	71.97
作登	21	6	28.57	7179	75.33
印茶	9	7	77.78	4344	79.88
江城	8	6	75	3463	82.14
朔良	16	13	81.25	6415	83.34
义圩	11	7	63.64	4119	70.17
那拔	8	5	62.5	3201	87.05
合计	162	88	54.32	57838	—

（三）其他系统

经过2010年、2011年两年的信用建设后，田东县农村信用环境建设得到了很大的改善，信用体系建设基本覆盖了所有行政村和所有农户，农户获得贷款的权利和便捷度得到了很大提高，农户小额信用贷款也达到了历史峰值。但是仍有一些领域有待加强信用建设，2012年开始，田东县委县政府提出了以农村信用体系建设为基础，加强对薄弱环节的信用建设，不断提高企业融资能力和环境建设的工作思路。加快推进企业信用体系建设，农民专业合作社信用建设，农村妇女、农民工、贫困户精准信用建设，以及贫困村转信用村等工作任务，全面推进田东县社会信用体系建设。如2012年11月，田东县企业信用系统经过多方努力正式投入使用，2013年，完成了全县1251家企业的基本信息录入工作。此外，还建立了农民专业合作社信用信息系统，对182家农民专业合作社进行数据采集分析，被评为2A级以上的有5个、A级以上的有11个、B级以上的166个。但是由于一些社会信息无法批量采集，系统指标项和评分评级标准还有待完善，评级授信工作推进有一定难度，授信和放贷工作均在不断完善中。

四、信用体系建设的影响

第一，农户系统的开发和使用，有效提升了农民贷款服务效率，极大地方便了农户贷款。农民贷款难的主要原因是没有贷款抵押物和信用等级，农户系统建立以后，田东县成为广西县域信息采集面最广、农户建档最多、内容最齐全的县份。涉农金融机构对符合条件的"信用户"进行授信，并制定了相应的优惠措施。对有需求的农户发放贷款从过去的 3～7 天，缩短到现在的 10 分钟，农村信用体系建设从功能、效率、覆盖面都实现了根本突破。2010 年至 2015 年 6 月，田东县利用信用系统对 55349 户信用户进行授信，授信金额达 47.12 亿元，通过系统查询农户信用报告 86632 次，累计发放农户贷款 42.83 亿元。2010～2015 年，农户贷款覆盖率、农户贷款满足率和农户信用评级覆盖率均逐年上升，分别从 26%、35%、0 增长到 90%、92.8%、89%。

第二，将贷款与农户信用结合，对农户及时还款形成有效激励，农户信用意识得到很大增强，农村信用环境得到优化。信用村镇建设的影响力不断扩大，原定的 57 个贫困村已有 34 个在 2013 年被评为信用村，有 18 个属于信用村的贫困村脱贫摘帽转为非贫困村，信用体系建设在这其中发挥的作用可见一斑。2014 年评定 A 级以上信用户 5.5 万户、信用村 99 个、信用镇 7 个（见表 2、表 3），截至 2015 年 11 月，实现了信用村在 53 个贫困村的全覆盖。2011 年 10 月，田东县被广西社会信用体系建设联席会议命名为"信用县"，是广西第一个获此殊荣的县。2014 年人民银行总行将田东列为"全国农村信用体系建设示范区"。"诚信田东"建设无论在完善基础建设、信用助推经济发展或培育信用意识上都取得了空前成效，田东的信用社会时代已悄然来临。

表 2　信用建设阶段对比

	2009 年 (信用建设前一年)	2011 年 (信用建设后第一年)	2014 年 (信用数据更新后第一年)
信用村数量（个）	10	88	99
信用乡（镇）数量（个）	0	7	7
单笔贷款平均数（万元）	2.98	3.03	3.73
信用贷款比例（%）	82	85	86
贷款办理时间（天）	7	3	3

表 3　田东县"信用村"创建名单一览表

评定"信用镇"7 个		祥周镇、江城镇、朔良镇、林逢镇、义圩镇、那拔镇、印茶镇
评定"信用村"99 个	平马镇（4 个村）	游昌村、上法村、怀民村、百林村
	祥周镇（16 个）	联雄村、祥周村、百银村、甘涟村、九合村、新洲村、仑圩村、联福村、联合村、那达村、保利村、民安村、均宁村、模范村、睦群村、康元村
	林逢镇（15 个）	福兰村、那单村、那来村、东养村、保群村、德利村、凤球村、平孟村、林驮村、民族村、桥礼村、林逢村、平洪村、坛河村、进化村
	思林镇（15 个）	可恒村、内油村、东龙村、英竹村、林秀村、同梅村、坡塘村、那都村、丰马村、坛乐村、新隆村、真良村、广养村、双燕村、江山村

评定"信用村"99个	作登乡（6个村）	新安村、江那村、陇穷村、坡圩村、陇接村、训信村
	印茶镇（8个村）	百城村、那板村、印茶村、僚坤村、龙马村、立新村、巴麻村、龙贵村
	江城镇（6个村）	架龙村、供固村、果柳村、大诺村、那蒙村、桑洞村
	朔良镇（15个村）	周洪村、六羊村、朔良村、群敏村、巴鲁村、灵龙村、南立村、那加村、杏花村、那腾村、宝达村、元色村、定坛村、那娄村、义合村
	义圩镇（8个村）	朔晚村、福旺村、班龙村、义圩村、世木村、安东村、东冠村、六一村
	那拔镇（6个村）	六洲村、六柳村、六鲁村、那拔村、那练村、福星村

第三，农村普惠金融基础设施得到进一步完善，农民收入大幅上升。田东县开启信用体系建设后，为提高农户的金融意识和诚信意识，对农户进行大量金融知识宣传普及，乡镇和行政村的普及率100%，形成较好的农村金融环境。同时，加强金融机构网点、服务点及人员等基础设施建设，2009～2015年，金融机构网点数从36个增长到46个，村级金融服务点从3个增长到162个，人员从188人增长到630人。经过七年时间的努力，田东县已基本实现了全民信用意识增强、涉农金融机构大力支持、农业产业和配套政策跟进快的格局。农民人均收入从3778元增长到9234元，增长了近两倍（见表4）。

表4　信用建设前后和现在各项指标对比

指标项	2009年	2011年	2015年
信用知识宣传普及到乡镇数（个）	3	10	10
信用知识宣传普及的行政村（个）	21	162	162
金融机构网点（全县）（个）	36	42	46
村级金融服务点（个）	3	162	162
参与金融服务的村干部（人）	188	630	630
农民人均收入（元）	3778	5414	9234

第四，信用建设成果不断扩大到各个领域，系统在多个部门得到应用。农户系统将全县各类型互助社、专业合作社纳入信用评级范围，进一步拓展信用信息系统应用空间，实现了与各银行业金融机构系统相互兼容，具备自动评级、信息分类检索等功能，解决了各金融机构农户信息资源共享的问题。公安部门、田东县团委、审计署等部门通过运用农户系统收集的信息，大量节省了人力、物力和财力。公安部门从信用系统中提取了3万多条农户相关信息，用于社会治安管理；田东县团委在开展农村青年信用示范户试点工作时，从农户系统筛选出3000多户信用等级较高的青年农户作为

评选示范户的基础；审计署对田东涉农补贴进行审计时，为减轻核对农户信息的工作量，提高工作效率，从信用系统中提取 6.6 万条农户信息用于核对。

五、成功因素的分析

第一，当地政府的大力支持，有效推动了农村普惠金融的发展。田东县委县政府高度重视田东县作为全国农村金融改革试点工作的开展，将农村信用体系建设列为农村金融改革的重点工作首先启动，号召全县人民以创建"诚信田东"为目标，全面推进信用体系建设工作。田东县党委政府成立工作小组并由县长亲自担任组长，领导小组下设了信息采集工作小组、信息等级评价工作小组、信息录入工作小组、规章制度工作小组、综合协调督查工作小组、信息宣传工作领导小组，同时建立信息征集机制和评价机制。规范评价行为，做到评价指标、评分标准、操作流程"三统一"，开发农户信用信息采集和评价系统。

第二，农户信用信息系统的成功开发及使用，使农村金融、信用环境得到明显优化，推动小额信用贷款业务快速发展。农村信用体系建设客观上达到了在农村地区进行金融知识普及的作用，提高了金融知识的普及率，使农村金融环境逐步改善；通过宣传培训，使农民认识到诚实守信的重要性和失信付出的代价，增强了守信意识，同时通过信用村（镇）守信获益的行为产生辐射效应，影响到广大农村、农民，优化了农村信用环境；农户信用信息采集不仅包括了信贷信息，同时也包括了其他社会信用信息，通过农户信用等级评定公示，信用农户与非信用农户，信用等级高的农户与信用等级低的农户形成比较，促使信用等级低的农户积累自身信用解决贷款难问题，从而达到促进整个农村信用环境改善的目的。

第三，企业信用体系和农民专业合作社信用评分评级工作等稳步协同推进，不断扩大信用建设改革的积极影响。为帮助企业解决融资难问题，不断扩大信用建设改革成果，2012 年 11 月，田东县企业信用系统正式投入使用，同时加强在企业中进行信用知识宣传，不断增强企业信用意识。2013 年开始，为支持发展新型农业经营主体，田东县建立了农民专业合作社信用信息系统，这些系统与农户系统形成全方位、广覆盖的综合体系，一起推动了田东县的整个农村信用体系建设，从而促进农村普惠金融的发展。

六、值得推广的经验

田东县农村信用体系建设系统有效破解了农户和金融机构信息不对称、信息采集指标不统一，以及信息不能共享三大难题，促进了金融机构对农户的贷款力度，缓解了农村贷款"两难"问题，其中的实践经验值得推广借鉴：

（1）政府推动在普惠金融发展中具有重要作用。田东县农村信用体系建设主要依靠政府的行政资源来推动，当地政府重视是农村信用体系建设工作顺利开展的关键，充足的经费保障是农村信用体系建设的前提。有政府的大力支持，就能够协调各部门间的利益，动员各部门积极参与，并广泛利用社会资源降低农户信用体系建设成本，立足于当地实际，开发农户信用信息系统，适时进行培训和宣传工作，是田东县农村信用体系建设成功的主要经验。

（2）农户系统发挥了显著功效。农户系统的开发和使用，是田东县农村信用体系建设的突破口，构成整个信用体系建设的基础。农户系统收集了农户关于耕地、林权、计生等一系列信息，形成信用考察依据，为金融机构发放贷款减少考察和审核成本，减少了农户缺乏抵押物的限制，使得农户贷款更为便利。同时，农户系统建立带来的信用环境改善及收集的海量信息，使得构建企业信息系统和农民专业合作社信用信息系统有现实的必要性和可能性，从而整体推进了农村信用体系的建设。

案例三　景泰县农村信用社

——金融精准服务贫困户

【摘要】景泰县农村信用社把扶贫小额信贷作为精准扶贫的重要手段，积极履行社会责任，认真研究制定有别于普通客户、一般信贷产品的政策措施、发放程序、服务方式，实现对建档立卡贫困农户的特惠金融扶持。在中央全面实施精准扶贫的攻坚战中，景泰县农村信用社充分发挥支贫主力军作用，加强与农村建档立卡贫困户的精准对接，强化扶贫小额信贷的精准管理，走出了一条以扶贫小额信贷助推农村特色产业发展、带动贫困农户脱贫的新路子。

景泰县位于甘肃省中部，是国家六盘山连片特殊困难地区重点县、"三西"专项资金扶持县。全县6镇5乡，共135个行政村，有60个贫困村、9088户贫困户、3.47万贫困人口。扶贫小额信贷是为贫困户量身定做的特惠金融产品，通过对建档立卡贫困农户进行评级授信，使建档立卡贫困农户得到免抵押、免担保的信用贷款。

2015年7月下旬以来，景泰县农村信用社组织百名信合干部职工，每天穿梭在全县135个行政村4.75万农户家中，按照"建立基础档案—了解农户基本情况—掌握需求动态—核实农户征信状况—提供金融服务"的思路，在全县开展了"建档活动"。该社成立了以信用社主任、包村（片）客户经理、村委会干部、村民代表和扶贫干部等组成的评级授信小组，按行政村划片包户到人，深入村庄农户，拉网式开展农户建档登记，特别是配合村民早出晚归的生产生活习惯，利用晚上和中午休息时间进行登门入户调查摸底。通过逐村逐户调查农户生产经营、家庭收入、财产及债务、个人品行等基础信息，建立规范的农户资信档案，根据不同信用等级给予贫困农户帮扶，一般帮扶额度为1万～5万元。现在，村民只需携带身份证、个人名章和信用等级证书，到镇信用社就可办理贷款。评定信用等级后，信用社放贷更放心，仅芦阳镇信用社就已为村里56户贫困户发放贷款268万元。

景泰县农村信用社为贫困户量身开办的扶贫小额信贷实现了对建档立卡贫困农户

的特惠金融扶持，金融扶贫效益明显。截至 2016 年 5 月末，共对全县 40790 户农户建立信用档案，建档面达 81.28％，已评定信用农户 38915 户，评级面达 77.55％，其中完成贫困农户建档立卡评级 9088 户，建档立卡评级面达 100％。累计发放农户小额信用贷款 15.12 亿元，其中向 4020 户贫困户发放贷款 2.01 亿元，有力地促进了全县扶贫开发与农村特色产业发展及农户的脱贫致富。

景泰县主要采取以下措施有效推进普惠金融和实施金融精准扶贫：

（1）优惠信贷政策支持。该社积极向当地人民银行争取较多的优惠政策和资金，切实用好用足支农再贷款货币政策工具，2015 年以来共争取支农再贷款 6.33 亿元，拓宽了小额信贷扶贫资金来源。同时全面落实支农再贷款利率优惠政策，优先向建档立卡贫困户发放小额信用贷款，让贫困户充分享受到利率优惠政策。

（2）优化服务，简化程序。该社对建档立卡的贫困户实行"阳光"信贷服务。通过简化贷款程序、减少贷款环节、优化贷款环境、优惠贷款利率等措施让贫困户享受便捷的金融服务，享受普惠金融的阳光。在防范金融风险的同时，严格按照建档立卡的贫困户花名册发放贷款。不随意抬高门槛，不让贫困户提供反担保，不提前扣除利息和提前结息，严禁各种形式的不合理收费。

（3）建立健全信贷风险分担补偿机制，切实加强信贷风险防控，同时与县政府"对接"，联合建立扶贫小额信贷风险分担机制。由于扶贫小额信贷免抵押、免担保，为减少发放小额信贷的风险，景泰县农村信用社建立健全风险分担补偿机制，同时设立扶贫小额信贷风险补偿基金，分别由省扶贫资金、县扶贫资金和县财政专项资金各安排 100 万元。当贷款出现损失时，按风险补偿金 75％、信用社 25％ 的比例分担。据了解，为降低扶贫小额贷款运营风险，政府还对到期贷款回收率达到 96％ 以上的乡镇、村，按贷款投放量的 2％ 给予奖励。

（4）完善贫困村支付体系。通过打造科技网络、结算服务和资金融通三大服务平台，构建支农、惠农、便农的金融服务"绿色通道"，切实改善农村支付服务环境。推广助农取款服务点，在人员、电子设备和支付结算工具分配上向贫困村倾斜。在全县 135 个行政村设立助农取款服务点 53 个，其中 26 个设在贫困村。推广网银支付、手机支付等新兴电子支付方式，推进支付清算系统在贫困村延伸，为持卡贫困户提供查询、转账、取现、自助还贷等基础金融服务。

（5）积极开展政策和金融知识宣传。针对农民金融知识缺乏的实际情况，在积极加大贫困户信贷投放的同时，该社始终把"智力扶贫"作为一项重要工作。坚持开展"送金融知识下乡"活动，向农户讲解金融知识，主要内容为党和国家的惠农政策、基本金融知识、征信业务相关知识、农户小额贷款办理流程及助农取款功能使用等。2015 年 7 月贫困户建档立卡工作启动以来，百名信用社干部职工深入村舍农户、田间地头，广泛开展了"三农金融讲座"活动。活动开始以来，共开展讲座100多场（次），散发各类宣传材料1.8万余份，7800多农户参加了各种形式的金融讲座。

（6）与扶贫产业精准"对接"。景泰县农村信用联社结合实际，把支持农村产业结构调整、支持地方特色农业和优势产业发展作为重点，优化贷款结构，促进农业产业化发展。该社探索开展"企业＋基地＋农户"的农业产业链金融服务模式，鼓励农业产业化龙头企业或基地与农户签订订单并为农户生产提供贷款担保，重点支持了五佛乡优质红枣基地、草窝滩镇优质枸杞基地、景电一二期灌区玉米制种基地、一条山镇城郊的奶牛和红水、上沙沃两镇快速育肥肉牛等基地建设。依据当地特色产业，该社还开展了"汇商通"、"金果宝"、"金薯宝"、"金种宝"、"旺畜宝"这"一通四宝"特色种养业贷款业务，有效满足了新形势下农户生产资金需求，支持了当地经济发展。至2016年5月底，共发放"一通四宝"贷款1813笔，共22185万元。

案例四　地方政府在普惠金融发展中的
角色与作用

——福建省屏南县小额信贷促进会的探索与实践

【摘要】推动普惠金融发展，需要发挥政府的引导作用，国务院制定并于2016年初发布的《推进普惠金融发展规划（2016～2020年）》中明确提出，要实行市场主导与政府引导相结合的基本原则。本案例分析了地方政府在普惠金融发展中的作用，探索政府在推进地方普惠金融发展中的定位与边界，提出政府在普惠金融发展中的引导作用重在制度和基础设施建设，而社会化公益组织是政府发挥引导作用的重要载体。

普惠金融发展中，政府因其非市场属性，主要职能在于完善相应的基础设施而非直接参与金融服务的提供，从而需要一个中介机构，专门从事此类工作。基于这个理念，屏南县通过政府搭台、多方参与、社会化运作的方式，于2007年成立了县、乡（镇）、村三级联动的社会化农村金融服务平台——屏南县小额信贷促进会。政府通过向第三方（屏南县小额信贷促进会）购买服务的方式，避免直接参与向贫困与低收入群体提供金融服务。促进会托管政府的风险基金，并通过该风险补偿基金获得金融机构5～10倍的融资杠杆，让更多贫困和低收入农户获得信贷支持。经过近10年的探索与发展，小额信贷促进会成为地方政府推动普惠金融发展的重要途径，体现了政府在发展普惠金融中的引导作用。

一、背景

屏南县位于福建省东北部宁德市辖区，下辖11个乡镇、150个行政村，全县人口19.07万，农户数42257户，是典型的山区农业县，产业发展相对滞后，主导产业为旅游、食用菌、蔬菜、水果等。2003 年，屏南县甘棠乡积极调整农业结构，提出"一村一品"、"一村多品"发展规划，在乡政府的引导下，当地农户大力发展食用菌、反季节蔬菜、林业、养殖业，农业结构调整对资金产生强烈需求。但由于农户贷款担保难问题十分突出，限制了金融机构信贷投放能力，其他乡（镇）也存在类似情况。甘棠乡开始探索实践农民贷款担保难问题的解决办法。经过调查及通过乡政府的牵头运作，在甘棠乡依法经民政部门登记成立了社团中介服务组织——信用建设促进会，吸收乡内有关单位、经济实体、各村分会及个人为会员，以会员入会缴纳的会费、乡财补贴、社会捐助筹集成立信贷风险担保基金，为农户贷款提供担保服务，并在信用建设促进会担保基础上有效探索反担保措施等，着重协助和帮助农户获取小额信贷服务。经过 3 年的实践，信用建设促进会累计为农户提供贷款担保 1371 笔，金额 1469 万元。信用建设促进会在缓解该乡农民贷款难问题上发挥了积极作用，也为随后在县级层面运营"屏南县小额信贷促进会"积累了成功经验。

2007 年 11 月，在信用建设促进会的基础上，以推动小额信贷业务的发展、促进农户尤其是贫困与低收入农户的金融可获得性为目的的屏南县小额信贷促进会成立，其宗旨是实施扶贫攻坚、新农村建设和下岗失业人员再就业工程。作为县域贫困与低收入群体及小微企业的金融服务促进平台，屏南小额信贷促进会凭借自身优势管理并运营政府的专项基金，同时，发挥县乡村三级扶贫机构的资源。成立之初通过原有的"政府出一点，银行让一点，农户收一点"（由财政出资并按农户贷款担保余额的 1.6％予以风险补偿，农信社月利率下浮 2 个点，促进会按月 2‰向农户收取风险补偿金及会员费）的方式为小额信贷促进会提供收入来源以保证自身运作。小额信贷促进会实行市场化运作，政府不介入其日常经营，机构经营开支主要依靠其开展的业务获得的收入。

二、屏南县小额信贷促进会

（一）屏南小额信贷促进会的组织结构

屏南县小额信贷促进会是在民政部门注册登记成立、不以盈利为目的、根据社团管理条例建立的理事会领导下的社团法人组织，其业务主管单位是屏南县脱贫办。促进会实行会员制，决策与执行分开，理事会决策，秘书处执行理事会的决策。促进会由单位会员和个人会员组成，单位会员包括村民委员会、社区有关单位、民营企业、农业专业合作社及农庄等；个人会员包括从事农村生产经营的农户、相关部门的代表等。促进会现有各类会员 910 个，在乡（镇）设有分会，在村一级设立农村金融服务协理站，分会以会员形式加入县级促进会。

会员代表大会是屏南小额信贷促进会的最高权力机构，并成立理事会，常务理事会由理事长、常务理事、理事和秘书长组成。秘书处是促进会的执行机构，内设综合部、风险部、业务部，负责处理日常业务，在全县 152 个行政村设立金融协理站，形成县、乡、村三级联动的农村金融服务协理网。其组织结构如图 1 所示。

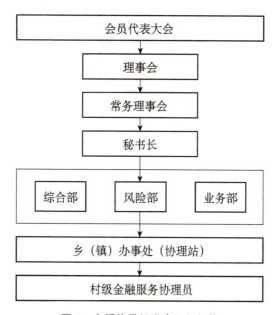

图 1　小额信贷促进会组织机构

促进会现有专职工作人员 3 名、兼职人员 4 名、村级兼职金融协理员 437 人，金融服务协理站协理人员均由乡（镇）扶贫部门工作人员与村委兼任。

（二）促进会的运作模式和主要业务

促进会的运营模式是在农户小额信贷业务中起到平台服务的作用，在贷前和贷后为金融机构和借款人提供服务。作为政府的第三方服务机构，促进会管理着政府委托的风险金；作为社会中介机构，促进会帮助金融机构推荐借款客户，同时帮助金融机构收回贷款；作为借款农户的信贷服务平台，促进会帮助农户获得方便、快捷、低成本的信贷支持。促进会提供的是公共产品，是政府基金的第三方管理机构，机构也因此有合理的收益，以支持机构的可持续发展。目前促进会的资金来源：一是政府托管的风险金，二是会员基金，三是社会捐赠，四是互助资金。

促进会作为社会化公益性组织，其主要功能是为农户申请小额信贷提供推介、担保服务，同时建立农户信用档案。

（1）为农户申请小额信贷提供推介服务。由于农户金融知识相对欠缺，且办理小额贷款误工误时、隐形成本较多，而且，农户在申请贷款和银行放款均存在畏难现象。为帮助农户方便获取贷款，促进会在乡（镇）及村一级建立金融服务协理站，为农户贷款的申请提供协理服务。农户申请贷款可通过电话或短信向促进会提出小额贷款需求，促进会根据建立的农户信用档案，对其资信情况进行评估，对信贷需求的生产项目进行审查，必要时向乡（镇）、村协理站发出补充调查，再推介给金融机构。金融机构审核同意后，由农户和金融机构直接办理贷款手续，其运行机制如图2所示。对村级金融协理员推介的批量贷款，促进会还与金融机构共同上门办理。

促进会为农户贷款提供了配套协理服务，既方便了农户贷款，也方便了银行。一般农户申请的贷款额度在2万元（含）以内可以做到当天放款，额度在2万元以上的5天内放款。

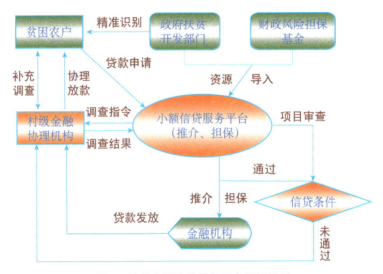

图2　扶贫小额信贷服务平台运行机制

（2）为农户小额信贷提供担保服务。多年来，促进会不断整合积累各级财政拨付的补助资金，建立具有政府背景、为农户提供担保服务的风险担保金，担保金专户存入合作银行，实行封闭管理，只进不出（除必要的代偿外），目前风险担保基金累计达1800万元。促进会根据农户资金需求额度，利用风险担保金为农户提供担保，并与合作银行签订连带责任保证合同，担保的单笔额度一般以2万～3万元为主，最高不超过5万元。对担保超过5万元，但最高不超过30万元的小额贷款，促进会充分利用农村熟人社会的特殊关系，建立多种风险防范及反担保措施，即农户小额贷款由村集体内个人或村级经济组织提供担保，农户以自然人信用、林权、设施农业、仓储质押、预期农产品收入、土地经营租赁权、农村宅基地（农房）使用权以及"自然人＋菇棚"、"自然人＋林权"等10种方式进行反担保。小额信贷促进会担保方式及担保品如表1所示。

表1　小额信贷促进会担保体系

担保额度范围	5000～5万元	5万～10万元									
担保措施	促进会担保	促进会风险基金担保+反担保									
担保品及反担保品	促进会风险担保基金	自然人	林权	设施农业	仓储质押	农产品预期收入	土地经营租赁权	宅基地使用权	自然人+农业设施组合	自然人+林权组合	农民专业合作社等经济组织

（3）建立农户信用档案。促进会成立之初，在中国移动公司屏南县分公司的技术支持下，建立了"三农"综合服务信息平台，收集整理农户信息，建立信用档案。信用档案包含两部分内容：一是政府各部门所掌握的农户信息，如计生、林业、农业、民政、扶贫等政府相关部门信息；二是农户申请贷款时，促进会通过村级金融协理员的工作网络，由村级金融协理员（村委主要负责人）开展对农户信息调查，动态采集农户家庭信息、生产经营信息，由于利用"农村熟人社会"的特点，能够掌握农户的真实信息。因此"三农"综合服务信息平台基本上掌握农户人口、经济、住房、教育培训、劳动力就业转移等情况，同时也包括农户生产、诚信等情况，为促进会评估农户信用状况、资金真实需求情况，及向金融机构有效推介贷款打下了良好基础。

三、地方政府的探索与实践

促进会模式较好地适应了县域的基本情况，实现了地方政府推动普惠金融的目标，又避免了地方政府的直接参与。在成立初期，政府通过协助拟定促进会章程、提供办公场所、指派政府公务人员兼职促进会工作人员、提供前期开办经费等方式，主导培育小额信贷促进会成立并实现运转。在发展过程中，地方政府也积极推动，从政策等方面对促进会给予大力支持，并发挥了重要作用。措施主要有以下几点：

（一）完善普惠金融基础设施建设

1. 协调政府各部门信息，促进信息系统建设，降低信息不对称性

小额信贷促进会自身的市场化运作，能够有效确保农户信息采集的持续性，但是信用体系建设是一项复杂的系统性工程，离不开政府的支持。屏南县政府一方面协调相关涉农部门，将各部门掌握的如林权登记信息、海域权登记信息、农村土地登记信息、农户扶贫信息、税收信息、计生信息等农户信息按照标准的格式汇总导入小额信贷促进会的信息采集系统，实现信息共享；另一方面先后制定出台了《宁德市农村信

用体系建设实施方案》（宁政文［2009］296号）、《屏南县人民政府办公室关于印发屏南县创建农村普惠金融示范县实施方案的通知》、《屏南县人民政府办公室关于印发屏南县创建"金融信用县"工作方案的通知》、《宁德市（屏南）农村全面金融服务工作方案》等一系列指导性文件，协调各方共同推进县域信用环境和金融生态环境建设，实现部门间及政府部门与金融机构间的信息共享，降低信息不对称性。

2. 加快林权确权工作，促进反担保

小额信贷促进会为农户提供信贷担保时，接受农户林权、自然人保证等作为反担保内容。政府为了促进该项业务的开展，加快全县的林权确权工作，截至2015年末，全县林权证发证率达98%，居宁德全市前列。同时，在自然人保证方面，村委为农户贷款向小额信贷促进会提供保证担保作为反担保。这些反担保措施在较大程度上提高了农户的还款意愿。

（二）政策优惠促进可持续发展

1. 资金支持，建立风险补偿基金

普惠金融所针对的低收入人群大多数都不具备正规金融机构认可的担保抵押条件，屏南县地方政府设立专门用于小额信贷促进会开展普惠金融业务的风险补偿金，同时将妇女创业贴息贷款、下岗失业小额贴息贷款等民生金融的财政风险金集中使用，将此类民生贷款的推介担保业务划归小额信贷促进会承担。风险基金成立之初仅3万元，主要来自社会捐款，经过多年的发展，目前屏南县小额信贷促进会的风险补偿金已达到1800万元，其中，省财政900万元、县财政600万元、其他300万元。

2. 杠杆撬动，人民银行支农再贷款支持

人民银行支农再贷款在屏南县的普惠金融发展中也发挥了重要作用。为支持小额信贷促进会的发展，自2007年开始，人民银行加大对屏南县农村信用合作联社的支农再贷款支持力度，2007年给予屏南县支农再贷款8750万元，占当年屏南县农村信用合作联社贷款余额2.73亿元的32.02%。2010年人民银行对屏南县信用社再贷款支持规模1.32亿元，达到其贷款余额47.5%的高峰，人民银行支农再贷款有力地支持了农信社的发展壮大，也间接地支持了小额信贷促进会的发展以及金融扶贫工作。屏南县农村信用合作社的贷款规模从2007年的2.73亿元发展到2015年末的11亿元，贷款规模增长303%，人民银行对其再贷款支持规模依然保持在其贷款余额的15%以上（见图3）。

3. 金融机构让利，政府财政贴息

通过金融机构让利、政府财政贴息等，给予贫困家庭贷款利率优惠，降低其获得信贷支持的实际成本支出。目前，通过小额信贷促进会申请的贷款，金融机构执行低于正常贷款的优惠利率水平，该利率相较于同档信贷产品低2%～4%。

图3　屏南县农村信用合作社信贷余额及获得再贷款支持情况

（三）协调人员，提供协理服务

屏南县小额信贷促进会目前无分支机构，但在乡（镇）及村一级建立金融服务协理站，为农户贷款的申请、办理提供配套的协理服务，主要通过政府协调乡镇公务人员及村两委参与小额信贷促进会的金融服务。这一方面降低了机构的运作成本，因为这些人员都为兼职人员，使小额信贷促进会实现了"零成本"的触角延伸；另一方面由于这些工作人员遍布普惠金融服务网络的"神经末梢"，可协助将普惠金融服务覆盖面扩展至全县每个乡村，同时利用其熟悉当地农户的优势，能够高效地为小额信贷促进会挖掘服务对象、了解服务对象、监督服务对象。由于政府支持，这些基层公务员及村两委提供的协理服务，较好地弥补了广大农户金融知识相对欠缺、办理小额贷款误工误时、隐形成本增加的不足，在降低农户贷款间接成本的同时，也较好地解决了农户小额度贷款难问题，增加了农户信贷服务的可获得性，极大地扩大了普惠金融服务的覆盖面，轻松实现了服务范围在屏南县的全覆盖，而且提升了小额信贷促进会的工作效率。

四、小额信贷促进会运作成效

经过近10年的探索，小额信贷促进会不但实现了自身的可持续发展，而且推介担保的贷款额度、农户覆盖面也不断扩大，信贷质量不断提高，促进了农村普惠金融的发展。截至2015年末，11个乡镇的30个村级金融协理站优先升级为"普惠金融服务站"，更好地对接小额信贷促进会和服务农户。

（1）建立了较为完整的农户信用信息库，减少了贷款发放的信用考察成本和信用风险。在当地县政府的推动和人民银行的协调下，相关政府部门将自己的信息按照标准的格式提供给信息平台。截至2015年末，小额信贷促进会共收集和整理了户籍信息

158217 条，农业经营户信息 28173 条，个体工商户信息 3216 条，外出劳动力信息
23194 条，贫困户信息 6231 条，偏远自然村农户信息 3172 条，农户贷款信息 6875 条，
农户信息 34163 条，林权信息 56849 条，耕地信息 32168 条。各类农户信息经整合后
形成较为完整的农户信用信息库，对解决农村小额信贷发放中信息不对称导致贷款成
本高、道德风险等问题起到了关键的作用。

（2）通过推介和担保业务，有效对接金融机构与农户，解决农民贷款难问题。促
进会成立时就与当地农村信用社、农业银行、邮储银行建立了小额贷款担保合作关系，
2015 年又增加村镇银行，实现金融机构资金供给与农户需求的有效对接，达到信贷资
金与生产项目的结合。小额信贷促进会共向农村信用社、农业银行、邮储银行、村镇
银行四家涉农金融机构推介和担保的支农贷款分别为 1.66 亿元、1.32 亿元、0.21 亿
元和 507 万元。促进会对接金融机构的贷款情况如表 2 所示。

表 2　小额信贷促进会对接金融机构情况　　　单位：笔，万元

年份	农村信用社		农业银行		邮储银行		村镇银行	
	笔数	金额	笔数	金额	笔数	金额	笔数	金额
2009	625	1262	457	1375	101	261		
2010	652	1317	457	1375	130	347		
2011	739	1568	557	1631	48	214		
2012	480	959	573	2187	21	105		
2013	612	3162	573	2187	23	115		
2014	921	3640	573	2187	28	270		
2015	1075	4712	579	2230	45	785	67	507
累计	5104	16620	3769	13172	396	2097	67	507

（3）农户贷款覆盖面大幅提高，增强了农户的自我发展能力。小额信贷促进会发
挥自身的资源和组织优势，立足当地农业产业特点，推介和担保的贷款主要投向发展
食用菌、反季节蔬菜、水果、畜禽等种植养殖业及部分农村个体商贸和运输业等，有
效地推进了"一村一品"特色产业发展，让农民体验到了"短信一发，贷款到家"的
便捷。截至 2015 年末，促进会累计推介小额贷款 9336 笔，金额合计 3.2 亿元，其中
促进会提供担保 5627 笔，金额超过 2 亿元。受益农户 8000 余户，其中，2015 年末在
保农户 1043 户，在保余额 5126 万元。促进会的业务发展情况如表 3 所示。

表 3　小额信贷促进会业务发展情况表　　　单位：笔，万元

年份	推介		提供担保	
	笔数	金额	笔数	金额
2009	1183	2898	474	1475
2010	1239	3039	675	1891

续表

年份	推介		提供担保	
	笔数	金额	笔数	金额
2011	1344	3413	692	2143
2012	1074	3251	700	2549
2013	1208	5464	912	3426
2014	1522	6097	1131	4015
2015	1766	8234	1043	5126
累计	9336	32396	5627	20625

（4）降低贷款成本，发挥了信贷扶贫的造血功能。贫困家庭由于其较低的收入水平，所能承受的信贷成本相对也较低，促进会通过解决贫困农户的担保问题，政府通过协调基层公务员协理农户信贷申请业务、协调金融机构对农户贷款进行让利，有效地降低了农户的贷款成本，使小额信贷扶贫得以实现。2015年，屏南县小额信贷促进会为809户拥有劳动力的建档立卡精准扶贫家庭推介、担保小额贷款963.98万元，占全县贫困农户总数的35%。

（5）提高了农户的信用意识，使金融生态持续向好。促进会十分重视农户的社会信誉的培育，将社会信誉纳入农户的信用档案中，成为一种资源，让信用农户享受到贷款额度、利率和政策扶持等各方面的优惠，发挥了金融服务在社会信用环境建设中的正向激励作用，有效引导了广大农户逐步树立诚实守信意识。促进会与金融机构共同开展信用村镇建设，充分利用农村熟人社会的关系，让他们口口相传，宣传诚实守信的好处，使屏南县金融生态逐年向好。截至2015年末，屏南县涉农金融机构共创建信用村78个、信用乡镇6个，评定信用户9792户，由小额信贷促进会推介担保的贷款均未发生不良，实现100%回收。

五、案例引发的思考

屏南小额信贷促进会在促进贫困及低收入农户和小微企业贷款方面的探索和实践表明，地方政府在推动普惠金融发展中的引导作用十分重要。在推进普惠金融发展中，屏南县政府有效地发挥了统筹规划、组织协调、均衡布局、政策扶持等方面的引导作用，并按市场主导原则，尊重市场运作规律，处理好政府与市场的关系，使小额信贷促进会、金融机构在金融资源配置中发挥决定性作用。

思考一：政府的引导作用重在制度和基础设施建设

政府的引导作用重点在于构建普惠金融体系的相关制度建设和金融基础设施等软环境建设，营造良好的普惠金融生态环境，消除低端客户获取金融服务的非市场性障碍。

首先，发挥政府在普惠金融发展中的顶层设计作用，重点做好普惠金融发展规划，健全普惠金融框架，在宏观发展上进行总体部署和引导。其次，在政策和制度上给予配套：一方面，在财政政策上给予支持，可以财政出资建立风险担保基金等不同形式、具有政府背景的小额信贷担保组织，也可以对相关机构进行财政上的奖励性补贴或税费上的减免；另一方面，出台促进普惠金融发展的相关规章制度，建立各部门协调合力的工作机制及保障机制。最后，积极支持普惠金融基础设施建设，着重推动农村信用体系建设，建立政府各有关部门、金融机构等的数据信息共享机制，消除供给与需求不对称、信息不对称、资金配置不对称、成本收益不对称等影响普惠金融发展的不利因素。

思考二：通过社会化公益性组织提供金融服务是实施政府作用的重要途径

小额信贷促进会作为一家公益性社团法人，旨在服务社会低收入群体获取金融服务，并通过提供的服务收取一定费用以维持自身的可持续运作，其出发点不以盈利为目的。实践证明，此种通过非营利社会化公益性组织提供的专业化服务推动普惠金融的发展模式是有效的，借助社会公益性组织的职能作用是实施政府作用的重要途径。一方面，政府通过对小额信贷促进会的政策、资金、信息等实施影响，引导促进会的服务行为按政府的意图实施，从而达到政府推动普惠金融的目的；另一方面，通过小额信贷促进会，避免了政府直接参与市场行为，相对厘清了政府与市场的边界。同时，小额信贷促进会提供的服务也更为专业、效率更高，这是普惠金融参与各方乐于见到的结果。

思考三：需要创出可持续的商业模式

虽然屏南县小额信贷促进会在探索微贷或小额信贷扶贫方面积累了不少值得推广的经验，但其模式仍然属于小额信贷发展的初级阶段——项目发展阶段，需要当地政府信贷风险资金和低成本的扶贫再贷款，以及县乡村三级政府官员的人员补贴。也正因为上述的低成本资金和大量的政府人员补贴，才能够向农户提供5％左右的超低利率的贷款，这样的利率水平相当于闽东当地市场利率的1/3。无论是微贷、微型金融还是普惠金融的发展，都需要创出可持续的商业模式，使利率和费用收入能够覆盖成本，而不是依赖补贴。否则，机构的规模无法扩大，也不可复制，因为不是所有的机构都能够获得低利率的再贷款和人员补贴。而且，过度的补贴往往扭曲市场，阻碍微型金融的创新和市场竞争。

第三部分

普惠金融发展与指标体系框架

【摘要】20世纪90年代，国际上开始出现对"金融排斥"（Financial Exclusion）的相关研究，金融排斥特指银行关闭分支机构而影响了民众对银行服务的可获得性（Leyshon and Thrift，1993，1994，1995），从反面揭示了普惠金融问题的缘起。2005年，联合国在宣传"国际小额信贷年"时提出了"普惠金融"（Financial Inclusion，也译为包容性金融）的概念，把普惠金融定义为能有效、全方位地为社会所有阶层和群体提供服务的金融体系。我国最早引进普惠金融概念的是中国小额信贷联盟，原中国人民银行研究局副局长焦瑾璞于2006年3月在北京召开的亚洲小额信贷论坛上，正式使用了"普惠制金融体系"的概念。2013年11月，中共十八届三中全会通过了《中共中央关于全面深化改革若干重大问题的决定》，正式提出发展普惠金融，标志着普惠金融上升为国家战略，成为我国金融改革目标和任务的重要组成部分。

随着国内外普惠金融实践日益丰富，如何有效度量普惠金融发展状况成为理论界和实务界的一项重要议题。构建科学合理的普惠金融指标体系，能直观清晰地反映出不同时期和不同区域普惠金融的发展水平，运用具体和数量化的统计数据，进行清晰的定量测度，进一步明确当前制约普惠金融发展的主要因素和薄弱环节，探寻普惠金融发展的不足之处，提出改进的相关政策建议，从而更好地推进普惠金融有重点、有方向的发展。

第七章 普惠金融发展评价的理论

一、普惠金融发展评价的意义

自 2005 年联合国在小额信贷和微型金融的基础上首次提出"普惠金融"的概念后，世界各国掀起了构建"普惠金融体系"的研究热潮。所谓普惠金融，是指立足机会平等要求和商业可持续原则，以可负担的成本为有金融服务需求的社会各阶层和群体提供适当、有效的金融服务的金融体系，旨在降低金融排斥的程度，致力全面渗透于弱势群体、弱势企业、弱势产业及弱势地区，它的核心要素为有效需求、普及性和便利性及成本可负担。发展普惠金融，突破金融排斥，实现包容性增长在国际上已形成公认的战略框架，也是国际金融发展的重要内容（王兆旭，2015）。

普惠金融的发展也引起了党中央、国务院的高度重视。2013 年 11 月，中国共产党第十八届三中全会通过《中共中央关于全面深化改革若干重大问题的决定》，正式提出"发展普惠金融，鼓励金融创新，丰富金融市场层次和产品"。2015 年《政府工作报告》提出，要大力发展普惠金融，让所有市场主体都能分享金融服务的雨露甘霖。2016 年 1 月，我国政府公开发布了《推进普惠金融发展规划（2016～2020 年）》，这意味着中国将高度重视对普惠金融体系的推行并促进其可持续发展。

然而，当前中国普惠金融整体发展水平还有待提高，尤其是各地区间发展不平衡，差异较大。因此，如何有效度量普惠金融发展水平，构建合理、有效的普惠金融指标体系，采用恰当的评价方法进行综合评价，已成为摆在理论界和实务界面前的一项重要课题。从理论上讲，普惠金融是一个多维概念（Sarma，2010；Chakravarty，2010；Werff，2013），需要用一种尽可能包含全部指标信息、更为综合的方法来全面度量普惠金融的发展状况。编制科学有效的普惠金融指标体系是开展普惠金融理论研究的重要工具，以求能及时、客观地记录和评价我国普惠金融的发展水平。

对普惠金融指标体系进行研究，主要有以下重要意义：

从理论层面上看，目前国内尚无一套能够科学、全面地反映我国普惠金融发展状况的指标体系，通过对国内外普惠金融指标体系的介绍和梳理，结合国内实际情况，构建普惠金融指标体系框架，从而进行国际间、地区间普惠金融发展状况的横向比较，有利于总结各国各地区普惠金融发展经验，将为国内普惠金融指标体系方面的研究提供一定的理论参考。

从实践层面上看，推动普惠金融的发展，首先要解决发展的出发点和落脚点，即准确把握普惠金融服务的对象以及发展处于什么阶段的问题（焦瑾璞，2015）。作为发展中国家，我国金融体系的发育尚不完全，一部分弱势群体、弱势地区仍无法享受到普惠金融服务。同时，我国与世界普惠金融的发展还存在较大差距，需要客观评价作为制定政策和推进工作的基础。因此，构建一套科学、有效的普惠金融指标体系，将有助于全面反映和评估我国普惠金融的发展状况，发现普惠金融发展存在的问题，为政策制定者提供便利、完整的普惠金融信息，以制定必要且适用的政策促进普惠金融发展。

随着数字技术融入金融创新，普惠金融服务将变得更加安全、开放和快捷，在这样一个时期，普惠金融也将进入可持续发展的黄金时期。因此，尽快开展我国普惠金融发展状况的评价，及时建立适合我国国情的普惠金融指标体系，全面反映和评估我国普惠金融的整体和区域的发展状况，使普惠金融发展的相关参数具体化、数字化，对政策制定者更好地了解我国普惠金融发展状况、推动我国普惠金融发展具有十分重要的理论与实践意义。

二、普惠金融指标体系的研究现状

（一）普惠金融评价指标的研究

国内外学者对于普惠金融评价指标的研究伴随着普惠金融概念的提出和实践的逐步深入发展。最初对普惠金融的探索始于对"金融排斥"现象的研究（Leyshon and Thirft，1995；Sinclair，2001；Carbo et al.，2005），即部分个人或群体无法享受金融产品与服务。这其中的排斥可分为两种情况：一种为自愿性被排除在金融体系之外，也可理解为自我排斥，如没有金融服务需求，因自身害怕被拒绝等心理障碍，或者因宗教原因等不能直接参与到金融活动中。另一种也是更为常见的情况是非自愿性金融排斥，包括地理位置上的障碍（如附近缺乏银行分支机构）或社会经济层面的障碍（如特定收入人群、社会阶层和种族等无法获得金融服务）。综合起来，这些障碍的来源可归纳为两大类：来自金融供给方的障碍（需由银行等金融服务机构消除）和来自金融需求方的障碍（需由被排除在传统金融机构之外的群体克服）。当来自这两方面的障碍都得到解决后，普惠金融可以在很大程度上得到发展（Chakrabarty，2010）。

　　普惠金融的概念是一个多维度的概念，不同国家以及学者对其有不同的定义，因此在衡量普惠金融发展水平时，维度及指标设置会随着国家发展状况的不同和定义的不同而不同。国际上较为认可且涵盖较为广泛的普惠金融指标体系主要包含四个维度：可获得性、使用情况、质量和影响/社会福利（BFA，2009；Hannig and Jansen，2010；World Bank，2012；Gadanecz and Tissot，2012）。从金融供给方和需求方两个数据获取来源看，金融供给方主要提供有关金融可获得性以及部分使用情况维度的数据，金融需求方主要提供有关使用情况、质量和影响这三个维度的衡量信息。

　　可获得性维度主要衡量的是现有金融体系之外的客户群体获取现有金融产品与服务的能力。影响广大被排斥群体获得金融产品与服务的障碍包括没有可获取服务的渠道、较高的交易成本和时间成本等（Chakrabarty，2012）。部分学者将这一维度又细分为物理上的易获性、灵活性与可靠性（Fernando，2007；Sophastienphong and Kulathunga，2008；Beck et al.，2009）。较早开始研究并设计这一维度衡量指标的是Beck等（2007），其比较了全球99个国家的金融可获得性水平，使用的指标包括每千平方公里拥有的银行分支机构数和ATM数量，每十万成年人可拥有的银行分支机构数和ATM数量等。早期多数学者在衡量此维度时，也参考使用了这些指标（Sarma，2010；Arora，2010），但是数据的选取只考虑了银行金融机构和它们提供的产品与服务（如储蓄与信贷，尤其以信贷可获得性为主），没有考虑其他非银行类金融服务机构类型及相应的其他金融产品与服务（如保险、证券、养老金等）的渗透率和可得性。

　　使用情况维度的开发来自对"未充分享受银行服务"的人群这一概念与现象的思考（Kempson et al.，2004），即很多人虽有银行账户，但实际使用率较低。Kumar（2004）的研究也显示，约有33%没有账户的人群自愿决定不开户，约70%不从银行申请贷款的人群表示他们不需要资金。正是由于金融体系中存在自愿性被排斥的情况，我们有必要区别金融服务的可获得性与对金融服务的实际使用情况，在衡量中具有一定的挑战性。因此这一维度更多地关注金融服务和产品使用的持久性和深度，需要更多有关使用周期、频率和期限等方面的详细信息。与可获得性一样，它应当也不仅限于银行的金融产品与服务，在实际衡量过程中它涵盖的领域扩展到了支付、信贷、储蓄、保险、应急基金等（Sahrawat，2010；Demirguc-Kunt and Klappe，2012）。实践证明，目前还未发现性别与使用正规账户之间存在联系。中国与世界其他国家存在很多差异（Fungáčová and Weill，2014）。与其他国家相比，中国女性在拥有银行账户方面存在更大的阻碍。另外，与中国情况不同的是，其他国家的富裕人群和具有较高教育水平的群体更有可能拥有更多的储蓄。

　　目前几乎没有文献反映技术创新趋势对普惠金融在可获得性与使用情况方面产生的影响。从普惠金融发展现状和广义的普惠金融定义看，金融的普惠性并不局限于银行业金融业务的普惠性。此外，在指标完整性方面，传统衡量普惠金融可获得性的指标可能已不完整了（Cámara and Tuesta，2014）。金融行业新技术的运用超过了传统的银行服务可达到的覆盖广度与深度。新移动银行的发展以及通过互联网等渠道获得并使用金融产品与服务，在一定程度上克服了因物理距离产生的可获得性障碍，这是我们在建立中国普惠金融指标体系时应了解的趋势之一。另外，更大的可获得性并不意味着更高水平的金融普惠程度（Cámara and Tuesta，2014），它存在临界值，当达到一定程度后，持续增加可获得性并不一定会提高普惠金融发展的水平。它可能会提高客户对金融服务的使用频率，但不一定会增加更多的账户持有人比例。但是，当可获得性水平还处于临界值以下时，提高可获得性，即提高广大社会群体获得和使用适宜的金融产品与服务的概率，可以显著提高普惠金融发展的程度。另一种情况是，当金融服务可获得性来自不同金融服务机构时，价格竞争有可能会提高客户的金融消费水平，这种情况在临界点之上也可能产生正向关系。

质量和影响/福利是在可获得性和使用情况之后更为深入、复杂和现阶段比较难衡量的维度。质量维度即金融产品和服务与客户生活需求的相关度，涵盖了客户体验，客户对现有可获得的金融产品与服务的态度与观点，考察的是金融服务提供者和客户之间的关系本质和深度，以及客户可获得的选择和客户对这些选择的理解程度之间的关系（BAF，2009）。全球每年有 1.5 亿新客户进入金融市场（Hannig and Jansen，2010）。客户与银行间有关金融产品与服务的信息不对称性将这些新进入的客户摆在不利的位置，尤其是之前没有过任何金融产品与服务体验的客户群体。普惠金融的发展势必会给这部分客户带来风险，因此金融教育和客户保护是这一维度下两个重要的方面。普惠金融的发展水平与金融知识的普及水平正向相关（Ardic et al.，2011；OECD，2013）。金融教育可以帮助消费者知道在哪里、怎样获得个人需要的金融产品，客观上等同于扩大了金融机构的服务范围，这使普惠金融的主客体都受益匪浅（Atkinson and Messy，2013）。消费者和投资者提升对金融概念、产品服务、风险收益的认知程度，是其做出合理选择、获得更多金融福利的必要前提。从供给方角度的研究表明，部分国家的 ATM、EPOS 机等在农村地区已有较广的覆盖面，但是较低的消费者金融知识普及率影响了对这些金融设施的最大化使用率（Tilman et al.，2012）。从需求角度看，金融教育可以增加他们的银行账户需求，如果对账户进行小额补贴（如免开户手续费），可能会产生更大幅度的需求。但是较低的金融知识普及势必会给客户带来更大的风险。客户保护被认为是监管在市场失灵情况下的一种反应。恰当的监管应更正信息不平衡性，通过在整个服务流程中的信息披露机制鼓励可持续的市场扩张。适当的披露可帮助金融客户更好地了解自己享有的权利和义务。金融消费者保护和金融知识教育等（Mitton，2008；Bihari，2011；Djankov et al.，2008；Allen et al.，2012；Goodstein and Rhine，2013；Kempson et al.，2013）将随着数字金融的发展而变得越来越重要。

普惠金融发展带来的社会影响/社会福利，衡量的是客户通过使用金融产品与服务后发生的生活水平变化情况。一个运作良好的金融系统可以让每个人都得到服务，减少信息与交易成本，影响储蓄率、投资决策、技术创新和长期增长率（Beck et al.，2009；Cull et al.，2014），从微观与宏观层面分析了普惠金融发展的社会效果和影响力。在微观经济层面，研究显示小企业获益于信贷，但是对于借款者家庭的影响力有限；储蓄帮助家庭管理现金流，平衡消费以及建立运营资本，获得正规储蓄服务可以提高对家庭的影响力；保险可以帮助贫困家庭减缓潜在风险和管理各项突发事件；新的支付服务类型可以降低交易成本，并可能提高家庭应变能力。研究也表明，金融可获得性可以提高当地经济发展。在宏观经济层面，实证研究结果显示普惠金融的发展与经济增长和就业具有正相关关系。主要原理是可以降低交易成本和更好地促进资本的配置与风险的分散，对银行存款的可获得性与金融稳定具有积极的促进作用。

国内开始研究普惠金融评价指标的时间较晚，相关文献也较少。但大部分文献都尝试提出与设计中国的普惠金融指标体系，以及进一步构建普惠金融发展指数。部分学者（田霖，2011；高沛星等，2011）也从金融排斥的角度来探索普惠金融发展的评估体系。其他学者在基本参考国际四个维度设置经验的基础上，充分考虑中国特有的国情，体现在具体指标的设置与选取上。目前的指标体系设计归纳起来有三大种类：①农村普惠金融发展评估（阚景阳，2009；曹凤岐，2010；谭文培，2013；王修华和关键，2014；蔡洋萍，2015），主要侧重衡量农村金融制度以及农村经济欠发达地区普惠金融的发展状况。②区域性省际普惠金融评估体系（周忠元，2011；蔡青和郭志卫，2012；王婧和胡国晖，2013；刘明等，2014；施永等，2015），以省为样本单位，结合数据分析不同省份的普惠金融发展程度。③全国性普惠金融评估体系（曾省晖等，2014；王韦程，2015），提供更多与普惠金融发展相关的因素，同时辅助以相关数据进行省际间的普惠金融发展水平比较。

尽管这三类指标体系设计层次不同且在全面性方面有所欠缺，但综合起来突出了我国普惠金融发展的部分特点，包括：①反映我国城乡二元结构状况的指标，在金融服务质量维度下，特别设立了对"三农"、贫困学生和下岗职工等群体的衡量指标。在构建指标体系中多采用供给方指标。②特殊的外部因素指标，反映我国经济发展水平、科技发展水平、政策制定情况以及法律制度水平等，这些因素，尤其是法律法规与监管环境，也在印度学者中得到重视并被纳入衡量指标体系中（Dilip Ambarkhane，2014）。③反映贫困地区金融知识普及与教育的指标，同时将金融消费者满意度、金融服务多元化、保险证券服务、非正规金融机构服务等也纳入考核指标（杨慧，2015）。

④金融创新指标，在保证基本金融服务的前提下，突破金融发展不均衡的现实，同时，动态监测金融风险的扩散和传播，保持金融稳定（余晓芳，2015）。⑤少量文献以商业银行和中小企业为普惠金融分析视角，鲜有以中小城市或城镇数据作为样本的研究分析。

综观国内外研究现状，国际层面的普惠金融评估评价指标为各国设计自身的体系提供了参考。但是在维度设计和指标选取上，仍然不够全面，不能反映最新的普惠金融发展状况。如在维度设计上，国际层面的指标体系对于外部环境，包括法律法规环境、监管环境、征信环境等未纳入其中。在指标选取上，部分学者认识到了不同国家发展普惠金融的影响因素有所不同，因此不能综合使用统一指标及其细分类目来衡量和比较不同国家。事实上，具有区域特色的金融政策和实践在普惠金融发展方面要远比标准化的金融政策和实践重要（Guérin et al.，2012）。

普惠金融体系是一个不断最大化金融服务的可获得性和使用情况，同时最小化非自愿性被排除的情况的系统。它是一个综合概念，既涉及个人、家庭、具体金融产品等微观层面，又涉及行业、区域、城乡等中宏观层面；既涉及小微企业，又涉及城乡低收入人群和农户等不同主体。我国需要构建多层次的普惠金融指标体系以全面覆盖普惠金融发展的整体情况。现有的国内外对普惠金融评估体系的探索都未能完全反映中国的真实情况。因此本章的目的就是在梳理现有普惠金融评估体系与指标的基础上，提出更为完善、涵盖范围更广、更能体现中国普惠金融发展特殊性的评估体系框架，为后期数据搜集与衡量以及普惠金融发展监测和政策制定奠定基础。

（二）普惠金融指标体系及数据库开发实践

Hannig 和 Jasen（2010）提到了衡量普惠金融从两个方面的目标出发：①衡量并监测普惠金融发展的程度与水平；②更深入地了解和挖掘影响普惠金融发展的相关因素，进而衡量政策效果。建立普惠金融体系是一个多阶段且可能需要反复的过程，总体可归纳为：投入、产出和效果。不同阶段所面临的问题及所需的资源不同，适用的指标也会有所差异。投入指标描述各国为普惠金融发展提供的环境，尤其是外部环境，如政策、监管、法律、征信等基础设施建设；产出指标显示的是投入的行动所带来的结果，从现有文献总结上看主要包括了金融产品和服务的可获得性、使用情况以及质量维度；效果指标衡量的是在普惠金融政策和实践影响下带给最终被服务人群的生活水平和企业效益的改善，也即对应的影响/福利维度。这是一个不断递进的复杂过程，对每个阶段需要的资源要求也越来越高。

普惠金融指标体系的建设与衡量离不开高质量的数据搜集和分析，体系的建立与指标的开发需要数据的支撑，它们应当是相辅相成的。目前多个国际组织或区域性机构已倡导设计并搜集能够反映与监测全球或区域性多个国家普惠金融发展状况的指标与数据。从数据获取的渠道看，主要分为两大来源，一类是来自供给方的数据，主要由各国监管机构及统计部门提供；另一类是来自需求方的数据，主要通过问卷调查的形式获取与整理而成。从数据设计的内容特点看，既包括覆盖领域较为广泛与综合的数据库，如国际货币基金组织的金融可获得性调查（FAS）和世界银行组织的全球普惠金融发展指数（Global Findex），也包括针对特定领域开发的可用于评估普惠金融发展进展的专项性指标与数据，如监管环境评测、中小企业发展、移动支付与数字金融、金融消费者保护与金融教育等。本小节将简单介绍目前主要的几个普惠金融发展评估指标体系及相应的数据库开发情况。

1. 普惠金融全球合作伙伴组织（GPFI）的普惠金融指标体系

普惠金融全球合作伙伴组织（GPFI）正式成立于 2010 年 10 月，由 G20 成员国发起成立，是一个包含 G20 国家、部分非 G20 国家以及其他利益相关方的国际组织，致力于在全球范围内推广和发展普惠金融。具体执行合作机构包括普惠金融联盟（AFI）、世界扶贫协商小组（CGAP）和国际金融公司（IFC）。2012 年，世界银行（WB）也加入进来；经合组织（OECD）于 2013 年加入；2014 年，Better Than Cash 联盟和国际农业发展基金会（AFAD）也参与了执行合作；2016 年，G20 峰会在浙江杭州召开，讨论并通过了新的普惠金融指标体系。最新体系包含了可获得性、使用情况和质量三个维度共 24 类 35 个指标，其中部分指标还有进一步的细分子指标。数据的开发与收集主要运用现有的数据资源，结合金融服务的供给方与需求方，其中包括国际货币基金组织（IMF）的金融可获得性调查、世界银行开发的全球普惠金融数据库（Global Findex）、企业调查、《营商报告》、全球普惠金融责任调查、经合组织（OECD）的金融知识调查以及世界银行的全球支付系统调查。

随着新数字金融方面业务模型的开发及更多数字金融服务需求与供给方数据的可得性，最新发布的指标体系新增了衡量数字金融服务的可获得性、使用情况和质量。这些指标衡量数字支付的使用和数字基础设施的可得性，涵盖范围较广，包含各种支付工具和获取渠道。用于支付银行或其他金融机构的基本账户或电子货币账户。支付渠道包括网络、手机或其他有无线网络的设备，或者 POS 终端。由 G20 发布的最新普惠金融指标体系内容如表 7-1 所示。

这是目前国际上最为全面和完整地衡量普惠金融发展状况的指标体系，也是在各个独立组织指标开发与数据搜集的基础上整合起来的集体智慧。中国作为 G20 成员国之一，也将依据该指标体系搜集相关数据。尽管有此指标体系做参考，但是要衡量中国普惠金融的实际发展情况，我们还需注意以下因素：①在维度设定上，未加入法律监管等国家环境以及征信等基础设施对普惠金融的发展产生的潜在影响。2015 年，国家正式颁布了促进普惠金融健康发展的计划，这一政策必定会加大政府及社会对普惠金融的关注及投入，与其他未制定相关监管政策的国家相比，相对完善的法律与监管环境对普惠金融的促进作用将会更大。②在具体指标细分类目上，尽管新的指标体系对部分指标进行细分，包括性别、收入等，但仍然不足以反映中国特殊群体的特点，如在提供金融服务的机构分类上，除了正规金融机构如银行等外，中国还有大量类金融机构（如小额贷款公司等）、NGO 组织及互联网金融服务平台等，它们在推动普惠金融发展过程中发挥着一定的作用。

表 7 - 1　G20 普惠金融指标（2016 年）①

	类别	指标
使用情况指标：成年人		
1A	拥有账户的成年人	在正规金融机构或移动支付服务提供商处拥有账户（由本人开立或与其他人一起开立）的成年人（年满十五周岁）比例
1B	账户数	每千成年人拥有的存款账户数
1C		每千成年人拥有的电子货币账户数
1D		每十万成年人移动支付交易笔数
2A	在正规金融机构发生信贷业务的成年人	过去一年在银行或其他正规金融机构至少有过一次未偿贷款的成年人（年满十五周岁）比例
2B		每千成年人未偿贷款笔数
3	购买保险的成年人	每千成年人中保单持有人数（分为寿险和非寿险）
4	非现金交易	每千成年人非现金零售交易笔数
5	使用数字支付的成年人	使用交易账户（在银行或其他正规金融机构或移动支付服务提供商处开立）进行数字支付或接收数字支付的成年人（年满十五周岁）比例
5A	使用移动电话（通过某一账户）支付	（子指标）使用移动电话支付账单、购物或从某一账户（在银行或其他正规金融机构或移动支付服务提供商处开立）收支款项的成年人（年满十五周岁）比例
5B	使用互联网支付	（子指标）使用互联网支付账单、购物或在线汇款的成年人（年满十五周岁）比例
5C	使用银行卡支付	（子指标）使用借记卡直接从某一账户（在银行或其他正规金融机构处开立）进行支付的成年人（年满十五周岁）比例
5D	使用账户支付	（子指标）通过某一账户收取工资或政府转拨款项的成年人（年满十五周岁）比例
6	高频率使用账户	高频率使用账户的成年人（年满十五周岁）比例
7	储蓄倾向	过去一年在银行或其他正规金融机构存款的成年人（年满十五周岁）比例
使用情况指标：企业		
8A	享有正规银行服务的企业	拥有账户（在银行或其他正规金融机构处开立）的中小企业比例
8B		中小企业存款账户数（在非金融公司借款人中的占比）

---

① 完整版的指标体系请参考 http://www.gpfi.org/sites/default/files/documents/G20％20Financial％20Inclusion％20Indicators％20％282016％20Update％29.pdf。

	类别	指标
9A	在正规金融机构有未偿贷款或授信额度的企业	在银行或其他正规金融机构有未偿贷款或授信额度的中小企业比例
9B		中小企业贷款账户数（在非金融公司借款人中的占比）
10	企业进行数字支付或接收数字支付	从某一账户进行数字支付或接收数字支付的中小企业比例
可得性指标：物理服务网点		
11A	服务网点	每十万成年人拥有的商业银行分支机构数
11B		每十万成年人拥有的 ATM 数
11C		每十万成年人拥有的支付服务代理商数，包括银行、其他存款吸收机构及特定主体（如转账运营商和电子货币发行商）的代理商
11D		每十万成年人拥有的移动代理网点数
11E		每十万成年人拥有的 POS 终端数
11F		拥有移动电话、设备或家庭网络连接的成年人（年满十五周岁）比例
12	借记卡持有	每千成年人拥有的借记卡数
13	企业服务网点	拥有 POS 终端的中小企业比例
14	服务网点的互通性	ATM 网络的互通性和 POS 终端的互通性（0～1）
质量指标：金融素养和能力		
15	金融知识	金融知识得分
16	金融行为	将存款用作应急资金
质量指标：市场行为和消费者保护		
17	信息披露要求	信息披露指数结合了现存的若干披露要求
18	纠纷解决机制	反映内、外部纠纷解决机制的指数
质量指标：使用障碍		
19	信贷障碍	在上一笔贷款中要求提供抵押物的中小企业比例（反映信贷条件紧缩）
		信贷可得性：信用报告系统的效力、担保的有效性和促进放贷的破产法

2. 普惠金融联盟（AFI）的普惠金融指标体系

普惠金融联盟（AFI）成立于 2008 年，并于 2011 年公布了 5 项普惠金融核心指标，从可获得性和使用情况两个维度对成员国普惠金融发展情况进行评估，具体如表 7-2 所示。这 5 项指标通过在其成员国之间的数据测试后确定，具体为：每万成年人拥有的网点数、拥有网点的行政区占比、拥有网点的行政区人口占比、拥有存款账户的成年人占比和拥有贷款账户的成年人占比。指标设计原则遵循有效性、相关性、实用性、一致性、灵活性、平衡性和激励性（Aspiration）。截至 2016 年 4 月，普惠金融联盟成员覆盖 94 个国家 116 个机构，主要成员为发展中国家中央银行和金融监管机构。数据库只针对会员开放，暂时无法得到更多的数据信息。

表 7-2 普惠金融联盟（AFI）的普惠金融核心指标（2013 年）

维度	核心指标
可获得性	全国或者行政区范围内每万名成年人拥有的网点数量
	至少拥有 1 个网点的行政区比例
	至少拥有 1 个网点的行政区的人口占总人口的比例
使用情况	至少拥有 1 个存款账户的成年人比例
	至少拥有 1 个贷款账户的成年人比例

此外，中小企业金融工作小组在普惠金融联盟数据工作小组的合作下，开发了一套单独的中小企业普惠金融指标，用于对中小企业普惠金融服务的衡量，具体如表 7-3 所示。

表 7-3 普惠金融联盟（AFI）的中小企业普惠金融核心指标（2015 年）

维度	分类	指标
可获得性	服务网点	每万名成年人可获得服务网点的数量
	服务网点覆盖	至少有 1 个服务网点的行政区比例
	服务网点覆盖	在行政区至少有 1 个服务网点的总人口比例
	数字金融服务可获得性	可获得数字金融服务的企业比例
	信贷服务可获得性	需要为每笔贷款提供抵押的中小企业比例
使用情况	享有正规银行服务的企业	在正规金融机构拥有存款账户的小企业比例
	拥有贷款余额或授信额度的企业	在正规金融机构拥有贷款余额或授信额度的中小企业比例
服务质量	中小企业贷款担保	中小企业贷款担保占中小企业贷款比例（价值方面）
	贷款相关成本	平均中小企业贷款率与平均公司贷款率之差
	女性开办的中小企业（存款）	在正规金融机构拥有存款账户的女性开办的中小企业比例
	女性开办的中小企业（贷款）	在正规金融机构拥有贷款余额或授信额度的女性开办的中小企业比例
	不良贷款	不良中小企业贷款占总贷款及占中小企业贷款总额的比例

3. MicroScope 的普惠金融指标体系

由《经济学人》发布的显微镜（MicroScope）系列报告在 2008～2013 年主要关注对全球 55 个国家的微型金融机构所在地的监管环境与构架，以及在该地业务运作的环境进行评估与排名。2014 年起，其分析框架从微型金融扩展至对整个普惠金融体系发展环境的评估，考察重点为金融产品与服务的相关政策与监管，广大提供金融产品与服务的机构、服务机制，以及为低收入群体提供具有安全保障的服务支持体系等。简单来说，主要回答了"是否有充分的政策支持"、"政策是否得到有力执行"和对行业参与者来说"政策是否有效"的问题。此评估体系包含 12 项一级指标和数十项细分指标。这 12 项一级指标主要评估各国在创建普惠金融环境中的政府、政策作用和监管能力，还包括一项有关稳定的调整项，衡量影响各国普惠金融发展环境的政治稳定性因素，具体如表7-4所示。

目前对于是否良好的政策环境有助于更好地推动普惠金融发展还没有实证性的答案。但是前期发布的只评估微型金融发展（目前是普惠金融发展的一部分）的Micro-Scope指标的研究显示，对微型金融的支持与普惠金融的发展有极强的相关性（Arun and Kamath，2015）。

数据信息来自各国制定的法律法规文件和对监管者、金融服务提供者和其他行业参与者的采访。尽管其客观性受打分专家主观性的影响，但是它仍然为各国衡量普惠金融发展监管环境提供了一定参照。以中国为例，中国在2015年的普惠金融发展环境评估得分为42分（总分为100分），与其他三个国家一起并列排名第36位（总55位）。尽管与2014年相比，在总分与排名上均有提高，但整体政策监管环境还有待进一步改善。除保险、电子支付和市场操作规则三个方面处于亚洲参与调查的国家平均水平之上外，其他指标的表现均处于同区域平均水平以下。随着2016年《推进普惠金融发展规划（2016～2020年）》的颁布，我们期待普惠金融发展的外部环境可得到有效提高。

表7-4 MicroScope 指标（2015 年）

类别	指标
政府对普惠金融的支持	现有战略及实施
	数据收集
普惠金融监管能力	监管的技术能力
审慎监管	适当的准入和执照要求
	便于运营
对贷款的监管	利率
	贷款风险管理
	微型信贷的风控框架
对存款的监管	从监管机构容易获得存款产品的批准
	现有深度存款—保险覆盖率
对低收入群体保险的监管	针对低收入群体的保险监管
	针对低收入群体保险的服务渠道
	针对低收入群体保险的客户保护
对分支机构和代理的监管	容易设立分支机构
	容易开展代理
非监管的放贷机构的要求	信息报告及运营指南
电子支付	普惠金融基础设施
	数字金融服务
征信报告体系	信息完整
	对借款人及出借人的隐私保护

续表

类别	指标
市场操作规则	现有金融客户保护的框架和制度
	现有信息披露规则的内容
	现有公平公正规则
申诉处理和争端解决机制	内部投诉机制
	现有第三方赔偿机制的有效性

4. 国际货币基金组织普惠金融指标体系建设与数据库开发实践

国际货币基金组织（IMF）于 2009 年开展金融可获得性调查（FAS），此次调查收集的数据构成了目前非常具有代表性的供给方数据库。部分学者的研究也都基于此。目前，FAS 的指标从可获得性和使用情况两个维度对世界各国金融可获得性进行评测，共 242 个指标，如表 7 - 5 所示。

从指标开发与数据库建设情况来看，来自供给方的数据易于在全球多数国家收集，便于各国进行监测和政策制定。更新较为及时，对学术研究也有很好的分析作用。但是来自供给方的数据存在一定的局限性：数据主要从监管部门获取，绝大部分提供的是受监管金融机构的数据，缺乏全面的非正规金融服务机构的信息；数据可能存在重复计算的问题；尽管有对不同机构类型进行分类，但是无法对金融服务需求者进行年龄、性别等因素的细分，无法帮助监管者制定更有针对性的扶持政策。

表 7 - 5　国际货币基金组织的金融可获得性指标（2015 年）[①]

类别	名称
金融服务可获得性	机构数量
	分支机构数
	每千平方公里分支机构数
	每十万居民分支机构数
	最大三个城市分支机构数
	ATM 数
	每千平方公里 ATM 数
	每十万居民 ATM 数
	最大三个城市 ATM 数
	移动货币代理网点数
	每千平方公里移动货币代理网点
	每十万居民移动货币代理网点数
	最大三个城市移动货币代理网点数

---

① 每项指标下还有细分指标，不在此全部罗列。如需查看完整的数据库，请参考 http：//data. imf. org/? sk=E5DCAB7E-A5CA-4892-A6EA-598B5463A34C&. sId=1390030341854。

续表

类别	名称
金融服务使用情况	储蓄对象数
	储蓄账户数
	储蓄余额
	贷款对象数
	贷款账户数
	贷款余额
	保险种类数
	参保人数
	保费总额
	移动货币账户数
	移动货币转账金额
	移动货币账户余额
综合情况	成年人人口数
	存款需求
	国土面积
	GDP

来自供给方的数据除了 FAS 以及上文提到的 MicroScope 普惠金融监管环境评测外，表 7-6 归纳了部分具有代表性的数据库并进行了简单的对比。

表 7-6　主要供给侧普惠金融指标数据比较

项目	国际组织	国际货币基金组织金融可获得性调查		MicroScope普惠金融监管环境评测	世界银行全球支付系统调查	GSMA Mobile Money Adoption Survey		The Mix Market普惠金融信息交流平台	
基本信息	起始年份	2004		2014	2008	2011		2014	
	数据公开性	是		否	否	否		是	
	发布频率	每年		每年	每两年	每年		每年	
	覆盖面	全球 189 个国家		全球 55 个国家	全球 139 个国家	全球 67 个国家		9 个发展中国家	
维度	使用情况	S P	C I		P	S D	C I	S	C I
	可获得性/基础设施	S P	C I		P	S D	C I	S	C I
	获取服务障碍				是	是			
	监管环境			是					
使用者	企业+家庭/个人	是			是	是		是	
	企业								
	家庭/个人	是							

续表

项目 \ 国际组织		国际货币基金组织金融可获得性调查	MicroScope普惠金融监管环境评测	世界银行全球支付系统调查	GSMA Mobile Money Adoption Survey	The Mix Market普惠金融信息交流平台
提供者	商业银行	是			是	是
	信用合作社	是			是	是
	国家专业金融机构	是			是	是
	微型金融机构	是			是	是
	保险机构	是				是
	金融公司	是			是	是
	非正规金融服务提供者					是

注：S＝储蓄；C＝信贷；I＝保险；P＝支付；D＝数字金融。

资料来源：笔者在 IFC 和 CGAP（2011）提供的信息基础上更新而成。除上表列举的比较有代表性的数据资源外，还有其他为供给侧提供数据的尝试，包括 Fspmaps.com 网站等。

5. 世界银行普惠金融指标体系建设与数据库开发实践

世界银行与比尔和梅琳达·盖茨基金会合作，构建全球普惠金融指标体系，该指标体系由 5 类共 15 个子指标组成，如表 7－7 所示。其主要是通过对 147 个国家且每国不少于 1000 人的采访获得数据。

根据世界银行及相关学者的研究，Global Findex 数据显示绝大多数成年人都积极使用正规或非正规的金融产品来管理他们的财务并规划未来。他们开设的账户用于多种目的，包括接收工资、政府转移收支和汇款等。发达国家与发展中国家及个人层面在使用金融服务过程中有显著差异。发达国家成年人拥有账户的比例是发展中国家的两倍之多。在全世界范围内，男性、受过高等教育人群、富裕人群和老年人使用的金融服务更多。正规借贷和保险在发展中国家非常少。减少物理上的、行政上的和金融上的障碍有利于扩大对金融账户的使用。

作为第一个提供居民金融选择阶段性跟踪的普惠金融数据库，数据来源于金融产品与服务的需求方而非金融服务提供方，对普惠金融数据的完善起到很大的补充作用。相对于上文提到的侧重于供给方数据的 FAS 数据库来说，这一补充作用很明显，主要体现在：针对同一个指标，来自需求方的数据可以通过性别、收入、年龄地区、受教育程度等对个体层面的金融服务可获得性和使用情况进行更细的分类，在企业层面，数据也可根据企业在运营等方面的特征进行细分。

尽管如此，这种采用问卷调查形式而产生的数据库也存在一定局限性：首先，获取数据的成本和时间相对较高；其次，获得的结果受到问卷样本量是否完全具有代表性的影响以及问卷采访人员专业化程度的限制，对获取的结果的准确性和全面性带来一定制约；最后，目前数据库的更新频率为每三年一次，在普惠金融发展速度较快的国家，尤其是以数字化和科技为引导发展普惠金融的国家，很难监测到其发生的快速变化及造成这些变化各方面的综合因素。有效的衡量指标也有可能在其中发生变化，不利于监管者与学术研究者进行跟踪。

表 7-7 世界银行 Global Findex 指标（2014 年）①

类别	指标名称（年龄均为 15 周岁以上）
银行账户使用情况	拥有账户的成年人比例
	在正规金融机构拥有账户的成年人比例
	拥有信用卡的成年人比例
	在过去一年中使用信用卡的成年人比例
	拥有借记卡的成年人比例
	以自己名义办理借记卡的成年人比例
	在过去一年使用过借记卡的成年人比例
	拥有移动手机账户的成年人比例
	使用手机在正规金融机构账户进行交易的成年人比例
	在过去一年中没有存取款的账户比例
	特定月份存取款的成年人比例
	主要的存取款方式
储蓄	在过去一年中有过储蓄的成年人比例
	在正规金融机构储蓄的成年人比例
	通过储蓄俱乐部或家庭外成员进行储蓄的成年人比例
	储蓄目的为支付教育费用或学校学费的成年人比例
	储蓄目的为养老的成年人比例
	储蓄目的为农业或商业的创业、经营或扩张的成年人比例
借款	在过去一年有过贷款的成年人比例
	拥有未偿抵押贷款的成年人比例
	从正规金融机构获得贷款的成年人比例
	从非正规金融机构获得贷款的成年人比例
	通过店铺赊购方式获取贷款的成年人比例
	从家庭或朋友处获得贷款的成年人比例
	借款目的为支付教育费用或学校学费的成年人比例
	借款目的为用于支付健康或医疗费用的成年人比例
	借款目的为农业或商业的创业、经营或扩张的成年人比例
支付	在过去一年中支付过学校费用的成年人比例
	通过手机支付学校费用的成年人比例
	通过正规金融机构账户支付学校费用的成年人比例
	使用现金支付学校费用的成年人比例
	在过去一年中支付水电费的成年人比例
	通过手机支付水电费的成年人比例

① 该表中每项指标下还有细分指标，不在此全部罗列。如需查看完整的数据库，请参考 http：//databank. worldbank. org/data/reports. aspx?source＝1228。

续表

类别	指标名称（年龄均为 15 周岁以上）
支付	通过正规金融机构账户支付水电费的成年人比例
	使用现金支付水电费的成年人比例
	在过去一年中有接收国内汇款的成年人比例
	通过个人和以现金方式接收国内汇款的成年人比例
	通过正规金融机构接收国内汇款的成年人比例
	通过手机接收国内汇款的成年人比例
	通过转账服务接收国内汇款的成年人比例
	在过去一年中有接收过政府转移支付的成年人比例
	以现金方式接收政府转移支付的成年人比例
	用新账户或首个账户接收政府转移支出的成年人比例
	用新账户，但非首个账户接收政府转移支付的成年人比例
	用已有账户接收政府转移支付的成年人比例
	通过正规金融机构账户接收政府转移支出的成年人比例
	通过手机接收政府转移支出的成年人比例
	立即提取全部收到的政府转移支付的成年人比例
	按需随时提取出接收的政府转移支付的成年人比例
	在过去一年中接收农产品款项支付的成年人比例
	以现金方式接收农产品款项支付的成年人比例
	通过正规金融机构账户收取农产品款项支付的成年人比例
	通过手机收到农产品款项支付的成年人比例
	在过去一年中接收过工资的成年人比例
	公共领域雇员接收工资的比例
	以现金方式接收工资的成年人比例
	通过新账户且为首个账户接收工资的成年人比例
	通过新账户但非首个账户接收工资的成年人比例
	通过已有账户接收工资的成年人比例
	通过正规金融机构账户接收工资的成年人比例
	通过手机接收工资的成年人比例
	立即提取全部收到的工资的成年人比例
	按需随时提取出收到的工资的成年人比例
	在过去一年中有发送国内汇款的成年人比例
	通过个人和现金方式发送国内汇款的成年人比例
	通过正规金融机构发送国内汇款的成年人比例
	通过手机发送国内汇款的成年人比例
	通过转账发送国内汇款的成年人比例
	使用互联网支付账单或购物的成年人比例
应急资金	不可能需要应急资金的成年人比例
	不太可能需要应急资金的成年人比例
	有可能需要应急资金的成年人比例
	非常有可能需要应急资金的成年人比例
	应急资金主要来源于家庭或朋友的成年人比例

续表

类别	指标名称（年龄均为 15 周岁以上）
应急资金	应急资金主要来源于金融机构或信用卡的成年人比例
	应急资金主要来源于其他渠道的成年人比例
	应急资金主要来源于民间放贷机构的成年人比例
	应急资金主要来源于储蓄的成年人比例
	应急资金主要来源于工作或向雇主贷款的成年人比例

来自需求方的数据库，除了 Global Findex 外，表 7-8 归纳了部分具有代表性的数据库并进行了简单的对比。

表 7-8　主要需求方普惠金融指标数据比较

项目		世界银行普惠金融指引 Global Findex	FinScope	世界银行企业调查	世界银行消费者保护和金融知识调查	经合组织（OECD）金融教育	普惠金融洞察调查（FII）
基本信息	起始年份	2011	2002	2005	2010	2010	2014
	公开性	是	否	是	是	是	否
	发布频率	每三年	每年	不定期	每两年	每两年	不定期
	覆盖面	148个国家	17个发展中国家	145个国家	145个国家	59个国家	8个国家
	指标数量（最新）	506					
维度	使用情况	S C P I	S C P I	S C			D
	可获得性/基础设施	S C P I	S C P I				D
	服务质量		是		是		
	监管环境						
使用者	企业+家庭/个人						
	公司		是（6个国家）	是			
	家庭/个人	是	是		是	是	是
提供者	商业银行		是				
	信用合作社		是				
	国家专业金融机构		是				
	微型金融机构		是				
	保险机构		是				
	金融公司		是				
	非正规金融服务提供者		是				

注：S=储蓄，C=信贷，I=保险，P=支付，D=数字金融。

资料来源：笔者在 IFC 和 CGAP（2011）提供的信息基础上更新而成。除上列举的比较有代表性的数据资源外，还有其他为来自需求方提供数据的尝试，包括 OECD 中小企业计分板等。

（三）对我国普惠金融指标体系设计的思考

综合来看，随着各国普惠金融体系的不断完善及数据的不断开发与整合，普惠金融指标体系也在维度和指标上不断得到拓展，但上述国际组织针对普惠金融指标的设计主要是基于全球层面的，为全球普惠金融发展的衡量与比较提供指引和数据基础，指标数量会得到一定限制。对于各国来说，可以作为基础指标参考，但在实际开发与运用中，必须结合自身的发展特点。

1. 普惠金融指标数据库的建设

数据库建设是普惠金融指标体系有效运作的基础。普惠金融监测评估离不开及时、准确的数据，数据的采集和整理是普惠金融监测评估的基础，建立普惠金融数据库是普惠金融统计的根本要求，也是现有的金融统计制度体系的有益补充。应在兼顾成本和效率的基础上，依照普惠金融指标体系的设计，有效整合现有的金融统计数据资源，并辅之以定期的抽样调查或专题调查，拓宽数据采集渠道，整理成时间和地区多个维度、纵横结合的普惠金融数据库，使其成为普惠金融极其强大的分析工具。

以开源的方式鼓励行业各方参与者不仅参与中国普惠金融数据库的建设，也应积极参与到国际普惠金融数据库的数据提供中。与其他国家相比，除传统正规金融机构外，未受监管的非传统类金融机构在提供信贷等服务方面发挥着重要作用。机构自身及其所在地区域性及全国性行业协会应共同努力，提供更加全面和准确的数据信息。

2. 普惠金融指标体系的设计

普惠金融体系包含金融服务供应者、需求者、配套的基础设施建设以及相关社会生态环境，任何一个衡量普惠金融的体系均需满足下列条件：①必须反映与普惠金融相关的各个方面；②不同地区之间可以互相比较；③数据现成可用，不需要额外的调研获取；④强调不同地区普惠金融的特点和实现途径。

3. 普惠金融指标体系的维度设置

我国农村金融基础薄弱、中小微企业融资困难、新型金融产品和业务不够规范、金融组织体系不够健全、金融消费者合法权益保护力度不够大等问题的解决，需要以普惠金融发展理念为指导，更好地发挥金融实体经济发展、促进民生改善的作用。新的趋势，如互联网金融、数字金融、科技金融、绿色金融等概念及创新产品与服务不断涌现。这些因素都会影响普惠金融的发展以及评估的全面性，在指标设置的时候必须综合考虑。

4. 普惠金融指标体系的指标选取

目前国内外对于细分指标之间的相关性研究不是很多，数据可获得性成为指标选取的重要考虑因素之一。但是更多的指标间相关性研究有助于整体评估模型的合理性与客观性。在缺乏大量文献或研究的条件下，我国在实践中也可遵循整合现有数据资源的原则，将一些国际上较为通用的但暂时不符合中国实际的指标作为参考性指标，使整个指标体系能够在一定程度上反映和指导中国普惠金融实践。

第八章　普惠金融指标体系构建

一、普惠金融指标体系构建的目的和原则

（一）普惠金融指标体系的构建目的

在国际认可的战略框架和指标设计原则下，根据中国经济金融发展实际，设立清晰、合理、有效的普惠金融战略目标，并建立一套与之相匹配的指标体系，是一项具有重要理论和实践意义的基础性工作。通过建立普惠金融指标体系，可以客观和科学地反映中国普惠金融发展的实际状况，为制定普惠金融政策提供决策依据。

普惠金融指标是普惠金融体系建设中的衡量标尺。首先，具体化、数量化的普惠金融指标体系能够避免定性描述所存在的主观性强、随意性大、评估结果模糊等弊端，从而比较客观、科学地反映普惠金融实际状况。其次，战略制定者和政策实施者通过普惠金融指标体系的评估结果，能够更加合理地设定普惠金融战略目标和政策重点，还可根据指标的动态监测情况，适时调整阶段性目标与具体政策。最后，具备可比性的普惠金融指标体系能客观反映本国或地区在不同指标上与标杆国家或地区的差距，为借鉴先进经验提供数据参考。

（二）普惠金融指标体系的构建原则

在普惠金融发展评价研究现状的基础上，可以实际构建普惠金融发展指数评价指标体系。在具体确定和选择普惠金融发展评价指标时，应注意遵循以下原则：

1. 全面性原则

普惠金融指标体系以及发展指数应该是普惠金融概念、特征的总体描述和抽象概括，其中的每一个维度和每一个指标都可以看作观察普惠金融这一总体的一个视角。因此，普惠金融指标体系的构建应该从系统整体的角度出发，要求各个维度及指标能够作为一个有机整体在相互配合（而非简单相加）中比较全面、有效、准确地反映普

惠金融的内涵和特征。

2. 简明性原则

评价指标体系的大小也必须适宜，即应有一定的科学性。如果指标体系过大，指标层次过多，指标过细，势必将评价者的注意力吸引到细小的问题上；而指标体系过小，指标层次过少，指标过粗，则不能充分反映实际情况。

3. 可比性原则

普惠金融的发展只有在与以往的发展进行对比时才能反映出普惠金融发展的变化情况。为适应这一可比的要求，衡量普惠金融的评价指标应该具有可比性，即指标体系在设计中要注意指标口径、方法的历史动态性以及指标在空间范围内的可比性。

4. 可操作性原则

指标设置上的一个关键问题是要考虑这些指标是否能够采集到权威、准确的公开数据。虽然在理论研究中可以设置很多指标，有些甚至是非常具有理论和实践意义的，但如果该指标采集不到数据也是没有用的，因为不具有可操作性。

5. 可持续性原则

普惠金融是一个动态发展过程，随着经济社会和金融体系的发展，普惠金融状况会发生变化，不同国家或地区由于政策、制度和市场的原因，在普惠金融表现上也会产生差异。因此，普惠金融指标体系的设计应该适用于同一时点上跨国、跨区域的比较，还应该在相对稳定的框架下，对同一国家和地区的普惠金融状况进行时间序列上的分析。

二、普惠金融指标体系的设计思路

普惠金融指标体系是一个复杂的大系统，它包含普惠金融发展水平的总体评价、各组成要素发展水平评价，以及各评价指标发展水平的评价。实际上，普惠金融发展评价是由单个指标评价和整个指标体系的综合评价组成的。鉴于我国普惠金融的发展实际以及典型的城乡二元结构状况，我国普惠金融在统计上除了要参考国际经验，还需要关注"三农"、中小微企业和下岗职工等弱势群体。为了更加全面、客观、有效地评价普惠金融发展的状况和趋势，遵循全面性、简明性、可比性、可操作性和可持续性的原则，本书试图提出一个普惠金融指标体系的基本框架。

在指标选取中，本书首先从普惠金融的定义和目标出发，在借鉴国外经验和分析我国金融发展的基础上，从普惠金融的外部环境、普惠金融的供给和普惠金融的需求三个基本维度建立普惠金融指标体系，如图8-1所示。

（1）普惠金融的外部环境。普惠金融的外部环境主要反映普惠金融发展的外部环

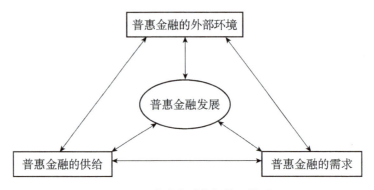

图8-1　普惠金融指标体系模型

境，是普惠金融发展的基础，由普惠金融的政府支持、普惠金融的政府监管和普惠金融的社会力量三个子要素组成。普惠金融是一项系统工程，不仅需要金融机构创新服务理念和产品，还需要政府完善外部环境的建设，解决普惠金融的理论指导问题。普惠金融的外部环境是普惠金融生存、发展的外部因素，涵盖了政策法规、监管体系和信用环境等与普惠金融相互影响、相互作用的因素，是普惠金融良好有序发展的基础条件。

（2）普惠金融的供给。普惠金融的供给主要反映普惠金融服务的基础设施及获取渠道，由普惠金融的可得性一个子要素组成。普惠金融的可得性是指普惠金融服务的均等性，主张人人均可平等地享受金融服务。普惠金融体系意味着尽可能多的居民可方便地享有金融服务，从供给角度而言即保证金融机构网点的有效设立和充足的服务人员配备。一个地区机构网点数越多、金融服务人员越多，则该地区金融的渗透性越强。

（3）普惠金融的需求。普惠金融的需求主要反映使用普惠金融服务的广度和深度，以及普惠金融服务的使用效果，由普惠金融的使用情况和普惠金融的服务质量两个子要素组成。普惠金融的实际使用情况能真实衡量金融机构的渗透率和金融服务的广度及深度，金融服务提供的范围越广，参与金融服务的人越多，说明金融服务越具有广度和深度。普惠金融的服务质量反映了普惠金融产品和服务满足客户需求的能力和程度，尤其是服务"三农"、中小微企业等弱势群体的能力。从需求角度而言，一个地区提供的金融服务的使用程度如何，如多少人获得、获得的数量是多少，才是普惠金融的核心。

普惠金融的外部环境、普惠金融的供给和普惠金融的需求相互作用、相互影响，形成一个有机的整体。以普惠金融供给方作为普惠金融发展的支撑和动力；增强普惠金融需求方对普惠金融服务的获得感，满足普惠金融需求方日益增长的金融服务需求；通过不断完善普惠金融外部环境建设，加大政府对普惠金融发展的支持力度，不断发挥普惠金融供给方的潜力，提高普惠金融服务的覆盖率，进而提高普惠金融需求方对金融服务的满意度。

三、普惠金融指标体系的构成

普惠金融的发展具有服务主体多元、服务覆盖面较广、移动互联网支付使用率较高的特点，因此，要对普惠金融发展水平的高低进行评价是一个复杂的系统工程问题，需要对构成普惠金融发展的各种要素进行系统的综合评估。

因此，设计科学合理的指标体系是对普惠金融发展进行客观、公正评价的重要基础。普惠金融发展水平是一个相对的概念，需要通过相互比较而得出，任何孤立的评价值或评价判定都是无现实意义的。同时，在实际评价普惠金融发展水平时，不能只对其行为业绩进行评价，还应该从形成其发展水平高低的原因、过程及条件进行全面、动态的评价。所以，对普惠金融发展的评价要通过多角度、多指标描述，既包括过程的评价，也包括结果的评价。

在对普惠金融发展组成要素系统分析的基础上，经过初选以及专家评议，选择从普惠金融的外部环境、普惠金融的供给、普惠金融的需求三个方面刻画普惠金融发展水平，并最终构建一个包含 3 个组成要素、6 个子要素、49 个评价指标的普惠金融指标体系，具体如表 8-1 所示。

表 8-1　普惠金融指标体系

总体目标	组成要素	子要素	指标	指标细分类目	潜在数据来源
普惠金融指标体系	普惠金融的外部环境	政府支持	战略制定及实施情况	1.（所在地区）是否制定了专门针对普惠金融的发展战略以及实施情况	—	相关网站信息、文献资料分析、行业专家访谈和 MicroScope
			政策制定及实施情况	2.（所在地区）是否制定了专门针对普惠金融的相关政策以及实施情况	—	相关网站信息、文献资料分析、行业专家访谈和 MicroScope
			法律制度水平	3.（所在地区）金融法律制度环境得分（再考虑）	—	相关网站信息、文献资料分析、行业专家访谈
			征信体系建设	4. 信用信息数据库年累计查询量	个人和企业信用信息	中国人民银行征信中心、文献资料分析
		政府监管	监管独立性	5. 是否可以自主发布具有法律约束力的行业审慎监管规定	—	文献资料分析、行业专家访谈
				6. 是否具有签发或撤销牌照的权力	—	文献资料分析、行业专家访谈
			监管透明度	7. 监管目标和职责是否公开	—	相关网站信息、文献资料分析、行业专家访谈
				8. 监管政策的制定和报告是否公开	—	相关网站信息、文献资料分析、行业专家访谈
				9. 监管信息的公众可获得性	—	相关网站信息、文献资料分析、行业专家访谈

续表

总体目标	组成要素	子要素	指标	指标细分类目	潜在数据来源
普惠金融指标体系	普惠金融的外部环境	政府监管 / 监管差异化	10. 存款保险的覆盖面	—	相关网站信息、文献资料分析、行业专家访谈和 MicroScope
			11. 是否具有微型信贷的风控框架	—	相关网站信息、文献资料分析、行业专家访谈和 MicroScope
			12. 是否具有针对低收入群体的保险监管	包括低收入个人和中小微企业	相关网站信息、文献资料分析、行业专家访谈和 MicroScope
		社会力量 / 社会组织参与度	13. 提供普惠金融相关服务的各类社会组织的比例	非政府组织、基金会和社会企业	民政部注册统计与查询、调查问卷
		社会力量 / 媒体关注度	14. 关于普惠金融的新闻报道数量	—	搜索网站信息统计
		学术贡献度	15. 关于普惠金融的文献发表数量	—	中国知网等大型知识数据库
	普惠金融的供给	可得性 / 金融服务网点	16. 每万成年人每千平方公里拥有的基础金融服务网点数量	基础金融服务包括储蓄与贷款。根据机构类型，可进一步细分为政策性银行、国有商业银行、股份制商业银行、城市商业银行、村镇银行、农信社/农村商业银行、小额贷款公司（只贷不存）和 NGOs（只贷不存）	Global Findex、中国及各省金融统计年鉴
			17. 每万成年人每千平方公里拥有的其他金融服务网点（保险、证券、基金等）数量	根据金融服务种类，可进一步细分为保险公司、证券公司和基金公司	中国及各省金融统计年鉴
			18. 每万成年人每千平方公里拥有的互联网金融平台数量	根据机构类型，可进一步细分为第三方支付机构、P2P、众筹平台等	相关行业报告、相关网站统计
			19. 每万成年人每千平方公里移动货币代理网点数量	—	全球支付系统调查
		可得性 / 金融服务设备	20. 每万成年人每千平方公里拥有的 ATM 数量	—	监管部门统计
			21. 每万成年人每千平方公里拥有的其他金融服务设备（POS 机、VTM 等）数量	—	监管部门统计

续表

总体目标	组成要素	子要素	指标	指标细分类目	潜在数据来源
普惠金融指标体系	普惠金融的供给	可得性	金融服务人员（有争议，供讨论）	22. 每万成年人每千平方公里拥有的基础金融服务从业人员数量	同 16	监管部门统计、中国及各省金融统计年鉴
				23. 每万成年人每千平方公里拥有的其他金融服务人员（保险、证券、基金等）数量	同 17	监管部门统计、中国及各省金融统计年鉴
				24. 每万成年人每千平方公里拥有的互联网金融平台机构服务人员数量	同 18	监管部门统计、中国及各省金融统计年鉴
			数字金融服务	可获得数字金融服务的成年人比例		
				可获得数字金融服务的中小微企业比例		
	普惠金融的需求	使用情况	账户情况	25. 在正规金融机构拥有活跃账户的成年人比例	正规金融机构可进一步细分为政策性银行、国有商业银行、股份制商业银行、城市商业银行、村镇银行和农信社/农村商业银行；在人口维度上，可进一步根据年龄、性别、受教育程度、经济/贫困水平、就业状况等要素进行细分	监管部门统计、中国及各省金融统计年鉴、调查问卷
				26. 在正规金融机构拥有活跃账户的中小微企业比例	正规金融机构可进一步细分为政策性银行、国有商业银行、股份制商业银行、城市商业银行、村镇银行和农信社/农村商业银行；并进一步根据企业性质、企业规模等要素进行细分	监管部门统计、中国及各省金融统计年鉴、调查问卷
				27. 电子账户人均开户数	分为传统银行为客户建立的电子账户和依托互联网产生的电子银行的电子账户，此处也可对个人和企业再进行细分	全球支付系统调查、自行设计的调查问卷
				28. 用于移动支付的电子资金账户数		

续表

总体目标	组成要素	子要素		指标	指标细分类目	潜在数据来源
普惠金融指标体系	普惠金融的需求	使用情况	支付情况	29. 过去一年内通过网点使用正规账户支付或者收款的成年人比例	根据网点类型、支付和收款类型、支付和收款目的、个人和中小微企业分类等进一步细分	Global Findex、自行设计的调查问卷
				30. 过去一年内使用电子账户进行电子支付或者收款的成年人比例	根据电子账户提供商类型、支付和收款类型、支付和收款目的等进一步细分	自行设计的调查问卷
			存款情况	31. 过去一年内在金融机构存款的成年人比例	根据金融机构、个人的分类设计进一步细分指标	监管部门统计、中国及各省金融统计年鉴
				32. 人均存款余额	根据对个人的分类进一步设计细分指标	监管部门统计、中国及各省金融统计年鉴
			贷款情况	33. 有未偿贷款或授信额度的成年人比例		
				34. 有未偿贷款或授信额度的中小微企业比例		
				35. 涉农贷款占比		
				36. 平均贷款余额		
			保险情况	37. 每万成年人中保单持有人数	根据保险种类、对个人与中小微企业的分类进一步设计细分指标	Global Findex，自行设计的调查问卷
				38. 农业保险普及率	根据对个人与中小微企业的分类进一步设计细分指标	自行设计的调查问卷
			电子银行	39. 每万成年人使用过网上银行的人数		
				40. 每万成年人使用过手机银行的人数		
				41. 每万成年人使用过其他电子银行服务（电话银行、电视银行等）的人数		
		服务质量	服务效果	42. 农民人均纯收入		
				43. 中小微企业平均净收益		
			服务成本	44. 银行卡年均服务费用	—	
				45. 信用转账的平均成本	—	
			服务满意度	46. 金融消费者投诉次数	—	
				47. 信息披露要求	—	
			金融教育	48. 对于基本金融知识的掌握程度	根据对个人与中小微企业的分类进一步设计细分指标	
				49. 金融宣传投入费用占金融业务费用支出比例	—	

四、普惠金融指标的说明

(一) 普惠金融的外部环境

普惠金融的外部环境主要衡量的是政府支持、政府监管和社会力量在推动普惠金融发展中发挥的作用和影响力。其中,政府支持包括战略制定及实施情况、政策制定及实施情况、法律制度水平和征信体系建设四个方面;政府监管包括监管的独立性、透明度和差异化三个方面;社会力量包括社会组织参与度、媒体关注度和学术贡献度三个方面。对这一要素的衡量更多地通过定性指标和部分定量指标来确定。

(1) 战略制定及实施情况设置的指标:(所在地区) 是否制定了专门针对普惠金融的发展战略以及实施情况。国家层面普惠金融发展相关战略的制定,对行业内各个利益相关者发挥各自的职责起到引领的作用。战略的具体实施则更为关键,这也是我们衡量的要点。考察战略在实际转化为目标与行动的过程中是否能够真正为普惠金融的发展创造良好的条件。这一指标的衡量结果会综合 MicroScope 的评估结果、行业专家访谈结果和其他文献信息。

(2) 政策制定及实施情况设置的指标:(所在地区) 是否制定了专门针对普惠金融的相关政策以及实施情况。此部分的考察类似于对上文中战略制定及实施情况的考察。

(3) 法律制度水平设置的指标:(所在地区) 金融法律制度环境得分。良好的法律制度水平也是为普惠金融政策制定与实施提供良好的环境。

(4) 征信体系建设设置的指标:信用信息数据库年累计查询量,这一指标又可根据主体进一步细分为个人信用信息和企业信用信息的年累计查询量,可以在中国人民银行征信中心平台及相关报告上查询。征信体系的建设可帮助金融服务提供者,尤其是放贷机构,更好地了解个人与企业的信用状况,为制定放贷决策提供了很好的参考依据。这里强调的是我们只考察政府层面征信体系的建设情况,尽管目前市场层面商业性的个人与企业征信公司也越来越多,很好地弥补了数据缺口,但是这部分的统计将归入金融服务质量的维度。

(5) 监管独立性是指对监管机构在工作上享有的自主权和资源等方面的要求。监管的独立性是现代监管治理必不可少的组成部分,它要求监管机构具有更强大的专业技能、处理更复杂的相关问题。这一点在普惠金融发展过程中显得尤为重要。普惠金融的发展在国内是一个比较新的尝试,没有很多经验可循,在允许市场自由发展和实操机构自由创新的过程中,要求监管部门有较强的专业技能来处理潜在的风险与事件。发达国家经验表明,独立性强的监管机构往往会主动适应和配合政府的经济政策。衡量监管独立性的指标有很多,我们这里选取的是:是否可以自主发布具有法律约束力的行业审慎监管规定和是否具有签发或撤销牌照的权力。其中第一个指标可参考的法律依据是《银监法》第十五、第十八和第二十一条，第二个指标可参考的法律依据是《银监法》第十六、第十九、第二十二、第三十八至第四十条。

（6）监管透明度是监管机构控制不确定性的途径之一。目前很明显的实例是监管机构对互联网金融提高透明度，加强信息披露的要求。透明度不仅可以帮助监督金融实操机构的合规操作，同时也可以使金融客户的合法权益最大化受到保护，对于维护金融市场稳定具有一定的帮助。它是对抗较差的监管实践和监管政策的有力工具。我们在此选择的指标包括：监管目标和职责是否公开、监管政策的制定和报告是否公开以及监管信息的公众可获得性。第一个指标的相关规定及解释参考《银监法》第一、第二、第三、第四和第十条，《政府信息公开条例》，《银监会政府信息公开目录》和银监会网站；第二个和第三个指标的衡量主要通过相关监管机构网站、年报、访谈等获取。

（7）监管差异化是指监管机构是否针对不同的市场主体和活动采取相应不同的监管措施。这里我们给出的主要指标为存款保险的覆盖面、是否具有微型信贷的风控框架以及是否具有针对低收入群体的保险监管。这三个指标目前我们都可以从 Micro-Scope 发布的报告中获取，但在实际考察中，我们需综合衡量与考虑更多与我们差异化监管相关的指标。中国多层次多参与主体的金融体系决定了我们的普惠金融体系也将是多层次和多方面的，既包括传统金融服务机构，同时也包括正处于创新与探索期的新型金融服务机构；既需要为具有良好经济水平和信用水平的个体和大型企业（部分中型企业）提供全面的金融服务，同时也需要考虑到无法通过传统途径获得金融服务的广大弱势群体及绝大部分中小微企业的需求。这要求监管机构需要进行差异化的对待，让更多的个人与企业加入普惠金融体系中，享受全面的金融服务。

（8）社会组织参与度主要指为广大提供金融服务的实操机构提供包括技术、资金、培训、咨询等各种中介和支持服务的机构，包括 NGOs、基金会、社会企业组织等。我们设置的指标为提供普惠金融相关服务的各类社会组织的比例。

（9）媒体关注度可能在很大程度上影响普惠金融发展的进程。通过一些大型的搜索引擎，我们可以手工收集被预测年度包含普惠金融名称的新闻报道数量，作为媒体关注度的衡量指标。具体做法是将普惠金融名称键入新闻搜索平台进行分时段搜索，并以搜索结果中的新闻条数作为媒体对普惠金融的关注度。媒体的新闻报道数量越多，说明媒体对普惠金融的关注度越高。

（二）普惠金融的供给

主要从金融服务的可获得性这一维度去分析，反映普惠金融服务的提供者（主要为各类普惠金融实操机构）在为最终客户提供金融服务过程中提供的各项设施。我们从金融服务网点、金融服务设备、金融服务人员和金融数字服务的可获得性四个方面进行衡量。

（1）金融服务网点衡量的是具体的物理营业点。在此列举的指标为：每万成年人每千平方公里拥有的基础金融服务网点（储蓄与贷款）数量、每万成年人每千平方公里拥有的其他金融服务网点（保险、证券、基金等）数量、每万成年人每千平方公里拥有的互联网金融平台数量和每万成年人每千平方公里移动货币代理网点数量。在此涉及的各类金融与非金融机构，我们可进一步细分为银行、股份制商业银行、城市商业银行、村镇银行、农信社/农村商业银行、小额贷款公司（只贷不存）和 NGOs（只贷不存）。互联网金融平台根据不同类型，也可进一步细分为第三方支付机构、P2P、众筹平台等。细分指标的分类统计有助于我们分析各类型机构在全国及不同省、市、县及村的渗透率、市场占有率和竞争力。通过相关监管机构网站、国家级各省金融统计年鉴及专项调研，我们可以获取尽可能详细的细分指标数据。

（2）金融服务设备即除具体网点之外，客户可直接获取和使用相关金融服务的设备。相对于网点来说，具有更广泛的分布。我们的指标设置为：每万成年人每千平方公里拥有的 ATM 数量和每万成年人每千平方公里拥有的其他金融服务设备（POS 机、VTM 等）数量。手机、电脑等移动设备是进行网上金融服务相关交易的基础，但这些移动设备不在这部分的统计范围之内。这些服务设备在提供金融服务可获得性的便利性和效率方面发挥了很大的作用。

（3）金融服务人员即有多少员工开始服务于以前被服务体系排除在外的群体。对于这部分的衡量，主要指标包括：每万成年人每千平方公里拥有的基础金融服务从业人员数量、每万成年人每千平方公里拥有的其他金融服务人员（保险、证券、基金等）数量和每万成年人每千平方公里拥有的互联网金融平台机构服务人员数量。这里我们同样也对各类金融及非金融类机构进行具体分类。从数据获取方面，除了相关监管机构网站和年鉴外，我们也需要通过额外的调研获取数据。尽管目前无法确定金融服务人员的数量是否与普惠金融的发展具有相关性，但是通过了解服务人员的数量以及服务客户的数量，可了解到目前金融服务人员的生产效率，可对人力资源的配置提供一定的参考意义。

（4）数字金融服务可单独作为衡量普惠金融供给的一个要素，指标为可获得数字金融服务的成年人比例和可获得数字金融服务的中小微企业比例。

（三）普惠金融的需求

这主要从金融服务的使用情况和服务质量这两个维度去分析，反映普惠金融服务的需求者（主要指对各类金融服务有需求的群体，尤其是被传统金融排除在外的社会个体和中小微企业）在获取和使用各项金融服务时的实际情况以及在获取金融服务时的服务质量问题。在使用情况要素下面，我们分为账户情况、支付情况、存款情况、贷款情况、保险情况和电子银行六个方面。在服务质量中，我们分为服务效果、服务成本、服务满意度和金融教育四个方面。需求方数据的获取参考了世界银行发布的全球普惠金融指数（Global Findex）、全球支付系统调查、经合组织教育知识调查等国外已有数据资源，在国内相关统计数据之外，更为重要的是需要设计有针对性的问卷并进行调研获取。

（1）账户情况从侧面反映了普惠金融发展的广度，但它并不是一个准确且非常有效的指标，因为个人可以申请并注册多个账户并且有些账户可能处于长期不活跃状态。这个要素下，我们设置的指标为：在正规金融机构拥有活跃账户的成年人比例、在正规金融机构拥有活跃账户的中小微企业比例和电子账户人均开户数。在实际数据收集过程中，我们在最大程度上根据账户用途的类型、账户活跃状态、金融机构类型、国内个人与中小微企业的特点进行分类收集与整理。电子账户是指银行、信用卡及保险公司等金融机构建立的客户用于网上业务的账号。电子账户有两种类型：一种是完全依赖于互联网的全新电子银行的电子账户，几乎所有的银行业务都在网上交易，可以为客户进行开户、存取款、转账、付款等业务；另一种是现有的传统银行，运用互联网开展的传统银行业务交易处理服务而为客户建立的相应的电子账户，如支票账户、储蓄账户、大额可转让存单、信用卡、货币交易、贷款、旅行支票等，与传统银行类似。电子账户的运行特点是成本固定，可以很方便地向传统客户开展服务。这里我们把电子账户单独罗列出来统计主要是为了更好地反映数字金融在普惠金融发展过程中发挥的作用。

（2）支付情况这一要素下我们设置的指标包括：过去一年内通过网点使用正规账户支付或者收款的成年人比例和过去一年内使用电子账户进行电子支付或者收款的成年人比例。Global Findex 数据库中将支付进一步分为支付目的（如支付学校费用、工资、水电费、政府转移支付、汇款、农产品销售、账单、购物等）和支付方式（通过正规金融机构、现金、转账、手机和互联网等）。我们可借鉴和引用这些数据，同时在对支付群体细分上，可根据我国的实际情况，补充更为充足的数据。在移动支付方面，我们应有更多的调查。

（3）存款情况这一要素下设置的指标包括过去一年内在金融机构存款的成年人比例和人均存款余额。这些指标可以根据金融机构的特点以及个人的特点进一步设计并细分指标。数据获取来源于相关监管部门统计和统计年鉴等。

（4）贷款情况是在普惠金融发展水平的研究与实践中最基本的衡量要素之一。我们设置的指标包括：有未偿贷款或授信额度的成年人比例、有未偿贷款或授信额度的中小微企业比例、涉农贷款占比以及各类型贷款的平均贷款余额。这一维度下的指标数据获取渠道相对较多，如国内监管机构、相关行业协会以及国际上的 Global Findex 数据库和行业数据平台等，但数据较为分散，尤其是非正规金融机构提供的贷款使用情况数据，统计较为不全面。

（5）保险情况是广大成年人使用的基本金融服务之一。我们设置的指标为：每万成年人中保单持有人数和农业保险普及率。根据保险种类以及个人和中小微企业的分类进行更为细分指标的设计与统计。数据获取渠道主要为 Global Findex 和自行设计调查问卷。

（6）电子银行这一要素下设置的指标包括：每万成年人使用过网上银行的人数、每万成年人使用过手机银行的人数和每万成年人使用过其他电子银行服务（电话银行、电视银行等）的人数。可以对上述的支付情况起到一定的补充作用。

（7）服务效果现阶段似乎还过于不成熟。但是微型金融/小额信贷在国内已有多年的发展，从这一角度来说，我们可通过调研等方式获得部分数据，对小额信贷在国内帮助农民和服务中小微企业方面的效果进行一个初步的衡量。这里我们设置的可参考指标为农民人均纯收入和中小微企业平均净收益。效果是多个因素综合作用的结果，农民人均纯收入和中小微企业的净收益变化除了有可能来自贷款外，还会有其他因素影响他们的收入。在调研时，我们尽可能剔除其他影响因素较大的对象，考察在其他因素相对稳定的情况下，小额信贷对农民及中小微企业带来的影响和效果。

（8）服务成本衡量的是客户获取相应金融服务所需花费的较为固定的费用。客户无法获得相应的金融服务或者在获取服务时存在一些障碍，包括由于距离产生的阻碍、服务费用太高、无法提供担保或者抵押等。在定量指标选取上，我们这里展示的是银行卡年均服务费用和信用转账的平均成本。银行卡年均服务费用指银行或非银行类金融机构向有金融服务需求的客户索取的固定手续费用和管理费用的总和。转账成本指客户在不同金融机构账户之间进行转账所需花费的费用。此外，我们还可通过调研的方式获得更多有关这些服务障碍的原因分析。

（9）服务满意度包含了客户对金融服务的满意程度以及金融机构在对客户保护层面所采取的措施。这里我们展示的指标为金融消费者投诉次数和信息披露要求。金融消费者投诉次数可以从监管机构和其他公开信息中获取，但同时我们也可进一步调查投诉类型及原因。信息披露要求是客户保护的基本要求之一，要求金融服务提供者在向客户提供金融产品与服务时需要同时披露与之有关的信息（如产品收益、产品风险等）。完整的金融消费者权益保护还包括建立金融消费者权益保护机制，建立金融消费者适当性制度，保障金融消费者财产安全权、知情权、自主选择权、公平交易权、依

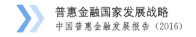

法求偿权、受教育权、受尊重权和信息安全权。

（10）金融教育在帮助客户更好地了解和选择金融产品、提高金融素质方面具有很大的作用。这个要素也包含多个方面的衡量。我们展示的指标是对于基本金融知识的掌握程度和金融宣传投入费用占金融业务费用支出比例。世界银行的负责任调查和经合组织的金融教育调查可以作为我们衡量这一要素下多个明细指标的参考。同时，结合考察国内相关金融教育项目的建设，衡量金融教育在我国普惠金融发展中的质量。

普惠金融是动态发展的，普惠金融指标体系也应是一个动态发展的体系，要能够反映普惠金融每年的发展变化情况。这需要对指标体系定期进行动态追踪、优化完善、推陈出新，剔除效果不佳或不合时宜的指标，并伴随着金融改革进程和金融创新发展在相关领域（数字化普惠金融）增设新的指标。未来，除银行业服务内容之外，应该更多地覆盖保险、证券等其他金融服务。还要鼓励各地在全国性普惠金融指标体系的基础上，从实际出发构建本地区的普惠金融指标体系，根据地方特色增选指标，科学、全面地评价当地普惠金融发展状况，建设更加全面、丰富的普惠金融指标体系。

第九章　指标体系的应用：农村普惠金融发展评价 *

【摘要】利用第八章建立的指标体系，本章对农村信贷、支付、保险和金融服务的数字化等现状进行评价。分析后发现，目前农村普惠金融面临的主要问题是可得性不足问题，无论是信贷、支付和保险都是如此。根源在于农村金融服务机构单一、过高的利率、过严的条件、知识的缺乏等。虽然新型农村金融机构数量增长迅速，但是信用社仍然是农村金融的主要甚至是唯一的提供方，竞争性不足导致供给不足。调查发现，2/3农村居民有信贷需求，实际获得信贷的农户比例只有5%～20%。支付和保险的情况相似，满足率也很低。

构建指标体系的目的是为了评价普惠金融发展状况，了解实时发展情况、分析现实的问题、找出问题的原因。在前面两章的基础上，利用其构建的指标体系，可以对农村普惠金融的发现现状进行评估，这对我国实施普惠金融发展规划具有重要的意义。

指标体系的应用关键在于数据的获得。本报告汇集三个问卷调查，从中提炼出与农村普惠金融相关的数据，形成普惠金融的一些重要指标，试图对农村普惠金融的现状做一个比较全面的介绍。三个问卷调查均在2016年进行，第一个问卷在1月完成①，涵盖广西田东和平果两个县，有1064个有效问卷数据；第二个问卷于1～4月进行，包含福建霞浦、河北承德和甘肃景泰②，获得353个有效问卷；第三个问卷于6月在吉林进行，是"普惠金融与教育国际示范区"的基线调查数据，包含安图、大安、和龙、靖宇、龙井、通榆、汪清、镇赉8个县1258个有效问卷。三个问卷覆盖了中国东南西北中五个省区13个县。其中，田东县、平果县和景泰县属于贫困县，霞浦县和承德县

———————————

　* 本章由 VISA 提供赞助完成。

　① 该问卷调查由广西外资扶贫项目管理中心提供赞助。

　② 该问卷调查由中和农信提供赞助，中国人民大学农业与农村发展学院马九杰教授和他的部分研究生参加了问卷调查。

属于相对发达地区。

分析的结果显示，目前农村普惠金融发展区域差距较大，一年内获得信贷服务的农户比例，最低的不到 5％，多数在 20％以内；银行卡拥有率低的只有 51％，高的达到 96％。有 18％～37％的农村居民没有使用任何银行支付方式，数字支付的使用率在 10％以内，农业保险使用率很低。总之，农村普惠金融的现状是较高的需求、较低的满足率。

调查发现，农村普惠金融面临的主要问题是可得性问题。具有信贷和保险服务需求的农户，远远超过实际获得服务的比例。利率、担保抵押和个人资质等是阻碍农户获得信贷的主要原因。没有合适的保险服务和缺乏农业保险知识是农业保险发展的主要障碍。

本章首先阐述关于信贷供给、需求、使用和障碍因素等的数据分析结果；其次讨论支付问题；再次分别简述农业保险和金融数字化问题；最后是结论。

一、农村信贷

农村地区金融服务的可得性，简单地说，就是在农村区域有没有足够且用得起的信贷服务，也就是关于供给的问题。金融服务的可得性通常用金融网点的密度等指标衡量。这里我们用调查到的数据，分析农村信贷服务机构和信贷的供应，以此来了解农村信贷的可得性。

（一）农村普惠金融机构

中国农村金融机构包含两种类型：一种是从农村信用合作社经过改造或改制形成的农村金融合作机构，包括县级法人的农村信用合作联社、农村商业银行和农村合作银行。另一种是根据中国银监会 2006 年 12 月颁布的《关于调整放宽农村地区银行业金融机构准入政策，更好支持社会主义新农村建设的若干意见》成立的新型农村金融机构，包括村镇银行、农村资金互助社、贷款公司、小额贷款公司。前者历史悠久，网点分布广，可以吸纳存款；后者成立时间短，增长快，不能吸纳存款，由各地金融办登记管理。

1. 农村金融合作机构

根据中国人民银行的统计，截至 2015 年末，农村金融合作机构中，全国县（市）级法人的农村信用社 1299 家，农村商业银行 859 家，农村合作银行 71 家。它的网点布局比较广，几乎绝大多数乡（镇）都设有网点，部分村设有服务点，对"三农"和地方经济支持力度较大。

如广西信用联合社，首先是其提供的涉农和小微企业贷款比重大。2014 年末，其涉农贷款余额 2540.68 亿元，小微企业贷款余额 1293.95 亿元，均占当地同类贷款份额的"半壁江山"。其次是服务网络完善，是当地目前最大的农村普惠金融体系。广西农信社营业网点 2329 个，其中乡镇及以下 1532 个，相当于每 1.676 万人乡村人口有一个营业网点；安装"桂盛通"（改造后的 POS 机）26404 台，其中行政村 15568 台，每一万乡村人口有 6 台"桂盛通"为他们提供服务；布设 ATM 等自助设备 5040 台，其中乡镇以下 2523 台；打造农民家门口的"微银行"，实现农民足不出村能存取款，田间地头能转账。

2. 新型农村金融机构

根据中国人民银行最新统计，截至 2015 年末，新型农村金融机构数量从 2010 年的 3519 家增长到 2015 年的 11893 家（见图 9-1），年均增长 27.6%。小额贷款公司是主要的新型农村金融机构。2015 年全国共有 8910 家，占新型农村金融机构总数的 75%。年末总贷款余额达 9411 亿元，合计员工人数 117344 人。全国均有分布，但是分布在西部和东部省份的比较多（见图 9-2）。

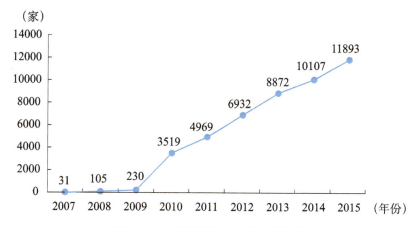

图 9-1 中国新型农村金融机构数量

资料来源：中国人民银行网站。

（二）农村信贷供应

信贷可得性反映在需要时是否可以以合适的成本获得信贷服务。可得性的问题，首先是有没有相应的服务存在，其次是能否真正获得。前者与信贷供应有关，后者与需求有关。

首先我们从国家整体层面来看农村的金融供给。根据中国人民银行统计，截至 2015 年末，金融机构本外币涉农贷款余额 26.4 万亿元，占各项贷款的比重为 27.8%。考虑到农业总产值只占 GDP 的 16.1%，和其他行业比，27.8% 的比例似乎说明农村

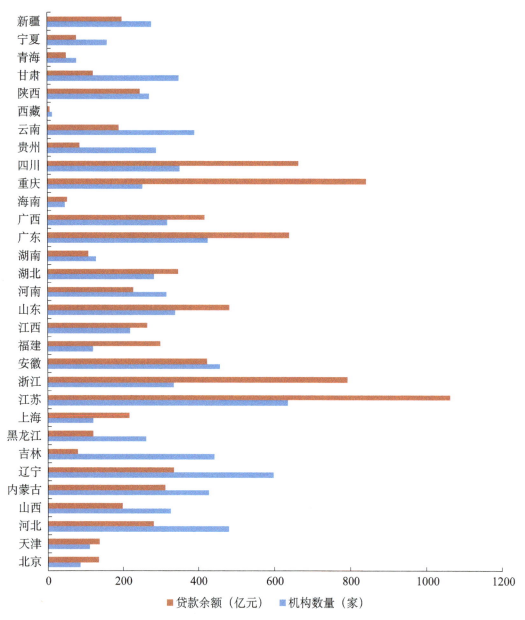

图9-2　小额贷款公司数量及其年末贷款余额

资料来源：中国人民银行网站。

信贷供应并不是太差。然而，从农村金融的普惠性来看，要考察涉农贷款是否真正能到达农户手中。

从我们调查的样本来看，农村居民可以获得的贷款渠道包括农村信用社、农业银行、邮政储蓄银行等传统银行，占贷款总额的81%，其余的19%由小额信贷公司、资金互助社等提供（见图9-3）。也就是说，农村合作金融机构仍然是农村信贷的主要供应者。

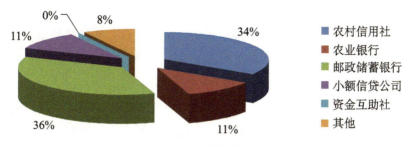

图9-3　农村贷款来源机构

资料来源：福建、河北和甘肃样本。

　　然而，具体到一乡一村，可获得贷款的来源非常单调，出现"一家独大"、竞争不充分的局面。大多数村的信贷来源主要是农村信用合作社，有时候小贷机构也为村民提供服务，但目前仅为少数。

　　在这种情况下，农户需要从亲友、钱庄、赊销等渠道获得信贷支持。实际上，广西民间借贷数量远远超过了机构借贷（见图9-4），占该地区农户贷款总额的2/3。类似地，在吉林省有高达89.52%的农户从民间渠道获得借款，而向金融机构申请贷款的农户仅占40.19%。

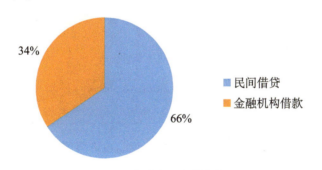

图9-4　机构和民间借贷情况

资料来源：广西样本。

（三）农村信贷使用

1. 农村贷款需求

　　对贷款的需求受到诸多因素的影响，生产规模和贷款利率是最主要而直接的因素。农户要生产多大规模和能付得起多少利率水平，又受到自然资源、劳动力、技术和市场等的制约。普惠金融强调为农村提供可支付的利率水平，这与规模也有关系。

　　有很多方法可以衡量农户的贷款需求。除了直接询问农户是否需要借贷，也可以从申请贷款的农户比例，从另一个侧面来度量农户贷款需求的大小。还有就是考察农户对利率的反应来分析需求。

在 12 个县的问卷调查中，包含了询问有没有贷款需求的信息，如表 9-1 所示。从表中可以看出，农户对贷款的需求差别很大。福建霞浦县和甘肃景泰县对贷款的需求比较高，达 75.0% 和 69.7%；需求比较低的是吉林龙井和大安两个县，分别为 13.7% 和 15.5%。按省份排序是福建最高，甘肃次之，河北再次之，吉林最低。综合起来有 30.4% 的农户有贷款的需求。这个结果可能有偏差，主要原因是问卷本身询问的是有没有考虑借贷，已经有贷款的农户，其贷款的需求已经得到满足，在答卷上可能会表示没有贷款愿望。这个结果可能低估了农村对贷款的需求。

表 9-1　农户借贷意向

省份	县（市）	样本户数	有借贷需求户数	比例（%）
吉林	安图	85	24	28.2
吉林	大安	194	30	15.5
吉林	和龙	206	39	18.9
吉林	靖宇	169	35	20.7
吉林	龙井	102	14	13.7
吉林	通榆	130	27	20.8
吉林	汪清	211	61	28.9
吉林	镇赉	161	43	26.7
福建	霞浦	124	93	75.0
河北	承德	119	43	36.1
甘肃	景泰	119	83	69.7
合计		1620	492	30.4

有借贷的打算并不等于农户真的会借贷，我们也调查了农户贷款申请情况。相对于问卷调查时描述自己有贷款需求，贷款申请体现的需求意愿更强一些，它表明农户已经权衡了各方面的因素，不但觉得有必要借贷，也认为其有支付利率和偿还本金的能力。需要说明的是，表 9-2 中的数据是三个不同问卷的综合，提问的问题不完全一致。广西问卷问的是 2015 年申请贷款的情况；吉林问卷只问了有没有申请过贷款，没有明确的时间限制；福建、河北和甘肃是同一个问卷，问的是最近 3 年有没有申请贷款。

表 9-2　农户申请贷款情况

省份	县（市）	样本户数	申请过贷款户数	比例（%）
吉林	安图	85	46	54.1
吉林	大安	194	48	24.7
吉林	和龙	206	89	43.2
吉林	靖宇	169	45	26.6

省份	县（市）	样本户数	申请过贷款户数	比例（%）
吉林	龙井	102	48	47.1
吉林	通榆	130	54	41.5
吉林	汪清	211	126	59.7
吉林	镇赉	161	45	28.0
广西	平果	355	17	4.8
广西	田东	709	117	16.5
河北	承德	120	30	25.0
甘肃	景泰	119	64	53.8
福建	霞浦	124	68	54.8

假设每年申请的户数基本一致，同时也假设吉林问卷也是 3 年内农户申请的情况，我们可以发现，当年只有 5%～20% 的农户实际申请了贷款。平均起来，也就是 13%。这就比上述 30.4% 的贷款意愿低了很多。这个结果反映出，农户在做出申请贷款的决策时，受到很大的阻力和制约。这种贷款意愿到实际申请之间的差距反映了农户贷款的可得性仍然不高。

我们设置问卷对农户不愿意申请贷款的理由进行调查。图 9-5 显示了在广西调查的结果。首先，利息太高是农户不考虑申请贷款的首要原因，有 38% 的农户就是因为这个原因不考虑贷款；当然也有 23% 的农户觉得他们不需要贷款；有 18% 的农户认为他们没有合格的担保或抵押；有 7% 的农户不回答这个问题，假设他们没有贷款意愿。这个调查也可以告诉我们，广西农村有 70% 的农户有潜在的贷款意愿，这个结果与福建和甘肃相近。只是出于上述的原因，农户没有提出贷款申请。当然，这是农户自己对金融服务的理解。我们需要做进一步分析，看看农户的判断是否有偏差。

申请贷款并不意味着可以获得贷款。通过对吉林地区 1258 份有效问卷进行调查，其中有 127 个农户申请贷款被拒。也就是说，有 10% 的农户的贷款申请被拒绝过。在统计贷款审核未通过的原因时有如下结果：42.52% 的农户因为抵押物不足而被拒绝；23.62% 的农户因为无人担保被拒绝；18.11% 的农户因为信用问题被拒绝（见图 9-6）。实地走访调查发现，年龄超过银行贷款最高自然人年龄规定，也是银行拒绝发放贷款的一个重要原因。这个结果基本印证了农户的判断，除了利率高之外，抵押、担保和信用确实是农村贷款可得性的重要原因。

2. 贷款的使用

前面列举的数据说明了农村贷款有一家独大、供给不足、利息高、贷款担保抵押困难等现象，造成可得性不充分的后果。接下来，我们将同样用调查数据来说明农村地区信贷的使用情况，试图回答贷款覆盖面、从哪里得到等问题。

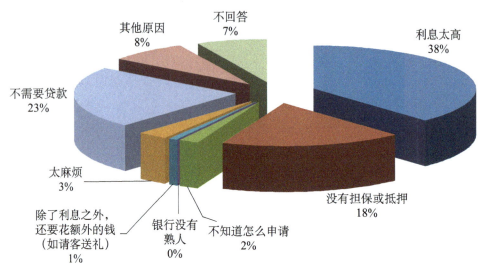

图9-5　不申请贷款的原因

资料来源：广西样本。

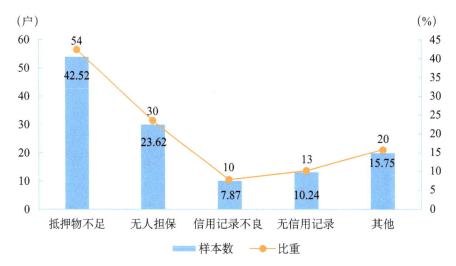

图9-6　贷款申请被拒的原因

资料来源：吉林样本。

调查结果显示，广西样本中有12.3%的农户在2015年从金融机构获得贷款，平均每户借贷47435元；吉林样本中有39.5%的农户有贷款经历，但是由于问卷设计问题，没有了解到这个比例是多长时间内获得的贷款。图9-7是在福建、河北和甘肃调查的结果，只有51.52%的农户在过去三年从金融机构至少获得过一次贷款，其余48.48%的农户没有得到任何贷款。考虑到有一些农户三年内多次贷款，广西样本给出的结果有一定的代表性。

对于贷款的来源，在谈到信贷提供机构时已经提到，农村金融合作机构提供了约

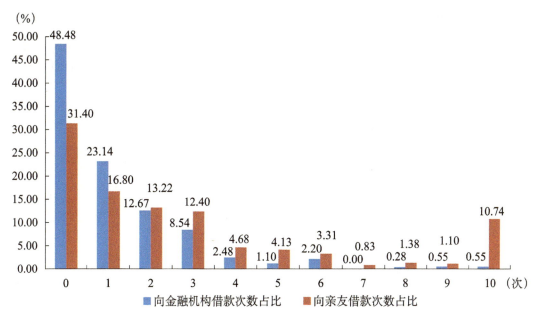

图9-7 过去三年借贷情况

资料来源：福建、河北和甘肃样本。

70％的贷款，新型农村金融也已经成为一个重要来源。调查给了我们一个非常值得关注的问题，那就是民间借贷。吉林地区共有723份有效问卷，调查农村居民用哪些正规渠道申请过贷款，57.54％的人通过农村信用社（见图9-8）。从民间途径获得信贷的农户比例显著超过从金融机构获得贷款的比例。图9-7显示，三省的样本中，有

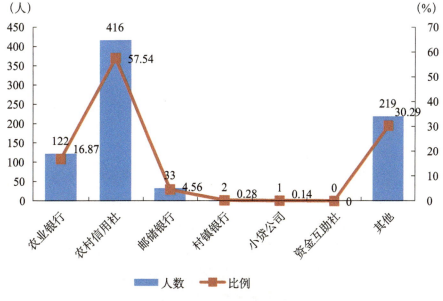

图9-8 吉林农村贷款来源

资料来源：吉林样本。

68.6％的农户通过民间途径满足信贷需求。亲友是民间信贷的主要来源，吉林样本中有73％的农村居民选择向亲友借款，7％的人表示曾申请过高利贷（见图9-9）。广西样本中有50.7％的农户在2015年向私人借款，平均每笔21821元。与机构贷款相比，民间借贷频率高、额度小。

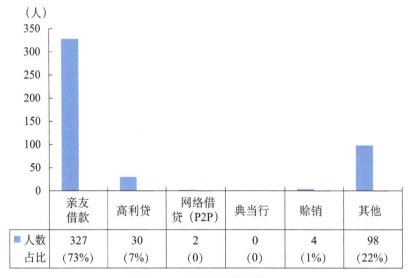

	亲友借款	高利贷	网络借贷（P2P）	典当行	赊销	其他
人数占比	327（73%）	30（7%）	2（0）	0（0）	4（1%）	98（22%）

图9-9 吉林民间借贷情况

综合上述结果，可以得出如下结论：农村金融服务单一和竞争不足导致银行贷款利率高、担保抵押和银行其他条件严格（如年龄等）是农村使用银行贷款的主要障碍。这些因素使2/3农户无法或不愿意使用贷款。同时，农村大约有30％的农户由于个人生产能力等原因，没有贷款需求。在这些因素的共同作用下，实际使用银行贷款的比例各地方不同，在5％～20％。民间借贷现象比较普遍，有一半以上农户在年内从民间获得过贷款。

二、农村支付结算

农村支付体系是农村金融基础设施的重要组成部分，是农村债务清偿及资金转移的一系列金融制度和技术安排的有机组合，主要由支付服务组织体系、基础设施体系、支付工具体系、支付监管体系、与支付清算相关的专业技术手段及相关法规制度性安排等共同组成。农村支付服务组织体系，以农村信用社、邮政储蓄银行等金融机构为主体，以支付清算组织为补充，多方联动共同构建；基础设施体系以互联网支付系统为核心，以银行卡支付系统、票据处理系统、农信银支付清算系统等为重要组成部分，从而实现城乡一体、便利、安全、高效的支付服务；支付工具体系以银行（折）卡、支票、本票、汇票为主体，以非现金支付工具为发展方向，以适应农村资金转移；支付监管体系通过法律法规等制度性安排，有利于监督与支付清算相关的技术手段的具体实施、有利于支付工具在农村多元发展、有利于构建和谐农村支付环境。

由于农村地区的特殊性，存款、贷款、汇兑、保险、期货、证券等在内的各种金融服务主要由正规金融机构提供。在集贸市场、粮农批发市场以及涉农补贴资金发放等领域，银行卡和电话转账业务的普及率迅速提高。在普惠金融发展迅速的地区，支票、汇票、银行本票的使用量迅速上升，并部分实现了手机支付、网上支付等新型支付业务。

随着银行业务日益同质化和政策的强力推动，农村地区支付结算渠道趋于多样化，支付工具越来越多，如开办了票据业务，还开通了电子交易平台，大量布设各种类型的 POS 机具，小额支付便民点的覆盖率也较高。但总的来看，新型支付工具的业务量很小，自助机具利用率极低，小额支付便民点也少人问津，造成一定程度的金融资源浪费。此外，支付结算业务手续繁杂，让教育水平偏低的农民客户群体望而却步。

（一）支付网点

以信用合作社或农村合作金融机构以及邮储银行为主体的农村支付体系，其主要的营业网点设置在乡镇一级。大多数乡镇都有至少一个信用社或邮储银行的网点，有些有两个以上，极少数人口较少的乡镇没有任何银行营业点。其他如农业银行、建设银行或工商银行的服务网点大多设在县城，少部分设在乡镇。

在国家政策的鼓励下，同时也是业务扩大的需要，很多地方的信用社都想方设法把支付服务点扩展到村一级。但是迫于成本和维持运营的基本业务量的要求，各地都有各自的策略。如甘肃在比较大的行政村设置一个相对规范的服务点，由互联网专线直接和县信用社相连，装备类似于一个营业点，但是没有正式员工，而是由当地代理负责运营，业务包括存款、取款、转账和缴费等。广西信用社则在村一级安装了一种改装的 POS 机，由电话线或无线电话信号连接县信用社，由当地代理运行。由于其成本低，每一个行政村都安装了 1～2 个这种支付终端。

ATM 大部分安装在县城和人口比较集中的乡镇。相比之下，信用社的模式比较适合农村地区的现状。特别是农村常住居民多数为妇女、老人和儿童，他们受教育程度低，使用 ATM、手机银行和网银等的能力有限。

距离常常影响支付终端的使用。据广西问卷统计，76.72％的农村居民办理银行业务在 15 公里以内。其中有 28 人（占比 2.8％）由于在外地务工，距最近的银行在 60 公里以上，剔除后，常住居民平均办理银行业务最近的地方距家平均 11.5 公里。也就是说，大多数农户在乡镇一级办理银行业务。

（二）支付工具的应用

银行卡拥有率常常是衡量普惠金融的重要指标。广西样本显示，有 23.3% 的成年农村居民没有银行存折，49.1% 没有储蓄卡，94.1% 没有信用卡。这个结果说明，有一半的农村居民不能使用银行卡进行支付、转账和交易。广西样本反映的是贫困县的情况。在吉林样本中，储蓄卡的拥有率达到了 95.1%，且人均有 1.75 张，信用卡的拥有率也达到 94.5%。三省样本中，福建有 12.9%、河北有 35.8%、甘肃有 12.6% 的农村居民没有银行卡，可见银行卡拥有率在地区间的差异很大。

银行卡的使用情况能反映金融服务是否真正惠及农户。福建、河北和甘肃的样本结果显示，有 24% 的农村居民从来没有使用过任何银行支付服务。ATM 是一种利用率比较高的支付方式（见图 9-10），达到 38.6%；使用银行卡进行消费的比例比较低，只有 8.5%；网络支付的使用率只有 1.7%。类似地，吉林样本中（见图 9-11）有 37% 的农村居民明确表示从来没用过银行卡，另有 3% 没有回答，很有可能也没有用过银行卡，可以说总共有 40% 的农户没有使用过银行服务。此外在使用银行服务的人群中，每个月用三次以下的达到 47%。广西样本中有 18% 的农户在 2015 年没有使用过任何形式的支付服务，包括存取款、转账、手机银行、网络银行、银行卡消费和 ATM。

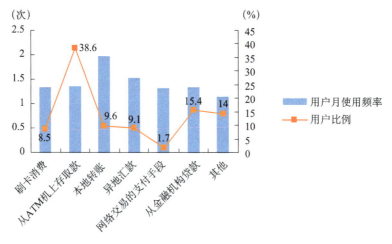

图 9-10　银行卡使用情况（1）

资料来源：福建、河北和甘肃样本。

银行支付服务的使用率与消费偏好有一定的关系，目前大多数农村居民仍然习惯于现金交易。吉林问卷对于农村居民的日常消费会使用哪些支付方式进行了调查（见图 9-12），发现有 96.57% 选择了现金，除此之外，有 5.93% 使用第三方（支付宝、

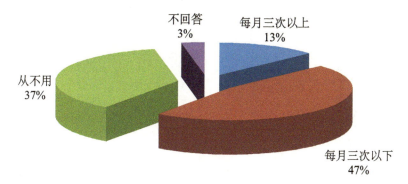

图 9 - 11　银行卡使用情况（2）

资料来源：吉林样本。

微信）支付，有 3.64% 直接刷银行卡。现金是 98.61% 的人使用最多的支付方式。

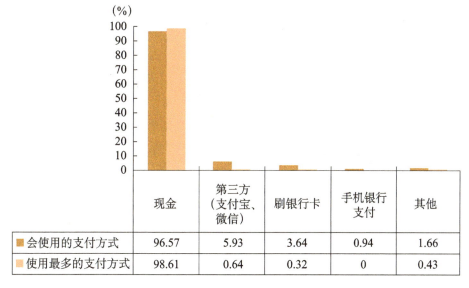

	现金	第三方（支付宝、微信）	刷银行卡	手机银行支付	其他
■ 会使用的支付方式	96.57	5.93	3.64	0.94	1.66
■ 使用最多的支付方式	98.61	0.64	0.32	0	0.43

图 9 - 12　支付方式偏好

资料来源：吉林样本。

　　福建、河北和甘肃的调查也发现现金是相当多农户家庭储蓄的手段，有 36% 选择家里存钱。图 9 - 13 显示，有 79.53% 的农村居民表示，选择在家里存钱是因为收入低，积蓄不多；有 5.51% 的人表示需要在家中存钱应急；也有 3.94% 的人认为存储网点离家太远，不方便。

　　上述结果表明，农村支付状况并不乐观。首先，提供支付服务的金融机构往往只有信用社一家，有些地方也有邮政储蓄银行和其他银行。虽然在大多数行政村设有不同形式的支付网点，但是总体上支付结算存在供给不足的问题。其次，银行卡是使用银行支付服务的基础工具，各地银行卡的拥有率发展水平不同，贫困地区比较低，广西两个贫困县的储蓄卡拥有率只有 51%，其他地区超过 80%。银行卡的使用率不高，

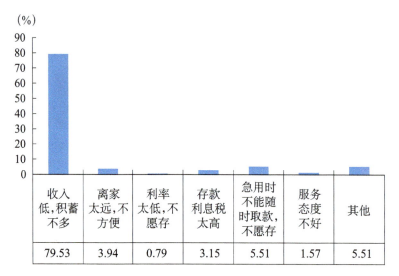

(%)	收入低,积蓄不多	离家太远,不方便	利率太低,不愿存	存款利息税太高	急用时不能随时取款,不愿存	服务态度不好	其他
	79.53	3.94	0.79	3.15	5.51	1.57	5.51

图 9－13　家中存钱的原因

资料来源：福建、河北和甘肃样本。

还有 18%～40% 的农村居民没有用过任何银行支付形式。在这种情况下，现金交易还相当流行。

绝大多数农村居民选择使用现金作为结算方式，与他们收入低、交通不便、教育程度低等有关。当然也与金融知识普及、支付网络便利性不足有直接的关系。

三、农村保险

相对于信贷和支付，保险服务在农村的发展比较滞后。据中国人民银行统计数据，截至 2015 年末，参保农户 2.3 亿户次，提供风险保障近 2 万亿元。农产品价格保险试点扩展到 26 个省份（自治区、直辖市），参保农作物增加到 18 种。农房保险已覆盖所有省市，参保农房 9358 万间，提供风险保障 1.4 万亿元。温州金融改革试验区成立全国首家农业财险互助社，探索涉农保险产品与层级。新疆出台农业保险改革试点方案，推出全国首单棉花低温气象指数保险，农业保险保费收入居全国首位。内蒙古首次试点开办草原牧区牛、羊天气指数保险，为 20 万只肉羊提供风险保障。尽管如此，相对中国的广大农村人口，目前的保险仍然是杯水车薪。

调查显示，农户购买的险种包括农村养老保险、农业保险、机动车辆保险、财产保险以及其他商业保险。由于政府对农村养老保险进行补贴，农村以养老保险为主。另外有些强制性的机动车辆保险。农业保险也常常是在政府政策的刺激下购买的，主动购买保险，尤其是农业保险的很少。图 9－14 显示，吉林样本中购买农业保险的比例为 7.63%。广西样本中购买农业保险的更少，不到 3%。

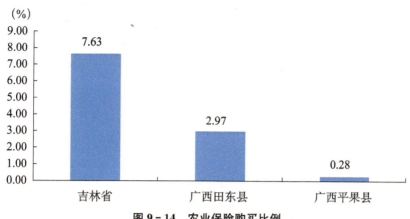

图9-14 农业保险购买比例

特别需要注意的是，广西田东县是个贫困县，也是金融改革试点县。调查了解到，监管部门实际批准田东县开展13个农业保险产品，但是，田东样本中有21户购买农业保险，能说清具体保险的作物仅有甘蔗、水稻、松树、桉树、芒果和林木六种（见图9-15），其中松树、甘蔗和水稻比较多，有一部分农户知道买了保险，但不知道保的是哪种作物。保险带来的利益似乎不能引起农户的兴趣。

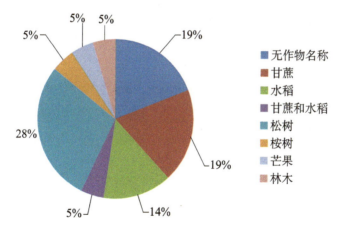

图9-15 2015年田东县参保农业保险的作物比例

针对农户对农业保险的认识，调查问卷要求被调查者就"农作物上了保险，损失减少了很多"这样的问题表态。结果有一半以上认可这个观点（见图9-16）。既然如此，为什么农户不愿意购买保险呢？

甘肃、河北和福建的样本显示（见图9-17），相当一部分农户愿意购买农业保险。如果推出农作物保险，有45.10％的农户表示会定期购买农业保险，有14.85％表示会偶尔购买，当然，也有35.29％表示不会购买。数据表明有相当大比例的村民能够接受并认可农作物保险。

针对没有购买农业保险的原因的调查结果显示（见图9-18），有49％的农户想购

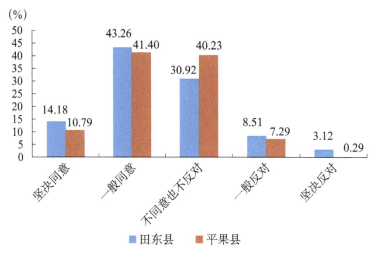

图 9 - 16　村民对农作物保险可以减少农作物损失的态度

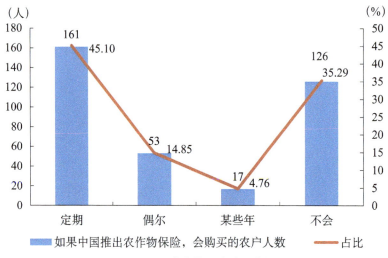

图 9 - 17　农作物保险购买意向

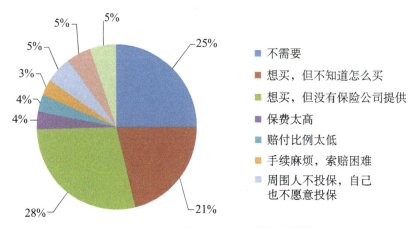

图 9 - 18　农户没有购买农业保险的原因

买农业保险但没有买，其中有 21％不知道怎么购买，另有 28％是因为没有保险公司提供合适的农业保险服务。这个结果明确地告诉我们，可得性不足是目前农业保险发展的主要障碍。

对广西、吉林、甘肃、河北、福建五个省份的农村调研显示，目前中国农村购买农业保险的比例比较低，有相当一部分村民能够接受并认可农业保险，并且有购买农业保险的需求，但由于自身保险知识匮乏、保险公司无法提供相应的农业保险等原因，村民无法购买农业保险。在今后的改革中，应加大农村保险知识的普及，使农民知道该如何购买农业保险；保险公司方面也应根据农村的实际需求，开发相应的农业保险。

四、农村金融的数字化

数字化技术的应用为农村的普惠金融发展提供了新的路径。在农村发展普惠金融面临的主要难题是：农村金融服务需求小额分散、成本高、基础设施差、信用体系不完善。出于利益最大化的市场经营原则，金融机构没有动力为农村提供服务，农户的金融需求长期低迷。在农村推广数字化普惠金融，首先可以降低服务成本，增加金融服务的速度和便利性。与此同时，数字化可以使购物、转账等金融活动数据转换为自己的信用信息，获得更多的金融服务。

吉林问卷分析发现，使用网银、手机银行和第三方支付的农户比例分别只有 6.92％、7.23％和 11.16％。如图 9-19 所示，使用手机银行或网银处理的金融业务包括转账、网购、汇款、缴费和查询等，使用者人数均较低。

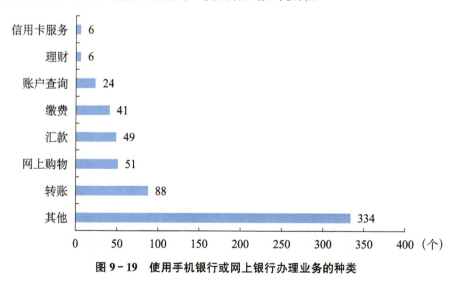

图 9-19　使用手机银行或网上银行办理业务的种类

智能手机对网银、手机银行和第三方支付的使用产生显著影响。在吉林样本中

（见图9-20），有499户使用智能手机，他们当中使用这三种支付手段的比例分别为16.16％、15.92％和27.65％。对应地，有464户使用非智能手机，但是，他们使用这三种金融支付手段的比例低了很多，分别仅有0.87％、2.17％和0.65％，差异十分明显。

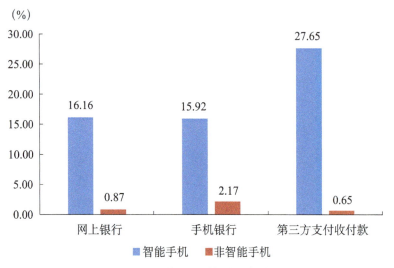

图9-20 智能手机对数字支付的影响

有无电脑的情况也类似。在拥有电脑的农户中（见图9-21），分别有17.40％、16.84％和28.80％的人使用了网银、手机银行和第三方支付；而无电脑的该比例仅有1.82％、2.69％和2.81％。有趣的是，拥有电脑可以促使手机银行的使用，同样地，智能手机也促进网银的使用。需要进一步分析的是，是不是拥有电脑的，也同时拥有智能手机。

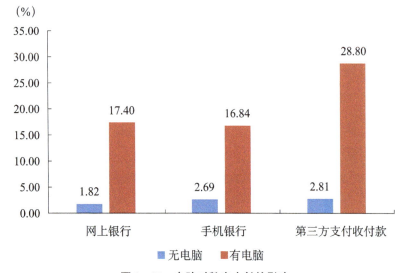

图9-21 电脑对数字支付的影响

年龄对数字支付手段也有显著影响。三种产品的使用情况在不同年龄段上的分布也有很明显的特点（见图 9-22），使用者的年龄主要是大于 25 岁不超过 50 岁，他们成为了数字化普惠金融主要面向的顾客群体。

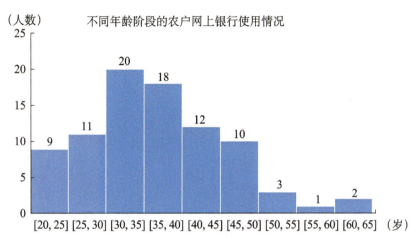

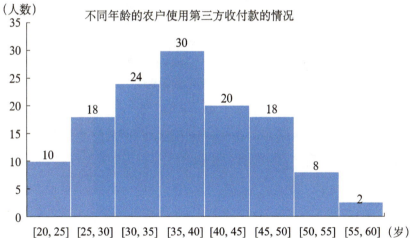

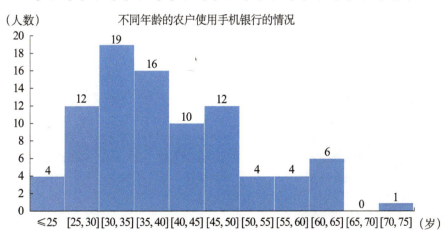

图 9-22　年龄对数字支付手段的影响

在受教育程度方面（见图9-23），随着受教育程度的提升，使用网上银行、手机银行和第三方支付的比例显著提高。这受到产品使用的知识要求影响，从一定程度上也说明金融知识教育在面向其他人群发展普惠金融时的重要性。

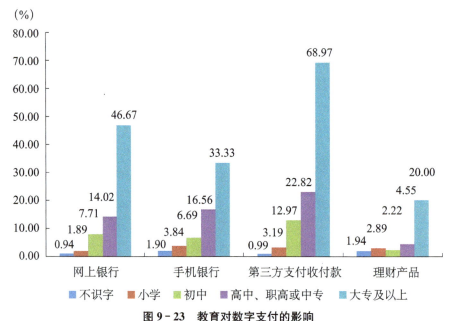

图9-23　教育对数字支付的影响

性别是发展中一个很值得关注的问题。调查发现，数字普惠金融可以使不同性别的人群获得相对平衡的服务。图9-24显示，在男性农户中，分别有7.59%、8.41%和12.03%的农户使用这三种产品，女性的比例则为6.10%、5.75%和10.10%。

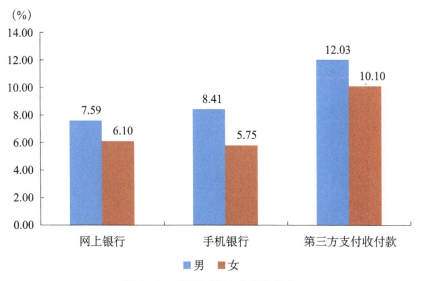

图9-24　性别对数字支付的影响

最后，收入和三种产品使用情况具有很强的相关性，收入越高的农户使用率越高。收入也可能通过影响受教育程度而影响金融服务的使用。

五、结论

农村是普惠金融的"主战场"，了解农村普惠金融的现状，对发展普惠金融、解决"三农"问题、增加农民收入、缓解收入分配不平等具有积极的作用。在没有做统一调查的情况下，我们利用现有的问卷调查数据，计算主要的普惠金融指标，进而来分析普惠金融发展的现状。

首先，虽然在国家政策的刺激下，农村新型金融机构的数量高速发展，但是，还没有能够缓解农村信贷服务"一家独大"的局面，竞争不足、供给不足、利率较高、信贷条件过于严格等现状，不利于提高金融服务可得性，导致农村约 2/3 具有信贷需求的农户，只有不到 1/4 的农户申请和得到贷款。为了满足信贷需求，农户转向民间借贷，约有一半以上的农户在一年内有民间借贷经历。

其次，农村支付同样面临可得性问题。大多数农村只有信用社一家提供支付服务，尤其在行政村一级。邮政储蓄银行在部分乡一级有服务网点。其他银行在县城有服务网点，在乡镇一级极少。特别需要关注的是，局部地区仍然有高达 34％的农村居民没有使用任何金融服务。有 95％以上的农村居民选择现金作为优先的支付手段。

再次，缺乏服务和相关知识是农业保险的主要障碍。有高达 60％的农户表示有购买保险的需求，但是有 49％的农村居民由于没有农业保险服务和不知道如何办理农业保险而没有购买。

最后，金融服务的数字化还没有得到农村居民的广泛使用，这与年龄、受教育程度、电脑和智能手机的使用密切相关。

第四部分

机构的发展与创新

第十章　小额信贷机构的创新

【摘要】本章以"创新"为切入点，从创新动力、创新类型以及创新效果三个方面，考察并评述五个具有代表性的小额信贷机构创新实践案例（中和农信、海南农信社、宜信公司，以及京东"先锋贷"项目、蚂蚁金服的"蒙羊"项目）。通过对理论的梳理及对代表性案例的总结，本章发现：第一，小额信贷机构的创新实践，主要受组织因素（内因）及环境因素（外因）驱动；第二，小额信贷机构的创新实践是复杂的，一项有效的创新实践往往包括多种类型的创新相互配合或补充；第三，小额信贷机构的创新实践与潜在的组织效果及社会效果的提升相联系，但两种效果的提升并非完全一致。基于研究发现，本章在最后就小额信贷机构的创新发展方向提出了相应建议。

普惠金融建设的主要目标之一，是以有效的方式及价格，为市场上难以获得金融服务的群体（传统市场中的弱势客户）提供便捷的服务。小额信贷机构是一类以小额贷款为中心建构自身业务体系的金融机构，是发展普惠金融的重要力量。在定义上，小额信贷机构包括小额贷款公司、村镇银行、农村信用社、各种形式的信用互助机构以及以数字信息技术为主要特征的新型金融组织（如蚂蚁金服、京东金融、宜信等机构），其与传统市场中的弱势客户具有天然的契合性：①小额信贷机构主要提供小额贷款，能够契合弱势客户相对较少的资金需求；②尽管小额信贷机构数量众多，但较多组织缺少相应的能力、合法性及声誉等，难以吸引和维持传统市场的强势客户；③小额信贷机构的服务内容常植根于特殊情境（如京东"先锋贷"、蚂蚁金服的"蒙羊"案例等），差异化显著，服务形式灵活，能够较好地嵌入传统金融机构的资源生态位间隙，适应需求差异化明显的传统市场弱势客户。小额信贷机构无论偏向"社会事业模式"还是"社会溢出模式"，在推进普惠金融建设中都扮演着重要的角色。经过多年的发展，小额信贷机构在我国金融体系中已具有一席之地。以小额贷款公司为例，根据中国人民银行历年的《小额贷款公司统计数据报告》，2010～2015年，我国的小额贷款公司数量及贷款余额稳步增长，并趋于稳定[①]。然而，在小额信贷机构发展的过程中，市场不确定性及市场信息不对称的情况普遍存在，甚至因客户质量的因素，可能面临较大的违约风险，进而危害其自身的生存及发展。此外，一些小额信贷机构规模有限，工作人员数量有限，且技术能力不足，在时间和精力一定的情况下，相比传统的大型金融机构，可能难以充分评估其提供金融服务的有效性及风险。

为维持组织的生存与永续发展，并在业务提升过程中改进金融业务的可获得性（广度）、精准性（精度）以及有效性，直接或间接地推动普惠金融发展，小额信贷机构正积极进行各种形式的创新，如开发新产品、改进旧有流程、改进管理制度、构建金融业务平台等。在本章里，金融业务的可获得性（广度）指的是提供的金融服务在多大程度上覆盖传统金融市场中未被包括在内的客户；金融业务的精准性（精度）指的是特定的金融服务的目标群体精准获得该金融服务的程度（满足差异化需求）；金融业务的有效性则是指特定金融服务目标群体的受益程度。

本章从创新视角切入，对部分小额信贷机构近年来有代表性的创新实践（中和农信、海南农信社、宜信公司，以及京东"先锋贷"项目、蚂蚁金服的"蒙羊"项目）进行综合评述及比较，主要从创新的动力（为什么）、创新的类型（是什么）以及创新的效果（怎么样）三方面进行探讨，并针对目前的创新特点，对小额信贷机构未来的创新发展方向提出相关建议。

一、小额信贷机构的创新动力

创新是促进生产率提升及经济增长的重要驱动力（Schumpeter，1934；Solow，1957；Haskel et al.，2010），是对现有要素、知识架构、技术等的重新组合（Schumpeter，1942），是对新想法的成功开发以产生价值（Von Hippel，1988；Dodgson et al.，2008），它有利于降低成本（Utterback，1994；Edquist，2001a）、增加收入（Edquist，2001b），使企业在更新的要素或要素组合与环境下，获得持续的竞争优势，并确保组织的永续发展。与其他组织一样，小额信贷机构，无论注重社会事业或社会溢出，都面临着生存和发展的问题。具体而言，它们的创新动力主要分为内部驱动（组织因素）与外部驱动（环境因素）两方面。

内部驱动因素上，小额信贷机构创新的主要动力如下：①降低成本的需要，这是最关键的创新内因之一；②拥有可利用或开发的关键技术或资源；③维持现有业务健康发展；④扩展现有业务，推动机构成长；⑤履行或宣传企业社会责任，以提升声誉、

---

① 报告原文参见 http://www.pbc.gov.cn。

促进社会认可等。其中，鉴于小额信贷机构较低的单笔贷款额度，每笔贷款的边际成本较大，加上对客户质量及小贷机构自身精力及能力的考量，如何利用关键技术或资源，采取各种创新降低提供金融服务的成本（包括风险控制成本），对小额信贷机构而言至关重要。以中和农信为例，截至 2016 年 6 月，其历史笔均贷款额度仅为 10782.8 元，员工数仅 2677 人，却拥有覆盖全国 18 个省 185 个县 2832 个乡镇的小额信贷商业网络。在进行信息化改革前，中和农信的每笔贷款都需要付出相对较大的人力物力进行征信、办理及审批等工作，极大地增加了提供有效的普惠性金融服务的成本。以数字技术为特征的信息化改革，使得客户资料的提交审核及贷款发放和还款收取等流程简化，大大降低了中和农信的业务成本。与之相比，宜信公司以"人人有信用，信用有价值"为理念，致力于为城市及农村高成长性人群提供快捷方便的普惠金融服务，以构建和发展深耕多年的数据库为中心，进行了一系列的创新实践，而创新的动力，既是业务发展导向型的，也带有履行企业社会责任的色彩。在农村普惠金融发展上大步迈进的蚂蚁金服，由于借助淘宝大平台获得大量的用户数据，并拥有处理和挖掘数据的技术与能力，因而可进行顺势而为的创新。

然而，小额信贷机构除关注以自身为中心的小环境外，同样重要的是，它们也需要关注大环境，而大环境，包括市场环境、政策环境与社会环境等，它在很大程度上影响和塑造了小额信贷机构在市场中的行为（Caves and Porter，1977；Meyer and Rowan，1977；DiMaggio and Powell，1983）。对大环境的关注，同样影响着小额信贷机构的创新实践。就市场环境而言，首先，市场的高度竞争性使得小额信贷机构需要以创新去寻找方式维持生存，并在此过程中实现增长的目标，防止被已有的甚至潜在的竞争者颠覆（Christensen，1997）。以网贷平台为例，互联网巨头百度、阿里巴巴、腾讯、京东等均在积极扩张，此外，专注 P2P 业务的人人贷、陆金所、翼龙贷等众多注册资金在 5000 万元以上的大型网贷平台也在大力推广。据第三方估计，截至 2016 年 9 月末，我国的各类网贷平台已超过 6000 家，伴随着新平台的不断涌入，在激烈的竞争中，已有超过 50％的平台为风险预警平台[①]。其次，市场的合作环境则影响小额信贷机构能否通过合作获得外部的信息、资源及知识，为相应的创新实践准备条件。一方面，小额信贷机构数量众多，现有企业不断推陈出新，新进入者跃跃欲试，造成了潜在的分层级式的市场竞争；而另一方面，越来越多的机构数量带来的潜在外溢效应及可利用的社会网络，有利于小额信贷机构识别和发现组织内外的机会，促进小额信贷机构的创新。

就制度环境而言，制度化的环境会给市场中存在的企业以"合法性"（Legitima-

---

① 数据来自第一网贷，http：//www.p2p001.com/。

cy）的动力或压力（Weber，1978；Meyer and Rowan，1977；DiMaggio and Powell，1983；Suchman，1995），在制度化环境的支持及鼓励下，小额信贷机构被期望采取各种（实际上或名义上的）创新实践，而采取相应的实践，可以增加小额信贷机构在资源所有者、资源分配者及资源需求者中的认可度。我国国务院在 2016 年初发布《推进普惠金融发展规划（2016～2020 年)》，对政府各部门的普惠金融实践进行了总体部署和规划，这意味着对相应资源的规划与分配。在制度环境的支持或要求下，各类组织主动或被动地进行普惠金融创新，均是在利用合法性或以合法性为目标实施行动，从而从资源所有者处获得促进自身发展的关键资源的分配。社会及文化层面对普惠金融服务的需求及支持程度也在一定程度上影响了小额信贷机构是否采取相应的创新。例如，我国农村网民的手机上网比例已达到 80％以上，而网上支付比例则已超过 30％[1]，利用这一社会条件进行与之相契合的创新实践，可有助于推动普惠金融建设。以田东金融改革为例，在曾经市场化金融发展土壤并不富饶的田东县，通过各行政县布设"桂盛通"助农取款服务终端，将金融组织以灵活的方式拉近金融服务与村民的距离，同时可以产生一定的框架效应（Framing Effect）（Tversky and Kahneman，1981），为村民提供金融服务的选项，还能通过硬件和软件基础设施的建设，增强金融教育，培育对普惠金融发展具有支持性的社会土壤，活跃金融服务市场。著名的"格莱珉模式"则强调通过互助小组，构建客户间的互惠关系，培养民间社会和文化层面对小额信贷业务的支持。

基于以上的论述，本章认为，内部驱动因素和外部驱动因素共同推进小额信贷机构创新实践，并由此影响小额信贷机构的组织效果（企业层面）及社会效果（普惠层面）。本章按照前因—事件—效果的整体框架进行论述，如图 10-1 所示。

一方面，面对相对激烈的竞争环境和风险较大的客户群体，小额信贷机构需要积极实施创新，以维持自身现有业务，或开拓稳健而具有吸引力的业务和增长点，以保持自身的生存和发展；另一方面，小额信贷机构面临着来自市场、政策和社会环境的压力或机会，其中关于开展普惠金融服务的要求，使得它们需要以创新的手段维持自身的"合法性"，以增加各方面关键资源的获取（Aldrich and Fiol，1994），进而提升生存发展能力，而社会环境的支持程度则为小额信贷机构的创新实践提供成长的沃土。本部分以中和农信、海南农信社、宜信公司，以及京东"先锋贷"项目、蚂蚁金服的"蒙羊"项目五个具有代表性的创新实践案例为例，通过对案例的文字材料进行文本提取，按照内部驱动因素和外部驱动因素的分析框架，将各案例的创新实践动力进行总结，如图 10-1 所示。

---

① 数据来自中国互联网络信息中心（CNNIC）、银监会、国家统计局。

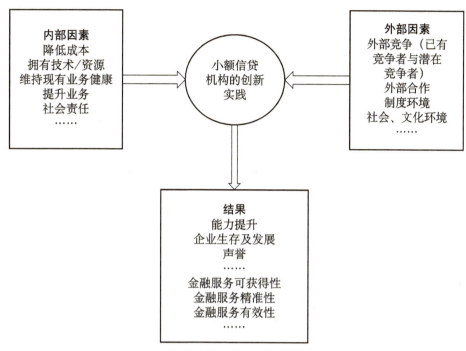

图 10-1　小额信贷机构的创新动力、创新实践及创新结果

中和农信是一家专注于农村草根金融服务的社会企业，其前身是中国扶贫基金会小额信贷项目部，自 1996 年起在农村贫困地区开展小额信贷扶贫试点项目，于 2008 年转制为公司化运作，专门负责小额信贷扶贫试点项目的实施与管理，主要提供"无抵押、无人情费、手续简便、上门服务"的小额贷款。随着中和农信的发展壮大，客户量大增，尽管仍以推进原有业务为主，传统的较低效的工作流程带来的成本日益增加，同时也不利于控制风险。2015 年，中和农信完成了以数字化技术为特征的整体信息化改革，这一创新实践，一方面主要是基于降低成本及维持自身业务健康发展的需求，而另一方面，具有支持性的社会环境（农村信息技术的普及以及农村金融基础设施的完善）同样是重要的影响因素。

2007 年以来，海南农信社积极进行金融改革创新，在"金融扶贫"上已取得一定的成就。在创新动力的表述上，海南农信社的案例中，"资金外流"、"省委省政府要求"、"海南产业发展"、"金融扶贫任务"、"改善农民生活"等字词频繁出现，可将其创新动力按照内外因素定义为组织目标、制度环境和社会环境的共同驱动。案例提到，海南存贷比从 2002 年开始快速下降，农信社在改革前存款仅 96 亿元、贷款 53 亿元，实际不良贷款余额 46.8 亿元，由此可见，海南农信社亟须寻找出口，改进业务流程，提升能力，以在不利的市场环境中保持核心业务。农信社本身的社会责任要求，也让其需要寻找方式将业务发展与责任建设结合。在外部环境上，海南省农信社作为政府领导下的金融合作机构，需要履行政治功能和社会职能：一方面，在总体的金融扶贫战略下，海南农信社需要以"改革"、"创新"的姿态与行动，提供普惠式的金融服务，以体现自身的合法性，实现社会期待；另一方面，面对改革前当地不够繁荣的金融环境，海南农信社需要充当先锋，以金融服务创新去满足、挖掘甚至创造需求，培育有利于产业发展的社会支持性土壤。

宜信公司基于"人人有信用，信用有价值"的理念发展普惠金融事业，目前已在244个城市和93个农村地区建立协同服务网络。宜信公司在普惠金融的实践中，充分利用数字化技术，开发了宜农贷、商通贷等服务传统市场中弱势客户的产品。其创新的主要动力来源于宜信公司自身业务增长和履行社会责任的统一。在此过程中，宜信公司希望能以有效的价格，在合适的成本下，为需要金融服务的弱势客户提供相应的金融服务。而宜信公司作为强调公益性责任的一家金融机构，其宣传的企业社会责任也充分强调了推动普惠金融发展的使命。此外，开拓传统大型信贷机构未能完全覆盖的弱势客户市场，避开其锋芒，占据合适的生态位，能够促进宜信公司自身业务的提升。

京东的农村金融部门在上东汶上县推出的"先锋贷"产品，是一项农村供应链金融产品创新尝试，其主要动力在于济宁大粮公司（种子公司）与京东的双向合作。一方面，对于京东金融部门而言，济宁大粮公司拥有多年深耕的农村社会资源，通过合作获得关键的资源，能够成为缺乏农村经验与数据的京东金融布局农村的战略切入口。此外，由于京东缺少相应的银行流水记录及偏差较小的农户信用记录，为降低成本，在创新实践中采用了以济宁大粮公司为农户担保的方式。另一方面，济宁大粮公司在多年的农村经营中，对农户金融需求的急迫性、多样性、灵活性以及周期性有一定的认识，希望能够与以创新型方式提供灵活多样小额贷款的机构合作，为农户解决贷款需求，进而提升自身业绩。在资源和需求的匹配中，京东金融的"先锋贷"应运而生。

蚂蚁金服、蒙羊、中华财险的"互联网信贷＋保险＋核心企业＋电商"的合作模式，其主要创新动力的表述包括"做稳做大"、"降低风险"、"资源整合"、"资源禀赋"、"合作联手"等。在"蒙羊"项目中，蒙羊具有得天独厚的资源禀赋、积累的知识及经验，以及稳定的区域性肉羊养殖客户关系，中华财险具有保险资质，而蚂蚁金服则具有先进的技术（如线上支付、结算等技术），利用合作方的优势，以及不重复的信息，有利于良好创新实践的产生。此外，蚂蚁金服可通过"蒙羊"项目的创新实践，扩展其农村供应链金融业务，获取更多的关键信息，并为现有的及后续的农村金融业务发展提供借鉴。

表10-1综合了以上五个具有代表性的案例，通过对比可以发现：①降低成本是小额信贷机构进行创新实践的重要动力之一，其中，五个代表性案例中四个案例在创

新动力的表述上强调降低成本（包括控制风险成本）；②小额信贷机构的创新动力十分复杂，受到组织内外部因素的共同推动。无论内因为主还是外因为主，抑或是内外因素混合驱动，如果相应的动力能够与组织的特点及所处情境相适应或匹配，就可有效地促进创新实践的产生与演化，最终促进小额信贷机构组织效果及社会效果的提升。

表 10-1　代表性案例的创新实践动力

	中和农信	海南农信社	宜信公司	京东"先锋贷"项目	蚂蚁金服"蒙羊"项目
内因					
资源/技术			√	√	√
降低成本	√		√		√
维持业务健康	√	√			√
促进增长			√	√	√
社会责任		√	√		
外因					
外部竞争		√	√		
外部合作				√	√
制度环境		√			
社会环境	√	√			

二、小额信贷机构的创新类型

本节关注小额信贷机构在创新实践中具体采用了何种类型的创新（是什么）。在研究中，基于不同的维度，有不同的创新类型分类。比较经典的创新分类是由经合组织在《奥斯陆手册》（Oslo Manual）（OECD，2005）中定义的，主要包括产品创新（Product Innovation）、流程创新（Process Innovation）、营销创新（Marketing Innovation）以及组织创新（Organizational Innovation），而不同类型的创新对经济和社会的影响具有差异（Chandler，1990；Edquist，2001）。其中，产品创新指改进旧产品/服务或创造新产品/服务，以满足或创造需求，获取价值，其获得途径包括内部研发（自主创新、逆向工程等）及外部引入（委托外包、联合、引进、并购、授权等）。流程创新指的是组织通过采用新的或具有改进性的生产方式，提升劳动生产效率和品质，并降低成本，实现效益。最后，组织创新则是指在组织方式和制度上进行改进或创造，以适应内外部环境的变化，促进组织的存活及发展。Henderson 和 Clark（1990）将创新划分为架构式（Architectural）创新和模块式（Modular）创新。架构式创新改变的是不同组成部分的连接组合方式，产生新的产品或流程体系；而模块式创新则指的是某单一组成部分的重大改变。Christensen（1997）相对于维持在旧轨道范式前进的持续性创新（Sustaining Innovation），强调了以新轨道范式进行颠覆的破坏式创新（Disruptive Innovation）。此外，March（1991）基于组织学习视角，将创新分为利用式（Exploitation）创新及探索式（Exploration）创新，分别指对现有知识和机会的挖掘优化以及对新知识和新机会的尝试。另外，创新还有很多细分的分类。例如，通过对已有研究的总结，Massa 和 Tucci（2014）将商业模式创新定义为商业模式设计（Business Model Design）和商业模式重构（Business Model Reconfiguration）的重合部分。时下较为流行的平台创新（Simpson et al.，2005；Gawer and Cusumano，2002，2008）研究主要包括对内部平台、供应链平台和产业平台与创新关系的探讨（Gawer and Cusumano，2014）。

与创新分类的复杂多样相似，小额信贷机构的创新实践也是复杂的，它可能涉及产品、服务、流程、营销及组织的各方面创新，而各种创新要素的新设计与新组合，都可能产生新的价值。已有的研究中，小额信贷机构的案例多与朴素式创新（Frugal Innovation）的概念结合。朴素式创新是近年来正在兴起的一种创新范式，其核心在于利用更少的资源为更多的人提供更好的服务，是"针对新兴市场中金字塔底层（BoP）消费者所进行的一种资源限制型创新模式……其优势在于提供了一个优秀的价值主张，即同时实现降低成本和满足客户对产品质量和设计等的期望"（陈劲、王琨，2014）。朴素式创新强调让创新服务于民，让企业承担其相应的社会责任，其出发点与普惠金融的发展在很大程度上是一致的，也是未来探索小额信贷机构创新的方向之一。

与上节类似，本节将主要以中和农信、海南农信社、宜信公司，以及京东"先锋贷"项目、蚂蚁金服的"蒙羊"项目五个具有代表性的案例进行分析。

中和农信在业务不断扩大，旧流程因较大的成本而难以满足新发展需要的情况下，为降低成本，进行了信息化改革。在信息化改革前：信贷员每个月需要逐户上门收取客户的现金还款，每一笔贷款都需要信贷员上门收款至少 10 次；客户资料的录入、资料审核等，都需要经过烦琐的人工程序进行；而从组织架构来看，部分督导还需兼任会计出纳工作，管理现金并记录现金收支情况；贷款申请由分支机构审批通过后即进入放款流程，总部在风控中的作用仅限于定期的合规检查，整体把控能力较弱。中和农信信息化改革主要包括以下几个方面：①集中采用银联代收代扣，逐步减少上门现金收放款；②通过手机客户端上传客户信息及合同信息，总部可通过信息系统否决分支机构批准的个贷；③构建员工线上学习交流平台，促进制度及规章的推行，帮助工作中隐性知识及显性知识的传递，提升服务效率；④分工更为明确，将信贷员及督导从烦琐不必要的工作中解放出来。中和农信的创新实践，主要是对低效率流程中部分模块的改造，以低成本提供高效的服务。由于中和农信此前未进行过相关的尝试，因此，这也是一次探索式的创新实践。

海南农信社面对不利的市场及社会环境，在制度性支持环境的推动下，探索"一小通"小额信贷模式创新，并逐步形成了制度化和规范化的小额信贷管理体系。"一小通"模式的核心为"九专"与"五交"，涵盖了产品创新、流程创新及组织创新。其中，"一小通"循环贷，农户只要满足基础的"四有四无"（有当地户口、有固定住所、有明确用途、有还款能力；无吸毒、无赌博、无其他违法记录、无信用不良记录）条件，均可获得授信条件。该产品一次审批，终身有效，用户可通过网络、电话银行，24小时随用随贷，随有随还，按实际使用的天数计算利息，方便灵活。海南农信社的普惠金融产品历经了从无到有的过程，是探索式创新的典型案例。通过各小型业务的模块式创新，逐渐积累知识与能力，海南农信社渐渐朝着架构式创新的方向发展。此外，海南农信社对金字塔底层客户进行重点关注，并通过授信系统的建立，强调以低成本提供高质量的金融产品，"授人以渔"，并从长期为组织带来潜在的永续性发展机会。

宜信公司的宜农贷及商通贷等产品，则是基于收集或调研的大数据，对授信流程和审批流程、借还款流程进行精准化及精简化，改变以往的农村联保制度，是重要的产品创新及流程创新。宜信公司在多年的普惠金融实践中，已经构建起一个较为完善的数据库体系，而充分利用自身积累的数据资源进行有效的开发，使得宜信公司得以进行有效的利用式创新。宜信公司在发展业务中对自身肩负的普惠金融社会责任、低成本高质量的产品和服务的强调，正体现了朴素式创新的价值观。

京东"先锋贷"是在济宁大粮公司和京东农村金融在当地农村供应链金融需求的背景下开发的一款普惠金融产品，属于典型的产品（服务）创新。目前京东"先锋贷"的利率为0.7%，低于银行1%左右的利率水平。还款方式采用每月还息、期末还本金的方式，还款期则根据当地的农业生产周期决定，如小麦还款周期为9个月、玉米的还款周期为4个月等。由于京东农村金融相应的经验不足，大粮公司在当地具有深耕的社会资源，该金融产品对授信流程、担保流程等进行了一些适应性的设计，如授信和担保主要由大粮公司负责，京东"先锋贷"则与农户形成直接的债权债务人关系，将京东、种子经销商（大粮公司）及农户三方的利益捆绑在一起，这从分类上属于流程创新、组织创新、架构式创新以及利用式创新。在缺少经验和信息的条件下，京东"先锋贷"选择充分利用已有的资源，重新进行小额贷款利益相关方的架构设计，并最终给市场提供了具有创新性的产品。京东"先锋贷"并未专注于金字塔底层市场的需求，不是典型的朴素式创新。

蚂蚁金服、蒙羊、中华财险的"互联网信贷+保险+核心企业+电商"的合作模式中，蚂蚁金服主要创新点如下：①为蒙羊的母羊和育肥羊分别设计期限和额度不同的金融产品，以适应母羊和育肥羊的生产周期，并且采用每月还息、到期还本的方式，既减轻农牧民资金负担，又避免因闲置借款付出额外利息；②审批环节少，审批速度快，审批通过后可以实现实时放款，农牧民申请后约一星期就可收到贷款，速度明显优于商业银行；③一次性授信，在限期内可以随用随提，每次使用时不需要再单独授信，手续少，可以节省大量时间和精力；④通过支付宝还款方便而且还没有手续费，同时可以随借随还，贷款者可以完全自主控制贷款成本，规划资金使用；⑤通过技术手段，实现专款专用（定向支付技术），降低资金使用风险。"蒙羊"项目涉及产品创新、流程创新、组织创新，而对"蒙羊"、"村淘合伙人"以及"中华财险"等合作方的重要资源进行利用开发，则属于利用式创新。此外，"蒙羊"项目根据特定的情境，对整体的产品和合作方式进行精细的设计，也是典型的架构式创新实践。

最后，将以上案例的创新类型归纳如表10-2所示。小额信贷机构的创新是复杂的，一项行之有效的创新实践，尽管侧重点有别，但需要以多种形式的创新辅助与综合，从多个方面降低成本、控制风险，才能最终实现在增加金融服务可获得性的同时，最终保持或提升金融产品或服务的质量，促进组织的长效发展。作为私营机构的创新实践，京东"先锋贷"、宜信公司和蚂蚁金服的案例，在创新实践中更倾向于对已有的技术和资源进行利用，以特定的情境为主，设计与之相适应的高效的产品服务及流程；而受制度化环境影响更大的中和农信及海南农信社，则更多地从组织本身的任务出发（效率任务或政策任务、社会任务），更倾向于采用各种方式，对组织未掌握的知识、技术和资源进行探索，以实现创新。

表 10 - 2　代表性案例的创新实践类型

	中和农信	海南农信社	宜信公司	京东"先锋贷"项目	蚂蚁金服"蒙羊"项目
产品创新		√	√	√	√
流程创新	√	√	√	√	√
营销创新					
组织创新	√	√		√	√
模块式创新	√	√	√		
架构式创新				√	√
利用式创新			√	√	√
探索式创新	√	√			
朴素式创新	√	√	√		

三、小额信贷机构的创新效果

小额信贷机构是实现普惠金融的关键力量，它们游走于社会事业模式与社会溢出模式之间，其业务发展在很大程度上与普惠金融的目标具有一致性。鉴于小额信贷机构服务对象和自身的特点，有的小额信贷机构出于自身发展的需求或社会需要，会将普惠目标与组织目标结合为一体（宣传上或实际行动上），如格莱珉模式，以构建顾客互惠的社会支持性金融环境为主要目标之一，强调金融服务的社会效益。在本部分中，评价小额信贷机构的创新效果，除对组织自身的效果（组织目标）外，还应考虑相关创新实践产生的社会效果（普惠目标）。组织效果主要考察小额信贷机构创新对能力提升、成本降低、生存及发展等方面的作用；而普惠效果则主要考察小额信贷机构创新对其金融服务的广度、精度以及有效性的影响。与上文一样，本部分同样对五个主要的典型案例进行分析（见表 10 - 3）。

表 10 - 3　代表性案例的创新实践效果

	中和农信	海南农信社	宜信公司	京东"先锋贷"项目	蚂蚁金服"蒙羊"项目
组织效果					
能力提升	√	√	√	√	
保持业务健康	√	√			
促进增长				√	√
声誉	√	√	√	√	√
社会效果					
可获得性	++	+++	++	+	+
精准性	+	+	+++	+	+++
有效程度	++	+++	++	++	+++

　　中和农信的信息化改革，主要有以下效果：①降低各方面的业务成本，使信贷员有更多的时间进行贷款业务的推广，同时增加总部控制力度，促进现有业务健康发展；②员工培训和规范化操作，有利于促进机构能力的提升；③更多的业务推广，意味着更多潜在的客户，有利于金融服务广度的提升；④建立规范的信息化系统，有利于更好地筛选客户信息，提升金融服务的精准性。高效便捷的小额信贷服务，也能提升中和农信的社会声誉。

　　面对不利的市场条件，海南农信社通过自身的创新，在保持自身业务稳定的同时，也很好地承担了组织相应的社会责任。在普惠目标上，通过金融改革与创新，海南农信社提供的小额贷款有以下普惠效果：①加速了农村精准脱贫及精准扶贫的步伐。2009～2014 年，海南省农民收入实现了平均15.88％的增长，超越改革前10 年8.43％的增速。在此期间，获得贷款支持的农户收入显著提升；不少妇女通过小额贷款大力发展生产经营，实现脱贫。②通过信用体系的建立，海南农信社在金融服务的精准性上有了较大的提升。但因为征信体系对个人动态性的监测较为困难，因而精准性仍有提升空间。③海南农信社的金融改革同样促进了当地特色产业的发展，改善农村的金融环境，提升农村的金融教育以及促进乡村环境的稳定和谐等效果突出。

宜信公司对大数据的监测与分析，使得其金融服务的精准性较高，能够较好地控制风险。但与农信社遍布中国乡镇甚至行政村的网络相比，在金融服务的可获得性及最终的整体影响上，宜信公司还有很大的空间。

京东"先锋贷"，作为农村供应链金融的代表性创新产品之一，可以借助种子公司所积累的客户资源，较为有效地为有资金需求的种植农户提供金融贷款服务。京东"先锋贷"的发展，能够为京东农村金融部门积累在农村开展供应链金融的经验及能力，并且有利于京东金融的发展与业务扩大；同时，也可以通过惠农性的金融服务，促进企业社会责任向社会各界的宣传与表达。然而由于京东"先锋贷"的征信建立在对合作伙伴济宁大粮公司的信任上，缺少对相应的大数据库进行挖掘和分析。在不对称的市场信息下，这可能会带来选择性偏差及道德风险问题，金融服务的精准性需要进一步提升。前文提到，京东"先锋贷"并未专注于金字塔底层市场，不能完全保证底层的农业种植户获得所需要的贷款，金融服务的可获得性需要继续以创新的方式去提升。

与京东"先锋贷"项目类似，蚂蚁金服的"蒙羊"项目也是针对特殊情境设计的金融服务产品，其服务的广度同样有限。借助"蒙羊"多年的合作客户信息，以及已经掌握的电商平台数据，蚂蚁金服为不同产品的养羊户，提供差异化的贷款服务，同时采用定向支付的技术手段控制相应风险，其金融服务的精准性较高。就效果而言，源于数据、基于不同机构合作推出的差异化金融产品，可以较大程度地应对不同类型养羊户对资金的不同需求。为农户提供普惠性金融服务，不仅有助于蚂蚁金服自身农村金融业务的发展，也能提升企业的社会声誉。

根据五个典型案例的信息，不同类型的创新实践均促进了组织能力及企业声誉的提升。在社会效果上，海南农信社的金融改革较大程度地提升了金融服务的可获得性。中和农信旨在降低成本提升效率的信息化改革，也由于将信贷员"解放"，间接增加了金融服务的可获得性。宜信公司和蚂蚁金服基于大数据提供差异化的金融服务，可以有效提升金融服务的精准性。相对地，海南农信社利用政府推动的大规模征信运动及征信体系建设，精准性也可得到一定的保证。京东"先锋贷"在征信上较多地依赖种子公司大粮公司，在金融服务的精准性上及可获得性上都仍需要进一步提升。此外，在有效程度上，海南农信社通过金融服务创新，大大改善了当地的金融基础设施、金融服务质量等，为居民生活改善提供了普惠性的福利。中和农信的信息化改革则提升了金融服务的效率，但因不同地区的金融相关基础设施差异较大，其普惠的有效性尚未明确。京东"先锋贷"产品、宜信公司的产品及蚂蚁金服的"蒙羊"项目，更注重高成长性且有信用基础的弱势客户，尽管同样可以有效解决目标客户的资金需求问题，但基于边际效用递减的原理，在普惠的有效程度上仍有可以提升的地方。总之，小额信贷机构创新实践的效果，不能简单地以组织效果优先，或普惠效果优先的方式看待，而应将组织效果与普惠效果之间的关系辨明。根据案例的比较，可以发现：①组织效果的提升可能与普惠效果的提升一致，在此情况下，二者是相辅相成的关系，并且难以辨明它们之间的因果关系（由于因果顺序不明以及外生变量的影响）。一些小额信贷机构注重组织目标的同时，因社会外溢效应，提升了普惠效果。一些小额信贷机构则将组织目标与普惠目标统一，在追求社会目标的同时，伴随着组织效果的实现。此外，还有一些混合式的小额信贷机构，处于社会事业模式与社会溢出模式谱系的中间地带。②组织效果与普惠效果的方向不完全一致。好的组织效果不一定带来好的普惠效果，而好的普惠效果也不一定伴随好的组织效果。因而，如何采取合力有效的措施，促进小额信贷机构组织效果和普惠效果同时提升，对小额信贷机构的长远发展而言十分关键。

四、小额信贷机构的创新发展方向

本章根据创新研究的理论框架，运用中和农信、海南农信社、宜信公司，以及京东"先锋贷"项目、蚂蚁金服的"蒙羊"项目五个典型案例，对小额信贷机构的创新动力、创新类型及创新效果进行了讨论，并就小额信贷机构在普惠金融中的角色进行了分析。小额信贷机构在各种内部组织因素和外部环境因素的共同作用下，将进行一系列的创新实践，而创新实践会为组织带来能力提升、业务增长等组织效果，并可以带来提升金融服务可获得性、精准性及有效程度的普惠效果。基于以上部分的分析，本章在此对小额信贷机构创新发展方向进行展望。

（一）强化组织内部驱动力，构建支持型环境

小额信贷机构的创新实践受到组织内部因素和外部环境因素的共同影响。已有的一些小额信贷机构在创新实践中，外部环境因素的作用较为明显，这在一定程度上有利于金融服务可获得性和金融服务有效程度的提升。然而，外部环境，特别是制度环境的压力，可能使小额信贷机构进行并不适合自身的创新，或引进自身能力难以吸收的创新。另外，普惠金融目标之一，也强调以合适的价格在市场中为弱势客户提供高质量的金融产品。提升内部驱动力在小额信贷机构的创新中应该扮演更为重要的作用：①内部驱动因素有利于小额信贷机构精心打磨适合自身的创新，有利于对金融服务精准性及金融服务有效性的改进；②内部驱动因素强的组织，在外部支持性因素的作用

下，能够更多地利用已有的资源进行开发、挖掘，发展较为稳健的创新实践。

根据案例对比，小额信贷机构的组织目标和普惠目标并不完全一致。作为资源分配者及规则制定者，营造提升组织内部驱动力，促使组织将组织目标与普惠目标结合的支持型外部环境，是特别需要关注的。此外，外部环境，尤其是制度环境和社会环境，对小额信贷机构创新的影响较大。构建支持型环境，不仅意味着通过政策、规章、制度等对小额信贷机构普惠式的创新实践给予支持，同时也意味着通过鼓励教育、媒体、社会活动等，使小额信贷机构的普惠式业务获得更多的认可，培育适于相关组织发展的土壤。

（二）了解服务对象的需求

与普惠金融发展联系密切的朴素式创新，要求对服务对象，尤其是金字塔底层客户具有更深入的了解。小额信贷机构要进行普惠式的创新，不能仅通过简单的开会、决议、签协议等方式，或仅通过提供金融产品便期待能以供给创造精准的需求。为降低成本、控制风险以及提升普惠效果等，小额信贷机构需要对目标群体进行深入的考察、调研、数据收集与挖掘等工作，并及时更新资料，以适应个人成长阶段的动态性特点，真正了解灵活性高、需求额度小、要求多样化的目标客户的需求。在充分掌握服务对象的需求后，小额信贷机构在设计创新时，便能更好地以低成本而有效的价格提供高质量的服务，占据传统大额信贷机构未能充分占领的资源生态位，创造企业的成长价值及社会公益。

（三）通过多种形式的创新提升普惠金融效果

小额信贷机构以小额贷款为中心，有效的创新实践需要涉及各种类型的创新（包括产品/服务、流程、营销方式及组织架构等方面的创新）。综合各种形式的创新，有利于小额信贷机构降低成本、控制风险、促进组织发展及普惠效果的提升。首先，采取多种形式的创新，可以丰富金融产品的类型，可有效增加金融服务的可获得性；其次，采用多种形式的创新，能够从更多方面应对市场信息不对称及市场不确定的难题，并通过多方向的控制，筛选出较为精准的金融服务对象；最后，采用多种形式的创新，可以使一项金融服务带来多个方面的积极效果，如海南农信社的金融改革创新，在促进农民收入提升的同时，也提高了妇女地位，维护了农村地区的稳定和谐等。

案例五　数字化与传统小微金融效率提升

——以中和农信为例

【摘要】中和农信致力于为农村贫困人口提供无抵押、快捷、绿色小额信贷服务。为了解决传统小额信贷模式所带来的高成本与高风险问题，中和农信通过数字信息技术创新，实现手机终端使用与非现金交易推广，推动公司内部扁平化管理制度改革，降低了人工成本与资金风险，使农户借贷款方便、高效。中和农信与大数据小贷公司合作促进了双方共赢，力求以"互联网＋精准扶贫"的方式在小额信贷之路上细化精耕。

普惠金融意味着所有人都有渠道并且有效地使用适当的金融服务，这些金融服务应该是在监管良好的环境中被负责任地、可持续地提供的①。在数字信息技术深入渗透经济社会的潮流中，信息采集、传播和处理效率的不断提升正在推动包括金融业在内的许多行业经历前所未有的变革。尤其是互联网技术的深度发酵和智能手机终端的不断普及给农村生产生活带来了广泛影响，越来越多农户的生活习惯发生了改变。为在这场变革中发挥优势、保持竞争力，负责任地、可持续地为目标客户提供金融服务，传统普惠金融机构不得不思变革新。

本案例探讨数字信息技术与传统小微金融效率改进实效，将依次分析中和农信小额信贷业务信息化改革的背景、目标和现状，并基于问卷调查和财务数据等对改革实效进行探析。

一、中和农信小额信贷业务信息化改革背景

中和农信是一家专注于农村草根金融服务的社会企业，其前身是中国扶贫基金会

---

① 参考 Leora Klapper 对普惠金融的定义，Finance and Private Sector Development Team，Development Research Group，World Bank.

小额信贷项目部，自 1996 年起在农村贫困地区开展小额信贷扶贫试点项目，于 2008 年转制成公司化运作，专门负责小额信贷扶贫试点项目的实施与管理。中和农信提供 "无抵押、无人情费、手续简便、上门服务" 的小额贷款。截至 2016 年 6 月，中和农信小额信贷项目覆盖全国 18 个省 185 个县 2832 个乡镇，共有员工 2677 人，有效客户超过 35 万人，贷款余额超过人民币 37 亿元，历史笔均贷款额度仅为 10782.8 元。

下面将分别分析中和农信小额信贷业务信息化改革的内因和外因。

（一）信息化改革内因

在信息化改革前，中和农信发放并回收一笔贷款的完整流程通常是这样的：客户有贷款需求，电话联系中和农信分支机构在本乡镇的信贷员，约定上门家访时间。信贷员第一次上门家访，会对客户说明贷款制度、进行贷前培训，客户填写贷款申请表。家访后信贷员还会向该客户的邻居、朋友或当地的村干部、老客户等了解新客户的实际情况。信贷员回到家中通过电脑将其拍照上传到客户管理系统，并在每半月一次去县里开例会时将纸质文件提交给分支机构保管。督导会对客户进行电话回访，以确保其确实理解了贷前培训内容，之后由分支机构主任进行最终审批。中和农信总部会通过系统自动抽取部分个人贷款进行信用资质及合规审核，但不对小组贷款进行事前审核。贷款申请通过后，信贷员将进行第二次家访，在家访时与客户签订贷款合同，并同时用现金发放贷款。之后的每个月，信贷员将到客户家中回收贷款。

从上述介绍可以发现，信息化改革前，中和农信实际已具备了与原有业务模式相适应的信息系统。因此，此处所指的信息化改革也包括对已有信息系统的升级改造。

图 1 列示了中和农信小额信贷业务信息化改革前的贷款工作流程。

从客户来看，中和农信将目标客户定位于有极小可能从金融机构获得贷款的农村贫困地区中低收入家庭，其 20 年来 1 万元左右的笔均贷款额度将其客户定位清晰地区分于农村信用社、邮储银行等农村金融机构，同时也凸显了其扶贫的根本目标。有别于捐赠扶贫，作为社会企业的中和农信必须在完成其社会使命的同时保持可持续发展，因此，客户定位也对其成本控制提出了很高的要求——既要通过提供合适利率的贷款服务以惠及目标客户，又要保证利息收入足以覆盖成本以实现可持续的普惠金融实践。

从产品来看，中和农信目前有小组贷款和个人贷款两种信用贷款产品，单笔贷款额度均在 10 万元以下。贷款一般为一年期，农户在还款时，可选择前两个月不还款，之后 10 个月等额本息还款，或是前 11 个月少量还款，最后一月全部还清。在信息化改革之前，信贷员每个月需要逐户上门收取客户的现金还款，意味着每一笔贷款都需要信贷员上门收款至少 10 次。

从组织架构来看，中和农信的分支机构通常设有一名主任、若干名督导和信贷员，

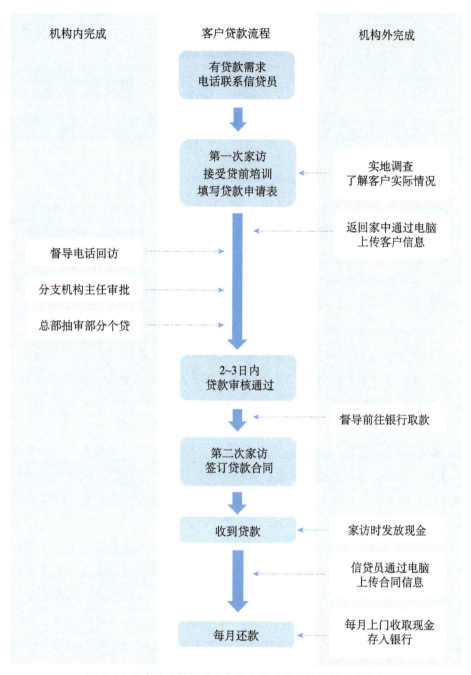

图1 中和农信小额信贷业务信息化改革前的贷款工作流程

督导负责管理信贷员、进行风控外围调查、开拓市场、处理突发状况等，信贷员负责联系客户、登记客户资料、发放和回收贷款等。在信息化改革之前，由于中和农信一直采用现金收放款，需要设置会计岗和出纳岗管理现金并记录现金收支情况，部分出纳兼任督导岗。图2列示了中和农信一般分支机构的组织架构情况，规模可能更大或更小。

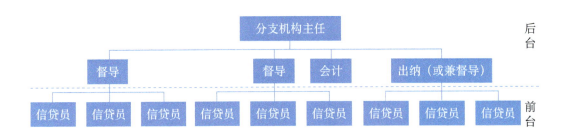

图 2　中和农信一般分支机构的组织架构

从风险控制来看，由于采用了无抵押贷款模式，中和农信的风险控制依赖于联保模式和分支机构工作人员对当地乡土社会的了解程度，分支机构的一线业务员在风险控制中起到关键作用。信息化改革前，大部分贷款申请由分支机构审批通过后即进入放款流程，总部在风控中的作用仅限于定期的合规检查，对覆盖全国各地的业务网络把控较为滞后。

以下我们分析中和农信信息化改革的内因：

1. 上门现金收放款——愈加显著的现金风险与人财物成本

中和农信对每位客户提供上门现金收放款服务，而随着中和农信客户量的增加，这项服务带来的现金风险与人财物成本也越来越高。

（1）现金风险。

1）现金支取风险。每次放款前，后台员工需要提前预约、开好支票去银行支取现金，而在农村地区，特别是偏远乡镇，银行工作时间往往不固定，且每次能够支取的现金额度受到较大限制，甚至可能少于当日需要放出的额度，信贷员可能因此无法按时为客户放款，造成失信问题。

2）现金运送风险。发放贷款时后台员工需要携带大笔现金前往客户处，最多时可能随身携带 80 万元的现金；回收贷款时信贷员也需要携带大量现金去所在乡镇的银行存款。运送大额现金可能带来道德风险及巨大的安全隐患：一方面，携带多达几十万元的现金可能诱发业务员的违法违规行为。虽然放款由后台员工携带现金、信贷员陪同前往，但这并不能完全杜绝道德风险。另一方面，运送现金也时刻面临着被盗、被抢的可能，女性信贷员收款时甚至需要家属陪同来保证现金安全。

3）现金保管风险。按照中和农信规定，信贷员收回贷款后需要将现金存入中和农信的银行账户。然而，由于客户常常居住在相对偏僻的地方，信贷员收完当天的应还款项后很有可能已经错过了所在乡镇的银行营业时间。此外，在某天放款量大时，后台员工需要较早出门放款，而银行开始营业的时间固定，因此，后台员工可能提前一天支取部分款项，这种情况下分支机构则需要保管大量现金过夜，这样同样存在着巨大的安全问题。

4）假币风险。中和农信采取现金收款，则有一定的可能性收到假币，然而，为维护与客户之间的相互信任关系，信贷员通常不会携带验钞机上门收款。尽管信贷员一再强调"客户也不知情，客户不是故意骗我们的"，但收到假币带来的损失都由分支机构承担，这一风险仍然不可忽视。

（2）人财物成本。

1）前台时间成本。信贷员每个月都需要上门收款，每笔贷款需要前往客户处收款10次或以上，而中和农信的客户往往居住在较为偏远的地区，因此现金收款造成了大量前台员工时间成本的浪费。同时，现金放款同样也会带来信贷员的时间浪费，客户收到现金放款时往往花费半个小时以上的时间数钱、判断真伪等，对信贷员的工作效率造成影响。

2）后台时间成本。由于中和农信采取现金收放款制度，每个分支机构都需要设置会计和出纳岗位，每天登记现金日记账，月末整理核对报表，并负责票据工作，对支票的开具和报批，现金预约调剂，收款凭证、放款凭证开具、发放、整理等工作负责，这些繁重而琐碎的工作同样会极大地消耗中和农信的人力成本。

3）财物成本。信贷员去银行存款、去客户处收放款，带来的油耗和车体损耗由信贷员自行承担，这笔财物成本虽不直接由中和农信负担，但也间接地由中和农信通过绩效工资的形式对信贷员给予补贴，同样形成了公司的成本。

2. 手动录入信息——繁重的信息录入任务

信贷员返回家中后，需要将客户资料输入电脑，并将当天签约照片拍照压缩后上传至中和农信的管理系统。第一次家访后，信贷员需要上传客户的贷款申请表；第二次家访后，信贷员需要上传与客户签订的贷款合同。这些手工录入工作平均每天需花费1~2个小时，对工作已经很繁忙的信贷员而言是非常沉重的负担。

3. 滞后的合规检查——风险控制亟须增强

信贷员花费大量时间精力将客户资料、照片上传到中和农信系统，然而贷款前总部并不会对这些资料的合规情况进行检查，也不会对贷款业务进行审批。在信息化改革前，中和农信总部只会在期末定期对各分支机构的流程合规情况进行检查，但执行这些检查时往往多数贷款已经完成，因此总部的合规检查既不能起到风险控制的作用，也无法让总部及时地参与到中和农信的信贷活动中去。合规检查的滞后，可能导致多方面的风险：

（1）信贷员操作风险。信贷员需要手动将客户的银行卡号、身份证号等信息录入电脑后上传系统，而总部往往需要很长一段时间之后才会对这些信息进行检查；此外，在放贷流程中信贷员需要向系统上传大量现场照片、客户情况等材料，信贷员在工作中很可能出现材料缺失等操作错误，而这些错误都难以被总部及时发现。

（2）信贷员道德风险。中和农信采取风险前置的信贷员模式，没有完全实现审贷分离，在信息化改革之前，信贷员一个人几乎要完成全流程的授信工作，这就意味着信贷员有机会通过违规操作牟取私利。虽然总部会对个人贷款事前抽查，且分支机构主任和督导能够对信贷员工作起到一定的监督作用，但中和农信的分支机构一般规模并不大，存在有督导和信贷员串通欺诈的可能性。因此，中和农信需要一个更为合理、总部参与程度更高的放贷流程。

（3）客户信用风险。在新常态的经济形势下，中和农信的风险贷款率也有所提高。信息化改革之前，分支机构对所有的客户违约风险负责，而总部较为滞后的合规检查无法有效起到降低贷款逾期率的作用。

事实上，在中和农信规模较小时，原来的工作流程和信息系统能够较好地适应业务发展和风险管理的需要。然而，随着近年来业务迅速发展，原有工作流程的风险和成本问题日益显著。同时，考虑到其规模不断扩大，也有了对现有信息系统进行升级改造、建设更加完备的后台支持系统的需要和能力。

（二）信息化改革外因

信息化改革前，中和农信的小额信贷业务模式已经在广大农村地区推广了 19 年之久，2015 年客户满意度调查显示客户对中和农信服务效率的满意度为 98.8%，92% 的客户在 7 天之内得到了贷款，速度远高于农村地区的其他传统金融机构。因此，中和农信的小额信贷业务模式实际上是经历了时间考验的成功模式，上述业务痛点的彰显一方面是来自客户量不断增长的压力，另一方面也是受到农村技术和金融环境改变的影响。

在互联网金融浪潮中，中和农信意识到信息技术是传统小微金融企业转型的方向，而农村各项设施建设的完善为其技术改革提供了良好的基础。

1. 农村信息技术普及率不断提升为信息化改革奠定技术基础

近年来，我国农村地区信息技术普及率不断提升，尤其是随着移动电话性价比的持续提高，农村居民家庭移动电话持有量迅速向城镇居民靠近（见图3）。在互联网最开始出现时，电脑是必要的联网设备。当移动电话发展到可以方便地联网时，农户为获得互联网服务而需要拥有设备的成本相较只能通过电脑联网的时代大幅下降了，农村互联网普及率和农村网民中手机上网的比例均呈现出显著的上升趋势（见图4）。移动电话以及移动互联网的高普及率方便了人们随时随地记录和分享文字、图片等信息，信息采集、传播和处理效率大大提升，为改变中和农信小额信贷业务中繁重的手机信息录入任务和滞后的合规检查奠定了技术基础，也为移动金融业务的推广和小额信贷业务还款方式的改革提供了技术条件。

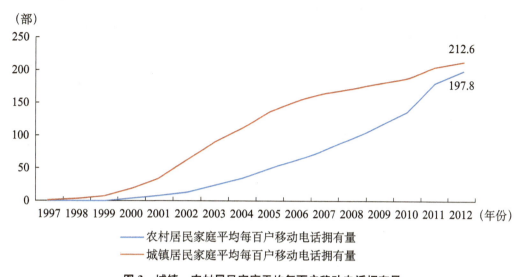

图3　城镇、农村居民家庭平均每百户移动电话拥有量

资料来源：国家统计局。

图4　农村互联网普及率及农村网民手机上网比例

资料来源：中国互联网络信息中心（CNNIC）。

2. 农村金融基础设施不断完善为信息化改革营造金融环境

农村金融基础设施的完善可以分为两个层面，一是金融机构线下网点等实体金融形式在农村地区覆盖率的提高，二是网上银行、手机银行、第三方支付等信息化金融服务在农村地区普及率的提高。

2009年10月，银监会召开乡镇基础金融服务全覆盖工作推进会，探索解决农村金融服务均等化难题的有效途径。经过5年的努力，金融机构空白乡镇从2009年末的2945个，下降至2014年末的1570个，在全国乡镇级区划中占比从7.21%下降到3.89%。

从信息化金融服务在农村地区的普及率来看，2009～2014年，农村网民中网上支付使用率从15.1％上升至35.2％（见图5），每年增长约4个百分点。事实上，2015～2016年是网上支付发展的一个高峰期，虽然目前农村地区数据尚未发布，但从全国总体数据①来看，从2014年末的46.9％上升至2016年6月的64.1％，增长速度明显快于2014年之前的5年。

农村金融机构覆盖率和农村网民网上支付使用率的提高让更多的农户可以方便地进行存取款和转账汇款，也为改变中和农信现金收放款的流程提供了可能。

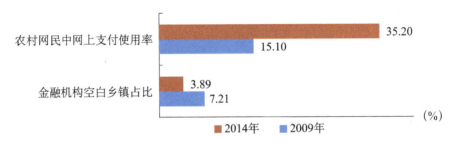

图5　农村金融基础设施完善情况
资料来源：中国互联网络信息中心（CNNIC）、银监会、国家统计局。

二、中和农信小额信贷业务信息化改革现状与目标

在数字信息技术深入渗透经济社会的潮流中，面对上门现金收放款所带来的愈加显著的现金风险和人财物成本，以及手动录入信息所带来的繁重工作任务、滞后的合规检查带来的各项风险，为让公司更为规范化运营，中和农信于2013年开始信息管理系统改革试点，简化工作流程、提升工作效率、加强多方面风险把控，有力地支持机构的连锁化发展布局。2015年，中和农信完成了全国各分支机构的整体信息化改革。

（一）信息化改革现状

2015年，中和农信全面铺开信息化改革，目前的进展包括借助银行的银企直联、超级网银系统进行贷款集中发放和收回，优化信贷员手机客户端以自动识别身份证和银行卡，组建风险审核审批团队加强风险管理，引入移动办公平台"兜行"等。

截至报告期，各项信息化改革项目的进展如下：

1. 集中代付——放款全实现、收款大部分实现

通过银企直联、超级网银系统集中代付旨在解决随着客户量增加上门现金收放款

---

①　包括农村地区和非农村地区。

形式所带来的愈加显著的现金风险和人财物成本。

2015 年 7 月，中和农信放款流程正式开始推行集中放款。由于改革前的放款程序是在客户家签订合同的同时现金放款，改革后的放款程序是在客户家签订合同并上报总部进行合规检查后，由总部直接通过银联卡打款。因此，在放款流程中集中放款的改革并没有减少信贷员拜访客户的次数。然而，从支取现金、运送现金到发放现金，看似简单的现金放款过程实际牵涉到许多的风险和成本。集中放款全实现后，前台信贷员不再需要承担现金运送风险，上门签约时不再需要在等待客户数钱、辨别现金真伪上消耗时间，后台由于不再需要承担预约现金、开具支票、管理繁复的现金日记账、开具和整理放款凭据等工作，原有的会计和出纳岗位相应取消，全部转岗为督导或内务专员。

相较而言，集中收款虽然同样于 2015 年 7 月推出，但由于客户需要在每月还款时保证相应银行卡里存有足额待扣款项，客户必须提前到银行存款或提前转账，在操作中可能遇到各种实际情况，如少数客户嫌麻烦暂时不愿意通过银联代扣还款，或到了还款期因为生意繁忙而要求信贷员上门收款等，因此，收款银联代扣的实现是一个渐进的过程。

经过一年的过渡期，小组贷款业务收款银联代扣目前已实现 67%，个人贷款业务已实现 95%。

由于一笔贷款按约定通常需要收款 10 次或 12 次，从前信贷员每天上门收款的时间大大多于上门放款的时间，每天多达几十笔的上门收款任务常常让信贷员疲于应对。随着银行卡收款的逐渐实现，前台信贷员每天只需要在银行执行代扣指令后检查没有代扣成功的款项，根据需要进行沟通，对确实需要上门收款的再离开公司进行收款。信贷员每天不再需要紧张地逐户上门收款，现金流量的逐渐减少使现金运送风险、现金保管风险和假币风险大大减少，后台现金日记账和月末核对整理报表的工作相应减轻，也不再需要整理收款凭据。业务员节约下来的时间可以用于维护老客户、开发新客户。

2. 优化信贷员手机客户端提高工作效率

优化信贷员手机客户端旨在提升业务员采集、上传和管理客户信息的效率。

2013 年，中和农信试点推行信贷员手机客户端，但绝大多数信贷员还是采用电脑端操作。2015 年，中和农信在全国范围内强制下线了电脑端，要求全部信贷员使用手机客户端完成贷款相关信息的录入、上传和管理。目前的信贷员手机客户端已得到多次优化，优化后的信贷员手机应用可通过 OCR 技术自动识别身份证和银行卡，包含申请、签约、审核、收款、客户管理、报表等模块，可随时随地对客户信息进行采集、上传和管理。

在第一次上门家访时，如果客户认可服务条款，确认申请贷款并填写申请表，信贷员可以通过手机应用现场添加客户基本信息，并对客户的身份证、银行卡、签字的纸质申请表现场拍照，实时上传到系统，减少手动输入次数，提升输入准确性。督导通过手机应用即可看到新添加的客户信息，及时对客户的贷款、还款意愿等进行电话回访确认。在第二次上门家访确认信息完整、完成签约后，信贷员可以实时将客户照片和合同上传到中和农信的管理平台（信息化改革后放款流程见图6）。

3. 总部风险管理部门介入贷款全流程

2015年中和农信在风险管理部组建了风险审核审批团队，在总部层面围绕信贷准入、材料检查、信息检查三个维度进行管理，控制员工的操作风险、道德风险与客户的信用风险。

在信贷员将客户信息与照片等内容上传中和农信平台后，风管部门将对材料的合规情况进行实时审查，如果发现客户不满足某项贷款条件、填写的信息有遗漏、签名前后不一致、照片上人物有误等问题，可以及时反馈给信贷员进行确认，信贷员根据实际情况补充材料或进一步调查。

在中和农信的两类信贷产品中，小组贷款的最终放贷决策仍由分支机构主任进行，总部只进行合规检查；而个人贷款的放贷决策由分支机构和总部风管部门共同完成。总部风管部门借助IPC微贷技术实时对个人贷款客户还款能力进行评价，对于信用风险较高的客户，总部有权否决分支机构上报的贷款申请。

4. 移动办公平台"兜行"全普及

移动办公平台"兜行"旨在为员工随时随地进行办公、学习创造条件。

2015年，中和农信成功引入为员工量身定制的"兜行"手机平台，包含通知公告、《和信》内刊、和信学院、在线考试以及同事圈等模块，业务员可以通过通知公告和《和信》内刊模块及时了解公司发展动态，通过和信学院和在线考试模块进行随时随地的学习、测试，通过同事圈模块与同事经常交流经验、培养团队感情。相较从前只能通过邮件和开会的方式进行学习，"兜行"有利于提高员工培训的维度和频度。

（二）信息化改革目标

2015年，中和农信的技术团队由20人增加到了40余人，对各项业务系统进行了建设和完善工作。在未来，中和农信将继续推进信息化进程，通过各项流程的优化实现公司整体的规范化、高效运作；同时，信息化建设的核心仍是为现有业务本身服务，中和农信并不会向数据驱动的企业转型。

1. 推动公司规范化、高效运作

中和农信想要实现持续、可复制的发展，必须做到规范运营、高效运作。信息化、电子化是当今社会的整体发展趋势，中和农信作为一家传统的小额贷款公司，在内部

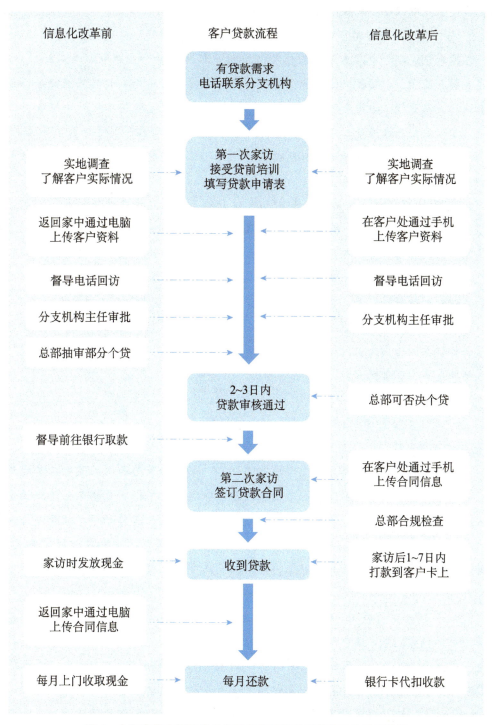

信息化改革前　　　　客户贷款流程　　　　信息化改革后

有贷款需求
电话联系分支机构

实地调查
了解客户实际情况
→
第一次家访
接受贷前培训
填写贷款申请表
←
实地调查
了解客户实际情况

返回家中通过电脑
上传客户资料　→
　　在客户处通过手机
　　上传客户资料

督导电话回访　→
　　督导电话回访

分支机构主任审批　→
　　分支机构主任审批

总部抽审部分个贷　→
　2~3日内
贷款审核通过
←
总部可否决个贷

督导前往银行取款　→
第二次家访
签订贷款合同
←
在客户处通过手机
上传合同信息

　　总部合规检查

家访时发放现金　→
收到贷款
←
家访后1~7日内
打款到客户卡上

返回家中通过电脑
上传合同信息　→

每月上门收取现金　→
每月还款
←
银行卡代扣收款

图6　中和农信小额信贷业务信息化改革前后贷款工作流程比较

需要借助技术支持优化和简化流程、降低人力物力成本、提高风险管理水平，在外部
也需要运用信息化技术对接监管部门、征信系统以及融资渠道。中和农信在未来的信

息化建设依然以推动公司规范化、高效运作为目标。

2. 与信息化小贷公司合作共赢

在信息化浪潮之中，看重农村信贷市场的互联网金融企业越来越多，蚂蚁金服、京东金融等基于大数据技术的小贷公司纷纷进军农村信贷市场，且其贷款额度往往低于农信社、农商行，与中和农信的客户群体有所重叠。与这些信息化的小贷公司不同的是，中和农信并非信贷工厂型的小贷公司，它独特的优势在于其信贷员主导的特性，而小额贷款不可能彻底离开地面部队的支持，因此在信息化大潮中，中和农信与大数据企业是合作而非竞争关系。

2015 年 11 月开始，蚂蚁金服和中和农信开始合作，双方在信贷模式上形成互补关系：蚂蚁金服在大数据、云计算、金融风控领域有着丰富的经验；中和农信则具有熟悉客户情况的信贷员，在风险控制、贷后催收方面有蚂蚁金服所不具有的优势。信息技术服务于企业本身，中和农信不会转型为蚂蚁金服、京东金融这样的企业，而是借助其独到的信贷员优势，将信息技术为自身所用，与大数据小贷公司合作共赢。

未来，中和农信或与更多信息化小贷公司在渠道、风控、资金、大数据等多方面开展合作，共同为广大农村地区用户提供普惠金融服务，以"互联网＋精准扶贫"的方式帮助更多人脱贫致富。

三、中和农信的信息化改革实效研究

中和农信的信息化改革实行至今已时满一年，而我们最为关心的显然是其改革成效：改用银企直联、超级网银系统集中代付是否确实方便了信贷员的工作，降低了保管现金带来的风险？各项手机应用是否确实能提高业务员的工作效率，让业务员能够更为方便地学习金融知识？信息化改革从整体而言是否降低了中和农信的业务成本，提升了其财务绩效？此外，中和农信的员工、客户对于此次信息化改革的接受程度又是怎样的呢？

我们于 2016 年 7 月 21 日开始通过微信对中和农信基层业务员发放了关于信息化改革成效的调查问卷，该问卷对中和农信的前台（信贷员）、后台（督导）分别进行了调查。截至 2016 年 8 月 2 日共收回问卷 1103 份，其中有效问卷 1103 份，前台问卷 874 份，后台问卷 229 份，基本符合中和农信基层机构的前后台人员比例。另外，我们于 2016 年 7 月 12 日前往中和农信河北省保定市曲阳县分支机构调研，对中和农信的员工、客户对信息化改革的反应进行了深入的访谈。

以下，我们将综合财务绩效、问卷调查及实地调研结果，从财务绩效、员工反应、客户态度等多个方面对中和农信此次信息化改革的实效进行分析。

（一）解放人力，拓展市场

中和农信信息化改革解放人力的进一步目的并不仅是降低人工成本，更为重要的是，让工作人员将更多的时间用到开拓市场上。

中和农信的贷款额度远低于农商行、农合行，贷款流程也更为便捷；此外，民间借贷的利率更高，且主要针对的是能够"当家做主"的男性借款人，因此贷款额度低、利率合理、针对女性客户的中和农信在农村的业务很少遇到竞争方。所以，中和农信员工开拓市场的主要工作在于通过多种宣传渠道，让更多的居民对中和农信业务有所了解，让更多人有借款需求时能够想到并愿意联系中和农信寻求帮助。

中和农信开拓市场的方法分为两方面，一方面是老客户的口耳相传，另一方面则是督导主导、信贷员协助的直接宣传工作，督导和信贷员会通过路演、发放传单、张贴海报等传统方式，以及微信传播等新方式向当地居民宣传中和农信的贷款特点与贷款方式。从这些开拓市场的途径中可以看出，开拓市场实际上是一项十分费时费力的工作，而信息化改革所解放的人力，正应当用在开拓市场、让中和农信吸引更多客户和潜在客户上。

扩大业务不完全是信贷员工作的核心，然而多数信贷员同样也发现，信息化改革能够让他们在这方面获益，让他们有更多时间进行营销，从而提升贷款业务量（见图7）。

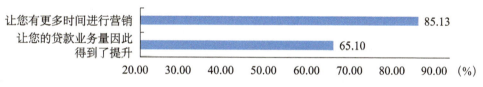

图7　信贷员对信息化改革扩大业务情况的感受
资料来源：中和农信调查问卷整理分析。

客观上，我们同样可以从中和农信月度简报中公布的财务数据中得出相同的结论。图8列示了信息化改革前后一年中每个月的信贷员平均贷款金额，图9列示了信息化改革前后一年中每个月的分支机构平均贷款金额。由于贷款量存在季节性波动，如年初、年末有借款需求的客户通常较多等，我们将每月贷款金额与上年同期进行比较，可以看到在2015年7月的信息化改革之后，平均每位信贷员、每个分支机构的放款量都有较大幅度的增加，而这种增加在放款量大的月份尤为明显，进一步体现了信息化改革对于开拓市场的重要作用。

（二）安全作业，提高效率

1. 银企直联、超级网银系统集中代付的作用

在使用银企直联、超级网银系统集中代付之前，每笔贷款信贷员往往都需要往返

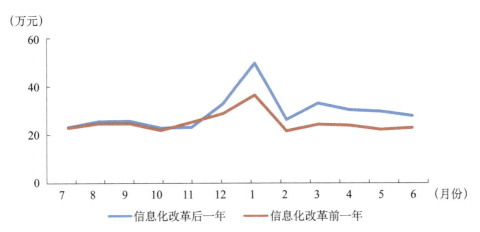

图8　信息化改革前后信贷员月度平均贷款金额

资料来源：中和农信月度简报。

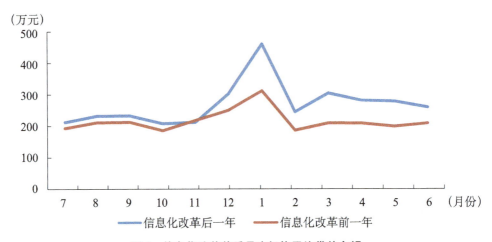

图9　信息化改革前后月度机构平均贷款金额

资料来源：中和农信月度简报。

客户处、银行、中和农信分支机构10余次进行放款、收款工作，而督导也常常会因为现金收放款花费大量时间。因此，使用集中代付对于解放前后台工作人员的人力、提高工作效率有着极为显著的影响。另外，考虑到现金收付款需要工作人员保管大量现金，集中代付同样会让中和农信的基层员工的收放款工作更为稳妥、安全。

我们先对使用银企直联、超级网银系统集中代付前后信贷员的变化进行分析。

图10列示了信息化改革前后信贷员平均每月的现金收放款数量，以及每月用在现金收放款上的时间。可见，使用银企直联、超级网银系统集中代付对信贷员最基础的影响在于，大幅度减少了信贷员每月的现金收放款量，从而减少了信贷员用于放款和收款的时间。由于中和农信还没有完全实现集中收款，因此每月信贷员仍需要花费近一天的时间进行现金收放款工作。

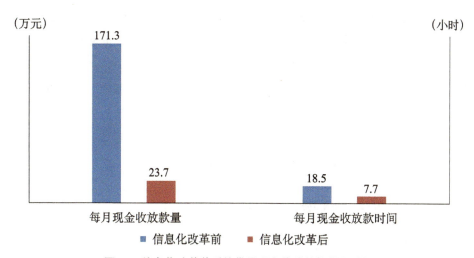

图10　信息化改革前后信贷员现金收放款数量及时间

资料来源：中和农信调查问卷整理分析。

图11列示了信贷员对于使用银企直联、超级网银系统集中代付的直观感受，多数信贷员认为集中代付从多方面方便了自己的工作。80%以上的受访信贷员认为集中代付节约了交通工具的油耗、减少了上门收放款的时间；超过90%的受访信贷员认为集中代付减少了其去银行存取款的时间；信贷员同时更为关注现金收放款带来的安全问题，90%以上的信贷员认为集中代付减少了保管大额现金带来的安全问题，降低了自己收到假币的风险。

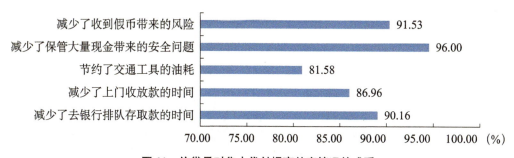

图11　信贷员对集中代付提高效率情况的感受

资料来源：中和农信调查问卷整理分析。

可见，集中代付的确方便了前后台员工的日常工作，解放了信贷员和督导的劳动力，节约了大量收放款过程中消耗的财力，并且使得放款收款过程更为安全可靠，极大地提高了基层员工的工作效率。

2. 各项手机应用的作用

中和农信推出的手机应用包括信贷管理系统APP以及用于交流与培训学习的"兜行"APP。信贷员能够利用手机客户端自动识别身份证和银行卡，在客户处完成大部分客户信息的上传工作，而督导则能够通过手机应用管理相应信贷员负责的客户；此外，前后台工作人员都能够利用"兜行"实时了解公司动态和需要学习的各项知识。

在中和农信推出手机应用前，信贷员每天回到家后都需要整理客户信息并手动录入电脑里，图12列示了信息化改革前后信贷员平均每天在这项工作上花费的时间情况。可见，信息化改革平均每天可以为信贷员节约出大概一小时的时间，的确实现了解放人力、提高效率的作用。

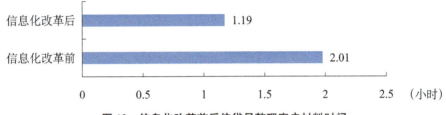

图 12　信息化改革前后信贷员整理客户材料时间

资料来源：中和农信调查问卷整理分析。

同样，督导借助手机应用节省了大量时间，也就有了更多时间从事督导的本职工作。图13说明了信息化改革前后督导每月用在开拓市场、审核资料、回访客户上的时间差异。由图13可见，信息化改革后，督导有了更多的时间进行营销、回访客户，而花在审核材料上的时间有所下降，同样很有可能是由于能够通过手机应用即时管理客户信息造成的。

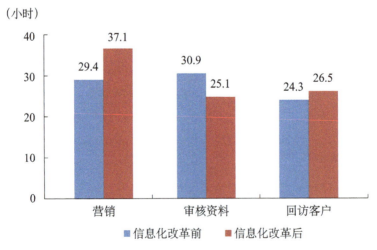

图 13　信息化改革前后督导各项工作时间

资料来源：中和农信调查问卷整理分析。

我们再从主观层面分析前后台工作人员对于各项手机应用的综合态度，图14描述了信贷员和督导对各项手机应用提高效率方面的感受。在信息化改革之前，中和农信一直通过邮件发送材料或分支机构开会的方式让基层员工学习相关金融知识；信息化改革之后，多数信贷员和督导都认同使用手机 APP 学习知识会比之前的方法更为方便。超过 70% 的信贷员认为手机应用确实减少了其录入客户信息花费的时间；而对督导而言最为重要的是信息化改革后中和农信在一定程度上实现了无纸化操作，督导可以通过手机应用管理客户信息，而省去了保管大量纸质资料带来的麻烦。

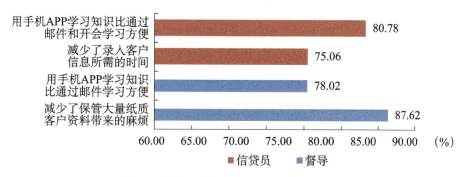

图 14　信贷员和督导对各项手机应用的感受

资料来源：中和农信调查问卷整理分析。

综合以上前后台员工的主观、客观现状，我们可以看到，中和农信的信息化改革的确起到了解放人力、节约财力、提高效率的作用，同时也使得收放款过程变得更为安全可靠。

（三）推进扁平化管理

信息化改革帮助实现集中的财务记账和财务管理，使分支机构取消财务相关岗位。

信息化改革之前，财务岗员工还需要花费大量时间精力完成现金日记账、现金发放材料保存等工作。

图 15 列示了督导对于信息化改革使用银企直联、超级网银系统集中代付的感受。几乎所有督导都认为集中代付减少了保管大量现金带来的安全问题；70% 以上的督导认为集中代付减少了会计出纳做账带来的麻烦，选择这一选项的督导人数较少可能是由于并非所有督导都兼任会计出纳岗位。

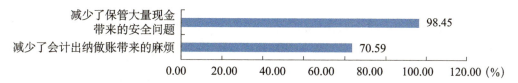

图 15　督导对银联集中代付提高效率情况的感受

资料来源：中和农信调查问卷整理分析。

财务相关岗位的取消有助于推进扁平化管理，使中和农信的基层人员配置更为合理，人力资源能够用到更有价值的工作上。

（四）改善风控流程

在信息化改革之前，总部对整个放款流程的参与程度很低，仅在多数贷款完成后进行定期例行的检查，而这种检查毫无疑问是滞后的、是不利于风险控制的。信息化改革完善了中和农信的风控流程，降低了信贷员和客户的多种风险。

信贷员的操作风险方面，在针对基层工作人员的调查问卷中，超过70%的信贷员和督导都表示，手机应用能自动识别客户的银行卡、身份证信息，减少了录入信息时可能犯的错误；信息化改革让总部能够实时参与到放款流程中，及时对各项客户材料进行合规检查，"缺少材料等问题能很快被发现，比以前要过很长时间才能发现要好"（见图16）。

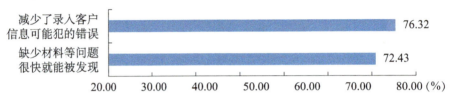

图16 前后台工作人员对合规检查的感受

资料来源：中和农信调查问卷整理分析。

信贷员的道德风险方面，银企直联收款能够让客户及时通过网银、短信提示等方式得知自己的还款情况，避免了现金收款时可能出现的信贷员挪用客户资金的问题；手机客户端的全面推行，让对信贷员和督导的实时定位成为可能，信贷员、督导在客户处上传相关照片，总部进行实时审核，同样降低了基层工作人员欺诈的可能性。此外，新系统的运用让总部风险管理部门能够实时监测信贷员的异常行为，降低了信贷员的道德风险。

客户的信用风险方面，总部风管部门对贷款全流程的实时介入加强了对客户，特别是个人贷款客户的信用资质审核；银联代扣这一还款方式同样能够在一定程度上解决客户有钱而拒绝还款的问题。

（五）现阶段改革存在的问题

在过去的一年中，中和农信的信息化改革取得了以上诸多的成效，然而这并不意味着这次的改革已经尽善尽美。现阶段改革依然需要进一步完善新的系统，也需要给客户和信贷员更多的时间适应。

1. 新系统还需进一步完善

在实地访谈和问卷调查中，部分信贷员和督导指出了新系统还存在的一系列问题，包括"兜行"学习不够方便、手机应用的功能不够完善等。

图17指出，近30％的信贷员认为APP不够好用，而近半数督导有这种看法，说明前后台业务员使用的客户管理手机应用都还需要更进一步完善。此外，对于手机应用，近35％的信贷员认为所在地的网络条件不够好，导致其回到家才能使用手机应用、无法实时上传客户材料。此外，半数左右的信贷员和督导都指出银联集中代付也存在问题，银行系统经常出现扣款、放款延迟，需要中和农信工作人员向客户解释，或需要工作人员手动处理扣款、放款问题。

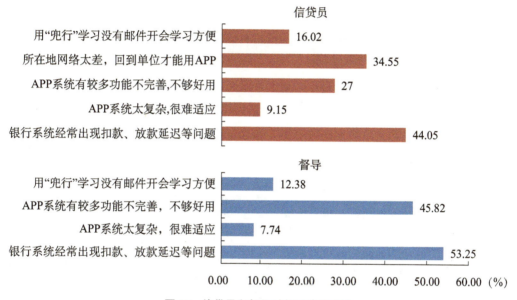

图17　信贷员和督导对新系统的感受

资料来源：中和农信调查问卷整理分析。

为解决系统完善问题，中和农信成立了使用工作客户端的QQ群，信贷员和督导遇到问题能够实时向IT部门反映并获得实时在线的答复。随着更多问题的出现和解决，中和农信的手机应用系统、集中代付系统或都将在未来变得更加完善。

2. 员工和客户还需时间适应

中和农信的信息化改革中，银企直联集中代付是从2015年7月统一开始的，过渡时间很短，这也造成了部分员工和客户对此感到不太适应。

图18列示了员工和客户对集中代付的感受。其中，低于10％的员工认为适应新系统较麻烦，不使用现金不踏实，可见虽然少数员工对银联集中代付不太适应，但大多数员工能够接受这次改革。与之相对，超过30％的客户认为去银行存取款过于麻烦，因而不愿使用集中代付；另外，接近20％的客户较难理解银联卡的工作原理，如有部分客户认为"我存在自己卡里的钱你们也能扣走，太不安全了"等。中和农信

60%以上的员工为高中或大专学历，近95%的客户为农民，因此员工和客户对集中代付的接受程度有待提高是能够理解的。

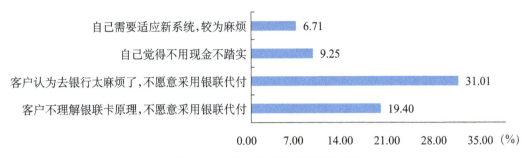

图18 员工和客户对集中代付的感受

资料来源：中和农信调查问卷整理分析。

此外，在实地调研中，我们对部分客户进行了访谈，在一定程度上了解了客户对集中代付不同感受的原因。

由表1可见，客户对集中代付的感受存在差异，与客户的所在地、生活习惯和观念都有很大关系。

表1 客户对集中代付的感受原因

客户感受	银企直联集中放款	银企直联集中收款
方便	不需要收到现金后再存入银行	不需要每月固定时间在家中等信贷员上门
不方便	没看到现金心里不踏实 不经常用银行卡/住处离银行太远，收到贷款还要去银行取现金 银行款项不一定能准时到账，影响使用	不能理解银行为什么能在不知道密码的情况下扣走自己卡里的钱 每个月都要去银行存钱，过于麻烦 银联代扣有时候会失败

我们可以看出，现阶段改革存在的系统和员工客户适应问题中，有部分情况是中和农信能够直接改善的，如加强手机应用系统建设、完善和银行系统对接等，而另一部分问题则无法由中和农信直接解决，如网络情况不好导致手机应用无法使用、客户住所离银行太远导致不方便现金收付款等。

的确，农村信息技术条件的改善与金融基础设施的健全是中和农信开始信息化改革的重要动因，但在改革已经推进到一定阶段的今天，农村信息技术条件与金融基础设施同样可能对中和农信的信息化进程造成阻碍。唯有农村技术环境与金融环境得到整体的改善，中和农信面对的这些问题才能够得到有效的、彻底的解决。

四、结论与展望

通过案例调查研究，我们确证了中和农信的信息化改革实效。中和农信通过银企直联集中代付、优化信贷员手机客户端、总部风管部门实时介入放款全流程、移动办公学习平台普及等信息化举措，实现了解放人力、节约财力、提高效率、优化流程的作用，同时让更多的资源能够用于开拓市场，风险控制制度得到了更好的完善。虽然中和农信的信息化改革未来还需要不断地完善新系统，员工和客户都还需要进一步适应，但就其目前取得的成效而言，我们可以认为数字信息技术能够有效地服务于传统普惠金融机构，推动其达到规范化、高效运作的目标。

中和农信的核心竞争力在于其独特的地面部队，信贷员对当地乡土社会的熟悉程度是其他机构无法获得的竞争优势；同时，中和农信信贷员主导的放款模式也为信贷员的不当操作提供了可能。因此，中和农信的数字信息技术改革是服务于其核心业务的，在控制风险的同时极好地提升了主要业务的效率。从中和农信出发，面对数字信息化潮流，以及各路市场力量进军普惠金融领域的趋势，传统普惠金融机构首先应该对自身的特点与核心竞争力具有清晰的认识，在此基础上，与时俱进地跟进数字信息技术的发展，适时地引进合适的技术来改进流程、提升效率。

此外，技术和金融基础设施的支持同样重要——农村居民思想认识的转变、农村信息技术普及率的不断提升、金融基础设施的不断完善，都对中和农信的信息化进程起到了推动作用。但是，想要实现农村信贷服务可获得性的全面提升、想要让每一位农村居民都有效地获得适当的金融服务，基础设施的建设是最为根本的。

案例六　海南农信社小额贷款改革

【摘要】小额信贷是解决农民资金需求的有效手段。海南农信社创新探索的"一小通"小额信贷模式，试行理念创新、体制机制创新、营销创新及风险防控策略创新，建立以"九专五交"为核心的机制，在监控机制、组织结构、评价及奖惩制度、硬件设备等方面门槛较低，可在全国推广。"一小通"涉足农村互联网金融的升级，但其小额信贷的运行风险与成本仍然较高，若脱离政府资金扶持，如何在普惠金融之路上可持续发展值得深究。

一、背景

2007 年以前，海南是"谈小（小额信贷）色变"，因为小额信贷特别是农村小额信贷的不良率高达 90％以上，信贷员普遍认为发放农户贷款等于"肉包子打狗，有去无回"，信贷员中流传着一句话——"远离毒品，远离小额信贷"。2007 年改革前，资产质量差、信贷风险大，存贷款规模在海南商业银行中排名倒数，存款仅 96 亿元，贷款仅 53 亿元，市县联社净资产为－51.61 亿元，贷款不良率 88.3％，历年亏损挂账54.6 亿元，处于破产状态。因此，金融机构几乎停止发放农户小额信贷，农民贷款显得愈加困难。农村小额信贷面临严峻的挑战，海南省委省政府，特别是省委书记罗保铭开始高度重视农民贷款难问题，要求海南农信社大力发展农民小额信贷，把促农增收作为首要任务和发展战略。

2007 年 4 月 21 日，时任省长罗保铭会见出席博鳌亚洲论坛的"穷人银行家"尤努斯先生，两人"拉钩约定"，尤努斯以海南省政府顾问的身份到海南传经送宝，帮助和指导海南探索出符合海南实际的小额信贷模式，助力农民持续增收，由此拉开了海南农信社以小额信贷撬动海南农村金融改革的序幕。海南农信社借鉴尤努斯经验，结合海南实际，自创了"一小通"小额信贷模式，累计放贷 183.4 亿元，占海南农户贷款的60%以上，不良率2%，惠及67.6万农户，占海南农户总数的56.7%，采集农户信息占海南农户总数的95.3%，为缓解农民"融资难"、"融资贵"问题探索出行之有效的解决途径，推动了海南普惠金融发展。以前，海南金融机构在政府的推动下，只是象征性地放一点，对省政府每年下达的农户小额信贷指导计划，金融机构多有抵触。自从海南农信社创新"一小通"小额信贷后，调动了金融机构发放农村小额信贷的积极性，现在省政府每年下达的农户小额信贷指导计划各家银行都抢着要。以前，农信社每年发放的农户小额信贷占全省金融机构发放总量的80%，现在只占60%，因为其他金融机构要求逐年增加任务，所以农信社的发放任务每年在相应减少。

二、改革

海南农信社是全国最后一家改革的农信社，海南省采取多种措施推进农村普惠金融改革。8年来，紧紧扣住"三农"长期以来面临的"融资难、融资贵"问题症结所在，不断改革创新小额贷款体制机制，通过对"一小通"小额信贷模式的积极探索实践，逐步形成以"九专五交"为核心的机制，闯出了一条在欠发达农村地区发展普惠金融的新路子，积累了既保障"普惠落地"，又确保"商业可持续"的重要经验。

首先，把破解"三农""融资难和融资贵"作为出发点，抓住突出矛盾，积极进行改革。海南经济发展亟须资金，而金融资源不断流出岛外。1998~2010年，海南银行体系的资金连续12年净流出，存贷比从2002年开始快速下降，2008~2010年降到历史最低点，甚至跌破60%。海南农业贷款余额占总贷款余额的比重从2003年的7.2%下降到2007年的3.5%，低于全国平均水平2.4个百分点。大量亟须资金的优质热带特色农业项目，难以得到有效的资金支持。脱贫扶贫任务艰巨，农民却难以享受基本金融服务。2007年海南省有5个国家级贫困县、5个省级贫困县，脱贫任务艰巨。但同年海南县域金融机构却流出321.06亿元，比2006年多流出45.54亿元。除农业发展银行外，其他涉农金融机构资金均为净流出。同时，海南积极进行"一小通"的小额贷款创新的探索实践。2007年，全国最后一家省级农村信用社挂牌成立。现任省委书记、时任省长罗保铭对刚刚走马上任的省联社理事长吴伟雄提出要求，"一定要把农信社办好，为农民增收多做实事，我不在乎农信社赚多少钱，我只在乎你们为促进农民增收做了多少实事"。海南省农信社按照罗保铭提出"学习尤努斯精神、借鉴格莱珉方法、探索海南自己的模式"的要求，以小额信贷作为撬动农信社改革和农村金融发展的突破口，经过多年的实践与探索，逐步形成了适合海南省情的"一小通"小额信贷模式。2008年4月，海南省农信社在队伍、产品、组织体系上探索"一小通"的小额信贷模式；2010年1月"一小通"覆盖海南全省所有乡镇；2014年10月，海南省农信社形成了制度化和规范化的小额信贷管理体系。

其次，努力推进"九专五交"的小额贷款体制创新。对于"九专"体制，海南省经过多年的探索积累了丰富的经验。一是成立专设机构。海南省农信社在琼中联社设立小额信贷总部，实行事业部制管理。同时，在全省18个市县202个乡镇设立了小额信贷服务站，每站配备2~3名小额信贷技术员，形成了完整的小额信贷管理体系。二是组建专业队伍。海南省农信社招聘应届大学毕业生，建立专门的小额信贷技术员队伍（被农民亲切地称为"小鹅"），扎根农村，为农放贷。在探索农村小额信贷的进程中，以"农民最讲诚信"作为出发点，构建了区别于传统金融的一整套小额信贷企业文化。三是制定专项流程。海南省农信社制定了标准化的小额信贷操作流程，对贷前、贷中及贷后各环节都规定具体的操作流程，明确了风险管理责任，有效地防范了金融风险。四是开发专列产品。海南省农信社以"一小通"小额贷款为基准，开发了16项小额信贷。五是创立专门文化。海南省农信社不断研发新产品，每个有贷款需求的农民都能找到适合自己的小额贷款产品。六是实行专项贴息。为降低农民利息负担，海南省人民政府制定并实施了专项贴息政策，为农民提供不低于5%的贷后贴息，有的市县给予全额贴息。以海南省农信社为主体，在全省范围内逐步实现了为农民小额贷款贴息的规范化、制度化管理流程和制度体系。七是开发专门系统。海南省农信社开发了专门的报表平台系统、预警系统和农户信用信息系统，提升了普惠金融服务的信息化和科技化水平。同时，20000多台POS机、EPOS机等自助终端遍布海南城乡，为客户特别是农民朋友提供全覆盖、全天候、全方位的金融服务，让农民"贷款不出镇、还款不出村"成为现实，打通了普惠金融的"最后一公里"。八是聘请专家团队。海南省农信社公开聘请300位省内外"三农"技术专家，组建专家团队。专家团队在农信社给资金的基础上，帮助农民用好小额贷款、提供农业技术指导、搭建农产品销售平台，并对全省农信社涉农贷款进行风险提示。九是设立专项基金。海南省农信社设立了伤残互助基金。农户按照贷款金额的3‰自愿缴纳互助金，借款期间（含逾期），如果借款人及配偶因死亡、伤残或罹患重大疾病而还款困难，由伤残互助基金列支一定比例资金归还贷款，并给予一定额度的抚恤金。对于借款人子女当年考取全国重点大学的，从伤残互助金中支出一定额度的助学奖励。

同时，在探索过程中形成了"五交"机制。第一，把贷款"审批权"交给农民。海南省农信社对小额贷款的放贷条件做了明确规定：农民只要符合"四有四无"[①]条件、组成3~5户联保、经过5天培训，小额信贷技术员必须为农民发放额度适当的小额贷款。农民符合条件而不对其发放贷款，小额信贷技术员将受到严厉处罚。第二，

---

① 有固定住所、有明确用途、有还款意愿、有还款能力；无不良信用记录、无吸毒、无赌博、无违法犯罪。

把贷款利率"定价权"交给农民。海南省农信社创新推出了小额信贷"诚信奖励金"制度，把农民实际支付利息与农民诚信行为直接挂钩：讲诚信，实际付出的利率就低，甚至可以达到零利率；不讲诚信，就要支付高额利息甚至再难贷到款。小额贷款的实际利率取决于农民是否讲诚信。通过构建正向激励导向机制，农民的诚信度普遍得到提高。第三，把工资"发放权"交给信贷员。海南省农信社设计了"存贷分离、大小分开、收入清晰、责任明确"的机制，将小额信贷技术员为农民发放小额贷款的户数、金额、不良情况等指标纳入综合考核范围。小额信贷技术员的收入不取决于上级而取决于自己，他们可以根据业绩与风险管理情况计算自己的收入，由此使支农小额贷款和员工增收增效实现"利益相容"。第四，把贷款风险"防控权"交给信贷员。海南省农信社创立了一整套风险防范机制，核心是小额信贷技术员"鱼咬尾"体系。如某分支机构有小额信贷技术员 A、B、C、D 四人，A 发放贷款 B 监督，B 发放贷款 C 监督，C 发放贷款 D 监督，D 发放贷款 A 监督，分支机构经理对所辖信贷员再监督，形成"鱼咬尾"环形风险监控机制。第五，把贷款"管理权"交给电脑。海南省农信社有针对性地开发覆盖所有农户基本信息、贷款审批流程、贷后管理、贷款风险预警、信贷员管理等全流程的科技系统，有效管理农户小额贷款，降低人工管理成本，有效防控贷款风险。

三、成果

经过 8 年的改革发展，海南农信社发生了巨大变化，存款增加了 10.5 倍，达到 1100 亿元，贷款累计 690 亿元，增加了 12 倍。截至 2015 年 6 月，海南省农信社小额贷款余额为 71.2 亿元，年均增长 13.22%，占全省小额贷款总量的 83.8%，覆盖 65 万次农户，惠及 22.8 万农户，占全省小额贷款惠及农户总量的 89.9%，其中 2 万元以内的小额贷款户达到 82.3%，户均贷款额度为 2.48 万元。同时，小额贷款利率不断下降，2010 年到 2015 年上半年，贷款利率从 10.22% 下降到 8.68%，达到 1.54 个百分点，比海南省小额贷款平均利率下降幅度提高 0.62 个百分点，实现了"普"与"惠"。同时，海南农信社保持良好的经营业绩，存贷款余额均居海南商业银行第一；不良率下降 83.4 个百分点，降到 4.9%。按不完全成本测算，2009~2014 年，海南省农信社小额贷款业务账面盈利分别为 93 万元、200 万元、1737 万元、396 万元、410万元和 450 万元，可持续性不断增强。

海南农信社能够发生巨大变化，得益于以发展农村小额信贷——"一小通"小额信贷为突破口的改革。"一小通"小额信贷促进了海南农信社的巨变，促进了海南普惠金融的发展。与此同时，海南省农信社也从一家濒临破产的农村金融机构成长为海南省最具竞争力的金融机构。不仅如此，以"一小通"为特色的小额信贷改革还产生了巨大的社会价值。主要体现在以下几个方面：

（1）帮助农村精准脱贫。具体体现在：①促进农民增收。1998～2008年海南省农信社开展小额贷款创新前的10年，海南农村居民收入增速仅为8.43％，低于全省城镇居民收入增速和全国农村居民收入增速；2009～2014年海南省农信社实施小额贷款创新后的5年，海南农民收入实现了两位数增长，增速达到15.88％，超过了海南城镇居民和全国农村居民收入增速。课题组对1.1万户海南省农信社小额贷款户进行了入户调查，结果表明，2014年海南省农信社小额贷款带动贷款农户实现人均纯收入15436元，比2007年翻了两番，与当年全省农民人均纯收入水平相比，提高了64.32％。2008～2014年海南省农信社小额贷款带动农户人均纯收入年均增长22.2％（未扣除价格因素），比同期全省农民人均纯收入增速要快7.5个百分点，农民增收效果显著。②帮助实现精准扶贫。2011年8月至2015年7月，海南省农信社向琼中、临高、五指山、保亭、白沙5个国家级贫困县和屯昌、东方、定安、昌江、乐东5个省级贫困县累计发放小额贷款37.80亿元，惠及8.99万农户。2011～2014年，海南省农村贫困人口、贫困发生率与小额贷款发放规模呈现明显的反向变动趋势。③帮助实现妇女精准脱贫。海南省农信社通过小额贷款重点扶持农村妇女生产经营。2010年1月至2015年8月，全省共发放农村妇女小额贷款38.6亿元，直接扶持15.3万人次农村妇女发展生产，其中绝大部分小额贷款都是海南省农信社提供的。在小额贷款的扶持下，不少妇女大力发展生产经营，开展多样种养殖，在短时期内摆脱了贫困，甚至实现小康。

（2）推动特色农业发展。主要体现在：①推动特色农产品规模化经营，提升产品结构。例如，早在2003年陵水光坡镇武山村已有农户小规模种植圣女果，但一直没有上规模。2008年海南省农信社推广小额贷款后，利用小额贷款种植圣女果的农户明显增多，圣女果种植面积显著扩大，形成了一个产业。在文昌，小额贷款助推重兴镇青皮冬瓜产业发展，一年纯利润高达6000多万元；在澄迈，小额贷款为农户种植地瓜提供了帮助，使桥头地瓜成为一个重要产业。地瓜等传统农产品走进了高端超市，成为知名的健康绿色食品。②推动农业技术升级。海南省农信社的"小鹅"不仅是小额信贷员，同时也是农业技术员，所以合称为"小额信贷技术员"。这些小额信贷技术员以农学专业为主，并且全部兼任中华职教社农民技术培训辅导员，大部分兼任海南省科技厅的科技特派员。小额信贷技术员"一手放贷款、一手送技术"，到田间地头了解农情，指导农民种植，联系农业技术专家，及时解决农业生产经营中出现的技术问题。

（3）引导农民走向合作。具体为：引导农民合作组织发展。海南省农信社推出了专门针对农民合作组织的"惠农贷"。项目开展不到一年已累计向全省农民专业合作社法人发放贷款287笔，金额1.31亿元，累计向全省农民专业合作社社员发放贷款5599笔，金额4.46亿元，促进了农民合作组织发展。

（4）推动农业服务业和农产品品牌发展。海南省农信社小额贷款鼓励农民开展收购、储藏、加工与运输等业务。目前，经过小额贷款推助和拓展，海南农产品基本实现田间收购、专业冷藏、快速物流的产业链条格局，农业服务化、市场化、规模化水平明显提高。海南农信社鼓励支持热带农产品深加工、延长产业链，通过标准化打造自己的品牌。例如，三亚福返热带水果农民专业合作社向三亚农信社申请300万元贷款，主要用于芒果种植果园的标准化以及芒果加工技术的标准化，如今这一合作社的品牌知名度得到很大程度提升。

（5）帮助实现农村和谐稳定。海南省农信社向农民发放小额信贷，首次贷款要求3～5户联保，联保户大多是邻里。依托传统乡土文化，加上共同经济利益，小额贷款优化了邻里关系。农户普遍反映，参与小额贷款后，"五多五少"的新趋势明显，即相互学习的多了，打牌赌博的少了；合作交流的多了，家长里短的少了；追求发展的多了，无事闲聊的少了；家庭和睦的多了，邻里纠纷的少了；回乡就业的多了，留守妇女儿童少了。另外通过妇女小额贷款，不少农村妇女平生第一次有了自己的印章、自己的银行存折、自己的营业执照，甚至第一次写下自己的名字。随着妇女收入的增长，经济上独立起来的妇女在家庭事务中有了更多的话语权，家庭地位、社会地位得到提升。

（6）成为农村基层治理的基石。目前，小额信贷技术员有很多赴基层挂职。截至2015年6月，海南省农信社的小额信贷技术员已有55人次挂职副乡镇长，310人次挂职村两委副职，覆盖18个市县，挂职副镇长覆盖38个乡镇，挂职村两委覆盖182个行政村。小额信贷技术员挂职村两委可以促进基层组织建设：他们可以充分发挥专业优势，弥补基层干部经济金融知识欠缺的"短板"。

四、小额信贷改革成功的因素分析

海南省农信社小额贷款改革成功归因于其改革的系统性，经验可以归纳为五个方面：

（1）完善海南农信社管理。具体体现在领导力建设、完善规章制度、加强信贷人员队伍建设、建立有效激励约束机制和内控机制四个方面。

1）领导力建设。海南省农信社改革探索中，省委省政府紧紧抓住一个核心灵魂人物——有魄力、有思路、有改革创新勇气，能够跳出金融看金融、做金融，是真正"泥腿子金融家"的海南省农信社理事长吴伟雄，并且建立起一个强有力的领导班子。

这个班子老中青结合、多专业结合，既强化党的建设，把握支农支小的政治方向，又形成高效的执行力战斗团队。

2) 完善规章制度。改革8年多来，海南省农信社主要领导的工作重点是，抓管理、抓效率、抓公平、抓诚信、抓案防、抓科技、抓内控，概括起来就是推进信贷工作的标准化、制度化和法治化。先后制定和完善了200多项规章制度。这些行之有效的规章制度使所有业务有章可循、激励有效、约束有力、管理有序，经营业绩不断改善，发案率大大降低。

3) 加强信贷人员队伍建设。海南农信社自改革开始即致力于打造一支"覆盖全省、进村入户"的小额贷款技术员队伍。针对原有信贷人员队伍的惧贷心理，以及传统管理体制下存在的"吃拿卡要"现象，海南省农信社实行"存量不动，增量改革"，重新组建了大学生小额信贷技术员队伍，通过"存贷分开、大小分开"的体制安排，让这支"童子军"队伍专心、专职、专业地为农放贷。该队伍以年轻人为主，平均年龄26岁；以党团员为主，占比96.1％；以大学本科为主，占比接近60％；以农学专业为主。信用社要求信贷员进村入户，与农交心。小额信贷技术员与传统的"金融白领"不同，没有固定的办公室，他们的办公室就是"田间地头"。平时他们统一着装，统一佩戴工牌，带着水壶，带着各类资料，骑着自行车在田间地头跑。越是偏远的地方，越是他们工作的重点。农信社制定了"三不"准则，"不喝客户一口水，不抽客户一根烟，不拿客户一分钱"，将廉洁自律作为小额信贷技术员队伍建设的"重中之重"。对这支队伍进行单列管理、单列考核，使之"不愿腐、不敢腐、不能腐"，8年来近600人的队伍仅发生两起收取客户好处费案件、两起违规发放贷款案件。

4) 建立有效激励约束机制和内控机制。主要做法是：针对改革前信贷员腐败导致不良率高的问题，海南省农信社探索将贷款权审批权交给农民，限制小额信贷技术员贷款的自由裁量权，"把权力关进制度的笼子里"，并实行公开承诺，接受全社会监督；针对过去贷款案件频发的突出问题，海南省农信社设计了一整套精细的案防制度，人人成为案防员；对小额信贷实行包放、包收、包管、包赔、包效益"五包"责任制，与小额信贷技术员的薪酬、奖励、升迁紧密挂钩，并实行"师傅带徒弟"、"鱼咬尾"等内控制度，建立"一案四问责，双线问责，上追两级"的连坐制度，使小额信贷的风险基本控制在可承受范围之内；建立高管人员交流、重要岗位轮岗、内部待岗审计、近亲属回避四项案防基本制度；运用小额信贷员能力评价模型对信贷业务员进行评价，并对信贷业务员进行长期追踪调查，利用模型和跟踪调查的数据对将小额信贷员的能力划分为五大要素进行科学的分析和计算，这样的评价方式能有效地反映小额信贷员的实力，在小额信贷的激励机制中发挥了重要作用。

（2）提高农民经营能力。海南农信社的领导信奉"金融之道在金融之外"的理念，坚持"跳出金融做金融",做法之一就是帮助金融服务对象提高经营能力,从降低经营风险的角度降低信贷违约风险。为此,海南农信社做到:

1) 给农民信息。海南省农信社小额信贷技术员不仅为农民放贷,而且把党中央、国务院以及海南最新的农业政策、市场信息告诉农民。

2) 教农民技术。小额信贷技术员多以农学专业为主,可以帮助农民解决有关的生产技术难题,也可以帮助农民联系到"农技110"专家来解决问题。此外,海南省农信社还采取"三社①帮一村"、组建"三农"技术专家团队等方式方法,为农民朋友提供农业技术方面的指导。

3) 帮农民经营。根据农业市场规律及特点,海南省农信社往往"逆市场"发放贷款,多发"雪中送炭"型的贷款,少发、不发甚至回收"锦上添花"式的贷款,以此引导农民防范市场风险。

4) 助农民抗灾。在农民遇灾时,海南省农信社不仅不催贷,反而加大信贷支农力度,帮助农民尽快恢复和发展生产。

此外,海南农信社要求小额信贷技术员和农民打交道时把优化服务作为核心,"不在乎学问有多高,而在乎你们对农民付出的感情有多真、多深"。"小鹅"进村入户时,遇到农活会搭把手,遇到下雨会帮忙收衣服、收稻谷,完完全全把农民事当成自己事,赢得了民心。

(3) 完善征信体系建设,培养农民诚信文化。海南省农信社主动建设农户信息系统。做到随时随地了解农户生活生产信息,甚至细到谁家多了一头猪,谁家少了一只羊,将此类信息收集整理,归于系统,作为贷款依据。此外,注重用利益引导、激励农民讲诚信,使"诚信有价"。海南省农信社认为,"培育农民讲诚信"比"抵押品"更重要。为培育农民的诚信意识,每位农民首次贷款前都要接受农信社5天的贷款培训。农民只要讲诚信,就可以"三得一有":得到诚信奖励金、得到财政贴息、得到伤残互助保障、有资格申请续贷。

(4) 完善网点建设。海南省农信社累计投资2780万元,在全省22个金融服务空白乡镇建设标准网点,在2013年10月实现了空白乡镇金融网点全覆盖。目前海南农信社实现了营业网点乡镇、农场全覆盖和便民服务点行政村全覆盖,为农户提供24小时的自助金融便民服务。目前海南已经率先做到将EPOS机投放到每一个自然村,海南农民实现了不出村就可以做到小额存取款、小额贷款还本还息、交电话费等。这项举措真正做到了服务"三农",在很大程度为"一小通"小额信贷扶贫提供了物质基础。随着经济发展,农信社以及四大行不断地扩大影响范围,对绝大部分的省市农村

---

① "三社"指海南省农信社、海南中华职业教育社、农民专业合作社。

EPOS 机的普及是可以实现的，而且随着各类网上银行和手机银行在中青年人群中的普及、信息网络系统的覆盖，用更加科学方便的方式实现贷款、还款将不再是问题。

（5）争取政府支持。在海南农信社的改革中，省委省政府起到重要作用。2008 年，海南省委省政府对长期拖欠海南省农信社贷款的公职人员发起清欠行动，收回欠款 1.4 亿元，带动不良贷款清收超过 24 亿元，占实际不良 50% 以上，大大化解了农信社的风险。2010 年 5 月，海南省人民政府出台《海南省支持农村信用社改革发展的若干意见》，实施农信社改革补贴专项资金、减免农信社有关税费、对历史贷款清收予以奖励、对支农服务予以补贴等支持政策。在财政扶植政策中，2014 年，全省农民享受的财政贴息为 9032.52 万元。涉农金融机构发放的农民小额贷款可以享受财政奖励和风险补贴，额度分别为小额贷款规模的 0.5% 和 1.5%。财政扶植实质性降低了涉农金融机构发展小额贷款业务的风险，调动了涉农金融机构为农放贷的积极性。此外，海南省整合农技、扶贫、妇联等支农系统，以小额贷款为平台，与农技系统合作，为农民提供农技培训、农技研发和成果转化等方面的支持。与扶贫系统合作，帮助贫困户贷到款发展生产；与妇联系统合作，帮助妇女发展农业生产；与共青团合作，大力发展青年创业贷款。除直接扶植外，金融监管部门对海南农信社的改革也在谨慎监管中给予一定创新空间。

五、问题与建议

海南农信社的小额信贷改革取得了很大成就，但依然存在一些问题，主要是：

（1）小额信贷风险补偿机制和农业保险制度有待完善。目前小额信贷风险由贷款机构（主要是海南农信社）承担，加大了农信社和农民的风险，海南农村急需第三方保险制度的积极参与。

（2）小额贷款成本依然较高。目前，农民居住和生产比较分散，小额贷款单笔金额小，对于农信社而言，完成一笔交易要付出较高的成本。再加上农村特别是欠发达的农村地区交通不便，服务半径长，决定了小额贷款的回报率低。特别是海南农信社出于服务"三农"的考虑在每个行政村安装 EPOS 机，仅一台的硬件成本就超过 1000 元，他们的目标是覆盖海南所有自然村，而且对农民查询全免费，这更加重了小额信贷推广的成本，这就需要对小额贷款给予更多的政策支持。

（3）存在可持续发展之忧。海南信用社目前的发展业绩和财务绩效是以地方政府对小额信贷的强力支持为基础的，因为政府有扶贫的任务。小额信贷业务能否在不依赖政府"输血"的情况下实现可持续发展，还是一个不确定的事情，需要不断地探索创新。

（4）电子商务对农业的渗透和改造，也为农村互联网金融发展提供了重大机遇，互联网金融与电子商务结合是未来农村金融发展的一个重要方向。海南省农信社以"一小通"循环贷实现了农户小额信贷的互联网"升级版"，然而只是这一层面的升级，对于海南农信社的发展来说是远远不够的。

（5）目前海南中小微企业占市场主体的九成，主要集中在第一产业、第三产业，没有规范的管理模式，还需要快速成长才能在竞争激烈的市场上站稳脚跟。如何在海南把"互联网＋金融"做好，关键是要找准"互联网＋金融"的结合点。海南农信社将农业龙头企业、农村小微企业、合作社等经营主体作为发展互联网金融的主要服务对象，抓住制约中小微企业发展的痛点和关键需求，推出了基于供应链的农业、流通业 B2B 互联网电商平台"银商伙伴"，涵盖支付结算系统、财务服务与办公自动化系统、营销平台等多个领域。

可见，海南农信社致力于在普惠金融之路上一直深入探索，从小额信贷出发，从农户个体发展到中小微企业，力求在普惠金融之路上走得宽、走得长远。未来海南农信社仍应坚持"市场化选择服务对象、商业化持续经营、政府政策适当扶持"的思路，规范风险，控制成本，实现小额信贷业务和互联网金融的同步发展。

案例七　技术驱动变革，科技让金融更美好

——宜信的普惠金融实践创新

【摘要】宜信公司是一家致力于小微金融服务的新型金融组织，自 2006 年成立后获得快速增长。创新伴随宜信成长的每一步，宜信的创新主要体现在基于数字技术的能力创新、基于客户体验的服务创新和基于客户需求的产品创新。这些创新的背后都有技术驱动的力量。创新与风险相伴，宜信也需要在创新驱动的发展中化解风险，探索出一条稳健的发展路径。

宜信是一家成立于 2006 年的金融组织，其理念是"人人有信用，信用有价值"。宜信致力于普惠金融发展，为小微企业主、工薪阶层、大学生、农户等中国的高成长性人群开展金融服务，帮助他们实现人生价值。到 2016 年，宜信公司已在 244 个城市（含中国香港）和 93 个农村地区建立起全国协同服务网络，通过大数据、金融云、物联网和其他金融创新科技，为客户提供全方位、个性化的金融服务。目前，宜信已经成为我国创新型金融行业的重要企业之一。宜信的发展壮大依赖于一步一个脚印的扎实推进和不断的创新。宜信的创新主要是基于新兴技术的能力创新、基于需求导向的业务创新和基于客户体验的服务创新。

一、基于新兴技术的能力创新

宜信的重要创新来自创技术创新，具体体现在以下四个方面：

（一）依托互联网技术的"信贷工厂"模式创新

"信贷工厂"是新加坡淡马锡集团创立的一种小额信贷模式，又称淡马锡模式。该模式指银行进行中小企业授信业务管理时，设计标准化产品，对不同产品的信贷作业过程就好像工厂的"流水线"，从前期接触客户开始，到授信的调查、审查、审批，贷

款的发放，贷后维护、管理以及贷款的回收等工作，均采取流水线作业、标准化管理。宜信公司在传统"信贷工厂"模式基础上加入网络技术，强化后台集中运营，以批量化的方式完成贷款审查审批运营工作，实现授信业务流程化、模块化和数据化的集中处理模式。

宜信公司小额贷款的流程是，信贷员完成调查环节后，材料直接上报至后台集中处理中心，后台的信贷工厂模式与前台的移动终端相互配合，由系统自动以统一的信用评分模型和决策引擎系统进行贷款审查，实现网络贷款自动化。同时，宜信引入大数据金融云、"姨搜"等技术实现第三方信息自动搜索与核实，整合全国法院执行系统，工商、税务、质监系统及不良信息库等多个信息源作为贷款审查依据，有效解决普惠金融推进中的信息不对称问题。

（二）建立以 Docker 技术为核心的金融基础设施——宜信金融云

宜信金融云是以 Docker 容器技术为核心的基础设施平台，金融云的各个组件均运行在此平台之上。Docker 技术为金融云体系中的各种金融能力子系统和上层业务应用，提供了一套完整的开发、测试、部署和监控框架。在此框架的支持下，金融云的各子系统和应用可以快速响应业务需求变化，专注于业务逻辑实现，而无须在基础设施和运维上投入大量人力，在减少人力成本的同时提高了服务开发速度和服务的稳定性。

金融云还整合了基于 Hadoop 技术的大数据平台，实现了海量的数据存储和大规模并行计算。与 Docker 技术相结合，使得上层应用可以方便地调用集群的计算能力，让大数据分析成为可能。如"姨搜"系统就利用金融云的海量存储和弹性计算能力，快速获取大量用户数据，进行并行化的分析整理，形成知识图谱供业务查询。另外，金融云还默认植入了丰富的安全策略，将宜信的 DDoS 防御、网络防火墙、应用防火墙、身份验证、攻击行为探测、安全审计等安全策略打包成平台服务。只要是运行在宜信金融云上的应用，无须做额外的工作就会自动受到这些安全措施的保护。同时，宜信金融云利用 Docker 技术的灵活性，配合 SDN（软件定义网络）技术，实现了应用间的网络动态隔离，和传统的网络静态分区隔离技术相比，将安全防线从区域边界推进到了应用边界，可以实现应用级别的防护，更加安全，如图 1 所示。

宜信金融云的应用场景多种多样，只要存在借贷、授信或信用审核需求的场合，就有可能通过宜信金融云获得相应的服务。典型的应用场景包括：

（1）电商平台合作。2014 年 9 月依托于宜信金融云的商通贷面向 eBay 平台的电商客户推出，几个月后覆盖至整个外贸电商的生态链。商通贷与 eBay 的合作模式主要基于客户流量、数据的共享，服务的拓展与对接。eBay 平台的数据接口 API 开放，只

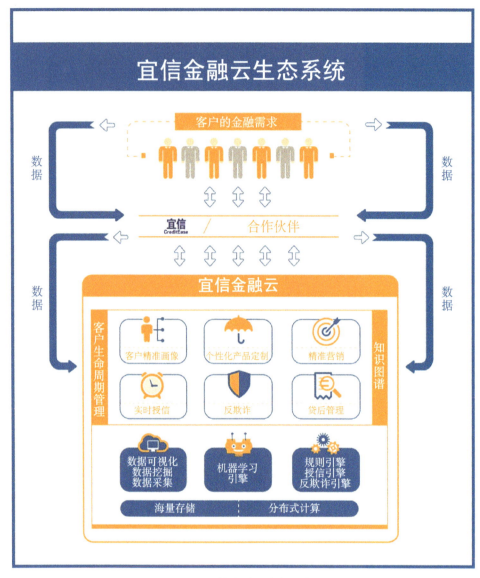

图1 宜信金融云生态系统

要商家授权给商通贷，金融云平台可以迅速抓取商家的交易信息、账户流水等，并很快给出他的授信额度，一旦商家确定要继续，很快就可以获得资金。

（2）ERP软件平台合作。众多的ERP软件商拥有大量的客户信息数据，之前这些数据仅帮助其进行软件优化和升级。通过与宜信金融云合作，ERP客户的业务数据便可为自身的融资需求服务，如果有资金需求，可以直接获得线上信贷。

（3）信用租车。在国内租车时，租车公司经常要求租车人支付高额的押金，最终导致交易失败。宜信金融云平台可以为这样的租车公司和租车人群提供一种信用服务。客户只需提供有效的身份证明、手机详单及相应的金融、消费信息，如工资、借记卡的资金流水和网购情况等，通过宜信金融云的实时授信平台，很快就可以对客户的个人信用情况做出预估，在获得客户同意后，就可以为客户授信并向租车公司支付押金，帮助客户完成租车。

（4）快速分期付款。无信用卡的用户在购买大件物品时一般无法办理分期付款。如果商场与宜信金融云合作，只需10分钟时间，分期付款就可以办理妥当。需要用户提交的资料也十分简单，只需将其借记卡网银、淘宝、京东等交易账户的数据授权给宜信金融云平台提取，依托这些完全电子化的数据和资料，宜信金融云平台可以解决分期付款处理中的所有问题。

宜信旗下的宜人贷是宜信金融云的首个受益产品。利用宜信金融云平台，宜人贷"极速模式"通过读取用户信用卡账单、电商及社交数据，交叉验证形成风控机制，进而计算出用户的风险评分，最终判断是否应该放款，以及授信额度和还款周期。目前，"极速模式"可做到1分钟授信，10分钟快速审核，批贷额度最高可达10万元。

（三）使用基于大数据和知识图谱的风险管理工具——宜信"姨搜"

宜信利用基于Docker容器技术为核心的分布式架构在数据运算迭代方面的优势，整合公司内外部以及互联网上的各类数据，建立可用于提升风险控制能力的信用数据仓库，"姨搜"就是这个数据仓库的出口。通过垂直搜索功能，在知识图谱技术支持下，"姨搜"为贷款的各个环节提供风险管理帮助。

（1）贷前管理。基于宜信10年来积累的数据、三方合作数据以及通过分布式爬虫系统从互联网上获取的海量数据，"姨搜"对每一位来访宜信的客户进行全方位的风险挖掘与识别。风险识别引擎，主要用在用户借款申请审核阶段。在贷前的风险管理中，"姨搜"提供了"一键信审"和"信审小姨"两个功能。"一键信审"以客户提供的资料为线索，通过网络信息验证和补充客户的资料，最大化地还原客户的全貌，然后通过和宜信积累数据及三方数据的交叉比对，综合分析以给出信用审核人员一个准确的数据参考。除此之外，"姨搜"还会对信息进行语义识别，别除无关数据，筛选出和风险相关度较高的数据，提高了信用审核人员的风险辨识率和工作效率。"信审小姨"的功能则是协助人工通过高科技手段更快、更精确地完成审核。"姨搜"风险识别引擎的出现，使得宜信的人工审核效率提高了34%，风险识别的比例提高了60%。通过分布式爬虫系统实时从网上抓取数据进行解析追踪，自动提报，降低了成本。另外，"姨搜"还对互联网上的信息进行舆情监控，如某论坛里正在讨论一套新的骗贷方法这样的信息，也会被"姨搜"获取，并及时提醒反欺诈部门。

（2）贷中管理。风险管理是一个动态过程，放贷完成不代表风控结束，反而是新一轮风控的开始。经过数据分析，很多异常信息往往出现在放款之后，有些借款人在拿到贷款后的几天就会在网络上发布借贷相关或者将名下固定资产出售的风险信息，而这一部分信息是贷前审核无法预见的，基于其客户量大、金额小的特点，对大量的已经放款的客户进行人工跟踪的成本很大。此时，"姨搜"可以利用爬虫实时地从网络中抓取数据，自动对宜信客户在贷后的网络行为进行追踪，当"姨搜"识别出客户的风险信息后可以直接提示到催收部门，进行主动的催收，最大程度上避免损失。基于知识图谱技术，"姨搜"提供了查重、归户、黑名单以及图谱搜索服务。其中查重、归户主要用在信用审核阶段，通过对用户过往历史情况的处理，有效改善客户多头负债的情况。黑名单和图谱搜索服务，主要是用在反欺诈过程中。黑名单信息是反欺诈过程中非常重要的一个判断基础，因此黑名单数据库的维护、友好交互都是非常重要的。黑名单服务支持实时查询客户是否是黑名单客户、实时更新黑名单信息等功能。图谱搜索是对知识图谱的可视化服务。对于众多客户之间纷繁错杂的联系，通过图谱搜索可以快速厘清。尤其是对于团伙欺诈的案例，通过图谱搜索可以快速、准确地找到团伙中的成员。

（3）贷后管理。在普惠金融信贷业务的催收过程中遇到的最大问题就是失联。传统催收在打完了客户提供的本人和所有联系人的电话之后仍然失联时往往束手无策，再进行深入挖掘的可能性极小。但"姨搜"利用"六度关系"理论，整合了宜信内外部关于人、机构、人与人、人与机构的关系数据，将这些数据整合成一个很大的关系网，即所谓的"知识图谱"。这个图谱超越了一张简单的申请表，可以帮助催收部门找到更多的线索。例如，通过客户在微博或者其他社交网络上的活动了解到和借款人关系密切的人，这些人可能了解到欠款人的最新动态；可以根据客户的户籍地址或者居住地址推荐最近的派出所或者居委会的电话用来问询信息，只要是跟借款人相关的，并能帮助找到借款人的信息，都可以在"姨搜"中通过输入客户的身份证号一次性展现出来，这些线索都可以成为催收将"失联"转变为"长联"的突破点。

（四）建立基于大数据的风险管理与控制体系——宜信"致诚阿福"

"致诚阿福"是专门为P2P、小额信贷机构和银行信贷部门设计，将致诚信用评分、借款数据、风险名单数据结合形成的小额信贷行业风控解决方案。"致诚阿福"具有三方面功能：

（1）帮助进行风险识别与违约管理。"致诚阿福"依托宜信丰富的风控信审经验与大量的数据积累，帮助信贷机构方便、清晰地查询个人信用状况。在获得调查对象授权后，查询机构只需提供客户的姓名、身份证号码即可获知该调查对象是否是欺诈类客户、是否在其他信贷机构申请过借款、是否产生逾期、有没有其他机构正在查询他等，还会将客户逾期90天以上的记录做出重点标注。除了这些明确的线索，"致诚阿福"还会综合所有的信用信息，为机构提供一个致诚信用评分以及相对应的违约率，用来帮助机构预估调查对象的违约概率。

（2）帮助进行反欺诈与信用风险管理。"致诚阿福"拥有以近 400 万真实信贷数据为基础建立的信用评分系统和庞大的数据网络，将用户的多维度信息、宜信的风险名单以及网络上抓取的信息，进行多重关联匹配和关系搜索，通过多层逻辑关系判断，将风险客户逐一筛出，提升反欺诈支撑能力。

（3）提供贷后预警，解决多头负债难题。"致诚阿福"针对多头负债的风控难题，提出"贷后预警"业务解决方案，该业务在查询借款人信息之后，对信息内容进行持续监测，一旦借款人被其他机构再次查询，将及时向定制了"贷后预警"服务的机构发送提示，帮助机构及时了解借款人的信贷变动情况，有效预判和防控"一人多贷"风险。

二、基于需求导向的业务创新

根据客户需求，宜信推出宜信商通贷、农机租赁、活体租赁三个小微金融产品。

宜信商通贷是一个专为中小电商解决融资难题的网络融资服务平台。宜信基于大数据金融云计算，创新性地实现贷款用户实时授信，在几十秒内即可完成用户借款额度的预估，从而帮助淘宝、天猫、亚马逊等电商平台的卖家解决融资难题。宜信商通贷的运行基础是大数据。其数据来源不仅包含宜信历经 9 年积累的百万名客户的真实数据以及传统的征信数据，也包括从互联网抓取到的公开数据，以及第三方合作伙伴的大量数据。商通贷除了在 eBay、亚马逊等平台经用户授权获取的交易流水数据外，还通过物流、ERP 等其他渠道获取第三方数据。系统运行中，通过对海量数据的交叉验证，帮助商通贷更加全面、动态地了解客户，提供较为准确的授信额度，提高了信审和催收的效率，并在风控和反欺诈方面提供有效保障。在获取海量数据的基础上，宜信进行以机器学习为核心的大数据优化信用计算，通过数据分析和挖掘技术，输出每个人的信用评估结果。商通贷除对结构化数据进行分析，还通过抓取大量非结构化数据，其中包括征信主体在社交网络中的好评量级、用户音视频数据等，利用机器学习进行智能化分析，引导系统做出一系列授信判断和决策作为重要的授信及额度配置依据。商通贷通过金融知识图谱中复杂的点线分析，对个人的性格特征、信用状况和财富属性等都做出更深层、更全面的了解，以判断其真实的信用等级和信用使用情况，为合理授信提供宝贵的数据依据。

农机租赁是宜信推出的一款针对农村农机租赁需求的小微金融产品，该产品的特点是灵活方便。目前农机融资供给主体主要有三个方面：一是以农业银行、邮储银行、地方城市商业银行、地方农村商业银行及村镇银行为主的银行信贷融资；二是农业机械厂商系融资租赁公司；三是开展小微涉农业务的第三方融资租赁公司。但是，从实际业务发展过程来看，前两个途径因为手续烦琐、单笔业务小、机构放款意愿弱等原因，无法满足农民对于农机金融服务方面的全部需求。宜信租赁深入业务开展地区实施农村调研，结合农民的种植方式和农民收入时间，对农机租赁业务在产品的期限、种类和审批流程方面进行创新。具体而言，租赁期限根据融资额的大小、各地区农业生产的季节性等多重因素确定，4 个月至 3 年不等；还款方式灵活多样，可以每月等额还款，也可以差额还款，甚至一次性还款，农户可以根据自己的经济实力和现金流特点自主选择；租赁费率与当地农信社的贷款利率接近，低于民间借贷利息；租赁手续简单，在风险可控的前提下，减少了五户联保、入户调查等手续，服务更便捷，审批更快，保证了农民使用农机的及时性。宜信在农机融资租赁业务中发现，这个业务可以产生持续、多赢的效果：农民以较小的先期投入，取得大中型农业装备的使用权，不仅可以提高自家农业生产的效率，而且还可以承包其他农户的耕、种、收工作，增加了收入；经销商可以获得金融支持，加快资金回笼力度，在有效扩大销量的同时，提升市场占有率；融资租赁公司通过这一模式创新，开辟了新的市场蓝海，也创造了新的价值，从而实现经济效益与社会效应的双重可持续。

活体租赁是宜信针对养殖业开发的一种租赁产品。在活体租赁中，租赁物品是奶牛等动物。近几年，中国奶业总体态势良好，乳制品产量、销售总量、利润收入不断攀升，国务院也在不断出台扶持政策支持奶牛规模化养殖，各地的畜牧业主在扩大生产规模时也存在较大的资金需求。但是养殖行业并不是传统租赁所涉及的范畴，除了传统的市场风险和经营风险外，养殖行业更可能出现重大疫情风险。此外，由于部分养殖户的经营场地均租住当地国有林场土地，尽管期限较长，但是也面临国有林场改制提前收回土地的不确定性风险。针对以上问题，宜信租赁对比了奶牛活体租赁与传统租赁物的异同，结合伊利乳业对下游牧场合作的评级标准，引入奶牛财产保险保护机制，并与河北滦县某牧业公司达成合作，为 200 头泌乳牛办理了售后回租业务，租赁标的物从传统的农机具转变为奶牛，开创了"活体租赁"首例。"活体租赁"通过将金融技术创新与金融需求紧密结合，创造更多更适应现代农业发展需求的金融服务模式，更好地打造多层次金融服务体系，进一步在更广、更新的业务领域实践并推广普惠金融。

三、基于客户体验的服务创新

（一）宜信"安布雷拉"

"安布雷拉"是宜信公司于 2014 年推出的提高宜人贷注册的推广项目。其目的是为客户经理提供免费的互联网展业工具，可足不出户获取精准客户。它通过奖励的方式激励员工推荐身边的人注册宜人贷借款账户，使用宜人贷进行借款。同时推荐身边的人下载宜人贷借款 APP。其实质是，利用社交媒体，如微博、微信等新兴传播工具进行推广宣传活动，同时进行现金奖励，提高参与者的积极性。"安布雷拉"可以帮助公司实现移动办公、智能查询、跨域营销、360 度全方位跟进客户等功能。

（二）宜信 3 小时模式

宜信针对城市信用借款推出了线下 3 小时模式，即客户从进店到借款到账控制在 3 小时之内。从申请、审批到签约放款，3 小时模式优化了贷款流程的每一个环节。在借款申请环节，宜信采用了自助录入、网查信用报告及自动解析的方式，并重设岗位，把自助录入申请、资料拍照上传、信用报告解析等序列工作改为并行作业，使前端申请流程由 4 小时缩短为平均 43 分钟，为全流程改善奠定了很好的基础；在信审、放款的环节上，主要优化措施是升级系统、开设绿色通道。在数百万客户数据基础上，结合大数据风控工具"姨搜"和对每一类客户创建不同的风控规则以对客户做信用评价，同时对进入宜信普惠营业部申请借款的客户进行反欺诈审查。在宜信金融云的帮助下，反欺诈系统不仅可以通过知识图谱排查在宜信普惠有过借款记录的申请人，还可以更广泛地抓取用户在互联网上留下的电商购买数据、搜索引擎数据、社交数据等多个维度的数据以及大量散落在网上的公开数据，并通过特定的算法模型将这些数据转化为信用评估数据。通过反欺诈系统判断客户是否优质后，信审团队通过初审、终审环节，核实客户的相关信息是否真实，以确认客户的还款意愿和还款能力。前端申请流程优化后，在一定程度上解决了进件不平稳的问题，但在分单池、信审人员的操作环节，还有大量可压缩的时间。综合分析后，项目组提出在信审端开设绿色通道，改造系统，为 3 小时客户单独设立分单池，只要 3 小时的分单池有进件，就会优先分配给相关工作人员，而且进入审核人员的系统中会置顶、标红，显示需要优先处理。这些措施让信审总体环节的时效由十几个小时压缩至 1 小时。3 小时模式的客户在合同签订、放款两个环节中，同样拥有优先办理权。最终，实现 3 小时内让客户拿到借款。

（三）宜信"宜苹果"

宜信普惠农贷业务不仅为农户提供信用和资金服务，同时关注如何提升客户的种植与销售能力，通过提供技术支持、渠道拓展及信息咨询等一系列的增值服务，提高客户体验满意度。从 2014 年 10 月开始，宜信普惠农贷助力甘肃静宁发展"宜苹果"，实现了预订、库管、快递一条龙的服务，共实现了 1 万斤苹果的销售。2015 年，"宜苹果"继续推广众筹和"私人定制"各类图案、汉字的营销方式，创新服务模式。除了通过众梦网众筹，向大家筹集资金的方式外，宜信还推出了"消费＋金融"模式，也称"合约消费"。合约模式是众梦网通过苹果礼盒的价格匹配出一款相应金额的金融产品，客户投资金融产品后，即可立即获得一份对应价格的苹果礼盒；待金融产品到期后，原投资的资金便会自动返还到消费者绑定的银行卡中。站在消费者的角度来看，通过购买金融产品，即可免费得到来自"苹果之乡"甘肃静宁的"宜苹果"。"宜苹果"项目中，除了借款、销售的服务外，宜信普惠静宁营业部还积极为当地果农开展一系列增值服务，如请一些农技专家为农户讲解截枝、病害防治、施肥等管理要领，帮助大家建立一套完整的标准化管理栽培技术，不断提升果农的生产素质和管理水平。

（四）信翼计划互联网微课程

宜信注重帮扶客户的能力建设问题，通过对客户生产经营上的帮助，来提升客户的经营水平，进而让贷款业务更加可持续。为此宜信专门设计了管理和创业能力培训课程——宜信Ｖ课，专注于为小微企业主及创业人群提供在线微视频课程。通过３分钟微课视频，促进学习者快速提升个人能力，实现创业和管理的成功。自2006年创建以来，宜信始终秉承坚持商业价值与社会价值"双底线"的价值观，在追求企业商业价值的同时践行企业的社会责任。在自身发展的同时，也坚持以客户为中心，与客户建立终身伙伴关系，陪伴客户成长，帮助其实现可持续发展。不仅为小微企业提供方便快捷的金融服务，还提供培训、咨询等多项综合服务，帮助小微企业主提升经营管理水平，在"授之以鱼"的同时更"授之以渔"。2011年8月，宜信推出信翼计划——以信助翼、以翼腾飞，旨在通过提升商业智慧、打造沟通交流平台、提升人文关怀等高品质的增值服务，为客户和合作伙伴的发展成长提供助力，为小微企业主提供集融资、咨询、培训于一体的全方位助力服务。2012年9月，宜信与清华大学经管学院联合举办"清华MBA—宜信小微企业助力计划——公益创业创新拉力赛"系列活动，旨在将清华MBA的"智力资源"与小微企业面临的"疑难杂症"进行对接，用创新的解决方案助力小微企业发展。活动期间，在宜信的支持下，22家小微企业免费得到了400多名清华MBA师生团队的专业管理咨询服务。2012年12月，信翼小微企业服务平台官方网站正式上线。通过线上、线下双重渠道，为小微企业提供融资、教育培训、管理咨询等服务，这也是国内首个由商业企业建设的综合性一站式小微企业服务平台。2012年9月至2013年5月，"微金融 微动力"小微企业助力计划再度起航，在7000家小微企业调研的基础上，本次项目更注重发现小微企业在产品、客户、营销、人力、财务、法律、企业主素质七个领域面临的困难和问题。为帮助小微企业成长和发展，宜信在多方支持下编写了《小微企业生存之道》小微企业系列指导手册一套七本：《好产品大未来》、《得客户者得天下》、《创新营销赢市场》、《企业家是怎样炼成的》、《知人善用留贤才》、《你还在记流水账吗?》、《懂点法律好做生意》，并由宜信校对、印刷成书。该套手册第一次以通俗易懂讲故事、深入浅出传知识的方式，帮助小微企业解决生存发展中的大问题，是一本小微企业主愿意看、看得懂、用得到的书。2013年4月，宜信携手"MIT—清华 China Lab 项目"通过对比美国、日本、东南亚等地企业、机构或组织帮扶小微企业的模式，在深入研究中国小微企业生存发展状况的基础上，发布了《信翼网络服务平台建设方案》、《国内外小微企业服务研究报告》两份专业报告。这两份报告的推出，不仅有助于宜信公司建立小微企业服务支持体系，而且能更好地推动国内小微企业社会服务体系的建设与发展。2014年9月，推出宜信 V 课在线学习平台，引用 MOOC（Massive Open Online Course，大规模开放在线课程）学习模式，与多家机构进行合作，共同研发出上百集有价值的在线微视频课程，覆盖产品定位、定价、市场细分、促销、创业等诸多板块，为小微企业主及有创业梦想的人群提供能力建设服务。传授相关专业知识，帮助用户提升经营管理能力，培养商业智慧，以支持企业高速成长和可持续发展，创造更多经济价值与社会价值。

（五）开展互联网公益金融"宜农贷"

"宜农贷"是宜信公司于2009年推出的爱心助农公益理财平台。根据国务院扶贫办制定的贫困标准线，我国目前有8000万贫困农村人口，其中绝大多数是农村妇女。她们处于社会底层，可支配收入少，受教育程度低，然而她们拥有家庭的责任心和摆脱贫困的决心，迫切需要资金支持，脱贫致富。"宜农贷"公益理财助农平台，通过协助城市爱心出借人与贫困地区信用良好、需要资金支持的农村妇女实现对接，解决贫困地区农村金融服务薄弱、农民创业资金短缺的问题。"宜农贷"选择公益性小额信贷组织（Micro Finance Institute，MFI）作为合作伙伴，公益性小额信贷组织负责甄选农户、识别风险、收集农户信息、帮助农户建组、普及金融知识、执行放款收款，他们将农户的信息上传到"宜农贷"平台上，展示给社会公众。有爱心的城市出借人可以在网站上选择农户一对一帮扶，最低出借门槛仅为100元，只需5分钟，就可以完成支付，一键助农。出借人收取2‰的爱心回报，"宜农贷"平台收取1‰的象征性服务费，当地小额信贷组织收取少量服务费。这种借而非捐的方式，让特定贫困人群有尊严地接受帮助、获得金融支持，并依靠自己的力量实现脱贫致富。

"宜农贷"公益模式有三大特点：一是借而非捐。农户很有尊严地获得了帮助，因为他用自己的双手来获取资金，然后挣到钱把钱还清。二是倡导勤劳致富。勤奋改变自己命运，做得越好，越有信用，给予支持就越多，这样形成一个正向循环。三是建立农村与城市之间的连接，农村缺资金，城市有很多人有闲散资金，通过"宜农贷"，一方面帮助农村真正有需求的人，另一方面也帮助城市需要做公益的人。

"宜农贷"平台有两个显著的特色，一是爱心出借人以借贷而非捐赠的形式来帮扶中西部地区需要小额资金发展生产的贫困农村借款人，这种"造血性"的公益模式更具有可持续性。二是将互联网金融与公益相结合，在中国首次提出互联网金融公益模式，从单纯的资金捐助提升到从自身专业领域参与公益，随着互联网金融大潮的扑面而来，这种具有互联网基因的公益模式无疑是金融服务领域的又一次创新。

"宜农贷"业务模式从三个方面保证输血信贷扶助农户的可持续性。首先，通过第三方机构贷款的模式，有效规避了法律对宜农贷平台不能放贷的规制。"宜农贷"债权买入并卖出，可以从形式上达到使出借人购买债权并支付对价，而不是平台单纯地向社会吸收资金，从而规避了既有非法吸收公众存款的规定，使得资金归集、出借、放贷行为均在合法范畴之内。其次，利用网贷平台的社会性可以迅速地募集到公益资金，利用给出借人不超过2%利息的方式，既保障了资金的有偿性，也保障了贷款成本维持在较低水平。适当的利差解决了整个模式的运营成本问题，尤其是保障了地方合作机构开展小贷的可持续性。最后，地方合作机构在农户贷款逾期不能偿还时的回购义务，相当于让合作机构为贷款承担了一般保证责任，为出借人承担了最后的还款责任。这一方面规避了合作机构与借款人串通的道德风险，另一方面保障了合作机构从筛选贷款户到回收贷款的每个环节都能够尽职。截至2015年末，"宜农贷"已经与陕西西乡、河南虞城、青海大通、甘肃定西、福建屏南等21家优秀的农村小额信贷机构建立了合作关系，覆盖11个省的21个国家级贫困县，惠及16800多户农户。147000多名爱心出借人陆续加入"宜农贷"助农平台，累计出借金额超过1.7亿元，大约每10位爱心出借人帮扶一位贫困农户。6年以来，"宜农贷"的还款率达到100%。除通过使用传统的小组联保、个人担保等小额信贷技术，实现稳健全面的风险保障外，"宜农贷"的成功得益于通过互联网聚集大众的公益力量（出借门槛仅100元起），建立"一对一"在线出借这种直接透明的运作机制。

下一步，宜信将通过"宜农贷"平台进一步促进农村与城市之间信息、资金和商品的流动：一是通过移动互联网和大数据，整合农户征信信息、资金需求信息、农产品信息；二是通过小额信贷平台进行资金对接，高效进行特惠扶贫；三是通过电子商务和众筹模式，将帮扶农户的特色农产品销售给城市消费者。通过信息流、资金流、商品流的整合和对接，带动产供销全流程，推动农户社会资本（信用）向金融资本有效转化，汇集社会力量，帮助贫困地区农户提高经济收入，提升生活水平。

四、宜信普惠金融发展的未来之路

尽管宜信在其快速发展中获得了很大成就，但也存在一些有争议的问题，如商业模式透明度、坏账率数据真实度，自有资金流与贷款资金流不明晰，债权转让过于频繁等。在政府加强对P2P网贷平台的监管之后，宜信的平台融资模式、债权转让过程中债权拆分和重组、理财产品出售中的类资产证券化功能等，以及规模庞大的个人放贷，均使宜信模式面临较大的政策风险。宜信需要在保持创新活力的同时，降低经营风险和政策风险。

宜信预计用未来五年的时间打造并开放农村金融云平台，自建1000个基层金融服务网点，不仅提供农村信贷服务，也提供农村支付、农村保险等金融服务，实现为农村实体经济发展服务和促进农村地区消费金融发展。从"宜农贷"拓展到"农商贷"，宜信在不断尝试，随着产权逐步确定，也许今后宜信可以进入借贷全品类时代，当然这一步的迈进也离不开征信体系的构建，未来宜信可以整合内部产品线，将保险、租赁、理财等相关服务在农村中覆盖，并尝试将服务对象由个体向企业转变，推进"小微农户"的建设。

同时，宜信在小额信贷的基础上，进一步深入扩宽业务，提出"做中小微企业的生意大管家、云端CFO"的宣传口号，逐步组建面向解决中小微企业金融需求的"翼启云服"金融科技服务平台。"翼启云服"下分为几个业务板块，供应链金融是其中的一个板块，"翼启理财"、现金流管理、企业保险业务以及企业的报销管理，诸多金融服务都囊括在整个"翼启云服"平台下面。宜信的供应链金融则主要有两个方向：一是产业链金融，目前是聚焦在商超产业的"商超贷"产品，未来还有别的产业在布局；二是全产业供应链平台，供应链金融产品"翼启融"。"翼启云服"区别于电商封闭生态圈的模式，也不同于宜信已有的商通贷业务，而是一个开放的系统。客户、第三方、金融服务提供者，以及传统金融机构，都可以使用"翼启云服"的平台，并且以核心企业为基点的上游供应商、下游经销商，也都可以得到相对应的供应链金融服务。可见在风控和成本控制的前提下，宜信在普惠金融之路上正不断探索。

如果将中国普惠金融实践分成三个重要阶段，即小额信贷、微金融（包括保险、支付、理财等）以及面向未被传统金融服务所覆盖的中小微群体提供能力建设服务，那么未来宜信要走的路仍旧很长。利用理念创新、模式创新和技术创新，走出一条金融创新之路，在创新中寻找未来，这样的责任感将激励宜信人进一步思考和实践。

第十一章　格莱珉中国与中和农信模式的比较

【摘要】小贷机构混成模式本质上是两种社会交换维度（社会交换的实质和社会交换的组织形式）的组合。格莱珉中国与中和农信分别代表着处于小额信贷混成模式谱系左右两端的社会事业模式和商业化模式。格莱珉中国致力于建设社会资本，并以此来选择借款人和资源提供者，而中和农信则以借款人培训为服务重点，寻求高效率运转的借款对象和合作伙伴，要求员工积极促进CCR的形成。两种模式并没有特别明显的边界划分，我们发现：随着小贷领域社会事业模式和商业化模式竞争的逐渐加剧，它可能使小贷机构的社会属性和竞争定位变得不清晰，从而造成潜在的认知和财务风险，并因此形成四种中间模式。

小额信贷机构（MFIs）采用金融手段解决贫困问题，因而是一种社会和经济逻辑混合而成的组织形态，或叫作混成组织（Hybrid Organization）（Battilana and Dorado，2010；Pache and Santos，2013；Meyskens et al.，2010；Maak and Stoetter，2012；Cooney，2011；Mair，Battilana and Cardenas，2012）。小额信贷机构为贫困人群提供无须抵押的小额贷款和其他金融服务。这类人群被正规金融机构所排斥，而且常常被迫依靠当地剥削性的放贷人来满足自己的金融需要（Sanyal，2009；Zhao and Wry，2013）。小额信贷机构需要在财务的可持续性和社会影响的深度上取得平衡。关于不同小额信贷模式的持续争论说明了其复杂性。小贷机构认为，当个体能够获得促使其创业和生意成长的贷款时，就可以有效减贫（Armendariz and Morduch，2010；Yunus，1999）。由于对社会影响的深度和广度哪一个更为优先，以及对财务自给自足和商业扩张内涵的不同理解（Brau and Woller，2004），产生了不同的小额信贷模式。社会影响的深度是指一个小贷机构在多大程度上服务于最底层的贫困人群；社会影响的广度是指服务于多大数量的客户，这些客户可能包括最底层穷人、处于贫困边缘的人，甚至是已经脱贫的人。

现有的研究大致把小额贷款模式区分为社会事业模式（Social Business Model）和

商业化模式（Commercialized Model）。社会事业模式认为小贷机构的商业化不是解决贫困的恰当方式，它担心使命漂移，即当小贷机构追求财务绩效并且将社会影响的广度置于深度之上时，与最底层穷人相比，不那么贫困的人群才成为小贷机构偏好的客户。社会事业模式强调小贷机构所产生的社会影响应比个人收入的增长更为深刻。这种影响包括妇女赋权、建设参与公共事务的能力以及建立社会资本（Mayoux，1995；Sanyal，2009）。经过十年的研究，Beatriz 和 Morduch（2010）发现，仅靠小额信贷并不能有效帮助最底层穷人脱贫。他们发现更成功的案例是把贷款与教育和卫生保健等举措相结合。

相对而言，商业化模式强调同时追求财务业绩和减贫目标是可行的。对于追求业务快速扩张和财务业绩增长的小贷机构，这种模式使得那些相对不太贫困的人群成为更合适的目标人群。该模式认为小额信贷需要惠及大量人群，因而有效率的业务扩张是至关重要的。按照商业化的逻辑，小贷机构最终将能够在资本市场上募集资金。与商业化模式相比，社会事业模式体现了社会福利主义者的思路，即不愿通过牺牲社会影响的深度来实现广度以及与之相伴的财务增长（Brau and Woller，2004）。

两类模式都认可财务的可持续性和扩大规模在实现减贫过程中的重要性。但是它们在对减贫内涵和操作方式的理解上存在分歧，包括谁应该是受助的主体、脱贫究竟意味着什么（如是贫困人群行为方式的显著变化还是收入增长），以及如何扩大规模等问题。社会事业模式秉持一种较为广义的对社会影响或社会绩效的理解，这种理解从客户的收入提高和物质条件改善扩展到客户在非经济因素（如教育和健康）方面的提升，并且从客户的个人利益延伸到客户之间社会情感联系以及社区关系的改进。相对而言，商业化模式则秉持较为狭义的社会影响或社会绩效内涵，强调大量客户的可测量的收入提高和物质条件改善。

表 11-1 概括了两类小额信贷机构模式。

表 11-1 两类小额信贷模式

	社会事业模式	商业化模式
小额信贷机构的恰当客户	极端贫困者，主要是妇女	中上层贫困者
组织的本质	非盈利但可持续	盈利和减贫的双重目的
减贫途径	建立社会资本和赋能，认为以忽视穷人（穷人中的穷人）利益为代价获取大量利润在道德上是错误的	快速扩大规模，认为这样会吸引更多的投资给小额信贷机构，最终推动利率下降。产生大量利润是可取的，有效率和收益增长才会增加为穷人的服务质量和数量

	社会事业模式	商业化模式
使命漂移	使命漂移指将目标客户从最贫困者转移到中上层贫困者	注重中上层贫困者并不意味着使命漂移
例子	Grameen Bank、Pro Mujer、MicroCredit Enterprises、BRAC、Jamii Bora	Banco Compartamos、Pierre Omidyar、Compartamos、BancoSol、ProCredit Holding

　　小额信贷领域的上述分歧意味着：社会—经济的混成所带来的挑战不仅会体现在社会逻辑与经济逻辑的一方压倒另一方，而且会发生在对每种逻辑自身内涵的不同理解上，以及为实现符合某种特定理解的社会影响而对资源和活动的不同组织方式上。这就是说，运营一个小贷机构的挑战和风险通常由以下因素组成：对社会影响内涵的理解，以及对协调社会和经济要素从而创造社会价值的恰当方式的理解。以下问题可以用来区分不同的小贷机构混成模式：①一家小贷机构对社会影响的理解在多大程度上包括通过在客户之间和在社区中建设社会资本来显著性地改变客户看问题和做事情的方式；②一家小贷机构在多大程度上把贷款活动看作用来实现广义社会绩效的、相对于其他减贫方式在经济效率上更有优势的手段（Armendariz and Morduch，2010；Robinson，2001），抑或是把贷款活动的效率和规模扩张看作具有优先性的组织目标，并且期待扩张的贷款活动会自动增进狭义社会绩效。

　　现实中混成组织形态的复杂性在于如何理解和调和对创造社会价值活动的不同认识方式和实践方式。混成组织形态的风险是指由于不同的甚至相互冲突的逻辑在组织中共存而造成的组织问题。已有的研究注重社会与经济逻辑之间的冲突如何给组织带来合法性和实际运行中的挑战（Pache and Santos，2010）。例如，当一个小贷机构对财务绩效的追求压倒了对社会绩效的追求（如通过上市），那么它可能遇到内部员工以及客户、合作伙伴等外部利益相关方的质疑。与此不同，我们呼吁更多的研究关注具体社会—经济混成模式的内在挑战和风险。我们更感兴趣的是一个小贷机构处在某种具体的社会—经济混成模式时所出现的问题。这种模式由一个组织对社会和财务绩效内涵的细微理解，以及对与这种理解相匹配（或不匹配）的对资源与活动的组织形式所组成。本章的目的是提出一个理论框架来梳理小贷机构所呈现出来的不同社会—经济混成模式的挑战和风险。

一、小额信贷机构混成模式的社会交换视角

　　本章提供一个理论框架来区分不同混成模式对社会和经济目标的理解，以及为实现这些目标而开展的不同组织活动形式。社会交换理论（Social Exchange Theory）对

研究社会—经济混成模式十分有用。它能够解释组织间关系和人际关系的社会与经济特征。社会交换理论认为社会互动是对物质和非物质"物品"的交换行为（Homans，1958）。交易双方在进行看似纯粹的经济交易的同时也在产生对义务或信任等非物质"物品"的交换。因此任何社会互动，包括经济交易，都可以被看作一种社会交换活动。该理论试图解释当社会互动中的一方为另一方的付出包含明确或不明确的偿还义务时，这种付出如何产生出和未来交换行为有关的义务与信任（Blau，1964）。小贷机构和客户之间也存在社会交换关系，如机构往往期待能够和客户之间通过借贷行为发展出信任和情感的纽带，并且期待客户能够从贷款活动中收获知识、自尊等经济收益以外的东西。不同小贷混成模式的一个根本区别在于一个机构期待通过贷款行为所产生的社会交换的结果是什么。或者说一家小贷机构社会交换的实质是什么。社会交换的实质包括以下内容：首先，什么是一个小贷机构追求的社会影响（或社会绩效）以及与这种社会影响相符合的社会与经济目标的相对优先性安排。其次，一个小贷机构怎样设计和提供产品/服务来实现它所期待的社会影响。最后，一个小贷机构用怎样的标准来选择和管理客户、合作伙伴以及其他资源提供者，从而实现期待的社会影响。

对混成组织和小额信贷的研究发现了两种理解小贷机构社会交换本质的方式。我们把第一种称为"社会核心"（Social Core）。它追求社会影响的深度，认为社会影响优先于经济效率。社会核心认为社会影响既来源于机构和客户之间的交易关系，也来源于客户之间的社群关系（Clark and Mills，1979；Mills and Clark，1982），认为社会交换的结果既包括经济收益，也包括社会情感的增强（Cropanzano et al.，2005；Foa and Foa，1980；Shore，Tetrick and Barksdale，2001）。紧密的社群关系能够产生驱动行为的感激之情、亏欠感和信任（Blau，1964）。这些非物质的"物品"无法靠单纯的经济交易获得。对于那些以社会核心作为社会交换实质的小贷机构而言，机构对于最穷困人群所产生的社会影响取决于它在提供贷款和相关服务之外所开展的其他干预活动（如借款人的小组活动）（Santos et al.，2015）。

我们把第二种对社会交换本质的理解称为"社会溢出"（Social Spillover）。Santos等（2015）把"溢出"的概念引入混成组织研究。他们认为，当经济交易所产生的价值大部分归于交易各方，同时交易行为能够增加或减少交易之外利益相关方的价值时，这些交易可能会产生社会福利。我们基于这个概念将社会溢出定义为：小贷活动所体现的社会交换的主要目标在于创造和保护交换双方的经济价值（如客户的收入增长，小贷机构的有效回款），同时作为经济交易的附带结果有意或无意地产生出附加的社会价值（如教育、健康、自尊、社会资本）。对于将社会溢出作为社会交换实质的小贷机构而言，社会影响意味着影响的广度，如高效率地、快速地扩张业务，从而覆盖尽可能多的人群。社会影响的广度比深度具有更高的组织优先性。对社会影响的实现取决于组织在多大程度上有效地提供和管理贷款活动，而不在于除此之外的干预活动。社会溢出关注客户的经济需求，它认可但并不系统地去满足客户的社会情感需求。

小贷模式的另一个区别在于一个机构组织开展社会交换的方式。小贷活动既包含机构与客户间的社会交换，也包括客户间发生的社会交换。在清晰界定的关于借款和还款的权利义务框架中，借款人通过反复交易行为和小贷机构建立起信任（或不信任）的关系。这种社会交换的结果会影响借款人的还款意愿和持续借款的可能性。与此同时，小贷机构可能通过持续强化借款人之间的交往和沟通，逐渐产生如信任、专业信息和情感支持等社会资本（Coleman，1990），从而促进借款人在个人、家庭和社区层面的福利得到改善。这两类过程描述了社会交换的一个基本规则——互惠。互惠能够在长期交往中促进信任（Blau，1964）与合作（Yamigishi and Cook，1993）。小贷机构的机构—客户互惠关系（Institution-Client Reciprocity，ICR）和客户—客户互惠（Client-Client Reciprocity，CCR）关系代表两种用来组织社会交换的活动形式。这些活动包括客户识别，员工培训，对时间、人员和资金的分配等。CCR 指旨在促进借款小组成员之间社会情感联系的对组织系统和员工活动的安排，CCR 鼓励借款人之间在与贷款活动有关或无关的方面交流信息、开展互助行为；ICR 指旨在促进机构与客户间交易有效达成的对组织系统和员工活动的安排，偏重 ICR 的小贷机构会弱化对 CCR 的投入，把对借款人之间关系的管理局限在旨在保障还款的小组成员相互担保义务方面。表 11－2 基于上述对社会交换本质和组织形式的分类，提出一个关于小贷机构混成模式的框架。

表 11－2　小额信贷机构混成模式的社会交换理论框架

		社会交换的组织形式	
		客户—客户互惠（CCR）	机构—客户互惠（ICR）
社会交换的本质	社会核心	象限 1 社会事业模式	象限 2 执行不力的社会事业模式 外部认知失调的社会事业模式 宣传失当的商业化模式
	社会溢出	象限 3 内部曲解的社会事业模式	象限 4 商业化模式

二、实证研究

本章对两家中国小额信贷机构进行了比较案例分析。它们分别代表了社会事业模式和商业化模式。这两种模式处于小贷混成模式谱系的两端。我们通过对案例的分析识别出几种介于这两种模式之间的中间模式。中间模式的类型取决于一个小贷机构在社会交换本质和社会交换组织形式这两个维度上的变化，以及内部和外部利益相关方是否对这两个维度有着与机构自身不同的认知。本章对混成组织研究的贡献在于呼应了已有文献对于研究混成组织形态的微观组织基础的呼吁（Pache and Santos，2010；Powell and Colyvas，2008）。对已有小额贷款文献的贡献则在于揭示了一个基于社会交换理论的分析框架在分析小贷机构混成模式及其挑战和风险方面的有用性。本章的研究发现有助于研究者和从业者更完整地理解将国外社会创新模式本土化时面临的复杂性和挑战。

（一）格莱珉中国和中和农信

格莱珉中国和中和农信都认为格莱珉银行模式是自身机构发展乃至中国民间小额信贷发展的重要源流，但是二者走出了迥异的发展道路。当格莱珉中国努力复制完整的格莱珉哲学、管理方式和操作细节时，中和农信则根据中国国情与农村文化策略性地走上了一条本土化之路。例如，中和农信认为格莱珉银行的每周还款和小组会议等政策并不适合中国国情，进而在实践中采用了有担保义务的五人联保形式，积极减少还款频率，而且基本取消了小组会议。中和农信的前身是中国扶贫基金会小额信贷项目部，它在 1996 年第一次启动小额信贷。2008 年，中和农信小额信贷管理公司成立，它将小额信贷项目部转变为专业管理小额信贷业务的有限责任公司。中和农信的使命是"打通农村金融最后 100 米"，愿景是建立"山水间的百姓银行"。

2015 年底，中和农信的业务已经遍布全国 17 个省 166 个县，其中贫困县占 85%，其余业务集中在欠发达地区、地震灾区，以及较发达城市的欠发达城乡地区。2015 年，中和农信累计发放了 324228 笔贷款（比 2014 年增加 28.71%），贷款总额 41.3 亿元（比 2014 年增加 44.09%）。沛丰评级（Planet Rating），一家总部位于法国的国际知名小额信贷服务提供商，将中和农信的社会绩效评级值从"3"提高到"4－"（现有全球最好评级为"4＋"）。

格莱珉中国 2014 年由穆罕默德·尤努斯教授授权成立。在来自孟加拉的格莱珉专家的帮助下，格莱珉中国在江苏省陆口村启动了第一个项目。格莱珉中国一直严格遵循格莱珉原则与实践，如建立无担保义务的五人小组，以及通过精心设计的集体借款还款仪式和定期小组活动来促进借款人之间的社会资本建设。格莱珉中国通过寻求认同并严格复制格莱珉银行模式的合作伙伴以扩大其工作区域。2016 年 5 月，格莱珉中国与云南富滇银行合作启动了第二个在中国的项目。表 11－3 介绍了两家小额信贷机构的背景信息。

表 11 - 3　样本小额信贷机构描述

	格莱珉中国 （截至 2016 年 4 月底）	中和农信 （截至 2015 年底）
目标客户	最贫困妇女，有少量中上层穷人	广泛客户，从最穷者到中上层穷人
小组模式	通过建设社会资本形成的社会担保进行风险控制，未明确相互担保义务	通过明确的相互担保义务进行风险控制
妇女贷款比例	100％	93.32％
借款人受教育程度低于初中比例	接近 100％	94％
覆盖的村子和城市数量	10 个村子	17 个省，166 个县
借款人数量	82	306101
平均每笔借款额	18000 元	12743 元
贷款总额	2144700 元	12569510399 元
年利率（实际利率）	20％	19.1％
还款率	99％	99.17％

（二）数据收集与分析

本文采用比较案例设计（Yin，1994）。我们从格莱珉中国和中和农信广泛收集数据。研究团队总共进行了 46 个半结构化访谈，其中 36 个访谈的是格莱珉中国，10 个访谈的是中和农信。我们于 2016 年 2 月在格莱珉中国江苏省陆口村的总部进行了 5 天实地调研，同创始人进行了 8 次访谈，与直接和借款人打交道的员工进行了 12 次访谈，与个体借款人进行了 16 次访谈。2016 年 5 月，我们分几次走访了中和农信北京总部，与多名经理人员和了解中和农信的外部专家进行了 5 次访谈。部分研究人员在 2015 年 5 月参访了其在河北省海兴县的项目点，与当地员工和借款人进行了 5 次访谈。上述访谈的时长从半小时到两个半小时不等，已全都录音并转录成文字。研究团队还收集了大量二手数据作为对访谈的补充，包括内部会议记录、领导人公开讲话、网站信息、组织文件、媒体文章和研究文献。

我们使用 Nvivo10 软件，根据有关具体组织活动和挑战与风险信息的编码协议，对大量定性信息进行编码。我们依据社会交换理论和小额信贷研究识别出关于社会交换实质（社会核心和社会溢出）的三个维度和关于社会交换组织形式（机构—客户互惠和客户—客户互惠）的两个维度。表 11 - 4 是对这些维度及其编码的说明。每一个维度都从两家机构和不同的数据来源获得了支持。如表 11 - 4 所示，社会交换实质和组织形式的组合形成了不同小贷混成模式。我们分析了小贷混成模式的四种风险（财务风险、运营风险、认知风险和政策风险），以及这些风险与不同混成模式之间的关系。混成研究团队中三位成员独立对数据进行了编码，并定期讨论解决编码中的差异。最终研究团队对所有社会交换维度、挑战和风险的编码取得了一致意见。

表11-4　社会交换维度说明和编码示例

维度	定义	子维度	编码示例	编码关键词示例
社会交换本质：在变革理论中的位置	在有关减贫的变革理论中社会目标和经济目标的相对优先性	社会核心	"只要我们达到社会目标，我们也就实现了经济目标。"	社会目标、社会影响……
		社会溢出	"他（尤努斯）做这件事情做成了，大家看到做这件事情真赚钱。然后产生这些社会效益，最终才值得去告诉外界。" "一个是'快扩张'，另一个是'快转型'。扩张是如何使我们现有的做得比较成熟的小额信贷业务能够尽快地推广、复制到更多地方，使更多地方的农户受益。转型就是在自我的运营能力方面，如何快速地把互联网思维、互联网工具都应用上，借助互联网产品使我们更具备一些互联网企业的特征，向互联网金融企业转型。" "中和农信现在越做越快、越做越大，而且市场化的氛围和成分也越来越大。这个时候我们一定不要忘记，中和农信还是一个社会企业。"	市场化、扩张、效率、互联网……
社会交换本质：产品和服务的目的	小贷机构设计和管理产品及服务所要达到的目的	社会核心	"我们会问员工你认为格莱珉模式是什么。如果他说是有关借贷和归还金钱，那他就错了。尤努斯说，格莱珉员工跟客户的关系，不可以是放贷、收贷的关系。是什么关系？他说得很抽象，是朋友关系、亲人关系、师生关系、引导者和被引导者关系，总之，不能是借贷的关系。" "（格莱珉）给他提供了一个机会，就是大家能坐在一起，能相互交流，另外就是能带来很多支持，给他去提供鼓励，让他更有勇气去做一些事情，实现这种自信的状态。"	小组、家庭、孩子、沟通、幸福、朋友……
		社会溢出	"我们发现这项工作（为客户提供的社会服务）对我们的贷款产品有好处。它像是市场营销，也能强化我们与客户的关系。" "用一些简单有效的指标来衡量我们的社会绩效比较难，从可操作性考虑，目前我们的社会绩效是从两个角度来看的：一是硬指标，如项目的覆盖率、新客户的增长率和客户保有率；二是软指标，我们使用'社会绩效活动优秀案例奖'来确认在社会变化活动中的最佳实践。这些活动是有影响的、可复制的和创新的。在这方面，我们做了大量的理财教育和培训……我们的关注点是保护客户。"	金融教育、业务培训、贷款知识……

维度	定义	子维度	编码示例	编码关键词示例
社会交换本质：寻找和分配资源的标准	用于选择和管理客户、合作伙伴以及其他资源提供者的标准	社会核心	"建立一个小组就非常困难。我们需要不断地跟他们（那些不理解或不接受产品的村民）谈，直到他们完全接受我们做事的方式。""格莱珉模式要求持续的低成本资本，但是在中国的P2P利息非常高……中国的P2P公司有伦理和监管问题，因此它们不是我们建立合作伙伴关系的重点。"	培训、走访、花时间……
		社会溢出	"我们的重中之重是更有效地满足客户金融需求。我们过去为什么愿意推简单的单一的产品，因为它很容易管理，但现在随着客户的变化、随着机构能力的变化，我们应该要更好地满足更多客户的需求。"	贷款产品、金融产品、客户需求……
社会交换的组织：互惠形式	组织日常活动从而产生互惠的方式	客户—客户互惠（CCR）	"格莱珉的思维就是，我在这个村，拜访了多少人，让他们之间举行了几次小型会议，让他们之间构建更多的交往。甚至小组成员间就是聊聊天也是好的。"	小组讨论、联系、支持、沟通、信任……
		机构—客户互惠（ICR）	"我们每月都会见到客户，在这个过程中客户家中会遇到各种各样的事，如孩子生病、婆媳矛盾、种植养殖出现困难，我们都会提供帮助……因为我们要保证我们的贷款一定能收得回来，而且把服务提供到位了之后，口碑就传出去了。"	培训、教育、志愿者……
社会交换的组织：员工角色	小贷机构员工在与客户打交道时被期望扮演的角色	促进客户—客户互惠（CCR）	"我们的作用是促进他们的（客户）关系。我们像在会议中的一个主持人。表面上看我请小组的组长帮我一个忙，让他带我到他（另一个小组成员）家里去。其实不是这样。只要你到了（他家），我（就会）来促进他们的关系。""小组主要还是依靠他们自己，然后找身边的朋友。当然，像这些农村的妇女，更多地需要我们去帮助她们。"	指导、帮助、参与、关怀……
		促进机构—客户互惠（ICR）	"不见面还款不代表我们不和客户见面，我希望员工和客户见面，和客户建立一个比较好的关系，你见面可以了解客户最近有一些什么变化，这也是风控，是客户维护的一种手段。"	还款、风险控制、顾客关系……

（三）研究发现

1. 小贷混成模式的社会交换本质和组织形式

社会核心和社会溢出描述了两种社会交换的本质。它们勾勒出一个小贷机构所期待的社会影响的边界，以及在实现社会影响的过程中社会和经济目标的相对优先性。

主张社会核心的小贷机构着眼于超越贷款活动经济效益的广义社会影响，它的产品和服务是为了促进客户—客户互惠（CCR）以及为了取得社群层面的利益而进行设计和实施；主张社会溢出的小贷机构则着眼于借还款活动为机构和借款人带来的直接经济效益，而把广义社会影响作为这些活动的副产品。

本章使用三个维度来区分社会核心和社会溢出：首先，小贷机构是否把广义社会影响作为变革理论的明确组成部分。其次，小贷机构是否把实现广义社会影响作为设计和管理产品/服务的目标。最后，小贷机构是否把广义社会影响作为选择和管理客户、合作伙伴、投资者和其他资源提供者的标准。格莱珉中国通过策略性地追求基于社会资本建设的社会影响展示出社会核心的特征。格莱珉中国的 CEO 说道："只要我们达到社会目标，我们也就实现了经济目标……我们会问员工你认为格莱珉模式是什么，如果他说是有关借贷和归还金钱，那他就错了。尤努斯说，格莱珉员工跟客户的关系，不可以是放贷、收贷的关系。是什么关系？他说得很抽象，是朋友关系、亲人关系、师生关系、引导者和被引导者关系，总之，不能是借贷的关系。"相对而言，社会溢出则优先考虑通过业务扩张带来机构和借款人经济收益的增长。中和农信总经理说："中和农信现在越做越快、越做越大，而且市场化的氛围和成分也越来越大。这个时候我们一定不要忘记，中和农信还是一个社会企业。"

格莱珉中国围绕建设社会资本这一目标来设计和管理贷款活动。一位经理人员这样描述，格莱珉给他提供了一个机会，就是大家能坐在一起，能相互交流，另外就是能带来很多支持，给他去提供鼓励，让他更有勇气去做一些事情，实现这种自信的状态。中和农信将产品和服务的重点放在贷款活动和与之相关的借款人培训方面。中和农信认为，借还款之外的服务活动既可以提升强化企业的社会绩效表现，也能够反哺贷款活动本身的有效性。中和农信的一位总监说道："我们发现这项工作（为客户提供的社会服务）对我们的贷款产品有好处，它像是市场营销，也能强化我们与客户的关系……"格莱珉中国基于对方对实现广义社会影响的接受程度来选择借款人和资源提供者，这使它有很高的客户和资金获取成本。格莱珉中国陆口村的经理回忆道："建立一个小组就非常困难。我们需要不断地跟他们（那些不理解或不接受产品的村民）谈，直到他们完全接受我们做事的方式……格莱珉模式要求持续的低成本资本，但是在中国的 P2P 利息非常高……中国的 P2P 公司有伦理和监管问题，因此它们不是我们建立合作伙伴关系的重点。"相比之下，中和农信选择那些既认同其社会使命也认同其高效率运营和快速扩张需求的借款对象和合作伙伴。中和农信总经理在 2014 年年终述职会讲话中说道："我们的重中之重是更有效地满足客户金融需求。我们过去为什么愿意推简单的单一的产品，因为它很容易管理。但现在随着客户的变化、随着机构能力的变化，我们应该要更好地满足更多客户的需求"。

上述讨论举例说明了两家小贷机构在社会交换本质上的不同。本章进一步通过两个维度区分了两个机构在社会交换组织方式上的不同。第一个维度是机构对日常活动的组织，如员工培训、员工激励和考核、借款和还款安排、借款小组活动等。第二个维度是机构员工被鼓励在发展 ICR 和 CCR 关系中扮演的角色。格莱珉中国近似虔诚地遵循格莱珉银行模式，通过促进 CCR 来产生社会影响和控制违约风险。格莱珉中国 CEO 评论道："格莱珉的思维就是说，我在这个村，拜访了多少人，我让他们之间举行了几次小型会议，让他们之间构建更多的交往。甚至小组成员间就是聊聊天也是好的。"中和农信相对而言是围绕加强 ICR，从而促进借还款行为的有效完成来组织其日常活动。一位经理说："我们每月都会见到客户，在这个过程中客户家中会遇到各种各样的事，如孩子生病、婆媳矛盾、种植养殖出现困难，我们都会提供帮助……因为我们要保证我们的贷款一定能收得回来，而且把服务提供到位了之后，口碑就传出去了。"

格莱珉中国明确要求员工积极促进 CCR 的形成，这一点是它和中和农信对员工要求的一个显著区别。格莱珉中国 CEO 说："我们的作用是促进他们的（客户）关系。我们像在会议中的一个主持人，表面上看我请小组的组长帮我一个忙，让他带我到他（另一个小组成员）家里去。其实不是这样，只要你一到了（他家），我（就会）来促进他们的关系。"中和农信明确突出员工在和客户交往中促进还款的业务职责，并且鼓励员工将加强与客户的关系作为实现借还款业务目标的一种方式。一位高级经理说："不见面还款不代表我们不和客户见面，我希望员工和客户见面，和客户建立一个比较好的关系。见面可以了解客户最近有什么变化，这也是风控，是客户维护的一种手段。"

2. 小额信贷机构混成模式的挑战与风险

社会交换的本质和组织形式的组合构成了六种小贷机构的混成模式，这六种模式形成了一个谱系。在谱系两端是社会事业模式和商业化模式，而在它们之间存在至少四种中间模式。这四种中间模式出现在以下两种情况：当社会事业模式和商业化模式的社会交换维度发生变化，或者当内外部利益相关方对社会交换维度有着不同于组织自身的认知。虽然一个小贷机构常常被划定为社会事业模式或商业化模式中的一种，而在实践中小贷机构往往呈现出某种中间模式。中间模式对理解小贷机构的工作很有帮助，因为它相对于谱系两端的"理想"模式能够更真实地体现当小贷机构在社会交换维度上发生变化时所产生的挑战和风险。社会交换的理论框架既涵盖了概念上的理想模式，也揭示了小贷机构在日常实践中的复杂性，从而提供了一种对小贷机构混成模式更为细致全面的理解。

我们分析发现每种混成模式都有其特定的挑战和风险。格莱珉中国和中和农信在发展过程中遇到过以下风险：挑战财务风险（缺乏组织生存和成长所需要的资金）、运营风险（无法提供符合社会交换目标的服务并取得期望的社会影响）、认知风险（由于某种混成模式不符合人们现有的对社会活动的归类方式，从而难以获得利益相关方的理解和支持），以及政策风险（由于某种混成模式不符合现有法律框架，从而被利益相关者认为不合规或不合法）。下面我们逐一阐述表 11-2 中的四个象限中每种混成模式的挑战和风险。

表 11-2 中象限 1 代表社会事业模式。它通过促进 CCR 实现社会核心的组织目标。例如，格莱珉中国致力于建立借款人之间的社会资本，并在管理体系和日常活动中强化实现广义社会影响的目标。格莱珉中国 CEO 认为："你要帮助社会底层的人构建一个朋友圈，构建一个社交网络，在他们交往、交流的过程中，会扩展他的社会资本。"格莱珉中国把五人借款人小组不仅设计成一种保障按时还款的机制，而且把它作为实现广义社会影响的必要手段。一位格莱珉中国经理指出，五人成员小组在促进社会互动方面起着关键作用，"（这些）妇女基本上是不善于沟通表达的，但如果通过我们这种方式与我们接触，与小组其他成员接触，就会慢慢地变得健谈，能够比之前更善于表达；对家庭来说，能够每天更快乐一些，对孩子更重视、对家庭更重视。"

格莱珉中国逐条地复制孟加拉格莱珉银行模式，强调该模式的普遍适用性，认为在技术细节上并不需要为适应本土特殊情况进行调整。然而，以孟加拉格莱珉银行为代表的社会事业模式因为较高的运营成本和实施复杂性，具有内在的挑战。该模式所追求的广义社会影响难以进行量化测量，这削弱了一般资源提供者投资这一模式的决心。格莱珉中国 CEO 描述道："社会资本是一个社会学概念，意味着一种通过社会互动产生的能量。这个能量能被抽象地表现为一种能产生爱、关怀和尊严的力量。但这都不是经济指标，它只能通过交往产生。"同时，社会事业模式要求员工高度认同社会核心的组织目标，并且细致入微地规定了员工在和借款人日常打交道时的技巧和方式。在如今有兴趣为农村穷人服务的青年人十分有限的情况下，这种模式可能会使员工招聘变得更加困难。格莱珉中国 CEO 认为："格莱珉模式愿意优先选择之前没有任何工作经验的新人……（格莱珉孟加拉）招聘员工有个淘汰率，一年之后有 50% 的淘汰率。这意味着如果我们想要有稳定的 5 人团队，我们需要招聘 10 个人。（对我们来说）问题在于你能吸引多少人，而不是有多少人你可以淘汰。"

上述挑战会导致两种风险：第一，当社会事业模式不符合人们对已有做事方式的理解从而难以得到内外部利益相关方的支持时，认知风险就出现了。例如，通过促进 CCR 追求社会核心的组织目标可能被认为管理成本过高，难以通过金融系统已有的风险控制手段实现，而且该模式的经济收益前景高度不确定，这就很难吸引传统投资者。正如格莱珉中国 CEO 所说："到目前为止还没有任何一个小贷公司能够合作的，我联系得很多，困难的是在沟通格莱珉银行到底是什么的时候，都解决不了，更不要说谈后面了，很难让人们明白格莱珉银行（实质上）是做什么的。"第二，认知风险会进一步导致财务风险，相比 ICR、CCR 会产生更高的组织成本，从而使获得外部资助变得更加困难。格莱珉中国的一位员工回忆道："做金融的人（潜在投资者）第一信奉风险控制，都想着怎么能够控制风险，一看到格莱珉银行的五人小组，马上就想到风险控制，就不往其他地方想了。"

表 11 - 2 象限 4 代表了小贷机构混成的商业化模式。这种模式通过围绕 ICR 设计和实施的产品/服务来实现社会溢出的目标。这种模式的工作重点在于提升运行效率，实现快速扩张，从而使更多的穷人得到金融服务。它更加偏好促进 ICR，而不是 CCR，因为前者能够更有效率地组织和管理员工与客户。中和农信将运营效率和业务扩张视为组织活动的重点，并努力通过互联网技术来强化这一点。社会资本和 CCR 被作为附带性的社会影响。中和农信通过 2015 年年报表现出商业化模式的特征："中和农信的发展方向包括两个方面，一个是'快扩张'，另一个是'快转型'。扩张是如何使我们现有的做得比较成熟的小额信贷业务能够尽快地推广、复制到更多地方，使更多地方的农户受益。转型就是在自我运营能力方面，如何快速地把互联网思维、互联网工具都应用上，借助互联网产品使我们更具备一些互联网企业的特征，向互联网金融企业转型。"

一个强调商业属性的小贷机构可能会失去业内倾向社会属性的人士的支持，并使其社会企业的身份受到质疑（Carrick-Cagna and Santos，2009）。例如，当墨西哥小贷机构 Banco Compartamos 决定通过上市完成商业化改造时就受到了严峻挑战。这个机构不得不竭力辩护为什么社会溢出，而不是社会核心的目标才更符合它的客户利益。商业化模式具有一种内在的挑战，这就是机构自身和利益相关方可能对机构的社会与商业属性有着不同的认识和期待。中和农信一位经理说道："（在早期）相对来说影响比较大的是政府层面，因为政府有时做事情很传统，他们会觉得扶贫怎么能贷款和收利息。"中和农信的资助方也曾对它的社会与商业属性感到困惑。一位经理回忆道："在企业发展的不同阶段，对社会绩效和商业绩效的侧重点可能不同，应该是呈交替上升的一种状态，即我们说的金融服务和非金融服务同等重要，但对一个实际的机构来说时刻保持 50% 比 50% 是不现实的。因此在转型的初期，一些捐赠方觉得你们在转型，更侧重于自己的经营业绩了，给农民的培训少了，会不会是使命偏移了。"这种认识上的挑战也会带来政策风险，也就是由于小贷机构在组织目标、动机和法律合规方面受到质疑而对机构的生存发展造成的困难。

表 11 - 2 的象限 1 和象限 4 在很大程度上体现了在世界范围内小额贷款或小微金融领域对社会事业模式和商业化模式的争论。也有学者认为这是对小贷事业的机构主

义观点和福利主义观点间的争论（Woller，Dunford，Woodworth，1999a）。象限 2 和象限 3 则被已有研究忽略了。这两个象限所代表的混成模式强调小贷机构的变化过程，也就是小贷机构的社会交换维度随着时间变化产生变迁，同时内外部利益相关方对这些维度的认知也在发生变化。这些过程会产生纯粹的社会事业模式和商业化模式所未能清晰描述的挑战和风险。

象限 2 是指一家小贷机构通过促进 ICR 实现社会核心的目标，从而达到减贫的效果。然而，当组织的注意力集中在加强机构和借款人的关系从而保障还款行为的完成时，实现广义社会影响和社群层面的福利就很困难。因此，象限 2 实际上是社会交换实质和社会交换组织方式在小贷机构中的错配。我们的案例分析识别出三种错配方式：第一种错配情况是一个小贷机构期望通过促进 CCR 实现社会核心的目标，但由于员工管理和组织运行能力的缺失，该机构在实践中形成了更加关注 ICR 而不是 CCR 的情况。我们称之为"执行不力的社会事业模式"（Under-Implemented Social Business）。格莱珉中国 CEO 说："我们也没有让他们形成良好的关系，怎样形成良好的关系，我们员工没有清晰、熟练的技术，不知道如何让他们产生情感。"一位在一线工作的经理同样观察到："我们的技术还没有达到，就是没有完全理解格莱珉，也没有完全掌握格莱珉的技术，所以说，我们有时候会发现我们谈着谈着就没了话题，不知道下面该说什么了（来加强他们的关系）。"结果是格莱珉中国面临着运营风险，也就是可能无法通过现有人力资源和管理方式有效建设 CCR 从而实现广义社会影响的风险。

第二种错配情况我们称为"外部认知失调的社会事业模式"（Misperceived Social Business），也就是说一家期望通过促进 CCR 实现社会核心目标的小贷机构却被客户认为是在关注 ICR。一位格莱珉中国 CEO 说道："现在，许多村民去贷款，主要是因为它们（格莱珉中国）无须抵押，而且得到钱更快。"这种对格莱珉中国模式的社会核心本质的误解会导致认知风险，就是说客户认为小贷机构成员和她/他们打交道的目的在于多放款和保证还款，而对和 CCR 有关的借还款形式与小组活动的必要性不理解，这使得业务难以开展。借款人的认知失调在格莱珉中国的早期项目上带来了明显的偿贷问题，进而导致了财务风险。一位经理回忆说："之前的客户筛选不合格，导致一些人后期还款出现问题，如他可能说我没钱，还不上钱。然后我们还需要做大量的工作，让他能还上钱。"

第三种错配情况是"宣传失当的商业化模式"（Misrepresented Commercialization）。这是指一家期望通过促进 ICR 实现社会溢出目标的小贷机构，由于外部宣传不清晰造成被利益相关方认为应该追求社会核心的目标。就是说利益相关方认为，根据该小贷机构的外部宣传定位，它应该以实现广义社会影响为己任，而不是仅关注贷款活动给机构和客户带来的经济效益。中和农信明确采用了由 ICR 和社会溢出所组成的商业化模式，将对运营效率和业务扩张的追求置于取得广义社会影响之上。然而，媒体宣传长期将中和农信描述为源自格莱珉银行模式。这造成小贷领域主张复制格莱珉模式的人士质疑中和农信在实践格莱珉模式上的真实性。他们认为既然是学习格莱珉模式，就应该追求社会核心的目标。他们担心把社会溢出宣传为社会核心，可能会误导公众对于格莱珉银行模式的认识。一位在国内早期实验孟加拉格莱珉银行模式的人士说道："一个报告中提到了中和农信。第一页就开始说他们借鉴了孟加拉乡村银行的五人联保模式，我刚刚看到这一段的时候，感到很惊讶。因为尤努斯教授多次讲道，如果将五人小组理解为是联保的，那是一个错误……格莱珉有它独特的体系，其中就是我们经常讲的几条根本性的、一些标志性的原则。而且这些原则是一环扣一环的，是不可缺失的。"宣传失当的商业化模式在本研究期间尚未对小贷机构造成实质性的风险。但是我们有理由认为，如果复制完整格莱珉银行模式（或社会事业模式）的小贷机构取得初步成功，小贷领域主张和支持该模式的利益相关方（如投资者和政策制定者）会增加。商业化模式可能会和社会事业模式渐渐对客户、资金和政治资源形成一定程度的争夺。资源提供者逐渐分成支持更纯粹的商业化模式和支持社会事业模式的不同阵营。宣传失当的商业化模式可能会造成资源提供者对小贷机构的社会属性和业务定位认识不清，从而造成一定程度上的认知风险和财务风险。

象限 3 描述了一种新的社会交换本质和组织形式之间的错配来源。这就是，当一个小贷机构出于某种原因从坚持 CCR 和社会核心的目标漂移到追求经济效率和业务扩张的社会溢出，机构可能面临一场危机。例如，印度的 SKS 小额信贷渐渐地注重商业目标，追求贷款的快速增长而不再对客户如何使用资金给予足够的关注。这将造成不断增长的过度放贷、违约率乃至印度小贷行业的几乎崩溃（Lydia and Bajaj，2010）。如果小贷机构的员工不能建立起对 CCR 与社会核心的准确理解和持续认同，就会在实践工作中出现偏差，导致该机构社会交换的实质从社会核心转向社会溢出。我们把这种错配称作"内部曲解的社会事业模式"（Misconstrued Social Business）。这种混成模式下的小贷机构期望通过促进 CCR 取得社会核心的目标，但是其内部员工却把机构的工作理解成是为了追求社会溢出。格莱珉中国 CEO 说："我们的员工准确理解格莱珉模式是重要的。如果他们理解正确，他就能做正确。除此之外，他们就不会做，或者是做错。"一名一线经理说道："我们员工可能就更多地去想成立小组，渴望放出贷款，因为一方面这也是在工作，另一方面也想干点成绩来激励自己。"然而，员工对格莱珉模式未能准确理解，在开始时给格莱珉中国造成了严重的运营风险。格莱珉中国 CEO 反思道："在我看来，我们当时建立的小组有很多不合格的。员工认为成立了小组，每周收款，事后也收齐了，他觉得工作做得不错了。但这不是格莱珉，你不能说模仿一下，我也炸出了薯条和鸡块，我就已经是肯德基了。"

表 11－5 展示了我们对两家小贷机构的混成模式及其对应的挑战和风险的描述和编码示例。

表 11－5　小额信贷机构混成模式的挑战和风险

混成模式	挑战	挑战编码示例	风险编码示例	风险类型
社会事业模式	外部资源提供者难以理解和投资这一模式	"你要帮助社会底层的人构建一个朋友圈，构建一个社交网络，在他们交往、交流的过程中，会扩展他们的社会资本。""（这些）妇女基本上是不善于沟通表达的，但如果通过我们这种方式然后与我们接触，与小组其他成员接触，会慢慢地变得健谈，能够比之前更善于表达；对家庭来说，让她们每天更快乐一些，对孩子更重视、对家庭更重视。"	"开始一个新的区域，需要 500 万元，但高老师（格莱珉中国 CEO）的资源也很有限，主要是用他自有的资金，拿来去做这个事情。""做金融的人（潜在投资者）第一信奉风险控制，都想着怎么能够控制风险，一看到格莱珉银行的五人小组，马上就想到风险控制，就不往其他地方想了。"	财务风险
			"到目前为止还没有任何一个小贷公司能够合作，我联系过的很多，困难的是在沟通格莱珉银行到底是什么的时候，都解决不了，更不要说谈后面了，很难让人们明白格莱珉银行（实质上）是做什么的。""如果跟一个中国做小贷很传统人来讲的时候，他满脑子只是风险控制、五人联保。有时候我连续讲了五分钟，在我五分钟这种逻辑框架之下，他似乎觉得有道理，但其实转瞬即逝，第二次交流的时候，他就忘记了格莱珉五人联保是什么模式，不是我们讲了他就能够理解的。"	认知风险
执行不力的社会事业模式	期望通过促进客户—客户互惠实现社会核心的组织目标，但是员工和运营能力不足造成实际上注重机构—客户互惠	"我们也没有让他们形成良好的关系，怎样形成良好的关系，我们员工没有清晰、熟练的技术，不知道如何让他们产生情感。""我们的技术还没有达到，就是没有完全理解格莱珉，也没有完全掌握格莱珉的技术，所以说，我们有时候会发现我们谈着谈着就没话题了，不知道下面该说什么了（来加强她们的关系）。"	"客户会说人家借钱是人家的，我借钱是我的，没有什么太多关系，到时候我还我的钱，她还她的钱。我们有不少客户都是这么一个状况（而格莱珉中国要求所有小组成员一起贷款和还款）。"	运营风险

续表

混成模式	挑战	挑战编码示例	风险编码示例	风险类型
外部认知失调的社会事业模式	期望通过促进客户—客户互惠实现社会核心的组织目标，但是被客户认为实际上注重机构—客户互惠	"现在，许多村民去贷款，主要是因为（格莱珉中国）无须抵押，而且得到钱更快。"	"现在老百姓出现了一个状况，认为你要用钱，你来找我，哪有那么好的事。所以说别人一说首先会往坏处想，肯定是你想用钱，让我给你担保，你还不上了，我来还。这是之前统一的路数，所以说百姓会有这么一个想法。"	认知风险
			"之前的客户筛选不合格，导致一些人后期就还款出现一些问题，比如说他可能说我就没钱，就还不上钱，然后我们还需要做大量的工作，让他能还上钱。"	财务风险
宣传失当的商业化模式	期望通过促进机构—客户互惠实现社会溢出的组织目标，但是却被利益相关方认为应该追求社会核心的组织目标	"一个报告中提到了中和农信。第一页就开始说他们借鉴了孟加拉乡村银行的五人联保模式，我刚刚看到这一段的时候，感到很惊讶。因为尤努斯教授多次讲道，如果将五人小组理解为联保的，那是一个错误……格莱珉有它独特的体系，其中就是我们经常讲的几条根本性的、一些标志性的原则。而且这些原则是一环扣一环的，是不可缺失的。"	尚不确定	尚不确定
内部曲解的社会事业模式	期望通过促进客户—客户互惠实现社会核心的组织目标，但是员工曲解机构的目标是实现社会溢出	"我们的员工准确理解格莱珉模式是重要的。如果他们理解正确，他就能做正确。除此之外，他们就不会做，或者是做错。"	"在我看来，我们当时建立的小组有很多不合格的。员工认为成立了小组，然后他每周收款，事后也收齐了，他觉得工作做得不错了。但这不是格莱珉，你不能说模仿一下，我也炸出了薯条和鸡块，我就已经是肯德基了。"	运营风险

续表

混成模式	挑战	挑战编码示例	风险编码示例	风险类型
商业化模式	社会属性受到利益相关方质疑	"（在早期）相对来说影响比较大的是政府层面，因为政府有时候做事情很传统，他们会觉得扶贫怎么能贷款和收利息。" "在企业发展的不同阶段对社会绩效和商业绩效的侧重点可能不同，应该是呈交替上升的一种状态，即我们说的：'金融服务和非金融服务同等重要'，但对一个实际的机构来说时刻保持50%比50%是不现实的。因此在转型的初期，一些捐赠方觉得你们在转型，更侧重于自己的经营业绩了，给农民的培训少了，会不会是使命偏移了。" "2007年，嘉道理基金会去项目区考察的时候说，你们目前似乎更注重经济效益，社会绩效方面的工作不太明显。这也是实情，当时我们能不能活下去都不知道。后来业务发展好了，我们就开始着手重点推这一块，这也是为什么我们2011年的社会绩效评级是3分，2015年是4－，达到了国际领先水平。"		政策风险

三、结论

本章基于社会交换理论和混成组织研究提出了一个用来分析小额信贷机构社会与经济元素混成模式的理论框架。这一框架识别出已有研究尚未充分关注的几种混成模式。本章依据案例分析对每种混成模式所蕴含的挑战和风险进行了阐述，这些挑战和风险是两家有代表性的小贷机构在试图复制和本土化孟加拉格莱珉银行模式时所遇到的，但对于理解混成组织如社会企业在本土化国外社会创新模式时遇到的问题也同样具有参考价值。已有研究关注社会和经济两种逻辑在混成组织中的冲突和平衡，而本章进一步深入考察不同混成模式对社会影响内涵和如何组织资源实现社会影响的不同理解。我们提出小贷机构混成模式本质上是两种社会交换维度（社会交换的实质和社会交换的组织形式）的组合。一个小贷机构可以把追求社会核心或追求社会溢出作为组织活动所要达到的社会交换目标，同时可以围绕促进客户—客户互惠关系（CCR）或促进机构—客户互惠关系（ICR）来设计和管理组织活动以实现社会交换的目标。我们发现这些维度的组合可以识别出两类理想型的混成模式（社会事业模式和商业化模式）以及四类中间模式。

四种中间模式包括：执行不力的社会事业模式、外部认知失调的社会事业模式、宣传失当的商业化模式和内部曲解的社会事业模式。中间模式的类型取决于一个小贷机构在社会交换的两个维度上的变化，以及内部和外部利益相关方是否对这两个维度有着与机构自身不同的认知。本章揭示了每种混成模式所面临的挑战和这些挑战可能导致的风险。我们发现社会事业模式可能导致由于利益相关方难以理解和支持该模式所造成的认知风险，以及由于难以获得外部资金支持和有效获取客户所带来的财务风险。商业化模式则可能导致威胁组织生存的政策风险。执行不力的社会事业模式和内部曲解的社会事业模式会造成运营风险，使得小贷机构无法按照期望的方式促进 CCR 从而实现广义社会影响。外部认知失调的社会事业模式会造成认知风险和财务风险。宣传失当的商业化模式虽然尚未表现出明确的风险，但随着小贷领域社会事业模式和商业化模式竞争的逐渐加剧，它可能使小贷机构的社会属性和竞争定位变得不清晰，从而造成潜在的认知和财务风险。

本章表明在小额信贷实践中包含多种多样的社会—经济混成模式。我们不应把这些模式简单理解为某些机构更加重视社会影响，而另一些机构更重视商业绩效。这些模式实际上说明了小贷实践中对于社会影响内涵以及对取得社会影响应采取何种组织和管理方式的不同理解。这些模式能够满足不同贫困水平上群体的经济需求和社会需求，并且在产生社会影响的深度和广度上有着各自的优势。本章认为在一个不同贫困水平人口共存，且每个水平上都有大规模贫困人口的社会里，应该鼓励不同小贷机构混成模式的共同发展。这能够为解决复杂的贫困问题提供既全面又精准的解决方案。我们建议政策制定者引导和鼓励发展一个在社会—商业属性上和产品/服务形式上多样化的小额信贷领域。政策制定者可以允许和鼓励社会各界（机构和个人）针对不同混成模式的挑战和风险寻求特定的解决方法，从而推动小贷领域的百花齐放。

本章通过识别不同小贷机构的混成模式，拒绝了传统争论中对于小贷模式简单化的理解（Woller et al.，1999a）。将小贷模式简单地划分成社会事业模式（或福利主义模式）和商业化模式（或机构主义模式），实际上人为地割裂了小贷领域，强化了领域内不同模式之间的相互排斥。为了呈现出小贷模式之间的连续性和相关性，本章探讨了包括小贷机构的变革理论、对产品和服务的设计与管理、对客户和外部资源提供者的选择与管理、对日常活动的组织形式以及对员工在和借款人交往中扮演角色的期待等小贷机构活动链条上的一系列组成要素。这些要素的聚合呈现出不同小贷机构在社会核心、社会溢出、CCR 和 ICR 等社会交换维度上的形态。我们根据这些维度的组合情况和错配情况识别出在社会事业模式和商业化模式二元结构之间的中间模式。这样，我们不再把小贷领域看作充斥着相互排斥的阵营，而是能够厘清不同小贷模式在一个活动谱系上的位置。整条谱系是解决贫困问题的不可割裂的整体方案。正是由于不同小贷模式在具体活动水平上的联系和差异，它们能够为解决贫困问题做出独特而又互补的贡献。社会事业或商业化都不是小额信贷领域的唯一发展方向。已有研究发现，当一个社会把资源集中到发展商业化小贷模式上时，这个社会会形成抑制支持贫困女性创业的投资环境，从而难以克服贫困的文化、社会和经济制度根源（Cull，Demirguc-Kunt and Morduch 2007；Zhao and Wry，2012）。本章认为小额信贷领域只有在给予不同混成模式以恰当的定位并促进它们之间相互协同时，才能在减少甚至消灭贫困上取得实质性的进展。

第十二章　数字化普惠金融探索

——电商＋农村供应链金融

【摘要】供应链金融是产业资本与金融资本的跨界组合，能够完美地实现金融精准扶助产业的效果。本章的论点是：①农村供应链金融对于解决农村金融的难点有重要意义，不仅如此，对于帮助实现现代农业的农业供应链更有重要的推动作用；②电商＋农村供应链金融放大了农村供应链金融之于农村经济发展的作用，提升了农村供应链金融的价值，是对农村金融的创新。

一、供应链金融

供应链金融是一种基于供应链的金融活动。

供应链也称产业供应链，是围绕核心企业，通过对商流、信息流、物流、资金流的控制，从采购原材料开始到制成中间产品及最终产品，最后由销售网络把产品送到消费者手中的一个由供应商、制造商、分销商、零售商直到最终用户所连成的整体功能网链结构①。供应链中存在着核心企业和上下游配套企业，形成"产—供—销"的经营链条。供应链有助于在经营活动中有确定供应、生产、销售关系的企业之间建立一定的协调机制，帮助稳定关联性，降低经营中产品、产量、价格的不确定风险。供应链在一定意义上就是一种基于经营关系的互助共赢的经济联盟组织。

供应链金融则是对供应链中的单个企业或上下游多个企业提供全面金融服务。供应链企业中存在以交易为基础的物流，当然也存在与交易配套的资金流，以及供应链企业之间的支付结算、借贷等金融活动。供应链金融可以帮助促进核心企业及上下游

---

① http：//baike.baidu.com/link？url＝u5YWk7VxA2iYr＿OIqRhyhc6＿j1Mk9llRg＿SC9D59qEdEDGjw54IhdTrZWqWlyHtqgnu-qRhv8AHeACYtobiHtq.

配套企业的稳固和流畅，并通过金融资本与实业经济协作，构筑金融机构、企业和商品供应链互利共存、持续发展、良性互动的产业生态。供应链金融中除了从事实业经营活动的核心企业和上下游企业外，还加入金融机构以及第三方机构（保险公司、担保公司、信息系统开发商和第三方电子交易平台）、政府等。金融机构根据特定产品供应链上的真实贸易背景以及核心企业的信用水平，以企业经营行为产生的未来现金流为直接还款来源，配合金融机构的短期金融产品和封闭贷款操作，进行单笔或额度授信方式。供应链金融处于物流、供应链管理、合作与金融的交界层面，是一种让供应链中多个组织通过计划、指导、控制组织间资金流来共同创造价值的方法。供应链金融可以说是一种革命性的融资方案，所呈现出的灵活性和易于实施的特点可以解决导致企业低效运营的各种延期应收账款、预付账款、存货等大量资金的浪费问题，通过降低信用风险，进而提高供应链每个节点的运行效率。

供应链金融是立足于产业（或产品）供应链之上的金融，是产业资本与金融资本的组合，其最大的特点是紧紧围绕由经营过程形成的链条，为相关企业由于该经营产生的金融需求提供服务，对于企业来说，金融服务不多不少恰到好处，实现"金融之水"直接"浇灌企业之树"；对于金融机构来说，由于深入企业经营链条中，一方面可以降低信息不对称性从而降低了信贷风险和风控成本，另一方面提高企业专款专用的程度，避免挪作他用。更重要的是，供应链金融能够帮助供应链上的中小微企业解决融资难问题，因而具有普惠金融的性质。

二、农村供应链金融的价值

（一）农村金融的困惑

从宏观角度看，有大量研究证明金融发展可以带动经济发展，因为在一定条件下，金融会把社会资源输送到最有效率的部门手中，提高创造社会财富的效率；从微观角度看，有良好发展前景的企业是否可以迅速获得足够的资金，直接决定了其经营的成败和对税收、就业、GDP 的贡献。金融发展对经济增长的促进作用，在理论界尤其是发展经济学中成为主流观点；在实践领域也成为政府和各类组织的共识，他们通过制定和落实各项相关政策，通过自发组织和推广相应活动，努力实现以金融促发展的理念。

农村经济是多数国家经济发展的薄弱环节，基于以上逻辑，为农村经济发展提供所需要的金融服务以促进其发展，是政府重点考虑的事情，也是普惠金融工作的一个重点。在中国，发展农村金融，被看作促进农村经济发展、提高农民收入水平、建设新农村的一个重要工具。

但是，对农村的金融服务不同于城市。我国农村经济具有较大的非规模性、较高的信息不对称性、较低的财产可抵押性，这些特性决定了按照工业社会量身定制的现代金融业"不服"农村的"水土"，用传统套路出牌往往成本高、成效低，得不偿失。以信贷产品为例，上述特性导致以下问题：

（1）信贷规模小。按照一家一户的小农经济，单笔贷款额度几千元至几万元，相比较动辄千万元的工商业贷款，金融机构审贷成本和风控成本太高，收益太低。

（2）信贷风险高。农村经济以种植和养殖行业为主，该行业受自然灾害、瘟疫、市场变化从而价格变化的影响，经营风险很高。分散的小农经济对经营风险的对冲能力很弱，这种情况加大了信贷的违约风险。

（3）信息不对称程度大。农户以及农村的小微企业是农村的主要经营单位，他们基本没有规范的财务报告，贷款人无法根据财务报告评价借款人资质和还款能力，频繁走访调研是传统农村金融机构贷款风控的主要办法。相比较城市的工商企业贷款，农村信贷基本是人力密集型的工作。这对于人工成本很高的金融机构，基本不可行。

（4）可抵押财产少，可抵押财产的流动性低。农户可用于抵押的资产一般为房屋、农机具，但这些抵押品价值低、可流动性差。至于价值较高的农田、林地等，农民只有使用权而没有所有权，在是否可以抵押问题上缺乏法律依据，并且，农田林地不可交易、缺乏流动性也降低了其抵押价值。缺乏抵押资产的结果是贷款人违约损失补偿手段不足，贷款风险提高。

农村金融以上四个特征导致的结果可以归结为六个字，就是"风险高、收益低"。对于以盈利为目的的传统大型金融机构来说，除非有从里到外的变革，否则它们不会愿意从事农村金融业务[1]。我国传统大型金融机构占据金融市场份额的80％（国有银行＋股份制银行）[2]，意味着拥有80％金融资源的金融机构不愿意提供农村金融服务。留存于农村地区的金融组织以及以服务农村为使命的金融机构，即便按照农村金融的特征设计相关产品，组织有特色的信贷管理流程，同样会在不同程度上遇到上述问题困扰。

如何解决农村金融的难题？农村供应链金融让我们看到一线曙光。

（二）农村供应链金融的价值

1. 破解农村金融难题

对于农村金融来说，农村供应链金融的最大价值在于帮助克服农村金融的难点。

---

① 专做小微金融业务的金融机构，以及不以盈利为目的的 NGO 信贷组织除外。

② 参见《中国普惠金融发展报告 2015》。

第一，帮助降低信息不对称性。一般的银行信贷模式中，一条供应链上的供应商、核心企业、分销商分别由不同银行进行独立授信，核心企业由于自身优势可以获得较大的授信额度，而上下游企业由于信用度不高，获得贷款少，使得整个供应链脆弱。供应链金融服务开发了包括上游供应商和下游分销商在内的新客户群体。金融机构可以介入整个供应链，从对单个中小企业的信用评价拓展到对整个供应链的评估，不仅从中小企业静态的财务数据的评估入手，更转变到对整个交易过程的动态评估。

在农村供应链中，与核心企业合作的附属企业或农户一般具有稳定的经营关系，其信用质量经过核心企业的筛选，有较高的可信度。基于此供应链上的金融机构通过"搭便车"，不用挨家挨户做实地调研，即可获得比自己亲力亲为更质量上乘的信用资质考察效果。例如，京东在汶上县试点的种业供应链金融——"先锋贷"中，农户与核心企业大粮公司有长期合作关系，是大粮公司选出的有信誉农户。

第二，帮助降低信贷风险。农村供应链中的核心企业往往是有很强的技术能力、销售能力、市场分析能力，甚至价格控制能力的大中型企业。在这样的价值链中，农村小微企业和农户的农资农药采购与农副产品销售均可通过核心企业实现，在一定程度上降低市场波动的风险。并且，核心企业通过对附属企业和农户的技术支持以及产品质量把控，降低产品质量风险。在这个意义上，我们说农村供应链金融可以降低经营风险，从而降低信用风险。

第三，帮助实现贷款规模效应。供应链金融是依托核心企业的金融，避免金融机构一对一面对资金需求微小的企业，在借贷额度上具有批量性。在农村金融中，尤其能够帮助克服单笔交易额度太小带来的成本收益不对等问题。例如，在蚂蚁金服实行的"蒙羊"供应链金融项目中，对"蒙羊"的第一批授信额度（2016 年）达到 2.12 亿元。

第四，帮助增加贷款的担保抵押性。供应链金融由于有经营规模大、可抵押资产多（并且资产流动性好）的核心企业参与，避免了直接面对缺乏可抵押资产的小农户的问题，因而提高了贷款违约的补偿程度。另外，核心企业一般具有良好的品牌和较强的谈判能力，容易获得保险、担保机构的参与和支持，这也提高了信贷资金安全的保障程度。如在蚂蚁金服"蒙羊"案例中，中华保险公司参与其中，为养殖户提供养殖保险和信用贷款产品保险，极大地降低了蚂蚁金服的信贷风险。

第五，帮助处于供应链上下游的农户和农村中小企业解决融资、保险、结算等一系列金融服务问题。供应链金融的受益主体主要是依附于核心企业的上下游企业，这些企业规模一般较小。因此，供应链金融更多体现了普惠金融的内涵——服务于中小微企业。当供应链金融转向农村时，其受益者的"三农"性质更体现了农村供应链金融的普惠金融特质。

2. 推动农业规模化发展

对于农村供应链金融来说，其价值除了可以帮助破解农村金融的难题外，还具有更大的社会价值，即帮助推动农业生产的规模化发展，加快传统农业向现代农业的转化进程。

有学者根据农业发展对生产要素的依赖程度、采用的技术手段和工具的差异、生产组织方式的差异，将农业分为原始农业、传统农业和现代农业三个发展阶段（白荣欣，2008）。传统农业以分散的小农经济为主，生产规模小、市场化程度低、生产技术相对落后，具有自给自足的特点；现代农业则以大规模化经营、高度市场化、生产技术先进为特点，生产组织具有较高的合作化和企业化特点。基于此，建立现代农业是改善农村经济、提高农民生活水平的一个必由之路。

20 世纪 60 年代起，中国政府将实现"农业现代化"作为重要国策[①]。半个世纪过去了，中国农业向现代化的目标迈进，尽管速度缓慢但从未停止，始终执着地沿着传统农业转向现代农业的轨道前行。近年来经济进入新常态，农业经济面临价格、成本、资源约束的挑战，我国政府更加大了推进农业现代化发展的力度，并明确将"转变农业发展方式作为当今和今后一个时期加快推进农业现代化的根本途径"（《国务院办公厅关于加快转变农业发展方式的意见》（〔2015〕59 号），2015 年 7 月 30 日）。

> 国务院 2015 年 59 号文件中详细指出转变农业发展方式包括：以发展多种形式农业适度规模经营为核心，以构建现代农业经营体系、生产体系和产业体系为重点，着力转变农业经营方式、生产方式、资源利用方式和管理方式，推动农业发展由数量增长为主转到数量质量效益并重上来，由主要依靠物质要素投入转到依靠科技创新和提高劳动者素质上来，由依赖资源消耗的粗放经营转到可持续发展上来，走产出高效、产品安全、资源节约、环境友好的现代农业发展道路。

农村供应链创造了一种农户+公司+市场的商业模式和经营组织形式，通过核心企业的带动，将小农户集中起来，通过核心企业对农户的技术支持、质量监督、订单控制的方式，将分散的小农经济直接接入市场中，在实现规模化经营中提高竞争力

[①] 四个现代化即工业现代化、农业现代化、国防现代化、科学技术现代化。1964 年 12 月第三届全国人民代表大会第一次会议上，周恩来总理根据毛泽东主席的建议，在政府工作报告中首次提出，在 20 世纪内，把中国建设成为一个具有现代农业、现代工业、现代国防和现代科学技术的社会主义强国，并宣布了实现四个现代化目标的"两步走"设想。第一步，用 15 年时间，建立一个独立的、比较完整的工业体系和国民经济体系，使中国工业大体接近世界先进水平；第二步，力争在 20 世纪末，使中国工业走在世界前列，全面实现农业、工业、国防和科学技术的现代化。

（见图 12-1）。所以，农村供应链是推动我国农业实现现代化的一个重要的、有效的组织方式，为农村供应链提供支持的农村供应链金融，当然具有了推动农业规模化，进而实现现代农业转化的重要价值。在这个意义上，农村供应链金融是基于先进农业生产方式的金融，它对于从根本上改变落后农业向先进农业转化发挥了至关重要的作用，因而是一种更高层次的农村金融方式。

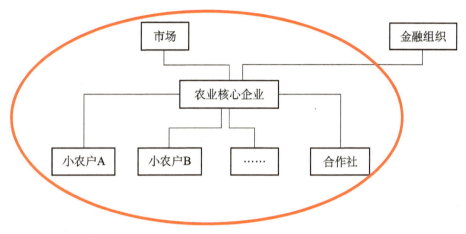

图 12-1　农村供应链金融

三、中国农村供应链金融的模式与现状

基于我国政府对农业规模化发展的全力支持和推进，各政府主管部门分别推出支持农村供应链金融发展的政策和措施。2014 年至 2016 年初，由国务院、农业部、银监会发布的关于推进农村（农业）供应链金融发展的文件就有 9 个[①]，为农村供应链金融发展创造了良好的政策环境。

目前我国农村供应链金融的主要运作模式有"龙头企业＋农户＋政府＋金融机构"、"龙头企业＋合作社＋金融机构"两类。其中：龙头企业是指主营业务与种植、养殖以及其他农业经营有关，具有一定经营规模和品牌影响力的现代化公司。这类公司的产品成熟、市场稳定，具有较强的下游控制能力，并且有强烈的控制上游产品质量、数量的愿望。合作社通常是以自愿、互助的方式，按照特定农业/养殖业产品类别，由相关农户组合起来的组织。合作社在一定程度上是自愿组合的集体经营组织。在农村金融供应链的合作社中，社员的生产品种与龙头企业的经营品类一致。政府在供应链金融中一般扮演组织、支持者的角色。作为组织者，政府利用自己的资源优势帮助当地

---

① 参见《中国农村金融发展报告 2015》。

农户寻找龙头企业、金融机构等，并帮其实现各利益相关方的对接；作为支持者，政府更多地在政策环境、征信、增信、担保等方面发挥作用。金融机构是为农村供应链提供信贷资金的金融和类金融组织，我国目前参与农村供应链金融的主要有各类银行、商业保理机构、电子商务企业。

（一）"龙头企业＋农户＋政府＋金融机构"模式

比较典型的案例是由国家开发银行参与的河北滦平华都肉鸡养殖产业链项目、农业银行参与的山东黑牛项目。

2007年，在滦平地方政府的推动下，河北滦平华都肉鸡产业化扶贫项目启动。该项目由地方政府组合华都集团（龙头企业）、国家开发银行（金融机构），以及养殖户，形成肉鸡养殖的产业链。此项目属于政府主导的扶贫试点项目，有很高的政府参与层级，除滦平县政府以外，还有国务院扶贫办、北京市政府、河北省政府。国家开发银行作为国家政策性银行参与该项目。

该项目采用"龙头企业＋养殖户＋政府＋银行"的模式。政府在整个项目运作过程中作用最大，包括前期的设计、动员、组织、协调、实施过程中的信用增级担保。国家开发银行只需与县政府主持的"政信公司"对接，政信公司落实贷款审批、发放与收回。项目计划投资5.6亿元，贷款平均期限5年，用于养鸡基础设施建设和配套项目，利率比同期贷款基准利率上浮20％。该项目计划帮助2.73万贫困人口脱贫，间接带动10万人口实现增收。

2011年8月27日，山东省黄河三角洲（黄三角）地区的"十百千万"山东黑牛科技示范工程在山东高青县正式启动。地方政府希望通过这个项目在农村地区打造有高科技含量的优质肉牛产业链。为此，政府选择高青、阳信等具有肉牛养殖基础的十个县作为示范县，期望以布莱凯特黑牛科技股份有限公司为龙头，逐步建立信息化、法人特派员、现代种业三位一体的现代肉牛生产产业体系，形成"十县百乡千村万户"梯次发展格局。

黑牛养殖供应链金融是典型的"农行＋政府＋龙头企业＋农户"模式。农业银行作为贷款方参与其中；政府除了发挥组织引导、牵线搭桥的作用外，还成立专项风险补充基金，优化信用发展环境，以降低信贷风险；龙头企业对接养殖户。至2015年，农行地区分行已向高青、无棣等五市、十个县的黑牛产业链发放贷款8.7亿元，带动农民1.8万户。

"龙头企业＋农户＋政府＋金融机构"模式的主要特点是，地方政府是特定产业供应链的主要发起者和组织者，也是金融风险的主要承担者。这决定了项目规模很大，参与的银行是大银行。政府主导的好处是见效快，但也容易成为政绩工程，并产生政绩工程引发的弊病。

（二）"龙头企业＋合作社（或农户）＋金融机构"模式

这种模式中，龙头企业替代政府，成为供应链的发起者和主要组织者。比较典型的是农业银行参与的山东六和饲料供应链金融项目、龙江银行参与的玉米种植供应链金融项目。

山东六和项目首先由六和集团发起，形成饲料、养殖业的供应链。六和集团是上市公司新希望农业股份公司主营业务的核心载体，也是国家级产业化龙头企业、中国制造业 500 强企业。六和集团与养殖户之间形成长期稳定的饲料销售合作关系。为了带动更多养殖户，六和集团出资组建担保公司，通过龙头企业为农户提供订单、担保公司为农户提供担保、农行为农户提供贷款，共同为养殖户提供金融服务。在这种模式下，由六和集团推荐农户，农行发放给农户的贷款，经受托支付直接划转到六和集团为农户购买生产资料；养殖周期结束后，由六和集团按照订单收购产品，并在支付养殖户货款前先行归还农行贷款，实现农户借贷资金的封闭运行和全程监管。除了担保公司为农业银行贷款提供担保外，还要求农户以自己的养殖房舍和设备提供反担保，一旦发生贷款风险，担保公司在代偿贷款的同时，可以利用六和集团的产业链和人力资源，把反担保资产重新投入实际的养殖生产过程。依托这种模式，山东、青岛两行共向六和集团订单农户发放贷款 2 亿元，连续 4 年实现贷款零风险[①]。

黑龙江玉米种植供应链金融项目基于黑龙江省肇东市五里明镇的玉米生产地区。2008 年当地政府发起建设五里明现代农业示范区，形成"1 ＋ 8"的供应链模式，其中"1"为 1 个现代农业公司，"8"为 2 个农机合作社＋5 个玉米种植合作社＋1 个米业合作社。龙江银行作为发放贷款的金融机构参与其中。因此，这是一个典型的"龙头企业＋合作社（农户）＋金融机构"的供应链金融模式。为了便于操作，除了龙江银行外，还引入一家信托公司——中粮信托参与其中。在这种模式下，农户以土地入股的方式加入合作社，合作社将土地承包经营权委托给中粮信托，中粮信托将该权利质押给龙江银行，龙江银行向合作社发放贷款。对于银行来说，发放贷款给合作社，比给零散的农户更加方便可靠，并降低操作成本。在农村供应链金融中，除非龙头企业在长期合作中与农户建立稳定的业务关系，掌握可靠的信用信息，否则，合作社替代零散的农户是一个更优的选择。

无论是"龙头企业＋农户＋政府＋金融机构"模式，还是"龙头企业＋合作社（或农户）＋金融机构"模式，以上总结的几个项目的共同特点是：

---

① 2015 年农业银行研究报告。

（1）政府或龙头企业者是供应链的主导者，在供应链中发挥组织、推动、管理的作用，在金融活动中提供信用担保；

（2）供应链中信贷、支付等活动依托传统商业银行；

（3）龙头企业从事与农业相关产品、产业经营，是具有一定的规模和品牌、具有较好市场销售能力的现代化企业；

（4）供应链的范围和规模取决于龙头企业的市场触达能力。

四、电商＋农村供应链金融——模式创新与价值提升

（一）农村市场的诱惑

2013 年以来，中国互联网经济发展加速，据研究机构①统计，中国电子商务市场交易规模 2015 年为 18.3 万亿元，其中 B2B 交易达到 11.8 万亿元。2012～2015 年，中国电子商务交易规模平均增长速度达到 33%，其中 B2B 交易增长速度平均为 21%（见图 12-2 和图 12-3）。电子商务市场的迅速扩张为传统企业采购销售模式带来新的机遇和挑战。越来越多传统企业通过互联网降低成本、扩大市场规模，但更多的是互联网企业通过电商市场直接为传统（线下）企业提供方便的贸易渠道。

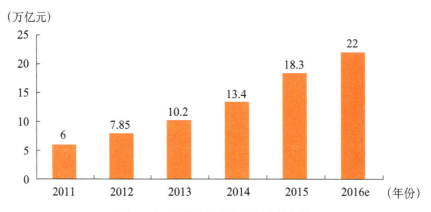

（万亿元）

图 12-2　中国电子商务市场交易规模

资料来源：中国电子商务研究中心。

面对尚待开发的中国农村巨大市场，阿里、京东、苏宁等国内电商巨头开始加速向农村扩张。其中，阿里于 2014 年底推出"千县万村"计划，计划在 3～5 年内投资 100 亿元，建立 1000 个县级运营中心和 10 万个村级服务站，深挖农村消费的蓝海市

---

① 参见 http：//www.100ec.cn/zt/2015ndbg/，中国电子商务研究中心研究报告；艾瑞斯 2016 年中国 B2B 电子商务研究报告。

图 12 - 3　中国 B2B 电子商务市场交易规模

资料来源：参考国家统计局、海关总署数据，根据艾瑞统计模型核算。

场。在阿里巴巴的千县万村计划中，期望利用大数据对物流、信息流和资金流分析，以借呗、花呗产品满足农民小额消费金融需求，以余额宝、招财宝等产品满足其投资理财需求，并通过网商银行推出旺农贷。京东在 2015 年全面启动农村电商"3F 战略"，即工业品进农村战略（Factory to Country）、生鲜电商战略（Farm to Table）和农村金融战略（Finance to Country）。通过自营式的县级服务中心和加盟式的乡村合作点，京东开展"县—村"两级三农电商布局，目前已覆盖山东、安徽、江苏等省的600 多个县，囊括 10 万个重点行政村。配合市场扩张的战略，京东凭借线下渠道和客户基础，推出农村信贷品牌"京农贷"，期望借助数据分析和订单融资模式，满足农资购买环节的生产资料融资需求和农产品收购环节的农产品融资需求[①]。

　　除阿里、京东电商巨头以外，其他有影响力的特色电商也在布局农村市场，并辅之以农村金融服务，如中国家电零售巨头苏宁集团旗下的苏宁易购在全国推出 102 家"特色馆"，通过 O2O 的模式推动地方特色农产品"上行"，为农产品销售拓展市场。与此同时，推出"企业贷款"、"任性付"和"苏宁众筹"三大金融产品服务，以帮助解决农村企业融资和推动农村消费，创新农产品销售渠道。

　　在拓展农村金融以配合实现农村电子商务市场的战略布局中，阿里系的蚂蚁金服和京东金融集团均将视线投向农村供应链金融，并开展一系列试点项目。

（二）电商布局农村供应链金融

　　自 2015 年开始，蚂蚁金服、京东金融加快农村金融的步伐，相继推出"龙头企

---

① 引自 http：//mt. sohu. com/20160622/n455565108. shtml。

业＋合作社（农户）＋保险＋电商金融"的模式。在这种模式下，电商金融替代一般金融机构成为供应链中资金的提供方。

1. 蚂蚁金服农村供应链金融

蚂蚁金服于2016年2月加入蒙羊供应链，成为金融服务提供商。在该电商＋供应链金融中，蚂蚁与核心企业蒙羊集团、中华财险联手，为肉羊养殖户提供贷款。目前项目正在设计和试行期。2016年，蚂蚁金服旗下的网商银行对中华财险的整体授信额度为2.12亿元（共43户），现已有2户养殖户完成试点，23户养殖户的贷款发放工作正在进行中。贷款对象都是有多年养殖经验的养殖户，与蒙羊合作年限也都在2年以上。

2. 京东农村供应链金融

京东金融于2015年下半年推出"京农贷——先锋贷"和"京农贷——仁寿贷"两个农村供应链金融项目。"先锋贷"基于山东汶上县大田农作物小麦、玉米形成的粮食种植供应链，与从事种子等农资供应商山东大粮及下属企业济宁大粮公司合作，以应收账款融资方式，授信额度2000万元，已对20户农业种植户发放贷款200万元；仁寿贷是对四川仁寿县枇杷供应链提供金融服务，核心企业是枇杷加工企业福仁缘农业开发公司。

3. 大北农的养猪供应链金融

大北农猪联网是大北农集团建立的一个生猪交易平台，该平台从生猪养殖开始，链接交易和金融，并植入饲料、动保、疫苗、种猪、生物饲料、种业、农化等多个企业化的技术产品，形成基于电商平台的生猪产业链。

在猪联网基础上，大北农集团又开发出农信商城、农信网，将生猪养殖供应链演变成管理、交易、金融三个子网络的链接（见图12-4）。通过猪联网（企管网）—农信商城（原智农商城）—农信网（智农通）形成一个"农业大数据—农业交易—农村金融服务"完整的农业产业链互联网金融生态圈。其中猪联网（农业大数据及云服务）提供农业生产、行情资讯，农信商城实现农产品垂直供销，农信金融平台提供理财投资、农业信贷等普惠金融服务。

从2014年平台创建以来，通过猪管网信息平台覆盖600多万头猪的养殖信息。在掌控养殖业最核心的资源——猪的基础上发展农资交易和生猪交易，提供金融业务。农信网先后嫁接了农富贷、农银贷、农富宝、扶持金四个服务板块，满足了农业产业链上的支付、融资和投资理财等多元金融需求，仅2014年发放贷款就超过11亿元。

（三）电商（线上）＋农村供应链金融——创新与价值增值

1. 供应链与价值创造

按照前文的分析，供应链是供应链金融的基础，更是"电商＋农村供应链"的基

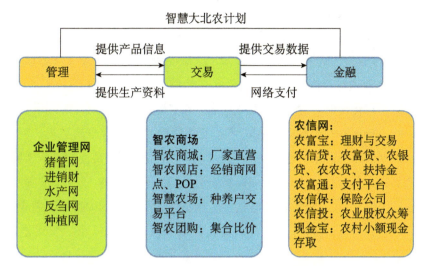

图 12 - 4　大北农集团的智慧大北农供应链金融体系

础。对电商之于农村供应链金融价值增值作用的理解需从供应链之于价值创造开始。

按照理论界的观点，供应链管理的实质是打破企业和组织之间的信息孤岛与业务孤岛，实现一体化的沟通协调体制，更有效地聚合资金流、物流和商流，实现客户价值[1]。根据系统动力学的思想，供应链管理的价值创造产生在跨越传统组织（如企业）形成的包括供应商、生产商、客户在内的价值链条上的协调和互动（Stevence, 1989；Tan et al., 1998）。因此，供应链管理创造价值的功能源于其沟通、协调与组织的作用。著名管理学家迈克尔·波特也指出价值链之间的链接（Linkage）和组织也是企业价值实现的重要基础（Porter, 1980）。

2. 电商+供应链的价值创造

根据定义，电子商务是建立在互联网上进行商务活动的虚拟网络空间和保障商务顺利运营的管理环境；是协调、整合信息流、物质流、资金流有序、关联、高效流动的重要场所。电商介入企业供应链，可以通过互联网技术增进供应链中信息分享、知识创造和组织变革，因而为供应链带来进一步的价值提升。电商对于供应链价值的提升主要体现在以下三个方面[2]：

（1）提高供应链中的信息分享效率，从而缩小供应链运行中的牛鞭效应[3]，使供应链逐渐放大的波动得以抑制（Elliman, Orange, 2000；Emiliani, 2000）。牛鞭效应是供

---

[1][2]　宋华．供应链金融 [M]．北京：中国人民大学出版社，2015.

[3]　牛鞭效应指供应链上的一种需求变异放大现象，是信息流从最终客户端向原始供应商端传递时，无法有效地实现信息的共享，使得信息扭曲而逐级放大，导致了需求信息出现越来越大的波动，此信息扭曲的放大作用在图形上很像一根甩起的牛鞭，故称牛鞭效应。如果将处于上游的供应方比作根部，下游的用户比作末梢端，一旦末梢端抖动，传递到根部就会出现很大的波动。

应链管理中的最主要风险。

（2）通过改善触达性、丰富性和附着性，为供应链上的企业带来价值提升（Evans，Wurster，1999）。所谓触达性（Reach），是指接近（Access）与连接（Connection），表现为企业通过电商平台可以接触多少客户，给客户传递多少服务与产品；触达性是电子商务与传统经营之间的最大差异。丰富性（Richness）指电子商务给企业带来与客户间信息互动的深度和广度，信息互动帮助企业丰富产品品类，更好地满足客户海量并且个性化的需求。在传统经营形式下，触达性与丰富性两者不能同时兼顾，电商使两者统一。附着性（Affiliation）指企业经营围绕的是客户（需求方），传统经营方式下往往围绕企业（供给方）。触达性、丰富性、附着性的改善意味着企业可以培养更多的客户，并且能快速地了解客户现实需求和发掘潜在需求，形成丰富多样的供给。

（3）通过改善"流程关系"提升供应链的价值。企业的流程关系分内部和外部两种。内部流程关系指企业两个以上部门之间在流程上的业务协作、资源共享；外部流程关系指企业间进行流程合作以实现目标，包括采购、销售、需求预测、库存管理等。在电子商务环境下，数据信息技术提高了供应链企业间的信息流、资金流、商务流协调整合，大幅度降低协调成本，对销售和分销形成有力支持，并促进企业间在能力规划、需求预测、库存管理方面的合作，助力形成供应链的高效率流程，从而进一步改善组织间关系，提升供应链价值（Frohlich，Westbrook，2002；Poirier，Quinn，2003；Barua et al.，2004）。

3. 电商+农村供应链金融——创新与价值提升

根据以上分析，毫无疑问，电商+农村供应链金融相较传统农村供应链金融会有大的价值提升。我们对蚂蚁金服和京东金融的"电商+农村供应链金融"案例进行研究后发现，与传统农村供应链金融比较，电商+农村供应链金融的价值提升主要体现在金融服务和市场拓展两个方面。

（1）金融服务方面的价值提升。首先，借助数字信息技术，实现对供应链金融的贷前、贷中、贷后的实时、全方位风险监控，降低违约风险。如在蒙羊案例中，依托蚂蚁金服的征信系统、大数据分析系统、定向支付系统和电商平台，使养殖户的采购行为、支付行为、销售行为、还款行为全部在阿里村淘、蒙羊、中华保险构造的闭环生态链中进行，通过对物流、资金流、信息流的全方位监测，做到风险全方位监控。

其次，可以更充分地利用移动支付的便利，降低存取支付的时间成本，方便农户。如蒙羊案例中，借款农户因采购和销售发生的所有支付行为，完全通过蚂蚁金服开发的特定支付系统用手机完成支付，简洁方便，节约了去银行存取款的时间。

最后，可以进一步缩短农户借款流程，减少相关手续的办理环节，提高申贷效率。

如在京东"先锋贷"案例和蚂蚁"蒙羊"案例中,农户借贷仅需要上网填写有关表格,审贷手续电子化,无须到银行柜台办理申请手续。而且审贷环节少、速度快,一周左右即可完成贷款审批。

(2)市场拓展方面的价值提升。首先,可以充分利用电商跨区域的平台优势和电商对市场需求信息的快速、全面了解,帮助农村供应链中龙头企业进一步拓展产品销售市场。农村供应链中农户多作为原料或者初加工产品的供应方(上游端企业),龙头企业多为购买方(下游),直接面对下游端企业或者终端消费者。因此,龙头企业的市场拓展能力直接决定了供应链的规模。显然,在电商平台帮助下,龙头企业市场拓展的努力会产生多倍放大的效果,体现了电商平台帮助改善触达性、丰富性和附着性,实现企业价值提升的效果。

例如,蚂蚁金服作为蒙羊供应链金融的参与方,于2015年10月19~22日在聚划算平台策划一场"聚力青年、生态内蒙"的主题活动,仅数日内蒙羊旗舰店页面访问量高达200多万次,新鲜羊肉产品实现成交额357万元,向全国20多个省共计发送宅配冷链物流3万余单。又如四川仁寿县枇杷供应链金融"京农贷——仁寿贷"中,京东帮助策划在京东商城上的"京东枇杷节",2016年4月25日至5月30日京东网上枇杷节期间,网销枇杷67354单、312862斤,销售总额796万元,分别比上年枇杷节增长了188%、218%、165%。在这些主题活动中,阿里和京东通过它们巨大的电商平台和广泛的触达性,大大提升了核心企业的市场知名度,对于企业的价值提升发挥了杠杆作用。

其次,可以通过电商平台直接对接厂家和最终商品需求者,减少中间贸易商、代理商环节,降低由于供应链中链条过长带来的"牛鞭效应"。

以上京东"网上枇杷节"和阿里系聚划算的"聚力青年、生态内蒙"主题活动,通过活动策划帮助实现终端消费与生产加工在时间上和数量上接近同步,做到"网上下单,产品从田间、车间最快36小时直达消费者手中"。这一互联网售卖方式一方面能够缩短从田间、农牧场到餐桌的过程,不仅让消费者享用到新鲜美食,而且降低环节成本,并将部分利润让给农民;另一方面直接对接能够降低供应链中链条过长带来的"牛鞭效应"。核心企业(如蒙羊)可以避开中间商直接获取下游消费者的购买信息和需求信息,精准定位全国不同地区用户人群特点,并以消费者的需求为导向打造定制化产品。信息的有效共享能够降低在多方传递过程中出现的"扭曲效应","牛尾"的末梢端和根部距离缩短了,末梢端抖动也就不会给根部造成很大的波动了。

最后,可以通过电商平台对触达性、丰富性、附着性进行改善,实现更多、更有效的协调与组合。

经典的例子是大北农生猪养殖供应链。大北农生猪养殖供应链金融与蚂蚁—蒙羊和京东—大粮供应链金融项目的不同点是，前者并非以单一龙头企业为主线构造"电商＋农业供应链＋金融"，而是在电商平台上，通过平台的信息优势，对供应链中每个环节都进行组合，形成特定行业下的多点对接，从 N＋1＋1（多个农户＋一个龙头企业＋一个金融组织）变为 N＋N＋N（多个农户＋多个企业＋多个金融），形成更大的组合优势（见图 12－5）。

图 12－5　多点位对接的电商＋供应链金融图示

显然，这种模式必须依托电商平台才能实现，并且这种模式会产生更好的协同组织效果。

五、结语

供应链金融是产业资本与金融资本的跨界组合，能够完美实现金融精准扶助产业的效果。本章的重要观点有以下几点：

（1）农村金融的难点是信贷规模小、信息不对称程度高、信贷风险大、可抵押资产少。农村供应链金融可以有效解决上述农村金融中的难点问题，不仅如此，对于帮助实现农业现代化的农村供应链有重要的推动作用。

（2）电商＋供应链金融是信息经济时代的一个重要发展。电子商务是建立在互联网上进行商务活动的虚拟网络空间和保障商务顺利运营的管理环境；是协调、整合信息流、物质流、资金流有序、关联、高效流动的重要场所。电商介入企业供应链，可以通过互联网技术增进供应链中信息分享、知识创造和组织变革，因而为供应链带来进一步的价值提升。

（3）电商＋农村供应链金融进一步放大了农村供应链金融之于农村经济发展的作用，提升了农村供应链金融的价值。这是农村金融的一个重要创新，也是数字信息技术化农村金融中的一个重要应用，它对于农村经济发展的推动作用之大不可估量。

案例八　京东农村供应链金融案例
——汶上先锋贷

【摘要】汶上先锋贷是京东金融试水农村供应量链金融的第二个项目"京农贷——先锋贷"的一部分。该项目以山东地区大田粮食作物生产供应链为对象，通过与核心企业山东大粮公司合作，实现电商＋供应链金融的服务模式。该项目一个生产周期和贷款周期积累的数据经验在一定程度上说明：电商依托核心企业可以大大降低参与农村金融的业务成本；供应链金融可以通过参与生产经营的全过程和质量控制，以及市场销售的支持，帮助农民降低经营风险，进而控制信贷违约风险。但在如何充分发挥电商平台对粮食作物供应链的市场拓展作用，以及如何进一步利用数字信息技术参与信贷全过程，还有待进一步探索和完善。

面对中国农村的巨大市场，阿里巴巴、京东和苏宁等电商巨头纷纷推出各种农村电商发展计划，如阿里集团 2014 年推出千县万村计划、京东推出 3F 战略，均以扩大农村电商市场作为重要战略目标。发展农村金融，成为开拓农村市场的一个重要手段。农村供应链金融，更是电商得以发挥资源优势的一个更优农村金融模式。

本案例试图对京东金融于 2015 年开始试点的电商＋农村供应链金融项目：京农贷——先锋贷做深入跟踪分析，考察电商从事农村供应链金融的运营模式，总结问题与经验。

一、京东和京东金融的农村战略

京东于 2004 年正式涉足电商领域。2015 年，京东集团市场交易额达到 4627 亿元，净收入达到 1813 亿元，年交易额同比增长 78%，增速是行业平均增速的 2 倍，2016 入榜《财富》全球 500 强，成为中国首家入选的互联网企业。2014 年 5 月，京东集团在美国纳斯达克证券交易所正式挂牌上市，2015 年 7 月，京东入选纳斯达克 100

指数和纳斯达克 100 平均加权指数。至 2015 年 12 月 31 日，京东集团拥有近 11 万名正式员工，业务涉及电商、金融和技术三大领域。

京东金融集团于 2013 年 10 月开始独立运营，定位为金融科技公司。依托京东生态和对外连接所积累的大数据以及由此构建的信用体系，京东金融向社会各类客户及用户提供融资贷款、理财、支付、众筹等各类金融服务，为创业创新者提供全产业链一站式服务。目前，京东金融现已建立七大业务线，分别是消费金融、供应链金融、众筹、保险、财富管理、支付、证券，陆续推出了京保贝、白条、京东钱包、京东金融 APP、小金库、京小贷、小白理财等创新产品，实现了在公司金融和消费者金融两大业务板块的全布局。

京东金融的七大业务板块

消费金融板块。京东消费金融板块的主要产品是京东"白条"——一款面向个人用户的信用支付产品。白条为借款人提供免息、分期付款的消费信贷。京东基于用户在京东的往期消费信息和认证信息，按照授信模型为客户提供授信。自 2014 年 2 月 13 日推出该产品以来，白条已有用户 1000 万个。2015 年"双 11"期间，京东白条用户同期增长速度达到 800%[①]。除购物消费借贷外，目前白条已走出京东，对接更多的线下场景，如租房、装修、教育等。

供应链金融板块。京东金融对商品供货商提供供应链金融服务。京东商城的商品销售方式采取直营和第三方商家运营两种方式。所谓直营，是指京东直接从厂商订购商品，然后在京东平台上销售。比较第三方商家运营，直营更能保证商品质量和送货速度。京东商城中直营占比超过第三方运营。在自营业务中，京东公司与直营商品供货商建立了长期的合作关系，并在此基础上开发出供应链金融。供应链金融主要采取应收账、存货抵押方式，由京东以及其他金融机构向厂家提供贷款。京东供应链金融中最知名的产品是京保贝、京小贷。至 2016 年初，京保贝已服务近 2000 家京东商城的供应商，客户在京东的贸易量增长超过 200%；京小贷累计为 3 万个店铺开通贷款资格。此外还有陆续推出的动产融资、企业理财等。

众筹板块。2014 年 7 月 1 日，京东产品众筹正式上线。京东众筹将众筹释义为"新场景解决方案"，旨在激活新消费形态，倡导新文化主张，传递新生活态度。在新消费升级时代下，京东众筹不仅是一个筹资平台，更是一个孵化平台，一方面扶持创业创新企业，另一方面丰富京东用户的产品体验，满足用户的消费升级需

---

① 双十一京东白条用户同比增长 800% ［EB/OL］. 中商情报网，http：//www.askci.com/news/chanye/2015/11/12/151628g70v.shtml.

求。京东众筹中的知名品牌是京东东家（2015 年 3 月 31 日正式上线）。

保险板块。京东金融设计并推出了一系列保险产品，如延保险、手机碎屏换新险、"30·180 保障险"、商品拒收险及白条七天忘记还款险等，保障用户权益。京东金融申请了保险代理，目前也正在申请成立自己的保险公司。

理财板块。京东理财业务基于电商生态圈累积的客户，主要产品有：固定收益的银行理财产品，包括固定收益证券和票据；保险理财业务；基金，股票基金；小金库及部分货币基金等。理财业务的日交易量较大。

支付板块。2012 年 10 月，京东公司收购了网银在线科技有限公司，获得了第三方支付牌照，京东金融的支付业务为京东金融其他业务和商城业务提供了主要渠道。目前，京东在围绕商城体系大力推广支付服务，合作商户覆盖旅游、地产、餐饮、通信、游戏、电商、金融等各大行业，包括白条支付与贷款支付。

证券板块。2015 年以来，京东金融依靠其数据能力和技术能力推出京东金融大数据消费指数和京东金融量化策略开发平台（简称"量化平台"）两个产品，以服务证券行业。

2015 年 9 月，京东集团发布农村 3F 战略，将充分发挥京东在渠道下沉、电子商务、互联网金融的巨大优势，将京东电商平台的销售渠道、京东自营物流覆盖到农资采购、农产品种植、农产品销售全流程。同时，针对加工、销售的全产业链金融需求，开发针对农户农业生产资金需求的金融产品。

3F 战略中，Factory to Countryside 指工业品下乡，从 2015 年开始，京东集团已经在 1500 个县建立了京东服务中心，负责配送与商品展示，发展村一级的推广员 30 万名①；Farm to Table 指农产品进城，即京东逐步与各地方政府签订协议，在京东商城界面打造地区特产馆，帮助推广当地有特色的农副商品进城，连接农产品的供应者与需求者②；Finance 指农村金融，京东依托渠道下沉、电子商务、互联网金融的巨大优势，紧扣以"农产品进城"、"工业品下乡"为核心的农村经济闭环，设计和打造具有京东特色的农村金融模式。该金融模式力求：①在农业生产环节，覆盖农户从农资采购到农产品种植，再到加工、销售的全产业链金融需求；②聚焦农村消费生活环节，完整地向农民提供信贷、支付、理财、众筹、保险等全产品链金融服务。京东金融力图以农村产品链的金融为特色，通过金融服务加速建设和优化农村经济生态，焕发农村金融活力，助力农村经济发展和农民生活水平提高。

---

① 推广员以兼职的形式为京东工作，进行营销宣传、商品代购等工作，帮助村民提升电商意识。

② 农产品由于不易保存，对运输要求比较高，京东还需要进一步打造生鲜冷链网络。

京农贷于 2015 年 9 月推出，目的是服务农户经营性借款需求。京农贷的首批对象为山东地区杜邦先锋种子种植户及四川仁寿地区枇杷种植户，并采取供应链金融的方式。为此，京东金融公司与杜邦先锋公司地区经销商和四川福仁缘农业公司合作，建立电商＋农村供应链金融的运作模式。截至 2016 年 5 月，山东试点项目济宁地区已发放贷款近 1000 万元。

二、京东的农村供应链金融项目：京农贷——汶上先锋贷

名词解释

京　　东：北京京东集团有限公司

汶上先锋贷：京农贷——先锋贷的汶上县项目

山东大粮：山东大粮农业发展有限公司

济宁大粮：山东大粮在济宁的子公司

大粮公司：通指山东大粮和济宁大粮

中银富登：指中银富登村镇银行

京农贷——先锋贷（以下简称先锋贷）于 2015 年 9 月落地实施，是京东农村金融部一项为满足粮食种植户生产资金需求设计的贷款项目。先锋贷依托粮食种植产业的龙头企业，结合种子销售、粮食种植、粮食回收三个环节，形成一个较为完善的、有电商参与的农产品供应链金融模式。先锋贷首先在山东部分大田作物种植地区试行。

本案例跟踪分析先锋贷在山东汶上县试行 8 个月的情况（2015 年 9 月至 2016 年 5 月初）。尽管没有到小麦、玉米收获季节（6~7 月、10 月），汶上先锋贷还没有完成一个完整的供应链循环，不能准确观察最终贷款的回收情况，但通过现场调查依然可以了解到项目的设计和大部分流程落实情况。

（一）行业背景

山东省汶上县是先锋贷的试点地区之一。

汶上县位于济宁市最北部，总面积 889.10 平方公里，北与东平、肥城隔水相望，东临宁阳、兖州，西接嘉祥、梁山，南靠济宁市区，并近临微山湖、京杭运河等水系，光照充足，四季分明，地理位置和气候适宜粮食种植。汶上县是山东重要粮食生产县，粮食作物主要为小麦和玉米，其中小麦的种植季节为 10 月至第二年 5 月，玉米种植季

节为 6～10 月。2015 年，全县约有 76.5 万亩小麦田①，占全县地域面积的 57.4％。据农业局调查，当地种植面积在 200 亩以上的农户有 562 户②。考虑到农户的经营管理水平和承担的风险，单户经营 200 亩为政府鼓励的最佳生产经营规模。

根据我们的调查，汶上县种植户的种植成本包含土地承包金、农资（种子、化肥）、人工费。其中承包金为每亩每年 700 元，每亩地每年需要的农资（种子、化肥等）约 440 元、人工费用约 700 元。当地农户种植的每亩地平均刚性成本约 1840 元。当地小种植户一般种植 50 亩，按此成本算需要有 9.2 万元支出。据统计，汶上县 2014 年农民人均纯收入 1.28 万元，相对于 9 万元的资金支出，也是一个不小的压力。如果农户种植 200 亩，则各种成本支出约计 36.8 万元，单纯靠自我积累的资金压力就更大了。显然，要实现汶上县政府的号召，按照最佳规模 200 亩种植，需要有外部资金支持。

但是，种植户的粮食、农资不能作为抵押品，农户住房的可抵押价值有限，种植户获得银行贷款有较大困难。即便拿到贷款，仅贷款审批就要至少 1 个月的时间。融资需求和融资难度大成为阻碍汶上县发展农业规模化经营的一个重要障碍。如果能够通过农业供应链金融的方式解决农业种植户的资金需求，将会有效促进该县农业的规模化、现代化发展。

（二）汶上县粮食种植供应链

济宁大粮作为山东大粮在济宁地区的子公司，服务于包括汶上县的济宁地区粮食种植户，主要销售以种子为主的农资。其中玉米种来自杜邦先锋公司，部分小麦种属于高水平优质麦种。2015 年，济宁大粮提供的种子种植面积占汶上县总种植面积比例的 30％，其中玉米种子份额占 15％，优质麦种 2015 年卖出 11000 亩，占种植面积的 1.4％。2016 年济宁大粮卖出 4 万～5 万亩。在经销的小麦种中，包括杜邦先锋的优质麦种，也有自己留存的普通麦种，其中优质麦种售价比普通麦种高 0.2 元/公斤，但能保证最终产品质量高和回收价高③。

从整体业务上看，济宁大粮对农业种植户提供产前农资经销（包括种子、农药、化肥），产中植物保护和技术指导与服务，以及产后烘干和收购粮食的农业全产业链服务。公司的产品及服务内容如图 1 所示。

公司采用客户经理→销售员→农户三级销售模式：客户经理把握区域整体农户的情况，销售员则与部分农户入户面对面对接，深入了解农户情况，并在农户周边推广公司

---

① 汶上县农业信息网，http://www.wsxny.gov.cn。
② 根据济宁大粮公司经营情况估计，实际超过 700 户。
③ 济宁大粮公司收购农民用优质种子种植的小麦、玉米，并且收购价格高于市场价格。

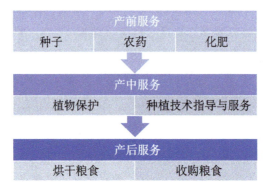

图1　济宁大粮公司的产品及服务图示

产品，为公司销售做最基本的拓展工作。济宁大粮的销售业务结构如图2所示。

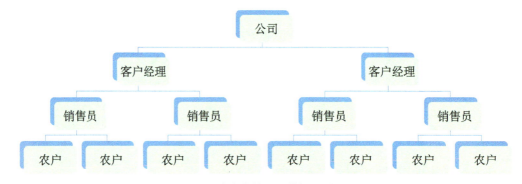

图2　济宁大粮公司的销售模式

汶上县农业种植户在与济宁大粮的合作中，形成了购产销一体化的作业模式：种子、化肥由济宁大粮提供，农业种植工作由农户实施，济宁大粮提供农业植物保护服务，粮食生产完毕则由济宁大粮签约回收，部分玉米出售给下游的正大公司（饲料公司），济宁大粮将烘干后的小麦出售给面粉厂。在这一供应链中，核心企业是济宁大粮公司，它既是粮食生产上游的原材料提供商，也是粮食生产下游的成品收购商。济宁大粮通过出售种子和回收粮食，形成稳定的上下游农户客户群，并通过供应链运转累积大量客户经营信息和信用信息，这些均是供应链管理中非常重要的信息资源。以济宁大粮为核心企业的粮食生产供应链如图3所示。

（三）汶上先锋贷的缘起

按照以上测算，汶上县农户的粮食种植如果做到规模化（按照县政府估计的最优种植200亩左右），资金是一个大问题。济宁大粮公司的王总也告诉我们，按照他们多年的经营经验，农户存在很大的贷款诉求。于是，母公司山东大粮希望能与金融机构一起推出一款针对农户粮食生产的信贷产品。山东大粮曾与当地的中银富登银行就此

图3 以济宁大粮为核心企业的种植供应链

事做过洽谈，但中银富登作为一家村镇银行，坚持使用传统农村信贷的方式，要求农户提供抵押担保，并且贷款手续复杂，贷款获得期较长。农民缺乏符合银行传统业务需要的抵押物，这是农村农民贷款的痛点。显然，中银富登银行无法满足大粮公司帮助农户解决粮食种植中的资金需求问题。

2015年京东启动农村电商＋农村金融的3F战略后，首先要解决如何进军农村金融市场的问题。京东的优势在于电子商务和由此积累的大数据和信息技术，但由于多数农民并非京东电商的客户，没有网络行为信息和账户交易信息，这个优势在农村金融领域消失了。缺乏农户信息是京东进入农村金融市场的第一大障碍。作为一家电商，京东无法复制传统银行的模式——建立一支农村信贷员队伍。与大粮公司合作，则可以利用该公司积累的农户信息实现对农户的信贷。对于山东大粮公司来说，京东既具有新金融业态的灵活性和积极性，以利于信贷业务的组合创新，又具有广阔的电商交易市场平台，可以方便地获得电商生态环境下的信息便利、组合便利、协调便利，获取更高的组合协同价值。因此，双方合作应该是一个非常好的双赢组合。为此，双方沟通后一拍即合，山东大粮公司与京东金融携手，在汶上县发起"京农贷——先锋贷"的粮食种植供应链金融项目。

（四）汶上先锋贷概览

1. 汶上先锋贷的供应链金融模式

在先锋贷的供应链金融中，农业种植户是粮食种植产业链中的下游"企业"——农资采购方，也是产生资金需求的一方。大粮公司是向农户供应种子、化肥等农资的上游企业（供应商），为了解决农民购买农资时的资金需求问题，京东接受大粮公司委托，以代农民付款方式向大粮公司支付货款，形成农户和京东之间的借贷关系。农户收获并销售粮食时，以销售收入归还京东贷款。因此，京农贷——先锋贷的供应链金融模式是一种受托支付的代付款供应链金融模式。

京农贷——先锋贷的运作流程如图4所示。

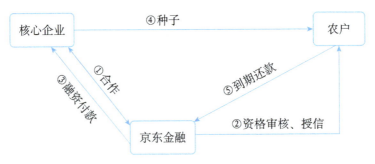

图4 京农贷——先锋贷的运作模式

其中：①京东公司与农资公司合作，县级经销商产品经理发展客户；②获经销商审批的农户在京东网站上填写基本信息；③京东公司向核心企业（山东大粮公司）支付农资款项；④农民拿到贷款额的农资进行农业生产；⑤农民定期向京东还本付息。

2. 汶上先锋贷的特点

结合粮食种植供应链和农村金融的特殊性，汶上先锋贷还具有以下三个特点：

第一，授信权力下放。汶上先锋贷操作中，京东首先给山东大粮做初始授信，山东大粮分配贷款额度给济宁大粮，再由济宁公司对农户授信。由于济宁大粮与农户有完备交易关系和记录，在多年的合作中，公司对农户的经营情况、偿债能力有较为准确的判断，因此，先锋贷的授信过程强调大粮公司与农户间的授信互动。后文对此会有更详细的解读。

第二，核心企业的信用担保为风控最终保障。在汶上先锋贷中，济宁大粮作为二级经销商为农户贷款提供信用担保，农户还款方式为按月付息，到期农户以售粮款（通常由济宁大粮收购粮食的方式实现农户粮食销售）归还贷款本金。这种做法解决了农户可抵押物少、抵押贷款难的问题，实现贷款抵押与信用担保的有效结合。大粮公司之所以可以为农户贷款提供全额担保，关键是公司掌握农户的信用信息、直接监控生产过程、为农民种植提供必要的技术支持。

第三，快速审核，迅速放款。按照先锋贷，农户若需要贷款，则与大粮公司签订合约，并在京农贷官方网站上填写申请表。合约签订后，提交身份证与户口本以及土地使用证明、三户联保保证书等给济宁大粮，公司进行内部的审核，耗时1～2天。审核通过后交与山东大粮，其确定贷款额度，耗时1～2天。山东大粮将材料以电子版交与京东，由京东审核真实性，审核通过后放款，约持续2天，整个流程在一个星期以内。由于要求材料与传统金融借贷相比更加贴合农户生产经营实际，所以整个贷款的审核过程更迅速（见图5）。

图5中虚线表示没有借贷情况下的资金流方向：农户向信贷机构借款，款项付给自行比对选择的农资公司，到期向信贷机构还款。蓝色实线表示供应链金融模式中资

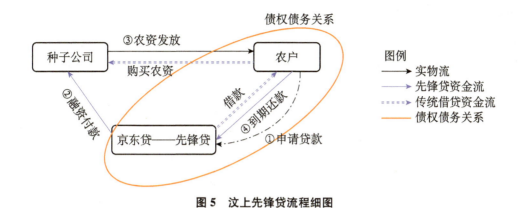

图5 汶上先锋贷流程细图

金的流动：京农贷审核农户后提供信用担保，垫付款项，种子公司提供农资，到期农户向京农贷还款。在此供应链中，资金的流动改变了路径，黑色实线表示供应链中实物流：种子公司为实物提供方，农户为接收方，实物只在种子公司和农户之间流通。

（五）试点期的汶上先锋贷

1. 基本状况

根据调查，从2015年9月，京农贷于山东汶上县进行农村供应链金融试点开始，至2016年5月底，在杜邦公司当地代理商济宁大粮所代理的6万多亩土地中，约1/6使用了先锋贷的信贷模式购买种子。由于是试点期，目前覆盖的农户为当地1/4大农户和部分中小农户。其中，大农户指种植面积在500亩以上的农户，中小农户种植面积一般在100～500亩。大小农户共计贷款1000余万元，户均贷款约10万元。根据不同农户的文件提交差别，放贷手续时长在3～7天，最多不超过10天。与当地合作社及各类银行1个月房贷期限相比，汶上先锋贷的时间优势十分突出，推行比较顺利，部分贷款农户还在2016年3月接受了29家媒体的采访与报道。

2. 贷款原则

目前汶上先锋贷在农户贷款申请审核标准中设定了两个原则：

第一，长期合作原则。按照这个原则，汶上先锋贷主要选取与济宁大粮有多年合作关系的农户。采取这种做法的主要原因是：①降低信息不对称性。长期客户有更多的信用信息积累，贷款人可以更清晰地了解其违约可能性。②农户对供应链有较强的黏着力，在多次重复博弈的情境下，农户违约成本过高，违约意愿下降。贷款人的违约损失压力相应下降。

第二，贷款农户中度规模控制原则。汶上先锋贷将种植规模在200亩的农户视为最佳规模贷款户。在初始试验期，汶上先锋贷的主要放贷农户是种植面积为500亩以上的大农户，但今后会将最佳规模缩小到200亩左右。按照济宁大粮负责人王总的观点，之所以这样做出于三点考虑：①大农户种植面积太大，一旦管理不善会造成较大亏损，经营风险大，而200亩的农户，一般为家庭农场模式，经营稳健，风险更小；②大农户的资金需求量大，目前最高额度10万元属于小额贷款，不能有效解决他们的资金需求；③从农户黏着度看，太小的种植户，如种植规模50亩左右的农户买大粮公司种子的可能性不大，与公司形成长期稳定合作关系的可能性太低，不是理想的放款对象，而种植面积达到100亩以上的农户从济宁大粮买种子的意愿强，是济宁大粮的稳定客户。

因此，为供应链提供金融服务的京农贷——先锋贷，将贷款农户最佳选择标准定位于种植面积200亩者，上下浮动区间在50～500亩。

3. 授信模式

汶上先锋贷授信特点以大粮公司为主，京东参与审核。

按照前面所述汶上先锋贷的流程，贷款授信采取的是大粮公司（种子经销商）主导的模式：大粮公司根据农户申请做初步审核，对认可者向京东提出授信建议，并将该农户所有相关资料录入京农贷商务后台，京东在对其录入数据进行审核的基础上，将其数据接入依托京东大数据的现有风控系统和服务于本项目的风控模型对该名贷款农户做出最终授信判断。在这个过程中，大粮公司根据其客户信息优势发挥了重要作用，京东处于相对被动的地位。随着数据信息积累和项目不断成熟，京东希望尽快提高授信中的主动性（见图6）。

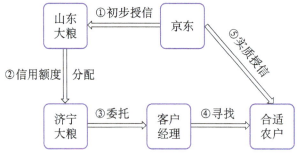

图6　汶上先锋贷授信过程详解

4. 利率与还款情况

汶上先锋贷利率较低，还款状况良好。利率目前为月利率0.7%，相比于银行的1%低[①]。还款方式为每月还息、到期还本。还款期按农业生产周期来决定，一般小麦9个月、玉米4个月。

由于截至案例调查时间（2016年5月29日），汶上先锋贷正式运行还不到一个经营周期（按照小麦生长周期9个月），尚无法全面认清贷款回收的情况。但数据显示，农户

---

① 信息来源于济宁大粮。

每月还息情况良好，截至 2016 年 5 月，第一批放款的 20 户农户中已有 1 户全部还款。

还款时，农户直接将钱交给济宁大粮，由大粮公司代理还款。京东通常会提前一周发短信提醒还款，同时贷款农户有微信群，方便公司告知农户，催还款项。

5. 风险控制体系

风险控制是供应链金融的主题。在汶上先锋贷项目中，京东金融希望建立以京东大数据为基础的互联网风控能力，以山东大粮担保作为核心增信内容的风险控制体系。但是在项目试验期数据积累有限，谈依托大数据和风控模型控制供应链金融风险为时尚早，风控的核心是大粮公司提供的全额担保以及相应的其他保险措施。大粮公司的全额担保承诺意味着农户违约风险转移到大粮公司身上，为此，大粮公司需要采取一系列保障措施以分散风险。

目前，大粮公司分散风险的做法体现了多重保障的特点，即农户贷款获取必须有"三户联保"、客户经理担保以及购买保险（人身意外伤害保险的最终受益人为大粮公司）。具体工作流程是：①济宁大粮公司收取客户资料，客户经理作为农户贷款担保人[①]；②大粮公司要求农户提交"三户联保"资料；③材料送交山东大粮公司，山东大粮公司发现审批有问题，会告知济宁大粮公司；④农户申请京农贷时，客户经理告知其需要购买农业保险和人身意外保险以避免农业生产中的风险，其中人身意外保险的受益人是大粮公司；⑤大粮公司在销售种子时与农户就签订了卖粮协议，即农户产出的粮食未来将由公司收购，因此，此笔款项可以大粮公司对农户粮食收购的订单作为保障。

多环节的担保分散了大粮及京东的风险，但由于环节较多，存在是否能够有效落实的问题。例如，客户经理对贷款并不具有抵押偿还义务，只是协议上所说的负有一定责任，因此，所谓客户经理对债务担保可能流于口头说法；又如，对农户"三户联保"操作简单，并没有像商业银行那样对联保用户提出很高的要求。因此多环节担保中客户经理担保、"三户联保"的保障性不实，可靠性不高。对于大粮公司来说，更有实际意义的是农户购买的农业保险和人身意外险；对于京东来说，更有实际意义的是山东大粮的全额担保。

（六）试点效果评价

从汶上先锋贷产品推出到案例调研期结束总共 8 个月时间，虽然时间短，但也明显体会到汶上先锋贷对农户贷款带来的便利和对粮食种植供应链的帮助。全面评价先

[①] 调研小组发现尽管规定企业销售代表承担担保责任，但也只是承担部分责任，且没有说明具体的违约惩罚措施。

锋贷试点期的效果，可以总结出以下几个方面：

（1）明显改善了农户借款的方便程度。"方便"体现在三个方面：①必须准备的贷款申请材料少了。农民需要提供的材料有申请表、农民基本信息、资产信息、银行信贷信息（如果没有可以不提供）。相比较村镇银行和农村信用社10万元放款的一般手续简单了许多。而且，信贷业务介绍、准备申请材料、递送材料等事情一般是由济宁大粮客户经理提供上门服务，帮助办理，大大减轻了农户负担。②审批时间短了。如前所述，农户从递交申请到拿到贷款只需要一周左右，而当地传统的银行或农村信用合作社放款入账往往需要1个月左右。③贷款审批程序简单透明。汶上先锋贷材料递交后的审批环节少，流程更加简便，农民不必为催促贷款审批做公关，省去请客送礼、拉关系走后门，这也是农民感到十分满意的一点。传统农村信贷中这个问题往往比较严重。

调研笔记　　　　**"农户普遍反映贷款更加方便了"**

汶上县的农户情况多种多样，不同的农户在种植面积、经营方式和风险偏好方面有所不同，但他们使用京农贷基本都出于相同的原因——贷款方便。为进一步了解先锋贷的使用效果，我们分别采访了四个有代表性的农户，他们分别是张老板、胡老师、李昌贵和田宪才。

张老板是汶上县有名的家庭农场主。他的农场最近三年的发展速度很快，从2013年的583亩，到2014年的1300亩，再到现在的2000亩，他的突出业绩与大粮公司提供的优质种子不无关系。他们已经合作四年有余，一方面由于大粮公司能够收购其大部分种子，并根据面粉厂和相关价格定价，一般高于市场价2毛钱。张老板表示，选择使用先锋贷，很大程度上是因为它简单的申请程序。贷款的申请时长，对于农业这种注重时效性的产业尤为重要。张老板也曾接到过京东的回访电话，可以提出自己的一些建议。

胡老师是一名主讲葡萄种植的教师，本来勤恳老实的他由于在合作社的"五户联保"中被其他农户牵连，无法得到银行贷款。刚刚申请京农贷的他，津津有味地为我们讲起他贷款的故事。他最看重京农贷的手续简化、担保要求低的优点，这解决了他多年的贷款难问题。他也使用大粮公司代理的先锋优质麦种多年，十分信任他们。

李昌贵是退伍军人，复员归来，帮助父亲管理家里的农业生产。曾被多家媒体采访过的他提起京农贷，腼腆的表情中仍然透着开心与激动。作为刚刚复员的年轻人，他熟悉网络也了解京东，知道这是一家值得信赖的大企业，于是也十分放心地用起了京农贷。他说，先锋的优质麦种可以让他每亩多赚200元，所以本来就大部分种植先锋种子的他在开通了京农贷以后，全部换成了大粮公司的种子。他还表示，现在最希望种子公司能提高他的贷款额度，让他能够更好地进行农业生产。

田宪才是一个十分保守的农民，不喜欢冒太大的风险。因为资金不足也不想贷款，他的80亩地三年未曾增长过，这在土地流转迅速的汶上县并不常见。使用京农贷，也是看中了它放款快、申请简单的优点，五天就放款下来，解决了他的燃眉之急。他也表示，即使提高额度，他也不想再多贷了，农村人种地还是保险好。

汶上先锋贷案例调研小组
2016 年 5 月 20 日

（2）贷款周期与生产周期匹配，提高了农户贷款使用效率。汶上先锋贷目前提供两种农资贷款——小麦与玉米种子贷款，二者的贷款周期分别为 9 个月与 4 个月，完全匹配小麦和玉米从播种到收获的生产周期。农业生产具有季节性与周期性，农民需要在前期投入种子、化肥等农资，在作物的生长期内还需要持续投入进行培育维护。对于大规模的种植区域，通常还需采用农机具进行播种、打药、收割，这一系列投入在作物收获并卖出时才能收回。京农贷实行每月还息、到期还本的还款方式，并在农业生产收益实现之后要求返还本金，既保证农民能以生产所得偿还贷款，减轻农民资金负担，又使农民不会因为借款周期大于生产周期所形成闲置借款而付出额外的利息，降低利息成本。通过先锋贷这种深入生产场景的供应链金融，真正将金融服务落实到生产中，将贷款固定在指定用途上，是过程可控、风险可测的专业化、集约化农村金融。

（3）通过当地农村客户经理开展信贷业务，可以在降低业务成本的同时有效降低信息不对称性。京农贷业务的推广主要依托济宁大粮的客户经理，其职责是向农户推销种子等农资产品，并配合农户的借款需求提供相应的贷款申请帮助。按照济宁大粮公司的做法，客户经理必须是济宁汶上当地人，并且以往从事农业生产、农产品收购等相关工作，有丰富的农业生产经验，对当地的农户充分了解。客户经理长期生活在农村，常年与农民打交道，对于贷款申请人的个人信用、家庭状况、生产管理水平都有最直接的了解。作为农民信贷资格的第一环节审查人，客户经理可以有效地降低大粮公司与农民之间的信息不对称，降低供应链金融的信用风险。由于客户经理是在种子推销的同时兼做"信贷员"的工作，京东以及大粮公司并没有因为农户贷款专门聘用信贷员，在能够更好地保证信贷质量的前提下节约了运营成本，可谓一举多得。

（4）从"专款专用"和"收购承诺"两个方面降低农户违约风险。首先，汶上先锋贷的操作流程可以保证农民贷款（农资形式）专用于农业生产，避免农民将借款挪作他用而不是采购农资的违约风险；其次，大粮公司将收购农民收获的粮食的承诺作为贷款附加合同，意味着农民获得了实现粮食收入的保障，除非自然灾害导致粮食欠收，否则在大粮公司的粮食收购保障下，粮食市场波动的风险被规避掉了。经营风险的下降大大降低了农民的违约风险。

（5）大粮公司全产业链服务保证生产质量，降低农户因生产失败导致的违约风险。按照济宁大粮的负责人王总的介绍，济宁大粮定位于一家"覆盖农业种植业的全产业链服务公司"。服务内容包括：生产前出售种子（优质麦种、先锋玉米种）、生产中提供生产技术指导与维护服务、生产后可提供专人帮助农民收割粮食并提供销售渠道。在全产业链服务中，前期服务保证了种子的质量，中期服务确保农业生产的正常进行，后期服务使农民收入得以实现。济宁大粮作为粮食种植的全产业链服务公司，从农业生产的不同时期为农民生产提供帮助并进行全程质量控制，降低了经营风险，从根本上提高了农民实现销售和偿还贷款的能力，降低了农户违约风险。

（七）未来规划

汶上先锋贷初期产品符合当地农民的生产周期，基本实现了"满足农户扩大种植所需资金、帮助增产增收"的期望。2016年6月开始，汶上先锋贷项目开展针对玉米生产的为期4个月的农资贷款，并进一步推动土地贷项目，为有扩张土地承包需求的农民提供资金。

大粮公司尽管与电商巨头合作开展供应链金融项目，但目前并没有充分利用京东的电商平台。大粮公司大部分小麦与玉米还是通过自己的销售渠道销售。在大粮公司的玉米销售中，有30％用于工业生产原料，60％制成饲料，仅不到10％的玉米会流向食用方向。收购小麦主要磨成面粉销售。但无论是食用玉米面粉，还是小麦粉，目前通过京东电商平台的销售量不高。接下来，大粮公司与京东公司双方均有进一步发挥电商平台销售渠道作用的意向。

三、问题与分析

京东金融的汶上先锋贷在电商＋供应链金融模式的尝试中迈出了第一步。在跟随京东金融、走访济宁大粮以及与大粮公司合作的汶上县粮食种植户的过程中，我们发现了该模式令人兴奋的效果和闪光点，也发现了还存在一些问题或者有待讨论之处。对相关问题与思考归纳如下：

（一）如何发挥电商在大田粮食种植供应链金融中的作用

供应链金融并非创新，我国农村供应链金融2007年以来有了快速的发展，不少从事农村金融业务的传统金融机构，如农业银行、国家开发银行、龙江银行等在此方面都颇有建树。电商加入农村供应链金融行列只是从 2015 年下半年，蚂蚁金服和京东金融推出具体项目开始。尽管刚刚起步，还是期望电商的参与能够在农村供应链金融中掀起新一轮创新，创新点应更多集中于电商平台为农村供应链金融带来的价值增值。但从这方面看，汶上先锋贷项目还处于探索过程中，电商平台对于汶上县粮食种植供应链的销售几乎没有发挥作用。这或许与粮食作为食品在电商平台上销售难度大有关，也或许与京东的销售渠道有关。不过从汶上先锋贷中各合作方对未来发展计划的一致看法可以看出，挖掘电商对汶上粮食供应链的贡献价值是一个努力的方向。

根据我们的了解，京东于 2015 年底在四川仁寿县推出枇杷供应链以及相应的金融服务京农贷——仁寿贷项目。该项目比较充分地发挥了京东电商的作用。在这个项目中，京东金融与四川仁寿福仁缘农业开发有限公司合作。由于福仁缘公司的枇杷汁等产品在京东商城中销量稳定，需求可控，京东将其纳入自营渠道，并在此基础上对供应链上游进行挖掘，寻找合作方，利用金融优势，以润滑供应链网络。在 2016 年 5 月京东策划举办的枇杷节中，通过开展赠券购买活动、1 元理财活动、特色馆小吃活动等，将电商销售渠道作用发挥到极致。但是，如何充分发挥电商整合资源、协调组织、资源共享的优势，为粮食供应链金融提供电商的特有价值，促进粮食生产规模化，是摆在京东和其他电商面前的一个待解问题。期待京东的先锋贷试点对此会有所贡献。

(二) 客户经理推荐制，还有问题吗

前文对汶上先锋贷采取客户经理推荐制做了正面评价，但依然有观点对这种做法存在疑问。一个最主要的说法是客户经理的权力太大了。先锋贷试验期京东对大粮公司授信 2000 万元，大粮公司将 2000 万元授信额的农户借款推荐权交给客户经理。由于客户经理是整个供应链金融上最了解农户情况的人，大粮公司对他们充分放权。但是，权力过于集中也会产生寻租现象，如客户经理利用贷款推荐权徇私舞弊，为个人利益做交换，影响贷款质量。

大粮公司对客户经理的激励机制是将其薪酬收入与种子推销量挂钩，显然，贷款量会直接影响到种子推销量。既然如此，应该有大量农户被推荐贷款。但实际结果显示，贷款规模并没有迅速扩张，到 2016 年 5 月底，大粮公司贷放出 1000 万元，这个现象说明有另一种力量制约客户经理的放贷冲动，使之小心从事。检查汶上先锋贷的制度，我们发现要求客户经理对贷款担保的规定可能是一个重要约束力量，这使得客户经理对每一笔贷款都要反复审查，避免出现纰漏而不得不承担损失。如果真是这样，可以证明客户经理担保制度是合理的。但事情都有两面性，客户经理对推荐的贷款提供担保，也许会对贷款推荐过于谨慎，使得一些信用不错且需要借款发展的农户失去

机会。因此，如何设计好约束激励机制，尽可能在客户经理担保制度上扬长避短，是一个值得仔细推敲的问题。

京东先锋贷的风控体系设计的根本是利用大粮公司积累的大量用户数据，以基于京东大数据的现有互联网风控能力建立的风控模型，这意味着客户经理虽有推荐的权利，但最终决定权完全归京东所有，这与大粮公司严格管理一起形成了预防权力寻租的双保险。未来，随着京东基于数字信息技术和数据积累的风控体系越来越强大，类似的角色会越来越成为一个服务的角色，寻租空间将会从根源上杜绝。

（三）数字信息技术的优势

在京农贷——先锋贷的风控模式中，比较多的是传统逐级审查方式，并且主要依赖核心企业——大粮公司的审查和监控，京农金融没有同步参与和实时监测，这与京东金融的人力资源有限有关。但如果京东充分发挥数字信息技术的优势，应该可以做到全程同步参与。目前，数字技术在京农贷的应用中仅体现在优化申请流程（网络递交材料）与还款便捷上，对于农村大数据的挖掘与应用并不充分。相信随着项目的持续运行以及农户信息的积累，京东能够借助数字信息技术改变信贷过程中的"边缘"性，更多地介入过程中，不仅能实时监控，而且可以借助累积的农户行为信息参与到贷前审批环节。

据了解，京东金融公司正在逐步建立农村征信系统，建立农村互联网信息体系，通过数据信息处理实现线上风控。目前，京东金融与"土流网"及其他数据信息机构合作，通过服务商、产品供应商、京东商城的记录对农民信用、消费信息等进行挖掘和处理，整合整条产业链上的数据信息，以发挥电商平台运营供应链金融的优势。

（四）如何看先锋贷没有惠及小农户的现象

在济宁大粮的粮食种植供应链上，先锋贷选择的贷款对象是有一定种植规模的中型或中小型农户，对于50亩以下的种植户基本不考虑，一方面由于小农户资金需求不大，另一方面由于其不是大粮公司的稳定客户。因此，农村"小散户"不是这个供应链金融惠及的对象。如何看待这个现象？如果这是一个普遍现象，是否可以认为农村供应链金融或者电商＋农村供应链金融不具备普惠性质？是否供应链金融对农村底层农民的扶植作用有限？

对于此问题我们的看法是，农村供应链金融如果直接对接农户，从规模经营的角度看主要的帮助对象的确是中型及中小型农户。这类农户的经营已具备一定规模，类似城镇的中小企业（SME），对他们的金融支持当然也是普惠金融的一个重要内容。

至于分散的小农户，可以通过组织生产合作社使供应链与之对接，这可能是农村供应链金融扶植小农户的最好渠道。在电商＋农村供应链金融模式下，通过电商帮助，特定产品的农村供应链规模会快速扩张，对于带动越来越多的农户加入供应链应该有很大的促进作用。因此，用发展的眼光看，电商＋农村供应链金融模式对于各层级农民的金融服务都会有不同程度的惠及。

案例九 "互联网信贷＋保险＋龙头企业＋电商"

——"蒙羊—中华财险—蚂蚁金服"案例

【摘要】基于羊养殖的特殊性及养殖户资信较低的问题，蒙羊探索出"农牧民＋合作社＋公司＋银行＋担保＋保险"的"羊连体"养殖供应链金融合作模式。蒙羊供应链金融进一步与天猫电商合作，并引入蚂蚁金服，强化并提升了供应链金融的风险控制手段，拓展了信息采集和资金来源的渠道。同时在产品销售上，蒙牛与天猫实现了双赢。可见，互联网＋农村供应链金融不仅可以解决供应链金融的风险控制难题，还可以实现销售与融资的双保障。

一、背景

中央一号文件连续多年指出要支持新型农业经营主体和新型农业服务主体成为建设现代农业的骨干力量，加快我国农业现代化、农业规模化的进程。但是我国农村经济特性造成传统金融无法有效满足其金融需求。农村供应链是推动我国农业实现现代化的一个有效的组织方式，为农村供应链提供支持的农村供应链金融，自然成为推动农业规模化、实现现代农业转化的重要工具。2015年12月31日国务院出台的《关于落实发展新理念加快农业现代化实现全面小康目标的若干意见》指出，"支持农业经营方式创新。积极推动金融产品、利率、期限、额度、流程、风险控制等方面创新，进一步满足家庭农场、专业大户、农民合作社和农业产业化龙头企业等新型农业经营主体的金融需求"。国家鼓励金融机构通过产品创新、模式创新和技术创新破解其中的障碍，真正实现金融普惠。目前以阿里集团下蚂蚁金服为代表的具有电商背景的新型金融主体凭借自身优势，积极参与农村金融领域并积累了一定经验。本案例基于蒙羊发展（供应链中的核心企业），围绕蒙羊养殖户的资金需求，结合蒙羊与蚂蚁金服、中华财险的"互联网信贷＋保险＋核心企业＋电商"的合作模式，讨论电商在农村供应链金融中创造的价值和意义。

（一）蒙羊战略发展

1. 蒙羊简介

蒙羊牧业股份有限公司（以下简称"蒙羊"）成立于 2012 年 5 月 3 日，总股本 3.1 亿元，是集"生态草场建设、有机饲草料加工、良种肉羊繁育、规模化基地养殖、光合立体牧业、活畜交易中心、生产及深加工、全国终端销售"于一体的现代化绿色生态全产业链运营公司。蒙羊立足北纬 39°～49°黄金畜牧带，自西向东建立七大产业基地群，并以规模化、标准化、产业化的发展模式以及全新互联网思维的整合融入，一跃成为内蒙古自治区农牧业产业化重点龙头企业、自治区扶贫龙头开发企业、中国航天事业合作伙伴、中国肉类协会常务理事单位①。2014 年，蒙羊销售收入突破 12 亿元，屠宰羊每年 65 万余只，净利润突破 4000 万元，较 2013 年有较大增加；2015 年，蒙羊屠宰羊每年 115 万余只，生产精细化分割羊肉产品 13000 余吨，销售额突破 18 亿元，利润完成 7000 余万元，产销量连续三年位居行业首位。图 1②描述了 2012～2014 年蒙羊的营业收入以及资产状况。经过两年时间的准备，2014 年蒙羊步入发展的快车道，在营业收入方面有较大增幅，较 2013 年增长了约 1.7 倍，并且通过资源整合和兼并实现总资产和净资产的快速增长。

图 1　蒙羊的营业收入和资产状况

---

① 资料来自蒙羊官网简介，www.mengyang.com.cn。
② 图 1 中的折线图对应左边坐标轴，柱形图对应右边坐标轴。

2. 蒙羊绿色生态全产业链运营模式

蒙羊一直以产业化发展思路为依据，引领农牧产业新升级，自 2012 年成立至今，蒙羊已经布局完成全产业链的运营——"种、养、交、加、营"（见图2）。其中，"种"指蒙羊对优质种羊进行培植繁育，并配合规模化有机饲草料种植加工，从源头保证羊源质量。"养"指蒙羊采用标准化、集约化、规模化的饲养模式，按照"五大标准"① 体系、"六个统一"② 标准保障肉羊养殖的科学性与标准化。另外，蒙羊还建立"光合牧场"，打造立体循环经济体系。"交"指蒙羊建立活畜交易中心，为农牧民提供便捷的交易渠道与平台，并搭建起中国第一个定位于服务农牧民的电子化信息交易平台——六畜旺旺，多个盟市的肉羊合作社和肉羊养殖户可在此平台享受市场信息查询、交易等服务，进而帮助农牧民开拓市场、找到商机。"加"指蒙羊采用国际先进工艺与设备进行标准化深加工，并率先在肉羊行业启动 GMP 标准化生产作业规范，将药品行业生产安全的高标准应用于蒙羊产品生产全过程，每一道工序都严格保证了产品品质。目前蒙羊产品种类丰富，能够满足不同顾客的需求。"营"指蒙羊的销售网络覆盖全国，并且进行线上线下的交互营销。目前，蒙羊已进驻全国 2000 余家大型商超，与近百家国内知名餐饮连锁进行合作，并且蒙羊的产品也在知名电商平台"天猫"、"京东"以及微商城同步销售。

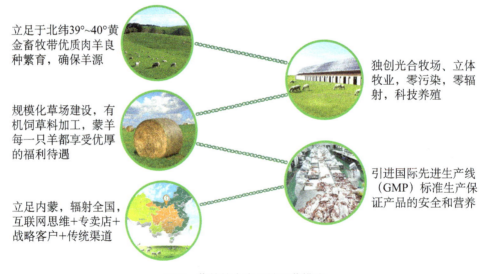

立足于北纬39°~40°黄金畜牧带优质肉羊良种繁育，确保羊源

独创光合牧场、立体牧业，零污染，零辐射，科技养殖

规模化草场建设，有机饲草料加工，蒙羊每一只羊都享受优厚的福利待遇

引进国际先进生产线（GMP）标准生产保证产品的安全和营养

立足内蒙，辐射全国，互联网思维+专卖店+战略客户+传统渠道

图 2　蒙羊的全产业链运营模式

在发展初期，蒙羊的产业链前后端都十分分散，蒙羊依托市场，从散户手中网状

---

① 五大标准体系是指繁育、防疫、饲养、安全管理、种羊场标准体系。
② 六大统一标准是指统一品种改良、统一饲料标准、统一技术服务、统一饲喂标准、统一防疫体系、统一出栏标准。

似地回购羊，经屠宰后输出各种产品，同样再以网状销售到终端市场。成立之后的蒙羊将提高自控羊源比例作为自己的发展方向，逐渐将前端产业化，建立自己的示范养殖基地，并将养殖工作进行社会化分工，分给合作社（大型养殖户），最终形成了"公司＋基地＋合作社"的合作模式。自控羊源是企业生存和发展的需求，有利于避免如三鹿向伊利和蒙牛供应有毒奶源，上海福喜食品向肯德基供应过期劣质肉等事件的发生。为了真正做到在源头上把控羊源，建立安全可控的羊源供应保障体系，蒙羊提出了"六个统一"标准，同时，蒙羊提供全套的良种繁育和兽医服务，从而为高品质羊肉产品的生产加工提供了完善的上游环节。虽然食品安全蕴含在产业链的各个环节，但是一旦养殖环节出现问题，生产加工的食品安全将不复存在。

3. 蒙羊战略规划

面向未来，蒙羊致力于继续扩大生产规模和影响力，推动品牌化发展，并为做大做强中国肉羊企业、改善牧民与百姓生活贡献蒙羊价值。图 3 列示了蒙羊在未来 3～5 年的销售收入规划，预期从 2016 年开始进入发展年，并在 2019 年实现销售收入 100 亿元。

图 3　蒙羊未来 3～5 年战略规划

"做大"是蒙羊实现未来战略规划的必经之路。在做大之前首先要"做稳"，也就是每年如何获得稳定的羊源从而保证企业生产的连续性，与养殖户之间建立长期合作关系能够实现这一点。在双方进行多期重复博弈过程中，一旦养殖户唯利是图，将羊销售给高价买家并打破以往合作关系，将建立起不好的声誉并暴露自身品性。在接下来的养殖环节中，蒙羊将选择不再继续与其合作，提供任何服务并回购育肥羊，从而这些农牧民将失去重要的销路，导致在经济上受到较大的损失；另外，声誉作为一种有价值的无形资产，可以抑制经济主体的短视行为，对于已积累较高声誉的经济主体，声誉租金现值较高以至于可以激励经济主体维持合作关系，维护自身声誉。因此从声誉角度分析，我们认为蒙羊与上游养殖户建立稳定良好的合作关系有利于羊源稳定的获取。目前蒙羊育肥羊合作户共54户，其中合作社有32户，占比接近60％。54户合作户与蒙羊合作年限平均为2~3年，而且其中5户的年出栏量在1万~1.5万只，15户在1.5万~2万只，34户在2万只以上。

"做稳"之后则是如何"做大"的问题。对于力求实现快速发展的蒙羊，如何扩大羊源从而提高生产加工规模是其重点关注的问题。目前，蒙羊羊源主要来自两种渠道，一是合作的养殖户，二是市场的散户，其中第一种渠道占比85％，并且基于源头可控考虑，在未来蒙羊将实现完全从合作养殖户手中获取羊源，从这个角度而言，养殖户扩大养殖规模是蒙羊扩大羊源的唯一解决方案。

要想扩大养殖规模，必须首先解决以下几个问题：一是养殖户养殖技术水平落后，疾病防控观念淡薄导致产量低；二是无法及时获取市场销售信息、受肉羊价格波动影响大，导致收入没有保障，也就是扩大规模后肉羊能否顺利销售的问题；三是养殖户个人融资贷款难导致养殖启动及运转资金严重不足。蒙羊为养殖户提供养殖技术服务，并为养殖户免费提供全套的兽医服务可以解决技术问题；对于销路问题，当肉羊养殖达到标准后，蒙羊根据当年羊只收购市场价确定保护养殖户收益的"保护价"对肉羊进行全部收购，降低了市场波动对养殖户造成的损失。目前蒙羊对合作户的活羊屠宰价格比市场价格高出约0.8~1元/斤。

对于缺少大规模资金支持的问题，由于羊养殖具有特殊性，以及养殖户资信不符合银行贷款要求，养殖户无法获得足够的资金支持。具体来说，羊属于活物养殖，不同于固定资产，无法作为抵押品进行担保，并且在养殖过程中发生意外的可能性较大，如疫情、自然灾害以及意外事故等会造成羊大面积死亡，从而影响资金偿还；对于养殖户自身，绝大部分养殖户都达不到银行对抵押资产价值的要求，所以面临融资难、融资贵的问题。对于所有提供资金的出资方，它们需要在把控风险的同时支持实体企业的发展，而羊产业的现状和运行机制几乎不满足任何传统出资人的风险控制框架。

蒙羊一直在破解如何解决养殖户的资金需求，因为只有解决养殖户的需求蒙羊才能健康生存。逐渐地，蒙羊探索出目前的"羊联体"模式——"农牧民＋合作社＋公司＋银行＋担保＋保险"的合作模式。蒙羊设计"羊联体"模式的初衷就是为了做好农户与资本之间的信用对接，解决农户的增信问题。

（二）蒙羊的"羊联体"模式

1. 发展历程

在原有"公司＋基地＋合作社"的模式上，蒙羊又引入银行、担保和保险元素（见图4），致力于解决养殖户的资金问题，其中每一个元素的加入都对应解决出资方在资金安全方面的每一个担心。为了使蒙羊养殖户能够顺利获得信贷资源，需要解决对农民增信以及降低业务风险两部分障碍。

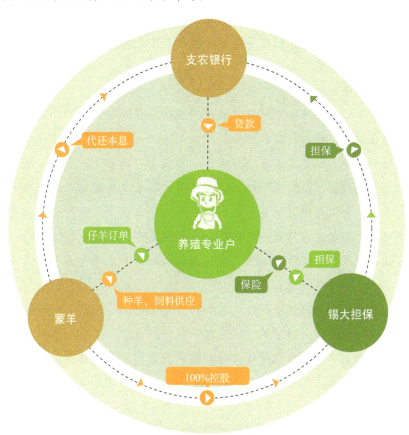

图4　蒙羊的"羊联体"模式

（1）解决农民增信问题。除了养殖户自身协调资源满足银行融资门槛以外，与养殖户业务相关的主体也可以调节自身资源为其增信，如政府和龙头企业。蒙羊在2013年自筹资金5000万元成立全资子公司——呼和浩特锡大农牧产业融资担保公司（以下简称"锡大担保"），为了使农牧赚钱容易并且做大做强。锡大担保是内蒙古自治区自治办特批的全区最小担保公司，并且只对蒙羊上游产业链合作的农户买羊买料进行担保。为了进一步扩大发展，2014年锡大担保注册资本增资到10000万元。2014年1月1日至2016年7月30日，累计担保133笔，累计担保金额5.66亿元，在保责任余额2.77亿元。而且锡大担保自成立以来，担保代偿率0％，代偿回收率0％，担保损失率0％。在保费方面，目前一般商业性担保机构收取2％～3％的保费，政府性平台最低收取1％～1.5％的保费，对于养殖户，如果将出栏的育肥羊销售给蒙羊将不需缴纳保费，否则要承担1％的担保费用。实际情况中，养殖户都会选择履约，否则下期进行融资时蒙羊将不再为其担保，从而无法再获得信贷资源。因为对于蒙羊而言，建立担保公司的初衷是为了培植自身的上游养殖链，为企业的发展保驾护航。蒙羊除了自身创造条件为养殖户增信外，还主动寻求其他合作合伙的帮助。目前内蒙古金融集团下属担保公司"内蒙古金城担保公司"也为养殖户提供担保。

（2）降低业务风险。对于银行等出资方涉及两部分风险，首先是资金结算的安全性，也就是如何确定资金流向问题；其次是由于产业特殊，涉及活物养殖，如何防控生物资产安全性，抵消生物养殖过程中的风险。

一方面，蒙羊通过在业务上对养殖户进行捆绑来应对结算安全问题。具体地，蒙羊向银行推送客户后，银行按照审贷要求进行风险评估，达到放款条件后，银行将资金打入农户银行卡中，但是这笔资金只能用于定向支付购买羊只和相关饲草料，这些生产资料都由蒙羊提供。最终在羊收回进行结算时，蒙羊将超过贷款金额的利润返还农户，并替养殖户与银行进行结算。在整个密闭的资金流中，银行的放款资金变成生产资料，羊养殖之后通过结算最终又变成金钱，并且所有的现金流都归集在企业内部，银行只需要监测并掌控企业现金流便可实现风险控制。在整个过程中，资金不经养殖户手，从而解决了关于资金流向的问题。

另一方面，为化解养殖风险问题，蒙羊引入保险元素，与中华联合财险进行合作，给羊上保险，蒙羊是内蒙古地区第一家为肉羊投保的企业。目前我国对于猪、牛等都有成熟的商业险种，并且发生代偿情况时，国家有专门预算对保险公司进行补贴。羊的养殖险并没有被纳入国家补贴的农业基本险，因为与猪肉加工与销售相比，羊肉的加工与销售产业化程度低、规模化程度低，只达到 68.2%。在此之前没有一家企业进行资源整合，因此蒙羊推进肉羊养殖险可谓一波三折。但是养殖过程中的风险一直是银行认为非常关键的风险，因为当养殖环节产生风险时，整个产业链都会发生系统性风险，从而会对企业和银行带来致命性打击。当加入保险后，面临突发疫情、自然灾害时，养殖户可以化解 80%~90% 的风险，从而挽回较大损失，面临较小风险敞口，愿意放大养殖规模。目前养殖户每只肉羊只需缴纳 10 元的保费，出险后，每只肉羊即可享受 500 元的赔付金额保障，真正成为养殖户信赖的"定海神针"。新增保险要素除了起到稳定市场的作用外，还间接完成给羊定价的功能，使羊变成可以质押的资产，实现从资源资本向产业资本过渡。另外，保险的加入还保护了消费者的最大利益，以往死羊、病羊剥皮后将流向市场，扰乱市场交易秩序，有了保险能够有效地自动净化市场。总之，保险元素不但有效降低养殖户风险，保证养殖户收益，保护消费者"舌尖上的食品安全"，同时也为整个产业链降低了风险。目前，蒙羊正在积极促进自治区党委和政府将肉羊保险纳入国家补贴的农业基本险。农财发〔2016〕20 号文件"农业部关于支付 2016 年度农村技术服务创新项目资金的通知"特批中华财险申请的呼伦贝尔地区"互联网＋信贷＋保险＋牛羊养殖项目"农业补贴支持，我们认为这类补贴未来在内蒙古地区全面覆盖指日可待。

2. 羊联体模式分析

蒙羊围绕养殖户的需求独创了羊联体模式①，将看似不相关的资源全部整合在一个平台上，不仅从根本上解决了养殖户融资难、融资贵的问题，还给蒙羊带来了新的机会。

在羊联体的框架内，一是能为农牧民提供担保和便利的资金支持。蒙羊使用羊联体的名义代表上游庞大的养殖户与银行谈判，而非单一养殖户与银行对接，通过对价可以在很大程度上降低贷款利率。以往养殖户获得的贷款名义利率为12%左右，其中还未包含隐形成本，而加入羊联体的养殖户目前直接融资成本低于7%，降幅程度接近50%，真正地给养殖户们带来了福利。二是为农牧民提供养殖技术服务。三是解决农牧民无稳定市场的问题。蒙羊前端提供所有生产资料，养殖中提供全套技术服务，解决肉羊养殖技术难的问题，养殖后以保护价回购育肥羊，免除养殖户的后顾之忧，因此养殖户更像是"工作员"，养好羊成为了一份职业，无须再为做好工作之外的事情担忧，真正做到了无忧生产、无忧销售，也符合新型农民经营主体的概念。

羊联体模式在帮助养殖户增收致富的同时间接帮助蒙羊稳定了羊源、扩大了羊源，因为"羊联体"模式帮助蒙羊稳定了与养殖户的合作关系，双方由松散的买卖型向紧密的利益共享、风险共担的利益共同体转变，从而避免羊源巨大波动的可能。此外，蒙羊利用金融杠杆可以发展更多养殖户，扩大养殖户养殖规模，从而进一步拓展了羊源供应范围，有利于推进肉羊行业规模化与品牌化发展。荣获2015年全国劳动模范的杭锦旗锡尼镇浩绕柴达木嘎查牧民吉木斯是蒙羊创新"羊联体"模式中的一员②，2013年吉木斯与蒙羊牧业签订了肉羊养殖合作合同。在蒙羊牧业的帮助下，她的基地规模达到了肉羊存栏10000只、年出栏30000只。截至2014年12月，蒙羊每月出栏屠宰的8万～10万只羊全部是由"羊联体"养殖户提供。同时，羊联体的模式避免了赊销问题，增加了蒙羊的流动性。赊销对于种养殖业是比较常见的问题，由于养殖户贷款难、缺乏资金，而核心企业为了保证稳定的上游养殖户，只能先向农民赊销生产资料。赊销本身存在较大风险，也限制了企业的流动性。

羊联体模式自2013年创立至今，已经服务了94位养殖户（有重复借贷），放款金

---

① 在羊联体模式下，养殖户可以通过合作养殖与放母收羔等多种模式与蒙羊进行合作。公司评定有意合作户的养殖能力、场地、经验、有效抵押资产等情况，进行综合审核来确定是否合作。在合作养殖模式中，公司给合作户寻求购羊银行贷款，将达到合同标准的羔羊投放给合作户，合作户进行育肥。育肥羊达到标准后，公司按照保护价回收，交羊任务完成后，公司代偿本息，利润返还合作户。在放母收羔模式中，公司向合作户供应与贷款金额相符并达到合同标准的基础母羊及种公羊。合作户只需在三年内向蒙羊缴纳符合标准与数量的羔羊。完成交羔任务后，公司代合作户偿还银行贷款本息，投放母羊及任务外羊羔归合作户所有。

② 蒙羊"羊联体"模式助力农牧民增收致富［EB/OL］. 新华网内蒙古频道，http：//www.nmg.xinhuanet.com/xwzx/cjtz/2015-05/27/c_1115351442.htm.

额总计 37042 万元，平均每户贷款金额约 394 万元，均已到期并按时偿还，无违约情况发生。合作对象包括包商银行、中国银行、内蒙古银行、信用社（金谷银行）、中信银行、河套商业银行和海尔小贷，合作模式分别是由锡大担保公司或金诚担保公司进行担保。

二、"互联网信贷＋保险＋龙头企业＋电商"的模式

蒙羊自身的资源禀赋优异，"互联网＋"为其提供了快速面向全国市场的全新发展机遇，让更多的消费者能够认知和了解蒙羊，并且快速购买到商品。目前，蒙羊入驻天猫等电商平台，让消费者在家就可享用到珍惜美味。2015 年 10 月 19～22 日，在阿里巴巴聚划算活动中，"蒙羊新鲜羊肉产品实现成交额 357 万元，已悄然创造了全国羊肉生鲜电商单次活动销售额的最高纪录"[1]。蒙羊与天猫的合作也开启了蒙羊与"阿里系"接下来的一系列深度合作。

其中最主要的是，蚂蚁金服于 2016 年 2 月加入蒙羊供应链，成为金融服务提供商。在该电商＋供应链金融中，蚂蚁金服与核心企业蒙羊、中华财险联手，为肉羊养殖户提供贷款。目前项目已完成设计和多方协调沟通环节，处于试行期。2016 年，蚂蚁金服旗下的网商银行对中华财险整体授信额度为 2.12 亿元（共 43 户），现已有 2 户养殖户完成试点，23 户养殖户的贷款发放工作正在进行中。贷款对象都是有多年养殖经验的养殖户，与蒙羊合作年限也都在 2 年以上。平均每户贷款金额在 500 万元左右，约购买 10000 只羊羔和所需饲草料的成本。

蚂蚁金服[2]的加入不仅作为出资方提供了资金来源，还为羊联体模式注入了新的活力。核心企业在整个供应链条中处于主导地位，蚂蚁金服从市场地位、业务、信用、资产、人员等方面评估核心企业的能力；而一旦达成合作之后，蚂蚁金服将向其输出全面的金融服务及关联方阿里集团的电商服务，为核心企业提供包括资金、数据、保险、产品销售等多层次的解决方案，让核心企业进一步做大做强。因此，蚂蚁金服利用自身生态圈，电商平台优势和技术优势在贷款发放、风险控制和支付结算方面都对最初羊联体模式进行了一定调整。在这次合作中，中华财险扮演了更重要的角色，为养殖户不仅承保羊养殖保险，还包括信用保证保险[3]，成为最主要的风险控制对象。

---

① "蒙羊携手聚划算打造'互联网＋'羊肉盛宴"［EB/OL］. 中国新闻网.
② 蚂蚁金服农村金融事业部作为资源整合者，负责协调和沟通合作细节、确定合作计划；具体的尽调和放款工作由浙江网商银行负责。
③ 信用保证保险是通过向个人客户提供信用保证，从而帮助客户从合作银行获取无抵押小额短期贷款。其中贷款客户是投保人，银行是被保险人。一旦发生保险事故（贷款逾期超过一定天数），保险公司将向被保险人赔款，同时取得追偿权。

国务院颁布的《关于落实发展新理念加快农业现代化实现全面小康目标的若干意见》指出，要"积极探索农业保险保单质押贷款和农户信用保证保险"，并且在《关于印发推进普惠金融发展规划（2016～2020年）通知》中也提到要"提高小微企业信用保险和贷款保证保险覆盖率，力争使农业保险参保农户覆盖率提升至95％以上"。信用保证保险的参与对普惠金融的发展提供了支持与帮助，并且对我国金融市场化改革的不断深入和多层次资本市场的持续完善发挥重要作用。

（一）具体流程

在正式合作前，中华财险对蒙羊，蚂蚁金服对蒙羊和中华财险分别进行了尽调。对于出资方，虽然存在担保关系，也需要了解中华财险本身的风险控制能力，因此网商银行对中华财险业进行了严格的调研，对控股股东资管、注册资本、营业收入、保费收入、投资收入等进行了详细评估。合作流程如图5所示。

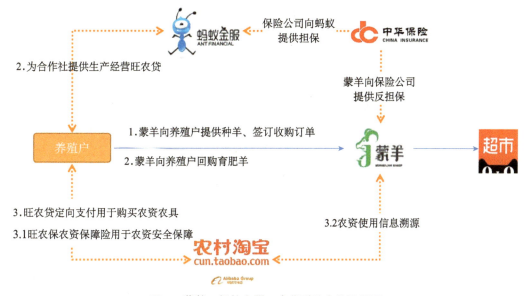

图5　蒙羊—蚂蚁金服—中华财险合作流程图

在贷款发放前，由蒙羊向中华财险推荐长期合作（合作2年以上）并预先签订育肥羊收购协议的重点养殖户，中华财险对蒙羊合作户进行尽调，了解资金需求和资金用途，并掌握养殖户自身基本信息、养殖信息、负债状况等。中华财险进行核保后出具信用保证保险保单，并将所有资料交付网商银行。网商银行基于全流程的审核为养殖户发放旺农贷。当审核通过后，贷款可立刻实现发放。

在贷款使用时，现阶段网商银行直接将贷款打入蒙羊饲料和羔羊的企业支付宝账户，此中间账户目前由中华财险内蒙分公司进行管控。养殖户只能通过阿里巴巴农村淘宝平台购买蒙羊指定的饲料，在支付时选择企业支付宝账户进行代付。中华财险对订单内容复核后交易成功，农村淘宝相应地将养殖户的饲料信息作为溯源依据同步给蒙羊。当育肥羊达到出栏标准时，蒙羊进行回购，并与农户进行结算。在贷款偿还时，农户通过支付宝账户自行完成还款工作。在前期准备阶段，村淘将协助所有贷款养殖户完成支付宝和村淘的开通和培训工作。另外，羊肉加工食品可以通过蒙羊的天猫旗舰店进行销售。

由于目前（2016 年 6 月）处于试运行阶段，因此现阶段运作模式与最初设想有些出入：首先，中间账户的设置由于网商银行定向支付系统还处于调试阶段，故由中华财险管控并对订单进行复核，避免农户更改资金用途的风险。预计在 2016 年 9 月，中间账户将取消，到时已被授信的农户在村淘店铺选择商品后付款时可以直接选择"旺农付"账户，此定向支付账户只能在蒙羊的村淘店内购买生产资料。其次，在还款阶段，未来蒙羊的收购款将优先用于偿还蚂蚁金服的旺农贷，剩下利润部分再返还养殖户。目前，由农户自己还款的方式会带来以下两个问题：其一，养殖户可能出于对支付宝操作系统不熟练从而耽误还款时间，影响自身信用评价，更改后的方式可以避免由"非还款意愿"引起的违约问题；其二，更重要的是资金完全在体系内闭环流通，能够降低信贷风险。

当发生违约时，根据信用保证保险条款，当拖欠达到保单约定期限以上时，中华保险将养殖户未偿还的全部贷款本金及相应的利息赔付给蚂蚁金服，同时取得追偿权；另外，锡大担保向中华保险提供反担保，并缴纳 3000 万元保证金，若到期不能履行偿贷义务，保证金即为代偿金，中华财险先缴纳这部分保证金给蚂蚁金服。

由于目前正处于第一批贷款发放环节，具体运行状况和贷款偿还情况如何还有待继续跟踪。

（二）风控体系

金融的核心是风险控制，互联网的生命也是风险控制。在上述案例中，各方又是如何分工做好风险控制呢？

蚂蚁金服已经拥有相对完善的大数据信息体系，并依靠蚂蚁金服的云计算平台对庞杂数据进行专业化处理，进而掌握每个人的信用状况。在农村市场，虽然支付宝活跃用户已超过 6000 万（截至 2016 年 3 月），但仍有较多用户没有或只有较少网络交易和行为数据，所以蚂蚁金服对于农户还无法利用擅长的大数据做风控。蚂蚁金服在发展农村信贷业务方面另谋对策，提出的新思路是从与生产紧密结合的路径上想办法——做供应链金融，借助龙头企业深入生产环节，并且各方发挥自身优势，共担风险、共享风险溢价。

表 1 列示了各参与主体在各个时间环节的具体风控措施。蒙羊作为整个供应链的

枢纽，具有一定的经营规模和品牌影响力，并且已经打造起全产业链运营模式，有责任把控经营过程中的风险，包括养殖过程中的风险、价格波动风险以及蒙羊自身经营风险。另外，蒙羊除了具有资源禀赋外，还对合作养殖户最了解。双方在长期合作的博弈过程中，养殖户的信用质量经过核心企业选，具有较高的可信度，因此由蒙羊推荐养殖户可以在一定程度上降低信息不对称程度。

表 1　风险控制体系——时间维度

时间	信贷风险类别		风控措施	风控主体
贷前	信息不对称风险		a. 蒙羊推荐合作 3 年以上的养殖户作为贷款对象，双方已建立稳定的经营关系 b. 中华财险对养殖户做详细尽职调查，并了解具体资金需求数额 c. 网商银行对中华财险做尽调，并对养殖户调查结果进行审核	蒙羊 中华财险 网商银行
贷中	资金使用风险	挪作他用	a. 贷款资金只能用于在指定村淘店铺购买生产资料（定向支付技术） b. 中华财险实时监测资金流向，由于蒙羊提供所有生产资料，所有资金流归集在企业，因此只需监控蒙羊现金流	蚂蚁金服 中华财险
		虚假交易	为排除生产资料被倒卖的可能，村淘合伙人/中华财险会现场确认生产资料是否运到	村淘合伙人 中华财险
	养殖户经营风险	养殖风险	a. 蒙羊养殖户贯彻"六个统一"标准，并由蒙羊提供技术指导和兽医服务 b. 由中华财险对蒙羊养殖户进行养殖险承保，控制由自然灾害等原因造成的无法偿还贷款的风险	蒙羊 中华财险
		价格波动风险	蒙羊根据养殖收购价确定保证养殖户收益的"保护价"进行收购	蒙羊
	蒙羊经营风险		由于蒙羊作为最终收购方，中华财险会按季度对蒙羊的销售状况重新进行判断	中华财险
贷后	还款意愿风险		"以物代钱"确保贷款金额不经养殖户手，并由蒙羊代替农户与蚂蚁金服进行结算	蒙羊
	还款能力风险		a. 当上述提到的风险发生造成资金无法全额偿还时，中华财险对蚂蚁金服进行全额赔付 b. 锡大担保公司对中华财险进行部分反担保	中华财险 蒙羊

中华财险作为主要风险承担人，为养殖户承保养殖险和信用保证保险，因此主要角色为把控蒙羊和养殖户风险。在贷前进行详细尽调，了解养殖户信用状况，并明确养殖户贷款需求，使具体采购量与尽调结果一致，避免贷款资金超过实际需求量；在贷中监测贷款资金使用状况，目前通过对订单复核实现，未来通过接入淘宝线上查询系统可以实时了解资金流向和使用数据。同时，中华财险还需按期了解养殖户养殖状

况，关注市场行情，监控蒙羊经营和销售状况，避免出现巨大损失。

对于阿里生态内部主体，浙江网商银行作为出资人、蚂蚁金服的农村金融事业部作为资源整合者和后台技术支持、村淘作为配套环节在风险控制中都发挥了重要的作用。当出现违约时中华财险对网商银行进行全额赔付，因此网商银行的核心为把控中华财险的风险，除了贷前进行基本的尽调外，在贷后网商银行会对中华财险贷中管理措施进行抽查，比例不低于10%，以用于督促中华财险在贷中做好本职工作，把控好风险。为了进一步确保资金安全性，凭借电商优势，蚂蚁金服得以贯彻以物代钱的理念，并开通定向支付系统在技术上实现，严格控制了贷款资金用途，解决了传统贷款机构一大风险点。在整个供应链中，贷款资金形成闭环，从而控制信贷风险。村淘合伙人在其中可以协助进行贷中检查，观察羊羔、饲料是否送到，从而避免物料倒卖情况，合伙人相应地可以获得一定佣金收入。关于宏观层面的风险控制，蚂蚁金服有2200多台服务器专门用于风险的监测、分析和处置，核心武器为代号CTU的后台智能风控大脑。CTU的核心功能是判断交易是否为账户主人操作，并对可疑交易进行验证，继而拦截，避免盗刷可能。目前支付宝的风险控制率是百万分之一，比一人被陨石击中的概率还小。

三、电商＋农村供应链金融带来了什么

在羊联体模式，蒙羊已经与包括中国银行、中信银行以及内蒙古银行等进行了合作，为何从这些国有银行和商业银行转到与蚂蚁金服进行合作？蚂蚁金服的优势体现在阿里巴巴的生态系统以及众多生态合作伙伴的支持。作为普惠金融的践行者，与类似蒙羊的规模化的新型农业经营主体合作又给蚂蚁金服和阿里生态系统带来了哪些变革？

（一）"电商"给农村供应链金融带来了什么

1. 贷款方面

农村供应链最主要的是解决农户借款难、借款贵的问题，不同金融机构内部组织架构和运行机制不同导致在客户服务方面有很大的差异。蚂蚁金服着眼于真正地解决客户的痛点，因此在贷款使用方面客户有更优的体验。此外，控制风险是金融的核心，也是发展普惠金融的关键，蚂蚁金服与传统金融机构相比，由于拥有阿里生态环境，更能紧密参与其中，环环把控风险，保证资金安全性。

首先是在贷款使用层面，蚂蚁金服提供的贷款灵活，使用便捷。与新型贷款机构不同，国有银行和商业银行审批复杂，灵活性较差。一般地，银行授信资金需要分批

使用，并且每次使用时都需要进行重新审批，历时较久，通常约一个月。除此之外，当银行内部农业类贷款爆发较高不良率时，银行独立审贷会增加谨慎性，从而选择性地不批贷不放贷，这会严重打乱生产经营规划，影响生产经营实践。如对于育肥羊而言，一栏的饲养时间为 3 个月左右，1 个月的资金审批时间会直接造成新一批的养殖工作无法开展或者养殖中断，给养殖户带来严峻的考验。

蚂蚁金服会根据具体的客户需求，创造性、灵活性地提出解决方案，明显改善了农牧民借款体验。如在案例中，蚂蚁金服可以为蒙羊的母羊和育肥羊分别设计一款金融产品，使用期限和资金量都不相同，其中资金的使用期限与母羊和育肥羊的生产周期密切相关，并且每月还息、到期还本的方式一是减轻了农牧民资金负担，二是避免因闲置借款而付出额外利息。另外，审批速度快，网商银行审批通过后可实现立刻放款到支付宝账户，大约农牧民申请后 1 星期就可收到贷款，速度明显快于商业银行。例如，50 岁的张有全与蒙羊签订了长期收购合同，其向蚂蚁金服申请贷款，经中华财险及蚂蚁金服的快速审核，当天就收到了资金。同时，村淘合伙人上门服务为老张快速完成了在村淘农资平台上采购育肥羊饲料的订单。第二天，老张就得到了饲料发货通知，从此不再为资金的事情捉襟见肘。此外，蚂蚁金服一次性授信，在限期内（1年）可以随用随提，每次使用时不需要再单独授信，手续少，可以节省大量时间和精力。通过支付宝还款方便且没有手续费，同时可以随借随还，贷款者可以完全自主控制贷款成本，规划资金使用。

其次是在贷款风险控制层面，蚂蚁金服利用农村淘宝平台，凭借出色的数字信息技术，设计各参与方顺畅的协调沟通机制，实现每一环节都全程同步参与。

在前期，中华财险通过尽调了解养殖户对饲草料的偏好并反映到村淘，村淘进行线上招商后确定产品的供应商，并进行线上产品发布，从而在生产资料环节为养殖户提供品质好的饲草料，杜绝假冒伪劣产品，利用村淘平台在源头上确保了食品安全性。

在尽调阶段，中华财险与村淘对应，一方面同步完成支付宝账户和村淘账户的开通，便于接下来工作的开展；另一方面可以监督中华财险是否履行自己的职责，做好自己的工作。村淘此阶段的参与避免了那些信用风险较高的借款者获得借款的可能性，从控制借款对象的角度控制了资金的安全；另外，网商银行将自己获取的信息以及中华财险提供的全部尽调数据实现电子化，因为网商银行充分认识到数据的重要性以及如何利用自己的优势解决问题。

在资金使用阶段，由于贷款资金专款专用，只能在村淘平台核心企业店铺购买生产资料，所有交易数据的线上化使得蚂蚁金服能够实时监控、掌握资金使用和流向状况。而且 CTU 系统一旦发现异常，可以通过多重验证和资金冻结，保障资金安全性，从而在此阶段农村淘宝电商的参与在一定程度上解决了资金用途的问题。另外，经养殖户授权，农村淘宝平台会将如养殖户的羊羔饲料采购数据同步给蒙羊，蒙羊可以查询养殖户何时购买多少饲草料，从而推测是否按照统一要求进行饲养以及饲养状况，便于控制产品标准和食品安全。

在偿还阶段，通过支付宝账户还贷也掌握了养殖户还款数据。值得一提的是，养殖户的身份特征信息、采购信息、还款信息以及淘宝账号的开通在一定程度上促进消费行为后留下的交易信息全部实现电子化。基于此积累的真实交易数据有助于蚂蚁金服发挥在数据风控方面的成功经验，进行精准的风险识别并且在未来能够实现对种养殖业的农场主、合作社完成自动授信。

通过布置村淘深入前端和中端，网商银行借助数字信息技术实现数据电子化，实现了对供应链金融实时、全方位的风险监控，电商的参与改善了供应链金融的风险控制方式。

2. 扩展市场

天猫作为全球知名的电商平台，拥有全国最大的线上购物流量基础和高活跃度用户人群，天猫生鲜更是以高品质产品、完备服务牢牢位居消费者的线上生鲜首选平台。因此电商的参与能够助力核心企业进一步拓展产品销售市场，从而带动整个供应链的规模，实现上下游所有参与方的共赢。2015年10月19～22日在聚划算平台上一场以"聚力青年、生态内蒙"为主题的活动中，"蒙羊旗舰店页面访问量高达200多万次，新鲜羊肉产品实现成交额357万元，售出蒙羊羔羊后腿11000条，羔羊肉卷15000卷，羊排5000多份，以及其他羊肉产品6000多份。向全国20多省共计发送宅配冷链物流30000余单，让全国消费者品尝到了地道纯正的内蒙绿色新鲜的羊肉"①。2016年7月8日，蒙羊同天猫生鲜强强联手，正式签署战略合作协议，双方将在用户需求挖掘、产品研发创新、生产标准升级等方面存在广阔的合作基础与发展空间。蚂蚁金服未来还会专门为蒙羊打造有特色主题的活动，如在年货节的村淘平台将主推蒙羊的高品质产品。这样一来，利用互联网传播的渠道，更多的消费者能够认知、了解并更快速地买到蒙羊产品，这对于扩大蒙羊销售规模具有举足轻重的意义。

3. 减少中间商，削弱"牛鞭效应"

农牧行业有天然的特点，委托代理环节多，中间环节多并且成本高。通过电商平台直接对接厂家和最终商品消费者，减少中间贸易商、代理商环节，一方面，能够缩短从农牧场到餐桌的过程，通过这种方式降低了每个环节成本，并可以将部分利润让利给农牧民，并让消费者享用到物美价廉的美食；另一方面，直接对接能够降低供应链中链条过长产生的"牛鞭效应"。因为蒙羊可以避开中间商直接获取下游消费者的购

---

① 蒙羊携手聚划算打造"互联网＋"羊肉盛宴［EB/OL］. 中国新闻网.

买信息和需求信息，精准定位全国不同地区用户人群属性特点，并以消费者的需求为导向打造定制化产品。信息的有效共享能够降低在多方传递过程中出现的扭曲效应，牛尾的末梢端和根部距离缩短了，末梢端抖动也就不会给根部造成很大的波动了。

（二）农村供应链给"电商"带来了什么

2016年4月底，蚂蚁金服完成了45亿元的B轮融资，并宣布将农村金融、国际业务以及绿色金融作为未来三大战略重点。农村战略将协同阿里巴巴集团的下乡战略，并配合村淘的业务，让农村的消费者也享受到便捷的支付服务以及其他金融服务。农村金融是蚂蚁金服践行普惠金融的重要战场，在其以信贷拉动农村金融的解决方案中，农村金融事业部对服务的农村客户进行分层，对不同用户提供有区别的信贷产品解决方案（见图6），从线上贷款等数据化平台，到线上＋线下熟人平台模式，还包括"供应链＋定向支付"平台、融资租赁平台等。

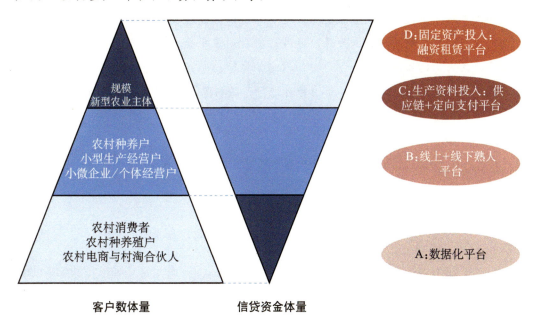

图6　以信贷拉动的农村金融解决方案助力农业产业升级

农村金融的机遇是用与农民日常生活和农业生产经营密切结合的普惠金融产品和工具撬动中国农业转型和升级。现阶段，我国农业劳动生产率仍处于较低水平，而在未来，我国的农业将逐渐走向规模化发展，并且消费者个性化的需求会催生更多的精品种植。为了提高农业的规模化经营和精品化经营，需要有资本和投资的支持，以帮助实现农机农具、屠宰设备等配套设施，蚂蚁金服看到了大趋势，通过与核心企业合作，共建农业供应链金融服务体系，引导城市富余资金流向农业产业升级领域，推进种植业、养殖业的规模化发展，加快传统农业向现代农业的转化进程。选择供应链金融的方式能够借助核心企业控制风险，并将借钱改为借物或生产资料，进一步降低资金风险。蚂蚁金服在加快传统农业向现代农业的转化进程中贡献了自己的力量。在蒙羊的供应链金融案例中，500 万元资金、10000 只育肥羊符合蒙羊总裁闫树春提到的"要把 5000 头的养殖户培养到 10000 头，把 10000 头的培养到 15000 头"的规划战略。

　　发展农村金融、扶持供应链金融除了满足特定群体的信贷需求外，还给阿里的整个生态系统带来了新的价值。首先，对于网商银行，目前旺农贷产品只能通过村淘合伙人落地，当农民有贷款需求时，村淘合伙人扮演了推荐人的角色。而且旺农贷主要是个人小额纯信用贷款，目前平均获批额度在 5 万元左右，因此通过合伙人方式无法触达类似的蒙羊规模养殖户。通过信贷＋保险＋龙头企业的模式可以触达规模化的农村种养户和小型生产经营户，从而在支持实体企业发展的同时扩大信贷规模，提供资金利用效率。对于村淘合伙人而言，目前佣金收入主要来自代购服务。内蒙古地区由于地广人稀，各村淘点订单稀少，而且快消品的消费热情不高涨。通过帮养殖户购置羊羔和饲草料，合伙人收入来源由原来单一的快消品销售佣金变为快消品＋农资销售佣金，从而提高了收入水平。另外，通过在农村淘宝平台购买生产资料，一方面保证养殖户使用农资的品质，另一方面增加村淘销售额；而在天猫店铺销售优质羊肉产品同样能够反哺电商平台，并有助于消费者进行产品溯源，增加终端消费者的选择能力。

第五部分

普惠金融的社会效果 〉

第十三章　普惠金融的宏观与微观效果*

【摘要】本章应用量化分析方法，对统计和问卷调查的数据进行严格的分析，发现大量证据证明田东县金融改革在宏观和微观层面都产生了显著的效果。在宏观上，改革加速了经济增长；在微观上，有效地改善了分配不公的问题。这对于缓解收入差距加大、经济下行的形势，具有重要的现实意义。首先，与邻近的未进行金融改革的县份相比，改革以后，田东县人均 GDP 增速、农村居民人均纯收入的增速、城乡收入差距收窄的速度等均有明显加快。其次，分析调查问卷数据发现，改革对银行账号拥有率、银行服务的使用率、在村内获得金融服务等多项普惠金融指标都产生显著的正面效果。改革引起的变化刺激了农户信贷需求，也改善了金融供给，信贷服务更加优惠便利，信贷服务覆盖率扩大。再次，回归分析证明，人均贷款 1 元，当年可以增加农村居民人均纯收入 0.2 元。最后，比较分析发现，改革对贫困户的影响大于非贫困户。

一、前言

三十多年的改革经验证明，经济改革的成功与金融改革密切相关。始于 20 世纪 80 年代初的经济改革，在市场化金融改革的作用下，为城市发展聚集了大量的货币资本，城镇经济快速增长聚集各种生产资源，导致城镇分享绝大多数改革红利。虽然改革从农村开始，却在城市开花结果。其主要的原因是没有农村金融改革相配合，农村金融服务不能满足农村经济发展的需要，农村生产要素被掏空，生产动力不足，大量农田丢荒，农村居民主要依赖于城镇打工维持生计。近年来，政府和社会都已经意识到这个问题的严重性，尝试各种手段促进农村发展，试图恢复农村繁荣。尤其是农村

＊ 本章由广西外资扶贫项目管理中心提供赞助。

金融改革，被认为是农村发展的新起点。农村金融改革需要创新，要促进金融服务向农村扩展，让农村居民获得用得起的服务。农村居民大部分属于未获得金融服务或获得服务不足的边缘和贫困人群，因此，农村金融改革具有普惠金融的性质，农村也是普惠金融发展的主战场。

农村金融改革模式丰富多彩，源于不同理论，归结起来，主要分为市场主导和政府主导两个类型。自由经济学派往往主张自由市场，相信"看不见之手"迟早会把金融服务带到农村，繁荣农村经济。然而，在改革30多年后，这只"看不见之手"迟迟没有把金融服务送达农村，反而源源不断地从农村吸走大量的劳动力、资本和资源，城乡差距日趋恶化。

这时候政府不能坐视不管，必须积极主动作为。广西田东县历时8年的农村金融改革，就是由政府主导和积极推动的改革模式。政府报告材料记载，改革建立了组织机构、信用、村级服务、支付、担保抵押和保险"六大农村金融体系"。虽然有不少文献对田东县的改革进行了描述性分析，但本报告与这些文献不同，在调查数据的基础上，用严格的分析方法，从大量的数据中辨别改革的真实效果。

用于分析的数据，包含历年统计年鉴、部门报告和农户问卷调查数据。历年统计数据包含了右江河谷田阳、田东和平果三个县的宏观经济数据，田东县位于田阳县和平果县中间地带，气候相似，主体民族均为壮族。比较其宏观数据的历史变化，能够了解田东县始于2009年的改革是否对宏观经济指标产生了影响。

农户问卷调查让我们能够解剖金融改革的微观影响，揭示微观变化与宏观表现的关联。问卷调查包含田东和平果两县1064个农户。微观数据常常受到各种因素的干扰。我们采用准试验数据（Quasi-Experimental Data）和回归分析方法，尽量排除各种干扰造成的误差，甄别哪些是改革的真实效果。分析获得的可靠证据使我们相信：①田东县这种政府主动作为的模式，显著增加了农村金融的普惠性；②信用体系建设增加了农户利益信贷的机会，显著增加了农村居民的收入，由此促进宏观经济快速发展；③普惠金融发展促进了包容性增长，受益主体是贫困和低收入人群，通过发展普惠金融，增长更加平衡，收入分配更加公平。后文将分别描述如何从微观数据中得出这些结论。

上述结论赋予了田东县金融改革作为普惠金融发展的重要模式进行推广的价值。知道了改革的真实结果，就可以顺藤摸瓜，进行逻辑倒推，找出哪些政策、哪些活动真正发挥了作用，反过来分析政府在普惠金融改革中的作用是什么，如何推动农村普惠金融发展。本章在最后提出初步建议，而更具体详细的建议，需要更加深入的研究和讨论。

二、金融改革的宏观表现

（一）改革导致 GDP 和农村居民纯收入增长加快

在宏观经济领域，金融是一种调控杠杆，政府通过金融调控经济增长。由于这个原因，田东县金融改革的分析也从宏观指标开始。用于宏观分析的数据来自政府 2000 年以后的统计年鉴，指标包括人均 GDP、农村居民人均纯收入、年末贷款余额和财政支出。

田东县位于东西走向的右江河谷中游，其上游是田阳县，下游是平果县，行政上都隶属于百色市管辖，地形都是中间沿江两岸为丘陵平地，南北两端为喀斯特石山地区。丘陵平地适宜种植水稻和亚热带水果，石山区适宜种植玉米和林果。壮族为三县世居民族，有几千年历史，是当前人口主体民族。田东县和田阳县属于国定贫困县。

田东县金融改革于 2009 年初开始，2013 年田阳县也开始进行金融改革，平果县目前还没有实质性的改革。

上述条件允许我们进行县域之间的比较。比较结果确实令人眼前一亮。如图 13 - 1 所示，田东县人均 GDP 在改革以后表现非常突出。图中红线代表田东县，改革之前人均 GDP 一直低于其他两个县，2009 年改革以后有一个快速增长期，GDP 水平超过两个邻近县，直到 2013 年，曲线保持平稳，增长停滞。同时，田阳县也于 2013 年突然发力，在 2014 年基本赶上田东县。平果县一直保持平稳增长。田东县和田阳县 GDP 的表现，似乎和两县的金融改革在时间上高度重合，自然而然可以让我们把经济快速增长的现象和改革进行联系。

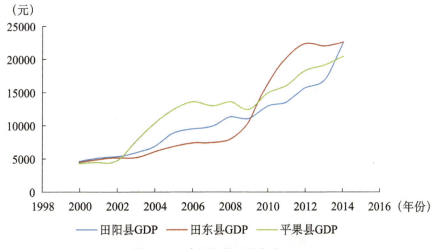

图 13 - 1　右江河谷三县人均 GDP

资料来源：《广西统计年鉴》。

农村普惠金融的主要对象是农村居民，GDP 增长不代表农村居民的收入增长。只有找到证据表明农村居民的生活得到了改善，才能证明田东县的金融改革具有普惠性。图 13-2 比较了右江河谷三个县的农村居民人均纯收入，又是在 2009 年这个时间点，田东县农村居民人均纯收入开始超过其余两个县，而且这种趋势保持到 2014 年，其差异有扩大之势。

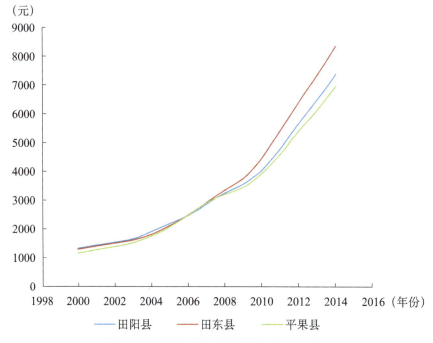

图 13-2　右江河谷三县农村居民人均纯收入

资料来源：《广西统计年鉴》。

从 GDP 和农村居民人均纯收入的动态表现看，田东县的金融改革很可能就是宏观经济增长的动力源泉，而且改革具有普惠的性质。虽然如此，我们不能排除这只是一种巧合，另有别的因素在起作用。还需要做更严谨科学的分析，弄清两者之间必然的关联。

经济增长与投资有直接关系，是不是改革增加了资本投入总额导致经济增长发生了变化？从宏观层面看，金融改革可能影响政府和贷款两个方面的投入，可以用人均年末贷款余额和财政支出表示这两项投入的变化。如果田东县这两个指标伴随改革而增加的幅度超过对照县，可以判断，经济增长通过增加投资获得。然而，图 13-3 和图 13-4并没有支持我们这个结论。金融改革以后，田东县的人均年末贷款余额和人均财政支出都没有突出的表现，基本保持改革前的趋势，贷款余额一直保持在两个县之间，其变化幅度不足以解释 GDP 和农村居民人均纯收入的表现。

也就是说，田东县人均 GDP 和农村居民人均纯收入的表现，支持"金融改革造成

图 13 - 3　右江河谷三县人均年末贷款余额

资料来源：《广西统计年鉴》。

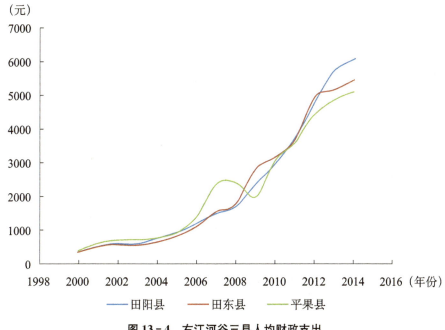

图 13 - 4　右江河谷三县人均财政支出

资料来源：《广西统计年鉴》。

宏观经济快速增长"的假设，但是不支持"金融改革增加了资本投入，促进了经济快速增长"这样的假设。宏观经济的快速增长还有两种解释，要么是"改革通过金融结构调整促进经济增长"，要么是"其他与改革无关的因素在起作用，经济增长加速与改革在时间上只是巧合性重叠"。调查也发现，田东县从 2000 年以来，除了围绕农村金融改革做了一系列的努力之外，没有开展其他大规模的改革活动。因此，改革通过

"金融结构变化影响经济增长"的可能性更大。要回答改革是否引起金融结构变化，需要了解改革的内容，检查反映结构变化的指标。

（二）改革造成农村金融服务和收入结构性变化

田东县金融改革由政府主动发起和推动，且直接参与了部分改革活动，同时也鼓励金融和经济组织采用市场运作方式参与改革。政府于 2008 年做出改革决定，次年初启动，从六个方面连续不断地完善、加深和丰富改革的内容，2015 年打造改革的升级版。目前初步建成了"六大农村金融体系"。

第一，健全金融机构体系，鼓励市场竞争。改革之前，田东县农村金融机构网点覆盖面窄，只有 6 家银行机构和 3 家非银行机构为全县 43 多万人提供服务（见图 13－5）。为了改变这种状况，田东县先后成立北部湾村镇银行、农村资金互助社、小额贷款公司、融资担保公司，推动农村信用社重组改制为农村商业银行，引进广西金融投资集团和北部湾财产保险公司、太平洋保险公司等。2014 年，全县拥有银行机构 9 家、非银行机构 18 家，形成农村金融市场的横向联动、有序竞争的格局。

图 13－5　田东县金融机构发展情况

第二，建立完善的农村信用体系。改革前，信息不对称是阻碍当地农户获得金融服务的重要因素。改革之初，政府就主导了农村信用体系建设。2015 年末全县建立农户信用信息电子档案 7.23 万户，农户信用评级覆盖率达到 89％，182 家农民专业合作社、1251 家中小微企业被纳入征信体系。全县评定 A 级以上信用户 5.8 万户、信用村139 个、信用镇 7 个。这一系统为各家银行所共用，根据各自的情况给信用户授予1 万～10 万元的信用额度。当某一户申请贷款时，无论是首次贷款，还是再贷款，银行都可以根据这套系统的信息，为农户提供信用贷款。

尤其重要的是，这套系统给从来没有贷款的贫困户建立了信用。长期以来，贫困户因没有担保、没有资产抵押，信用级别低，首次贷款困难。改革后，根据全村整体表现，给没有不良信贷的贫困村进行信用评级。一旦授予信用村，全村农户都可以凭借信用等级免抵押、免担保申请信用贷款，且申请当天就可以获得 1 万～10 万元的信用贷款，信用评级越好，获得的贷款额度越高。系统还对扶贫部门建档立卡的贫困户进行标记，方便银行在审批贷款上给予优惠。

信用系统的建成既解决了贫困农户"首贷难"问题，使优惠的贷款瞄准更加精确，又降低了贷款交易成本，缩短交易时间，过去贷款过程需要 3～7 天，改革后缩短到 1 天。

第三，建立完善的村级服务体系。改革前，大多数农户和银行机构接触少，金融知识缺乏。另外，金融机构基层信贷人员短缺，不能做到上门服务。为了在金融机构和农户之间建立一个纽带关系，田东县在全部行政村设立了"三农金融服务室"，简称"农金村办"，成员由驻村干部、大学生村官、贫困村第一书记、村两委、村里经济能人组成。"农金村办"的作用就是将金融知识宣传、信用信息采集、贷款调查、还款催收、保险业务办理等前置到村一级，由于成员比银行信贷员更熟悉农户生产生活情况和信用信息，具有"地缘"、"业缘"优势，有利于搭建金融机构与贫困户间的沟通桥梁，也有助于解决贫困地区金融网点不足、人员短缺的问题，为群众提供了更"接地气"的金融服务。

第四，建立完善的支付结算体系。金融基础设施滞后、支付环境差，是过去农村金融服务的薄弱环节。改革之初，田东县首先把大小额支付系统覆盖全部乡镇。在乡镇和人口集中的农事村办点布放了 147 台 ATM，实现 ATM 乡镇全覆盖；在行政村布放 POS 机 1680 台、电话支付终端 381 台，实现转账支付电话"村村通"；发行各种银行卡 77.05 万张，人均 1.75 张，个人网银、短信通等服务方式得到广泛使用，现代化支付方式覆盖所有行政村；通过建立完善面向农村、服务农民的支付结算体系，农民在村里就可以办理 2000 元以下的小额存取款业务，提高了获得基础金融服务的效率和便捷度，降低了支付结算成本。

第五，建立完善的政策性农业保险体系。农业保险是一个迫切需要解决的问题，由于种种原因，农户和承保机构都缺乏积极性。田东县必须主动作为，推动农业保险的发展，设置了甘蔗、香蕉、竹林、水稻、芒果等农业保险险种（见表 13-1）。改革以来，政策性农业保险已为全县农业提供 90.02 亿元风险保障，至 2015 年政策性农业保险累计赔款 3599.03 万元，仅 2014 年政策性农业保险受灾赔付就达到 1376.9 万元，增强了农业抵御自然灾害风险的能力。同时，还积极探索银保互动机制，有效分担了小额贷款风险。开办农村小额人身保险、留守儿童意外伤害保险、农村独生子女家庭爱心保险、残疾人保险等民生系列保险，有效地保障了群众的生产生活。

表 13-1 2014 年田东县农村保险情况

保险对象	单位	规模	保险费（元）	保险金额（元）
甘蔗	亩	300000	24	7200000
水稻	亩	50000	20	1000000
香蕉	亩	15000	120	1800000
芒果	亩	5000	50	250000
竹林	亩	170000	6	1020000
公益林	亩	150000	1.2	180000
商品林	亩	200000	1.8	360000
能育母猪	头	20000	60	1200000
育肥猪	头	100000	25	2500000
鸡	只	7000000	0.15	1050000
农房	户	89100	9.3	828630

第六，建立完善的抵押担保体系。缺乏有效抵押担保是农民贷款难的传统根源。田东县积极推动成立由财政出资的助农融资担保公司，资本金 3000 万元，目前已累计为种养大户、家庭农场、农民专业合作社、个体工商户、农村小微企业等提供融资担保 1.42 亿元，担保金放大倍数接近 1∶5。2013 年 5 月，广西金融投资集团与田东县人民政府开展战略合作，在田东县成立金融综合服务中心，截至 2015 年末累计为小微企业、个体工商户提供融资担保 8.3 亿元。同时，田东县积极拓展农村有效抵押担保物范围，不断探索林权、土地承包经营权、农村房屋所有权抵押贷款，2015 年末田东县累计发生农村产权抵押贷款 139 宗共 3.92 亿元。

上述六大体系，目标清晰，紧紧围绕一个核心，就是把金融服务延伸到农村、农户、贫困户。自然其结果不一定是金融投资总量的单方面增长，而是更多地流向"三农"。图 13-6 显示了贷款结果的变化，涉农贷款余额随着总贷款余额逐年增加，更重要的是占比不断增加，从改革前的 66.7% 增长到 2014 年的 72.7%。

以服务到村到户为目标的六大体系改革，其结果必然是金融服务结构的变化，而不是单一的总量增长。这就解释了前面发现的现象，即贷款总额的增长没有突出表现，而经济增长有非凡的表现。而且这种结构的变化符合普惠金融的发展目标。图 13-7 中田东县城乡收入差距收窄的趋势，比相邻两个县明显加快，成为其中城乡差距最小的县份。

经过上述分析，我们更加相信，田东县金融改革改变了金融服务结构，使金融服务更加有利于农村居民，有利于资本向农村流动，具有很好的普惠性，其结果在促进宏观经济增长的同时，改善了经济发展的平衡问题，经济增长更加有利于边缘人群，有利于缩小城乡收入差距，更加有包容性。这也证明了发展普惠金融的重要性。

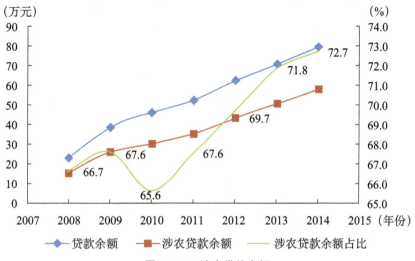

图 13-6　涉农贷款余额

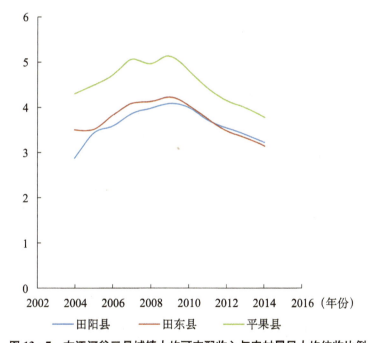

图 13-7　右江河谷三县城镇人均可支配收入与农村居民人均纯收比例

　　后面章节将用微观数据证明田东县金融改革确实产生了普惠金融效果，导致金融服务结构性的变化。我们将采用严格的分析方法，排除干扰因素，显现改革的真实结果。

三、金融改革的微观表现

　　田东县宏观数据表现令人鼓舞，自从金融改革以后，人均 GDP 和农村居民人均纯收入一路攀高，城乡差距收窄，这种结果不是源于贷款总量的增加，而是源于贷款结构的变化。这种宏观表现，是否与微观变化具有必然的联系，改革产生了怎么样的微观影响，是本小节要回答的问题。

从微观层面来证明金融改革的效果，需要更严格科学的技术作为分析工具。一种叫作准试验数据（Quasi-Experimental Data）的分析方法已经开发成熟（Heckman，Ichimura and Todd，1997，1998；Imbens and Wooldridge，2009），广泛应用于政策和项目效果评估（Ravallion and Chen，2007）。准试验数据分析把田东县农户当作样本中的试验组（有改革试验），把平果县农户当作对照组（无改革试验），然后用计量经济学的方法剔除样本中的偏差（bias），通过有无对比，分析改革的效果（Treatment Effect）。

（一）微观数据与准试验数据分析

准试验数据（Quasi-Experimental Data）分析是一种有无对比方法，它来源于常用的对照试验。对照试验将样本分为两组，通过随机方法决定其中一组作为试验组，另一组作为对照组，控制试验处理以外的其他因素的干扰。随机处理和对照是其核心方法。

评估田东县金融改革效果，可以选择地理相连、文化相近的平果县作为对照。但是没有随机处理的条件，即当初并没有用随机的方法来选择两县之一进行金融改革试点，而是按照某种原则选定了田东县作为改革试点县，因此不能直接进行比较。Meyer（1995）给出直接比较可能存在的误差，包括选择性偏差、改革前差异、随时间变化的差异、样本个体之间的差异等。由于这些误差的存在，无法确定两县农户之间的差异是不是改革引起的，需要一个方法把改革引起的变化和误差分离开来。

根据随机试验的原理，学者们（Heckman，Ichimura and Todd，1997，1998；Imbens and Wooldridge，2009）已经开发出一种计量经济学技术来消除偏差。本质上，随机试验是赋予每一个样本相同的概率，或者成为试验组，或者成为对照组。相等概率保证试验组和对照组的相似性。如果知道改革前田东县某一农户和另一个平果县农户是相似的，如学历、年龄、性别、收入等都相似，就可以直接把他们在改革后的表现进行比较，其差异就可能是金融改革的结果。计算农户的相似度成为准试验数（Quasi-Experimental Data）分析方法的关键技术。

计量经济学已经开发出很成熟的方法（Imbens and Wooldridge，2009）来估算相似度，常用的模型是 Probit 或者是 Logit 模型。本章采用 Probit 模型，因变量是 1 和 0，1 代表田东县农户，0 代表平果县农户。自变量是农户的特征值，包含家庭变量和受访者变量。这些变量的数值需要通过问卷调查获得。

　　问卷调查于 2016 年 1 月进行，随机抽取了田东县 18 个行政村作为金融改革的样本，用同样的方法抽取平果县 9 个行政村作为对照样本，每一个村调查 40 个农户，最后获得有效问卷 1064 份，其中田东县 709 户、平果县 355 户。如表 13-2 所示，问卷中包含的户主地位、户主性别、家庭教育程度、耕地面积、摩托车拥有量、外出打工人数、肥料使用量、2014 年收入、受访者子女数量和民族等数值，可以用于估算 Probit 模型的参数，然后把农户特征值逐一代入模型，计算出每一个在 [0，1] 区间内的分值（Propensity Score）。

表 13-2　Probit 模型参数估值

变量（x）	代码	参数估值（a）	标准差	T检验值	概率	显著水平
截距	(Intercept)	−0.1692	0.4408	−0.3840	0.7010	
户主地位	B05	0.1344	0.0677	1.9850	0.0472	*
户主性别	B06	−0.4697	0.1979	−2.3740	0.0176	*
户主年龄	B08	0.0415	0.0402	1.0330	0.3015	
文盲人数	B19	0.1701	0.0681	2.4980	0.0125	*
高中以上学历人数	B192	0.1230	0.0569	2.1600	0.0307	*
身体残疾人数	B20	0.0667	0.1194	0.5580	0.5766	
耕地面积	B221	0.0198	0.0102	1.9510	0.0511	.
手机数	B28	−0.0658	0.0420	−1.5650	0.1176	
固定电话数	B29	0.1705	0.1472	1.1590	0.2465	
电脑	B30	0.0704	0.1534	0.4590	0.6462	
互联网	B31	0.1511	0.2279	0.6630	0.5072	
电视	B32	0.1701	0.1200	1.4180	0.1563	
摩托车数	B33	0.3074	0.0798	3.8530	0.0001	***
小型汽车	B34	−0.0293	0.1903	−0.1540	0.8778	
货车	B35	0.2451	0.2531	0.9680	0.3330	
拖拉机	B36	0.2762	0.1838	1.5030	0.1329	
瓦房	B38	−0.0006	0.0005	−1.1020	0.2705	
平顶房	B39	0.0009	0.0005	1.6720	0.0945	.
商品房	B40	0.0405	0.2290	0.1770	0.8598	
长期外出打工人数	B41	−0.1874	0.0570	−3.2900	0.0010	**
在家务农劳动力	B42	0.0061	0.0511	0.1200	0.9048	
2014 年化肥施用	B89	0.0002	0.0001	3.1280	0.0018	**
2014 年人均纯收入	B1061	0.0000	0.0000	1.9650	0.0494	*
受访者与户主关系	C01	0.0002	0.0463	0.0040	0.9966	
受访者性别	C02	−0.0166	0.1083	−0.1530	0.8780	

续表

变量（x）	代码	参数估值（a）	标准差	T检验值	概率	显著水平
受访者年龄	C04	0.0059	0.0043	1.3600	0.1737	
受访者婚姻	C05	0.0225	0.0336	0.6690	0.5032	
受访者孩子数	C06	−0.1745	0.0559	−3.1220	0.0018	**
受访者民族	C07	−0.0750	0.0280	−2.6840	0.0073	**
受访者教育	C08	0.0540	0.0440	1.2280	0.2195	
受访者健康状况	C09	0.0103	0.0439	0.2350	0.8144	
受访者身体残疾	C10	0.1177	0.1069	1.1010	0.2711	
受访者外出务工经历	C16	−0.0097	0.0090	−1.0720	0.2836	

为了使对比更加严格，对应每一个田东县农户，作为对照的平果县农户必须符合两个条件：①相似度分值最接近的5个农户；②分值差异必须小于一个规定的范围（0.01）。按照这两个条件，田东县样本每一个农户都可能从平果县样本中找到1～5个配比农户作为对照。如果找不到，则将其从样本中剔除。经过这一过程，可以计算出每一个田东县农户与其对照农户在某一指标上的差异，差异的均值就是金融改革产生的效果。

这种方法可以纠正主要的误差，特别是选择性偏差（Selection Bias），但是不能去除掉所有误差。主要原因不是没有技术，而是没有数据让我们能够采用更严格的技术来分析，如没有基线调查数据，没有办法剔除改革之前可能存在的差异。但是，通过这个方法分析改革的效果更加科学可信。

采用准试验数据分析方法，分别估算金融改革对农户在普惠金融方面的影响。衡量普惠金融的指标包括账号拥有和使用、金融数字化、获得银行服务的距离、信贷等指标。

（二）银行账号拥有率大幅度提高

普惠金融的一个重要指标就是银行账号的拥有率，它体现金融服务是否能够浸透到农村的每一个角落。在调查的样本中，如表13-3所示，田东县平均每人有1.22张本县的银行存折、0.91张储蓄卡和0.1张信用卡；对照组这三类银行账号的拥有率都比较低，分别为0.89张/人、0.53张/人和0.03张/人。差额分别是0.33张/人、0.38张/人、0.07张/人。从上一节得知，不能把这个差额全部归功于金融改革。经过纠偏后估算出金融改革使田东县人均存折增加0.1536张、储蓄卡增加0.2499张、信用卡增加0.0774张，分别增长14.4%、37.6%、303.1%。统计学检验和纠偏后的差异达到显著水平，说明差异是可信的，改革确实对银行卡拥有率产生了影响。

三类账户的不同增长幅度有其合理性。在现代生活的环境下，存折已经逐步退出市场，储蓄卡使用频率逐步减少，信用卡的重要性逐步增加，同时原来信用卡拥有率很低，在金融改革的综合作用下，信用卡的拥有率迅速增加。

表 13 - 3　银行账号拥有率

指标	单位	田东县平均值	金融改革效果	标准误差	T检验值	差异显著水平
人均拥有本县银行存折数	张/人	1.22	0.1536	0.0454	3.3858	**
人均拥有本县银行储蓄卡数	张/人	0.91	0.2499	0.0496	5.0419	***
人均拥有本县银行信用卡数	张/人	0.10	0.0774	0.0161	4.7942	***

（三）银行服务使用率大幅提高

金融改革改变了农户使用银行服务数量。表 13 - 4 显示，金融改革增加农户用银行卡购物和取钱的频率，减少了用银行账号接收汇款的频率。购物的次数增加尤为明显，增加了 3 倍多。

表 13 - 4　银行服务使用频率

指标	单位	田东县平均值	金融改革效果	标准误差	T检验值	差异显著水平
人均银行卡购物次数	次	0.79	0.6138	0.1807	3.3974	***
人均银行转账次数	次	1.86	0.3231	0.3095	1.0440	
人均收到银行汇款次数	次	3.93	−0.7195	0.2794	2.5751	**
人均银行取钱次数	次	11.12	3.6627	0.6012	6.0919	***
人均银行柜台办理银行业务次数	次	6.82	1.4049	0.4022	3.4930	**

是什么因素造成田东县农村较高的银行服务使用率呢？需要考虑的主要有几种因素：金融服务质量、农户使用金融服务的熟练程度、农户收入、金融服务的便利性。毋庸置疑，田东县在金融改革中建立的完善的金融机构体系，显著提高了金融服务质量。八年来，田东县先后将农村信用社重组为农村商业银行，引进北部湾银行，成立2 家农村资金互助社和 2 家小额贷款公司，形成了多家金融机构相互竞争的局面。为了竞争客户，迫使各家机构不断改善自己的服务质量，获得客户的信赖。竞争的另一结果，就是培养了用户的能力。以竞争客户为目的的各项宣传和培训，增加了农户对金融服务的了解，长年积累下来，逐步提高了农户使用金融服务的技能，反过来增加了农户对金融服务的利用频率。

收入提高肯定对银行服务使用率产生影响，下文将讨论金融改革如何影响农户的收入。银行服务到村无疑也促进了银行服务的使用。

值得注意的是，表 13 - 4 显示，金融改革显著减少了汇款接收次数。这可能是由于融资条件的改善，更多劳动力愿意留在本地创业，增加当地收入，而减少外出打工和外地汇款。调查组在真良村发现，有不少过去在外打工的青年，最近几年返回家乡，用从农信社借到的信用贷款创办种火龙果、养猪、养鸡合作社；在朔良镇，也发现不少返乡种植甘蔗的青年。

（四）促进金融数字化不显著

改革没有显著地促进农户使用数字银行服务。表13-5显示，除了ATM使用次数之外，改革没有显著增加网银和手机银行使用次数。从上述改革内容来看，改革没有涉及网银和手机银行的内容，而是把支付的服务通过一种被称为"桂盛通"的服务终端布置到每个村内，由代理提供支付服务。因此，改革没有显著影响网银和手机银行的使用是可以理解的。

表13-5 数字化普惠金融指标

指标	单位	田东县平均值	金融改革效果	标准误差	T检验值	差异显著水平
人均使用ATM次数	次	7.09	3.4860	0.6358	5.4829	***
人均使用网银次数	次	0.26	0.0319	0.1026	0.3107	
人均使用手机办理银行业务次数	次	0.62	0.5751	0.4298	1.3379	

（五）在村内办理银行业务增长三倍

金融改革的另一个显著结果是大幅度增加乡内村内办理银行业务的次数。表13-6显示，改革有效地增加了村内和乡镇内办理银行业务的频率，尤其是县村内办理银行业务的次数增长363%，在本乡镇和隔壁村镇办理的业务也增长了37.8%和67.8%。显然，改革改善了村镇一级银行服务条件，银行服务下沉基层。改革后，银行服务下沉基层与"农金村办"有紧密关联，其发挥了桥梁作用。金融基础设施，包括POS机和"桂盛通"的铺设到村，也发挥了重要作用。

表13-6 银行服务的距离

指标	单位	田东县平均值	金融改革效果	标准误差	T检验值	差异显著水平
人均在行政村内办理银行业务次数	次	0.51	0.3993	0.0959	4.1649	***
人均在乡镇内办理银行业务次数	次	6.61	1.8143	0.4788	3.7897	***
人均到隔壁村或乡镇办理银行业务次数	次	1.18	0.4764	0.2418	1.9707	*

续表

指标	单位	田东县平均值	金融改革效果	标准误差	T检验值	差异显著水平
人均在县城办理银行业务次数	次	3.34	0.3865	0.4395	0.8795	
平均办理银行业务最远距离	公里	47.70	18.6946	8.1140	2.3040	*
平均办理银行业务最近距离	公里	25.54	3.7994	5.3199	0.7142	

（六）显著增加农户存款余额

虽然从整体来说，改革在增加当年农村居民人均纯收入上没有达到显著水平，但是储蓄余额有显著的增加。改革使户均存款余额增加5503元（见表13-7）。存款余额不一定来自当年收入，在社会保障不足的情况下，农村居民省吃俭用，形成常年储蓄的习惯，一旦有余钱，就会积攒起来，以备不测事件，为未来提供保障。改革带来的服务便利，促进了农户的存蓄。

表 13-7　农户存款情况

指标	单位	田东县平均值	金融改革效果	标准误差	T检验值	差异显著水平
人均银行存款次数	次	2.76	0.3454	0.3937	0.8773	
家庭存款余额	元/户	8994.86	5503	1174	4.6870	***

与此同时，农户存款的次数并没有明显增加。可能的原因是现金交易减少，或者是农户并不是通过存款次数来增加存款额度，而是单笔存款的数额比较大。

（七）农户信贷明显增加

金融改革的一个重要目的就是要解决农村的信贷难问题。从个体层面看，如表13-8所示，一方面，改革提高了农户对贷款的需求，表现在愿意承受的最高利率水平提高了2.76个百分点；另一方面，改革又降低了农户实际支付的利率，降低了0.2个百分点。从需求角度看，利率支付意愿提高，源于农户的投资收益率，间接地反映了改革对生产的促进作用。在实际支付利率降低的共同作用下，农户生产的收益率进一步得到提高。

表 13-8　农户信贷情况

指标	单位	田东县平均值	金融改革效果	标准误差	T检验值	差异显著水平
户均贷款申请次数	次/户	0.18	0.0594	0.0187	3.1795	**
可以接受的最高利率	%	6.26	2.7573	0.3405	8.0976	***
实际借款利率	%	5.05	-0.1968	0.0876	2.2476	*

续表

指标	单位	田东县平均值	金融改革效果	标准误差	T检验值	差异显著水平
户均获得银行贷款笔数	笔/户	0.17	0.0519	0.0179	2.9034	**
户均贷款总额	元/户	7790.70	−4363	1943	2.2459	*
户均抵押贷款	元/户	1318.95	437	479	0.9127	
户均信用贷款	元/户	3975.04	3629	654	5.5517	***
户均担保贷款	元/户	1736.92	−10523	1769	5.9477	***
私人借款	元	11797.08	−4575	1200	3.8130	***
未还清贷款	元	10832.81	−5082	2221	2.2879	*

田东县金融改革对信贷的影响，可以用图13-8需求曲线来表示。改革建立的六大体系，刺激了贷款的需求，导致需求曲线右移，提高农业借贷意愿；同时，由于竞争和服务的改善，尤其是信用体系降低金融机构成本，供给曲线也往右移。结果使供需平衡点从点L向点J移动。在新的平衡点上，贷款总量增加，利率降低。

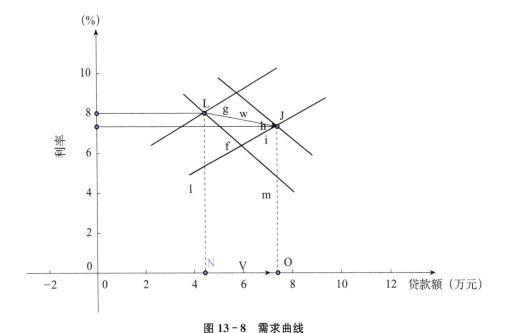

图13-8　需求曲线

在总体层面，改革扩大了信贷的覆盖面。表13-8显示，改革提高了农户对贷款的需求，增加信贷的覆盖面，获得贷款的农户数增加。在贷款的申请和覆盖方面，农户贷款申请的踊跃程度和获得批准的绝对数都比对照县高了很多，田东县有18%的农户申请了贷款，17%获得了贷款，分别是对照县的3.7倍和3.6倍，从总体上增加了贷款量。

就个体农户而言，改革减少户均贷款总量。这个可能是因为更多的贫困户参与贷款，由于资源和能力原因，申请的贷款额度不大，这个结果也符合贫困户贷款额度小的特征。

贷款最显著的成果就是增加了户均信贷贷款，减少担保贷款。这个结果证明了信用体系发挥了重要的作用。对贫困户来说，担保也是一种稀缺资源，在信用贷款可获得的情况下，农户将首先使用信用贷款。担保需要一些显性或隐性的成本，只有贷款额度比较大的情况下，通过担保获得贷款才合算，因此改革前担保贷款一般额度比较大。改革增加了农户获得信贷的机会，担保贷款自然会大幅度下降。

信用贷款机会的增加，也显著减少了农户私人借贷。然而，户均私人借贷总额还处于高位，超过从金融机构贷款的总额。这种状况还在延续，相信随着改革的深入，情况会得到扭转。

户均债务在改革后有显著下降，我们的调查还不能说明这种结果是贷款总额下降造成的，还是还款能力提高的结果。

（八）通过贷款覆盖率增加农户收入

从表13-9可以看出，2014年和2015年，改革对收入有一些正面影响，人均增加的量也不小，但是，标准误差大说明增加值在农户之间差异大，不能肯定这种增长是改革造成的。这个结论和下一节回归模型的结论是一致的，回归模型将提供有力的证据证明贷款可以显著增加农村居民收入。

表 13-9　金融改革对农村居民人均纯收入的影响

指标	单位	田东县平均值	金融改革效果	标准误差	T检验值	差异显著水平
2015年收入	元	9120	1103.42	1010	1.0924	
2014年收入	元	9676	791.51	1013	0.7812	

四、金融改革增加农村居民收入

改革的最终目标是增加农村贫困人群的福祉，其中最主要的任务就是要增加收入。田东县的金融改革能不能增加农户收入，是必须回答的问题。我们都知道，农户收入来源不是单一的，大体上可以分为农业收入、务工收入和其他收入。不同的收入来源，其决定因素又不一样。只有厘清各种因素与农民纯收入的关系，才能够在扶贫工作中瞄准问题的根源。一般情况下，逻辑推理可以知道哪些因素可能与收入有关，例如，土地是农业生产不可或缺的资源，土地资源的多少对收入有直接的影响。然而影响的程度有多大，以及在农村劳动力大量外出、土地撂荒的情况下，土地对收入的贡献有多大，很难通过推理得出量化的答案。需要借助比较严格的量化分析工具来分析各种因素对农民人均纯收入贡献。

（一）影响农村收入的主要因素

农民人均纯收入取决于劳动时间。在农村，劳动时间不完全由劳动者自由决定，即使愿意每天劳动长达十几个小时，也能受到其他条件的制约，如疾病、天气情况、节气、土地和水资源等。这些因素使得农村劳动力在农忙时有干不完的活，农闲时又没有事做，造成节气性劳动力剩余。

生产效率是一个决定收入水平的关键因素。同样的劳动时间，不同效率，收入完全不一样。生产效率与受教育程度有密切关联，它关系到劳动者能否把新技术转化成劳动力，以提高生产率。另一个重要因素就是资本投入，在投入充足的情况下，农户可以获得性能良好的生产工具、肥料和种子，其劳动生产率自然增加。目前，农村缺乏资本是现实而普遍的现象，改革开放吸走了大量农村劳动力和资本，农村劳动力和资本严重短缺。在这种情况下，农村的金融服务尤为重要，贷款很有可能在增加生产规模的同时增加生产效率。

农村的生产效率也可能和信息掌握的多少有关，在市场经济条件下，信息是生产不可或缺的要素。信息缺乏造成小规模经营的农户无法做出符合市场需求的生产决策，使得生产的产品不能适应市场的要求，无法获得应有的回报。能否有效地获得信息，与农户的受教育程度、与外界的沟通方式等有关系。电视、电话、交通、互联网等，都可能影响到生产效率。

影响农民收入的可能还有其他因素，由于数据的不可得问题，没有办法分析全部的影响因素，但是，调查数据允许定量地分析主要的影响因素。通过上述的推断，可以大体了解影响收入的主要因素。但是由于生产要素之间具有非常复杂的关系，我们不能肯定在特定的条件下，哪些因素真正发挥了作用。我们需要一种技术对这些要素的作用进行分解，验证每一个要素对收入贡献的大小。

（二）农村收入计量模型

现代的计量经济学发展已经给我们提供了很多成熟的分析工具，使我们能够从数据中分析出同等条件下某一因素的量化影响。

这里需借助数学表达式来解释这种分析技术。用 Y 代表某一户的农村居民人均纯收入，X 代表各种影响因素，两者间具有一种函数关系 f，农户的收入就可以表示为 $Y=f(X)$。其中，X 包含 n 个因素，$X \in \{x_1, x_2, \cdots, x_n\}$。这样，收入可以表示为 $Y=f(a_1, a_2, \cdots, a_n, x_1, x_2, \cdots, x_n)$，其中 $\{a_1, a_2, \cdots, a_n\}$ 是一组对应于

X 的参数。再做进一步假设，即函数 f 是一种线性关系，简化的函数式为：

$$Y = a_0 + a_1x_1 + a_2x_2 + \cdots + a_nx_n + e$$

在算式中，为了使左右相等，我们加进了常数项 a_0 和残值项 e。

如果能够证明参数 a 不是零，说明其对应的因素 x 与收入 Y 具有相关性，a 的大小表示相关性的大小。对于某个具体的因素，即使理论认为两者具有关联，但如果 a 为零，则说明在所研究的特定对象的条件下，不能证明该因素对收入有明显贡献。

如何估计参数 a 的值呢？从技术角度来看，估计模型中 a 的值是没有困难的，最常用的方法就是回归分析法。由于篇幅限制，这里不对回归分析的技术做详细描述。使用回归分析需要大量的数据，对田东县和平果县的问卷调查已经满足这种分析对数据的要求。需要考虑的是哪些因素或变量应该包含在回归模型中。

原则上，理论推理认为影响收入的所有因素都应该在模型中体现。但是在做实证模型时，往往会有限制条件，有些因素无法量化或观察到，如个人能力是很难具体衡量的，但是，能力一般与受教育程度、性别等因素有关，因此，在模型中加入了性别、年龄、受教育程度和健康状况等变量（见表 13 - 10）。加入这些变量的另一个意义就是使模型的解释力增加，如在解释贷款对收入的贡献时，可以说，在性别、年龄、受教育程度和身体健康状况同等的条件下，每一个单位的贷款能够给农户带来多少收入。

表 13 - 10　农民人均纯收入模型参数估计值

变量 (x)	代码	参数估值 (a)	标准差	T 检验值	显著水平
常数项		11180	5882	1.901	.
田东县金融改革试验区	B011	737.3	1474	0.5	
户主性别	B06	−8963	2766	−3.24	**
户主年龄	B08	−1215	561.7	−2.163	*
初中以下学历人数	B191	8.916	586.1	0.015	
高中以上学历人数	B192	2289	834.8	2.741	**
身体残疾人数	B20	860.2	1684	0.511	
人均耕地面积	B222	683.7	372.4	1.836	.
手机数	B28	885.2	634.1	1.396	
固定电话数	B29	−32.89	2065	−0.016	
电脑	B30	609	1929	0.316	
互联网	B31	1167	2288	0.51	
电视	B32	1207	1715	0.704	
摩托车数	B33	844.2	1159	0.729	
小型汽车	B34	2646	2728	0.97	
货车	B35	13450	3419	3.935	***

续表

变量（x）	代码	参数估值（a）	标准差	T检验值	显著水平
拖拉机	B36	992.2	2391	0.415	
砖混结构房	B39	7.842	6.355	1.234	
城镇商品房	B40	1747	3372	0.518	
长期外出打工人数	B41	2206	835.7	2.64	**
在家务农劳动力	B42	−1027	799.6	−1.284	
年化肥施用量	B89	0.01688	0.03569	0.473	
人均贷款	D30P	0.2018	0.1081	1.866	.

注："."表示达到10%的显著水平，"*"表示达到5%显著水平，"**"表示达到1%显著水平，"***"表示达到0.1%显著水平。

同样地，模型加入了生产资料（土地）、信息（电话、电视、电脑、互联网）、生产交通工具（摩托车、汽车、拖拉机）、财产（房屋）和生产投入（劳动力和肥料）等变量，目的是对这些因素的影响进行控制。

要分析的最重要的变量是农户人均贷款对收入的影响，另一个变量就是改革与否，即是否属于田东县金融改革试验区。

（三）哪些因素对收入具有显著贡献

上文提到，分析最主要的任务是检验这些参数a的估计值是否为0。这需要专业的计量经济学知识和技术，很多软件都可以直接提供检验结果，但需知道如何解读。表13-10中"显著水平"列已经给出答案，*** 表示有99.9%的把握认为对应参数值不等于0，以此类推，** 表示有99%的把握认为对应参数值不等于0。一般来说，只有在"不等于0"的概率达到90%以上时，经济学家才认为对应的参数有意义。特别需要弄清楚的是，模型估计值是平均值，在计量经济学中，衡量某个平均值是否有可能等于0，不是看它的大小，更重要的是它的分布。虽然平均值很大，其值在0的上下变化很大，就没有把握说它的平均值是否为0。如果一个平均值的绝对值很小，但是它的每个数值都不等于或小于0，变化也不大，就可以很有把握地说，这个平均值不可能等于0。

按照上述标准，可以解读表13-10中的结果。首先是"常数项"，显著水平为10%，即"估计值11180元不等于0"的概率为90%。常数项的值就是在所有x值为0的情况下的农民人均纯收入。具体来说，它相当于这样一个家庭（即女性家长、青年、非残疾、没有贷款等）的收入可以达到1.1万元。这个数值好像高出了实际收入水平，因为很多家庭都受到其他因素的影响。

表13-10中第二项"田东县金融改革试验区"反映了田东县和平果县的差别，不

能把这个影响完全归功于金融改革，但是由于两个县的地理位置相近、人口学特征相近、气候条件相近，最主要的差别就是 8 年的金融改革，所以可以认为这个差异主要体现了金融改革的效果。因为模型中加入了贷款变量，这个综合影响不包含贷款的影响。参数估计值为 737.3 元，即在同等条件下，田东县农民人均纯收入比平果县多737.3 元。由于在检验这个平均数是否不等于 0 时，结果没有达到计量经济学的显著水平，因此没有把握认为这个差异是真实的。这个结果印证了上文准试验数据分析方法的结论，改革对 2014 年和 2015 年农户收入的影响不显著。

非常有趣的是，模型结果告诉我们，在其他条件相同的情况下，以女性为家长的家庭，人均收入高出男性家长家庭约 8900 元。这是不是代表壮族地区女性的社会地位比较高？或者是由于样本差异，女性家长比较诚实地报告了家庭收入？这个问题值得深入分析。

衰老对农村收入的威胁很大，平均而言，家长每增加 1 岁，其家庭人均纯收入就要减少 1215 元。农村主要靠体力劳动获得收入，随着年龄增长，体力衰弱，健康状况不佳，打工机会减少，收入减少是可以预见的。

教育是增加收入的重要途径，模型显示初中以下的教育只是基础教育，对于技术进步加快的今天，要将教育转化为收入，需要高中以上的教育。提供农村高中以上的教育是农村发展和扶贫的重要课题。一个家庭每增加一个具有高中以上学历的成员，其人均收入就可以提高 2289 元。

土地资源仍然是农村收入的重要来源，家庭中每增加一亩地，就可以增加人均纯收入 683.7 元。家庭有一辆货车，能够增加人均纯收入 13450 元。一个外出打工的劳动力给家庭带来的收入增加为 2206 元。

模型结果不能证明电话、电脑、其他交通工具、房产等对收入增加有显著贡献。

改革的核心目标是增加农民人均纯收入。金融扶贫除了提高贫困地区的金融服务的可获得性，分析结果还显示，人均增加 1 元贷款，就可以增加其纯收入 0.2018元，相当于 20.18％ 的回报率。这是一个相当可观的回报，不比城市的投入回报率低。

回归模型的结果让我们有把握认为，农村居民人均纯收入主要受家庭的家长性别、年龄、受教育程度、土地、外出务工、货运卡车和贷款等因素的影响。这个结果证明了金融改革尤其是信用体系改革的重要作用。

五、结论与建议

从宏观到微观，从简单比较到严格的量化分析，大量证据证实，广西田东县历时

8 年的金融改革，已经产生了显著的效果。这是一种政府主动作为、由市场运作的模式。在普惠金融发展相对滞后的贫困县，我们的研究结果证明这种模式可以有效地增加金融服务的普惠性，通过促进信贷服务，农户可以显著地增加收入。

田东县地属于右江河谷，上游毗邻田阳县，下游连接平果县，壮族是三县的主体民族，气候条件相近。金融改革以前，田东县人均 GDP 和农村居民人均纯收入均低于田阳县和平果县。金融改革以后，田东县的人均 GDP 和农村居民人均纯收入增长加快（见表 13-11），超过两个邻近县，一直保持领先，城乡收入差距收窄的速度比较快，成为三个县中收入差距最小的县份。与此同时，贷款总额的增长速度并没有突出表现，但是涉农贷款明显增加。从这个结果可以初步推断，田东县金融改革是通过改变贷款结构，促进金融服务下沉农村，从而促进宏观经济增长。

表 13-11 农村金融改革效果

指标	普惠金融发展的影响	验证方法
宏观经济		
人均贷款余额	正常速度增长	有无改革比较
涉农贷款	比重增加	有无改革比较
人均 GDP	增长加快	有无改革比较
农村居民人均纯收入	增长加快	有无改革比较
城乡收入差别	收窄速度加快	有无改革比较
微观表现		
农村居民银行账号拥有率	显著增加，信用卡拥有率的增加尤为突出	准试验数据分析
银行账号的使用率	使用银行卡取款、转账、汇款和购物显著增加，接收汇款次数显著减少	准试验数据分析
存蓄	存款次数和余额没有显著变化	准试验数据分析
数字化银行服务的使用	ATM 使用率显著增加	准试验数据分析
获得银行服务的距离	在村镇一级办理银行业务显著增加	准试验数据分析
信贷	申请贷款、获得贷款笔数显著增加，户均贷款总额增加不显著，贷款户数占总户数的比例增加	准试验数据分析
利率	愿意支付的最高利率显著增加，实际支付利率明显下降	准试验数据分析
收入	人均贷款 1 元，增加人均纯收入 0.2018 元	回归模型分析

这个结果为更严格的微观数据所证实。采用准试验数据（Quasi-Experimental Data）分析方法对普惠金融指标进行比较分析，发现改革有效地增加了农户的银行账号拥有率和使用率；提高村镇金融服务的便利性，农户在村镇一级办理银行业务的比例大幅度增加；农户支付利息的意愿明显增加，但实际支付的利息明显下降；刺激农户

对信贷的需求，申请贷款的次数明显增加，获得贷款的笔数也随之增长，贷款覆盖的农户比例增加。

虽然金融改革能够提高全体农户的平均收入水平，准试验数据和回归模型分析都证明，改革带来的收入增长没有达到统计学的显著水平。然而对于贷款户，平均每人贷款 1 元，就可以增加其人均纯收入 0.2018 元。如果人均贷款 1.1 万元，其收入的增长相当于增加一个外出务工的劳动力给家庭带来的人均纯收入，或者相当于人均增加 3.2 亩耕地带来的纯收入。在人力资源和土地资源数无法在短期内发生变化的情况下，改革提高涉农贷款比例，增加贷款农户覆盖率，是农村居民人均纯收入增长加快的直接原因。

通过上述分析，可以对田东县金融改革的成果总结如下：

（1）改革建立的村金融服务室，使金融服务下沉基层，方便农户，银行账号拥有率和使用频率随之增加，农户在村镇一级获得服务的比例大幅度增加。

（2）开户率和使用率的增加、连续 8 年的改革和普及，使农户对银行业务流程更加了解、更加熟练，使用银行卡购物、ATM 等增加，申请贷款的频率也随之增加。

（3）改革建立的信用和担保抵押体系增加了农户获得贷款的机会，贷款的覆盖率增加。

（4）改革建立的金融机构体系增加竞争，在政府贴息政策的共同作用下，利息降低；同时，多年的金融改革提高了农户使用金融服务进行生产能力和支付银行利息能力。两者共同作用下，使用银行服务的回报率增加。

（5）在田东县的生产条件下，人均借贷 1 元就可以增加约 0.2 元的人均纯收入。

（6）田东县金融改革对贫困户的影响大于非贫困户，这可能是贫困户建档立卡和信用体系建设双重作用的结果。

（7）分析的结果证明，政府主动作为和市场化运作结合的模式，在贫困地区是有效的，可以使贫困户的收入增长超过非贫困户，缩小收入差距。

（8）金融改革不但在微观层面使收入结构更加合理，也能在宏观上使经济快速增长。

第十四章　农村信贷供需的贫富差异*

　　【摘要】 在整理 1327 份调查问卷数据的基础上，本章以供需均衡理论为指导，采用可视化的图表分析方法，揭示隐含在数据中的利率和各种因素的关系。调查和分析发现，农村贫困人群支付较高利率以获得小额贷款的现象确实存在。然而高利率并不是阻碍农村普惠金融发展最主要的因素，更深层和更主要的原因是资本供给不足、金融基础设施薄弱、小贷机构融资困难且成本高、缺乏竞争等。像中和农信这样的小贷机构的贷款，虽然利息相对偏高，但是贷款到位及时、上门服务等附加的便利条件，在一定程度上弥补了高利率的副作用，受到农户的欢迎。

　　中国普惠金融发展的一个重要战略就是"政府引导，市场主导"。这个战略要求处理好政府与市场的关系，本书前文讨论了政府在普惠金融发展中应该扮演什么样的角色，本章采用供需均衡理论讨论普惠金融的市场规律。

　　不同人群对信贷的需求是有差异的。信贷需求的贫富差异不利于贫困群体获得信贷服务。分析信贷需求的贫富差异，有助于创新普惠金融政策、产品和服务。根据贫困人群的需求差异，提供不同的信贷服务是普惠金融发展需要探索的一个重要命题。

　　普惠金融具有一定的公共物品特征，然而普惠金融服务也受到市场规律的制约。本质上，金融服务提供方和需求方是一种供给关系。提供方为形形色色的金融机构，需求方为各类不同特征的人群。不同人群和金融机构之间的供需关系，可以用供需均衡理论作为理论方法加以分析。为了便于分析，把信贷提供方划分为银行和小贷两类机构，需求方简单划分为贫困和非贫困两组人群。本章用经济学基本原理，在问卷调查数据的基础上，建立一个基于供需均衡理论的模型，分析农村信贷供需的贫富差异，为普惠金融在农村的发展提供实证的依据。

　　＊　本章由中和农信提供赞助，中国人民大学农业与农村发展研究院马九杰教授及其部分学生参加了调研活动。

一、调查数据

本章的分析数据是 2016 年 1~4 月在福建霞浦县、河北承德县和甘肃景泰县开展的问卷调查数据。问卷调查采用抽样方法，从每个县按生产生活条件和水平抽取 3 个乡镇，每个乡镇抽取具有代表性的 2 个行政村进行调查，采用系统抽样法从每个村随机抽取 20 个农户作为调查样本，最后获得的有效问卷包含 363 个农户。

在分析中，我们把样本分为贫困户和非贫困户两组加以对照。贫困户是指政府在精准扶贫中识别并且建档立卡的贫困户。在识别贫困户中，政府不是单纯地考虑收入一个因素，而是采用综合评分的方法。所以在分析中，我们有时候用低收入者来表示收入比较低的农户。调查样本包含建档立卡贫困户 98 户，其余 265 户是非贫困户。我们还按 2015 年人均收入把样本中收入最低的 98 户作为低收入组，与其余的高收入农户进行比较。

二、贷款需求曲线贫富差异

需求曲线是分析需求最常用的工具。信贷需求曲线反映信贷需求与利率的关系。农村金融市场具有一定的复杂性，为了便于分析，我们将需求方划分为贫困户和非贫困户两类。从普惠金融的角度说，前者代表难以获得金融服务的人群，后者代表容易获得金融服务的人群。获得贫困和非贫困人群的需求曲线，比较二者之间的差异，有利于制定普惠金融发展政策和措施。

建立反映客观规律的信贷需求曲线需要从实际出发，从现实数据中归纳构建。我们的调查问卷中包含一个问题，即"您最高愿意接受多高利率的借款"。同时还区分了种植业、养殖业、工商业和创业等 10 个不同用途的最高利率支付意愿。对这个问题的回答，包含了需求曲线最基本的含义，即支付意愿（Willingness to Pay）。整理这些答案，可以绘制出农户贷款需求曲线。

最高利率是农户借贷的利率上限，并不规定要按这个利率支付，而是在小于或等于这个利率的情况下才可能借贷。隐含的意思是，农户有能力支付这个利率。利率支付能力与农户生产效率和投资回报率有关。对于投资回报率比较高的投资活动，农户愿意且有能力支付更高利率。同样，生产能力高、资源条件好的农户，由于其投资回报率高，因此愿意用比较高的融资成本获得投资的资本。正是这种生产力的差异，决定了信贷需求曲线的差异。

图 14-1 和普通需求曲线一样，纵坐标表示利率，横坐标表示贷款数量，这里横坐标的单位不是元，而是贷款笔数，如果每户只借贷一次，它代表的是户数。曲线上的每一个点，代表在对应利率条件下可能有多少笔贷款发生。蓝色是全样本需求曲线，红色为非贫困户需求曲线，绿色为贫困户需求曲线。

图 14-1 显示了两个重要结果：①在任何利率条件下，贫困户对贷款的需求均小于非贫困户，非贫困户的需求曲线明显靠右。②需求曲线的倾斜度不一样，贫困户的需求曲线比较直立，非贫困户的曲线相对平缓。曲线的倾斜度由需求弹性系数决定，也就是说，贫富需求曲线有两方面差异，就是其左右位置和弹性系数的差异。需求对利率的弹性系数是指利率变化一个百分点和相应贷款量变化的百分点的比例。贷款需求的这两个特征，决定了以利率为杠杆来促进资金向贫困户流动的效果。很明显，在高利息的情况下，贫困户和非贫困户可能申请的贷款数比较接近。在低利率情况下，两者差距加大。

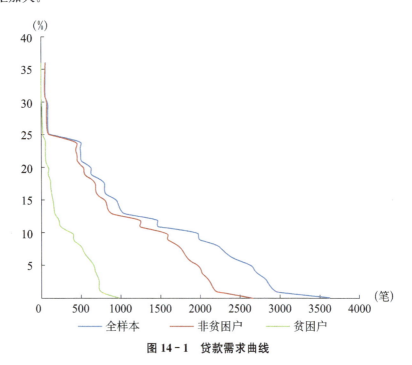

图 14-1 贷款需求曲线

贫富信贷需求曲线的上述特征和差异，可以从贷款申请的情况得到进一步验证。按建档立卡贫困户和收入两种方式将样本分组，比较后发现（见表 14-1），2015年，贫困户和低收入户组向金融机构和小贷公司申请贷款的比例都比非贫困户和高收入户组小。按收入来分组的贷款申请贫富差距明显，低收入户组只有 36.73％向金融机构申请贷款，而高收入户组有 53.58％申请贷款。这个结果说明，贫困户对贷款的需求小于非贫困户。

表 14 - 1　2015 年贷款申请情况　　　　　　　　　　单位：%

	总计	贫困户	非贫困户	低收入	高收入
向金融机构申请过贷款的农户比例	49.04	44.90	50.57	36.73	53.58
向小额贷款公司申请过贷款的农户比例	30.30	24.49	32.45	22.45	33.21

图 14 - 1 的曲线具有相当大的代表性，从个体来说，贫困户由于其生产能力和资源的拥有量有限，借贷的最高额度比较小，但是根据投资回报递减的原则，由于投资回报率高，有可能和非贫困户一样可以支付高利率。相比之下，贫困户的需求曲线比较直立，弹性系数比较低。从群体总需求来看，贫困群体对信贷是个体需求的总和，总需求量比较小，其需求曲线比个体的倾斜度大，但是小于非贫困群体的总需求曲线。普惠金融关注的一个重要方面是金融服务的包容性，具体来说是得到服务的户数。因此，假设每一个农户在一定时间内只借贷一次，图 14 - 1 这种以横轴代表户数的需求曲线更适用于普惠金融供需分析。不管是哪一类需求曲线，其基本特征是一样的，即贫困户比非贫困户的需求曲线直立，弹性系数低。这个特点决定了各种因素和政策对贫困户和非贫困户具有不同的影响。为了简便，根据这个特点将需求曲线简化为斜率不同的两条直线，用来分析各种因素如何影响普惠金融的发展。

三、两类农村金融机构

普惠金融供给方多种多样。原则上，所有的金融机构都有可能同时为贫困和非贫困群体提供服务。然而，金融机构根据自身发展需要对金融业务设置各种各样的条件，如身份文件、资产文件等，自动地排除了贫困群体，或者至少增加了贫困群体获得金融服务的难度。调查发现农村金融服务供应者数量有限，具有一定的垄断性。目前为农户提供信贷服务的机构只有农村信用合作社、邮政储蓄银行、农行、中和农信、小贷公司和资金互助社，当然也有一些民间私人借款。根据其性质，可以把这几个农村金融机构分为银行机构和小贷机构。银行机构指农信社、邮政储蓄银行和农行，它们具有银行的基本特征，可以吸收储蓄和发放贷款。其余为小贷机构，它们不能吸收储蓄，可以发放贷款。除此以外，两类机构还有其他如贷款产品、网点分布、登记和主管部门等不同。

两类农村金融机构在农村普惠金融中发挥不同作用。在调查样本中，过去 3 年这些机构为 190 户提供了总额为 1916.4 万元的贷款。图 14 - 2 显示，3 家传统金融机构为农村提供了大部分贷款（79%），其中农村信用合作社（包括村镇商业银行）和邮政储蓄银行所占份额超过 30%，农行排在第三位。非传统金融机构中，中和农信和小贷公司已经成为农村金融服务不可忽视的提供方。从贷款的笔数来看（见图 14 - 3），代表小贷机构的中和农信的成绩比较显著，近似于农村信用合作社和邮政储蓄银行，超过了农业银行，这暗示了中和农信在覆盖率方面的普惠潜力。

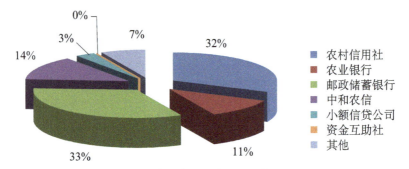

农村信用社
农业银行
邮政储蓄银行
中和农信
小额信贷公司
资金互助社
其他

图 14-2　农村主要信贷服务机构（万元）

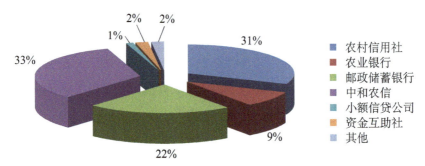

农村信用社
农业银行
邮政储蓄银行
中和农信
小额信贷公司
资金互助社
其他

图 14-3　农村贷款机构覆盖情况（笔）

四、供需均衡

　　我们将复杂的农村金融市场简化为贫困户和非贫困户、银行机构和小贷机构。其不同特征反映在各自的需求曲线和供给曲线上，将其需求曲线和供给曲线结合在一起，可以获得图 14-4 简化的农村金融供给模型。

　　模型中，由于银行机构在融资和成本方面存在优势，其供给曲线平缓，弹性系数大，可以提供较低利率、小额贷款，但是在利润的驱动下，其更愿意提供高利息、高额度的贷款，如信用社的单笔贷款额度可以在一万元到数十万元。相比之下，小贷机构融资成本高，必须以较高的利率作为起点提供信贷服务，以中和农信为例（见表 14-2），其提供的最低利率在 8％ 左右，贷款额度在 1.2 万元以下。

　　调查数据证明了图 14-4 的供需模型的正确性，这代表了目前农村金融的现状。表 14-2 显示国有银行由于成本低，有能力提供比较低的利率，其名义利率可以在 1％～20％ 变化。小贷机构的融资成本高，能承受的最低利率比较高，即在 8％～20％。图 14-4 中的供给曲线反映了两类机构的供给特点。

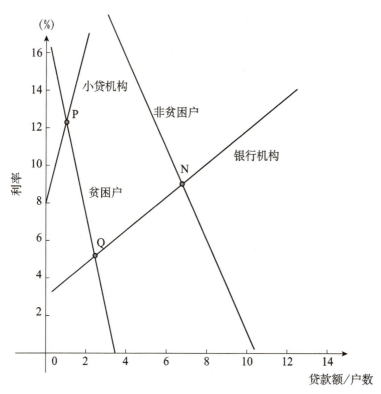

图 14 - 4 供需关系图

表 14 - 2 农村各金融机构的名义利率　　　　　　　　单位：%

	平均名义利率	最高名义利率	最低名义利率
1. 农村信用社	10.5	18.0	1.0
2. 农业银行	7.1	14.4	2.4
3. 邮政储蓄银行	12.0	20.0	4.0
4. 中和农信	12.7	17.0	8.3
5. 小额信贷公司	19.5	20.0	18.0
6. 资金互助社	6.0	9.6	0.8
7. 其他	11.5	24.0	4.5

　　模型显示，四方在利益最大化的驱动下进行竞争性的信贷选择和博弈，最终达到某种供需均衡。一般来说，金融机构希望提供高利率大额单笔贷款，以降低成本，增加利润。银行机构面对贫困户和非贫困户两者的贷款申请时，虽然它愿意也有能力为两者同时提供贷款，但在其货币供应有限的情况，收益最大化的原则要求它优先供给非贫困户（点 N），而不是贫困户（点 Q）。贫困户当然优先考虑从银行贷款，因为利息低，但是，由于其不是银行的优先服务用户，贫困户不容易甚至不可能得到贷款。唯一的选择就是小贷机构。出于生产能力限制，贫困户只能选择点 P 的规模和利率，

即付高利息的小规模贷款。

上述结论从表 14-3 的单笔贷款额度可得到证明。信用社、邮政储蓄银行和农行等传统银行给贫困户的单笔贷款额度均小于非贫困户，相反，中和农信、小额信贷公司和资金互助社等为贫困户提供的单笔贷款额度均高于非贫困户。这个结果充分体现了小贷机构的扶贫作用。

表 14-3　单笔贷款金额 单位：元

	贫困户	非贫困户
1. 农村信用社	28968	60634
2. 农业银行	42167	79000
3. 邮政储蓄银行	80000	80000
4. 中和农信	25960	23725
5. 小额信贷公司	166667	30000
6. 资金互助社	16250	4667
7. 其他	30000	215833
平均	39035	57622

五、利率变化

图 14-4 供需模型中，利率起到了一个关键的作用，因此它常被用作宏观调控的杠杆。在普惠金融这种微观领域，利率的变化对贫困户和非贫困户产生的效果不同。先从需求方看，贷款需求曲线显示贫困户需求曲线比较直立，弹性系数小，反映出贫困户对利率的敏感度小。当利率发生变化时，影响到少部分农户。例如，利率从 10％下降到 5％，样本中将新增 274 个贫困户愿意贷款，新增 406 个非贫困户愿意贷款。不难看出，降息对更多的非贫困户有利。

从供给方来看，目前中国的利率政策主要对银行机构产生作用。不管是利息限制或者是贴息政策，主要是通过银行机构来实施，尤其是贴息，对小贷公司不产生影响。这样就形成了图 14-5 的情况，左右图是限息和贴息的效果。限息和贴息分别可以将名义利率下降到 T 点和 W 点，由于非贫困户在这两个点的规模上能支付高利率，他们可以通过贿赂等手段获得贷款。银行也可以通过变相收费把实际利率提高。实际供给均衡点落在 N 点和 T 点或 N 点和 W 点之间，优惠的利率很难落到贫困户身上。

六、授信额度

小额贷款机构为了瞄准贫困，排除富裕户，对到款额度进行限制。银行机构也通

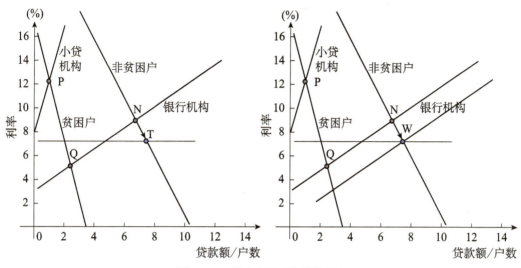

图 14 - 5　利率变化对信贷的影响

过较低的授信额限制贫困户信用贷款额度。利用图 14 - 4 的模型，也可以对其影响进行分析。图 14 - 6 显示当设置信贷限额时，信贷将由贫困户中相对富裕的农户优先获得。在限额的条件下，比较贫困的农户能支付的利率在 W 点，比较低；而相对富裕的贫困户可以支付的利率在 V 点，比较高。相对富裕户可以通过支付额外费用的方式获得贷款，无形中也抬高了利率。相对贫困的农户只能选择比较低的贷款额度。如果限额太低，将把一部分贫困户排除在外；相反，如果限额太高，不能达到排除富裕户的效果。

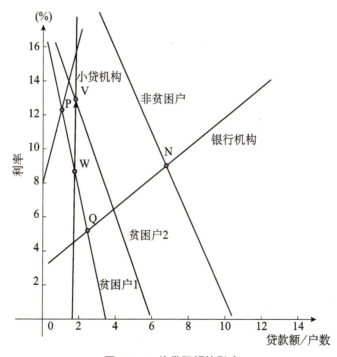

图 14 - 6　信贷限额的影响

七、贷款的附加条件

附加条件常常在贷款中扮演很重要的角色，它综合体现贷款的优惠程度。表 14-4 显示，银行机构虽然在贷款周期上有一定的优势，但其贷款附加成本高，贷款办理时间过长，行程远。这些附加的贷款条件，无疑成为贷款障碍的重要组成要素。我们把办理贷款需要花费的路费、住宿费和伙食费等按贷款周期折算成年利率，发现三家银行的附加费均高于中和农信和小额贷款公司。其中信用社较高，其附加成本相当于 0.47％年息，邮政储蓄银行达到 0.17％，中和农信为 0.03％。小贷机构在办理贷款的速度上也有明显优势，一般在 3～5 天内可以完成从申请到放贷的全部过程，而三家银行需要10～28 天。在办理贷款的距离方面，中和农信体现出更明显的优势，农户要办理贷款，平均仅需要 2.5 公里的行程，是所有农村金融机构中最短的，甚至比村办的资金互助社的行程还近。办理信用社贷款平均需要为 7.37 公里，相当于需要在乡镇一级办理贷款的距离。农行和邮储银行需要 28 公里，小额贷款公司需要 20 公里，相当于到县城的距离。

表 14-4　金融机构办理的贷款附加条件

	贷款期限（年）	每笔贷款附加成本（元）	附加成本折年利率（％）	申请到发放贷款需要时间（天）	机构距离（公里）	实际办理贷款行程（公里）
1. 农村信用社	1.29	137.44	0.47	10.96	8.18	7.37
2. 农业银行	2.73	161.41	0.21	28.91	39.03	28.63
3. 邮政储蓄银行	1.08	134.83	0.17	14.09	31.63	28.38
4. 中和农信	1.20	6.16	0.03	5.24	23.26	2.52
5. 小额信贷公司	10.75	18.00	0.00	3.25	30.00	20.00
6. 资金互助社	1.29	5.71	0.11	9.29	2.71	2.71
7. 其他	4.13	135.75	0.21	15.25	48.88	34.75

图 14-4 的供需均衡模型可以用来解释附加条件的影响，如图 14-7 所示，当附加条件增加时，无论贫困户或非贫困户，贷款需求曲线均向左移动，总体需求下降。贫困户的需求从 P 点下降到 W 点，非贫困户则从 N 点下降到 V 点，部分农户退出贷款市场。

八、机构或民间借贷

民间借贷是机构借贷的替代产品。表 14-5 统计了最近三年从金融机构和民间借

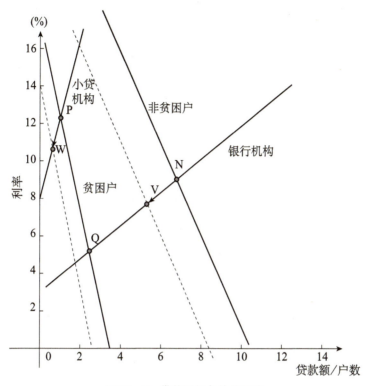

图 14 - 7 贷款附加条件的影响

款的情况。总的来说，无论从金融机构或者是民间借贷的贫困户都比非贫困户少。有约 49%的贫困户和 53%的非贫困户从金融机构借贷，有约 64%的贫困户和 70%的非贫困户从民间借贷。民间借贷比金融机构借贷更加活跃。民间借贷的特点是数额小，反映出小额贷款供给不足。

表 14 - 5 三年内借贷次数统计   单位：%

三年借贷次数	金融机构		私人借款	
	非贫困户	贫困户	非贫困户	贫困户
0	46.79	51.02	29.81	35.71
1	23.02	23.47	15.09	21.43
2	12.45	13.27	13.96	12.24
3	9.06	7.14	13.58	9.18
4	2.26	3.06	4.15	6.12
5	1.51	0.00	4.53	3.06
6	3.02	1.02	3.40	3.06
7	0.00	0.00	1.13	0.00
8	0.38	0.00	1.13	2.04
9	0.75	0.00	1.13	1.02
10	0.38	0.00	3.02	1.02
>10	0.38	1.02	9.06	5.10

从借贷的频率看，机构借贷的差异不很明显，但是贫困户有一次民间借贷经历的明显多于非贫困户，说明贫困户对贷款的需求比较低。

九、金融基础设施的影响

落后的农村金融基础设施严重阻碍普惠金融发展。这给出了农户需要支付不低的附加成本才能获得金融服务，部分与基础设施有关。普惠金融基础设施中的金融公共设施包括法律制度体系、征信体系、支付体系、客户保护体系和监测体系等。

就法律制度体系来说，农村最重要的是落实实施国家与金融相关的法律法规，创造一个良好的制度环境。良好的制度环境不但有利于农户投资发展生产，也有利于金融机构提供服务。例如，农村产权的确权、土地流转制度的执行等都能刺激农户积极投资进行产业开发。

征信体系尤为重要，贫困户往往没有金融贷款的记录，所以也没有信用记录，无法从金融机构获得信贷服务。如前文谈到的广西田东县金融改革，由政府组织金融部门建立一个农户信用信息体系，供各类金融机构共享。这个体系一方面使农户有机会在没有任何抵押和担保的情况下获得信贷；另一方面解决了金融机构信息不对称的问题，降低了金融机构放贷成本，简化了放贷手续并缩短了时间。

金融基础设施在解决"最后一公里"问题中至关重要，田东县建立的村级金融服务体系同样对农户和金融机构产生正面的刺激作用。

图 14-8 显示，金融基础设施的改善降低了需求方获得服务的附加成本，同时也降低了金融机构成本，结果使贫困户和非贫困户的需求曲线都往右移；与此同时，增加需求曲线和供给曲线的弹性系数，曲线更加平缓。打破了原来的供给均衡点 P 和 N，形成新的均衡点 K_1 和 J_1。在新的均衡点，不管是贫困户或者是非贫困户，都有更多农户可以获得额度更大、利率更低的信贷服务。至于基础设施的改善对贫困户还是非贫困户更有利，需要做进一步实证分析。

十、结论

在调查数据的基础上，应用经济学原理构建的供需均衡模型能够合理地解释信贷服务的贫富差异。第一，贫富信贷需求曲线的弹性系数是有差异的，这种差异的存在使普惠金融政策对贫困和非贫困群体产生不一样的效果。第二，农村金融机构可以分为银行机构和小贷机构两类，由于它们的供给曲线不同，供给的弹性系数也不同。小贷机构利率高、额度小、弹性系数小；银行机构利率低、额度大、弹性系数大。它们

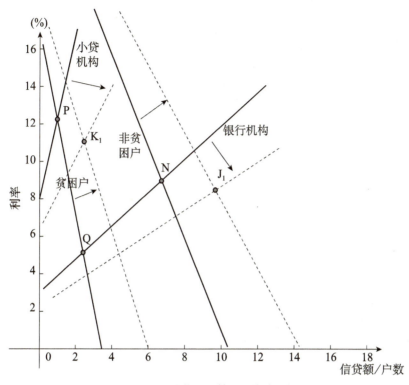

图 14 - 8　改善金融基础设施的作用

在普惠金融中分别扮演不同的角色。第三，两类不同的需求特点和两种不同的供给，形成了一个具有多个均衡点的金融市场，模型和调查数据都证明，贫困群体需要支付较高的利率获得额度小的信贷；相反，非贫困户可以支付较低的利率获得较大额度的贷款。第四，常用的降息措施实际上会给非贫困户带来更大的利益；信贷限额政策也有利于条件相对优越的农户。第五，附加条件，如距离远、贷款过程长、附加费用高等都会降低贫困户和非贫困户的贷款需求。第六，机构贷款，特别是小额贷款的不足，使农户寻找民间借贷作为替代。第七，金融基础设施的改善能够促进更多农户获得数额更大、利率更低的信贷服务。

参考文献

Adasme, Osvaldo, Giovanni Majnoni, and Myriam Uribe. 2006. "Access and Risk-Friends or Foes? Lessons from Chile". *Lessons from Chile* (*September* 1, 2006). *World Bank Policy Research Working Paper* (4003).

Agarwal, Sumit, John C Driscoll, Xavier Gabaix, and David Laibson. 2009. "The Age of Reason: Financial Decisions over the Life Cycle and Implications for Regulation". *Brookings Papers on Economic Activity* no. 2009 (2): 51 - 117.

Ali, Paul, Malcolm Edward Anderson, Cosima Hay McRae, and Ian Ramsay. 2014. "The Financial Literacy of Young Australians: An Empirical Study and Implications for Consumer Protection and ASIC's National Financial Literacy Strategy". *Company and Securities Law Journal* no. 32 (5): 334 - 352.

Allen, Berger, and Greg Udell. 2004. "A More Complete Conceptual Framework for SME Financing", Paper read at World Bank Conference on Small and Medium Enterprises, held in Washington, DC.

Allen, Franklin, Asli Demirguc-Kunt, Leora Klapper, and María Soledad Martínez Pería. 2016. "The Foundations of Financial Inclusion: Understanding Ownership and Use of Formal Accounts". *Journal of Financial Intermediation*.

Alliance for Financial Inclusion. 2013. "Measuring Financial Inclusion Core Set of Financial Inclusion Indicators", http: //www. afi-global. org/sites/default/files/publications/fidwg-core-set-measuring-fi. pdf.

Alliance for Financial Inclusion (AFI). 2010. "The AFI Survey on Financial Inclusion Policy in Developing Countries: Preliminary Findings".

Amatus, Mr Hirwa, and Nasiri Alireza. "Financial Inclusion and Financial Stability in Sub-Saharan Africa (SSA)".

Ardic, Oya Pinar, Maximilien Heimann, and Nataliya Mylenko. 2011. "Access to Financial Services and the Financial Inclusion Agenda around the World: A Cross-country Analysis with a New Dataset". *World Bank Policy Research Working Paper Series*, Vol.

Ardic，Oya Pinar，Joyce Ibrahim，and Nataliya Mylenko. 2011. "Consumer Protection Laws and Regulations in Deposit and Loan Services：A Cross-country Analysis with a New Dataset". *World Bank Policy Research Working Paper Series*，Vol.

Armendáriz，Beatriz，and Jonathan Morduch. 2010. *The Economics of Microfinance*：MIT press.

Arora，Sukhwinder，Oliver Saasa，Robert Stone，Maria Abigail Carpio，Richard Williams，and Jeremiah Grossman. 2012. "Development of Rural Finance Policy and Strategy in Zambia-Final Report".

Aysan，Ahmet Faruk，Mustafa Disli，and Koen Schoors. 2013. "Bank Competition and Outreach：Evidence from Turkey". *Emerging Markets Finance and Trade* no. 49 (sup5)：7 – 30.

Bae，Kee-Hong，and Vidhan K Goyal. 2009. "Creditor Rights，Enforcement，and Bank Loans". *The Journal of Finance* no. 64 (2)：823 – 860.

Barr，Michael S，Anjali Kumar，and Robert E Litan. 2007. *Building Inclusive Financial Systems：A Framework for Financial Access*. Brookings Institution Press.

Barth，James R，Chen Lin，Ping Lin，and Frank M Song. 2009. "Corruption in Bank Lending to Firms：Cross-country Micro Evidence on the Beneficial Role of Competition and Information Sharing". *Journal of Financial Economics* no. 91 (3)：361 – 388.

Barua，Abheek，Rajat Kathuria，and Neha Malik. 2016. "The Status of Financial Inclusion，Regulation，and Education in India".

Battilana，Julie，and Silvia Dorado. 2010. "Building Sustainable Hybrid Organizations：The Case of Commercial Microfinance Organizations". *Academy of Management Journal* no. 53 (6)：1419 – 1440.

Beck，Thorsten. 2008. "Policy Choices for an Efficient and Inclusive Financial System". *Secure Transactions Reform and Access to Credit. European Bank for Reconstruction and Development. Cheltenham，UK：Edward Elgar Publishing.*

Beck，Thorsten，Asli Demirgüç-Kunt，and Ross Levine. 2009. "Financial Institutions and Markets across Countries and over Time-Data and Analysis". *World Bank Policy Research Working Paper Series*，Vol.

Beck，Thorsten，Asli Demirgüç-Kunt，and Vojislav Maksimovic. 2004. "Bank Competition and Access to Finance：International Evidence". *Journal of Money，Credit and Banking*：627 – 648.

Beck，Thorsten，ASLI Demirgüç-Kunt，and Vojislav Maksimovic. 2005. "Financial and Legal Constraints to Growth：Does Firm Size Matter?" *The Journal of Finance* no. 60 (1)：137 – 177.

Beck，Thorsten，Chen Lin，and Yue Ma. 2014. "Why Do Firms Evade Taxes? The Role of Information Sharing and Financial Sector Outreach". *The Journal of Finance* no. 69 (2)：763 – 817.

Berger，Allen N，W Scott Frame，and Nathan H Miller. 2002. "Credit Scoring and the Availability，Price，and Risk of Small Business Credit".

Blau，Peter Michael. 1964. *Exchange and Power in Social Life*. Transaction Publishers.

Brau，James C，and Gary M Woller. 2004. "Microfinance：A Comprehensive Review of the Existing Literature". *The Journal of Entrepreneurial Finance* no. 9 (1)：1.

Brown，Martin，Tullio Jappelli，and Marco Pagano. 2009. "Information Sharing and Credit：Firm-level Evidence from Transition Countries." *Journal of Financial Intermediation* no. 18 (2)：151－172.

Bruhn，Miriam，Subika Farazi，and Martin Kanz. 2013. "Bank Competition，Concentration，and Credit Reporting." *World Bank Policy Research Working Paper* (6442).

Carrick-Cagna，A M，and F Santos. 2009. "Social Versus Commercial Enterprise：The Compartamos Debate and the Battle for the Soul of Microfinance". *INSEAD (Teaching Case)*.

Chambers，Clare. 2009. "From Financial Exclusion to Online Financial Inclusion." *Journal of Information，Law and Technology* no. 2009 (3).

Cheng，Xiaoqiang，and Hans Degryse. 2010. "Information Sharing and Credit Rationing：Evidence from the Introduction of a Public Credit Registry".

Chiwira，Oscar，Ruramayi Tadu，and biriBrian Muyam. 2013. "Financial Inclusion and Financial Stability：The Important Role of Financial Regulation in Explaining the Relationship". *Journal of Research in International Business and Management* no. 3 (4)：10.

Čihák，Martin，Asli Demirgüç-Kunt，María Soledad Martínez Pería，and Amin Mohseni-Cheraghlou. 2012. "Bank Regulation and Supervision around the World：A Crisis Update". *World Bank Policy Research Working Paper* (6286).

Clark，Margaret S，and Judson Mills. 1979. "Interpersonal Attraction in Exchange and Communal Relationships". *Journal of personality and social psychology* no. 37 (1)：12.

Coffey，Elizabeth. 1998. *Agricultural Finance：Getting the Policies Right*. Fao.

Cole，Shawn. 2009. "Fixing Market Failures or Fixing Elections? Agricultural Credit in India". *American Economic Journal：Applied Economics* no. 1 (1)：219－250.

Coleman，James S，and James Samuel Coleman. 1994. *Foundations of Social Theory*. Harvard University Press.

Cooney，Kate. 2011. "An Exploratory Study of Social Purpose Business Models in the United States". *Nonprofit and Voluntary Sector Quarterly* no. 40 (1)：185－196.

Corner，Patricia Doyle，and Marcus Ho. 2010. "How Opportunities Develop in Social Entrepreneurship". *Entrepreneurship theory and practice* no. 34 (4)：635－659.

Cull，Robert，Asl Demirgüç-Kunt，and Timothy Lyman. 2012. "Financial Inclusion and Stability：What Does Research Show?" The World Bank.

Cull，Robert，and Jonathan Morduch. 2007. "Financial Performance and Outreach：A Global Analysis of Leading Microbanks". *The Economic Journal* no. 117 (517)：F107－F133.

D'Aunno，Thomas，Robert I Sutton，and Richard H Price. 1991. "Isomorphism and External Support in Conflicting Institutional Environments：A Study of Drug Abuse Treatment Units". *Acade-*

my of Management Journal no. 34 (3): 636 – 661.

Dargallo, Xavier Freixas. 1991. *El Mercado Hipotecario español: Situación Actualy Proyecto de Reforma.*

De Janvry, Alain, Craig McIntosh, and Elisabeth Sadoulet. 2010. "The Supply-and Demand-side Impacts of Credit Market Information". *Journal of Development Economics* no. 93 (2): 173 – 188.

De la Torre, Augusto, Juan Carlos Gozzi, and Sergio L Schmukler. 2007. "Innovative Experiences in Access to Finance: Market Friendly Roles for the Visible Hand?" *World Bank Policy Research Working Paper* (4326).

De Meza, David, Bernd Irlenbusch, and Diane Reyniers. 2008. *Financial Capability: A Behavioural Economics Perspective.* Financial Services Authority London.

Delius, Nikolaus. 2012. "The Chinese Regulatory Framework for Inclusive Finance in the Context of International Best Practices". *China Papers on Inclusiveness.* GIZ.

Demirgüç-Kunt, Asli, Thorsten Beck, and Patrick Honohan. 2008. *Finance for all? Policies and Pitfalls in Expanding Access:* World Bank.

Demirgüç-Kunt, Asli, R Levine, and E Detragiache. 2008. "Finance and Economic Development: The Role of Government". *Policy Working Paper* no. 3955.

Di Domenico, MariaLaura, Helen Haugh, and Paul Tracey. 2010. "Social Bricolage: Theorizing Social Value Creation in Social Enterprises". *Entrepreneurship Theory and Practice* no. 34 (4): 681 – 703.

Diagne, Mame Fatou. 2011. "Bank Competition, Interest Rates and Access to Finance in the WAEMU". *QUEL SECTEUR BANCAIRE POUR LE FINANCEMENT DES ? CONOMIES DE l'UEMOA.*

Djankov, Simeon, Caralee McLiesh, and Andrei Shleifer. 2007. "Private Credit in 129 Countries". *Journal of Financial Economics* no. 84 (2): 299 – 329.

Duygan-Bump, Burcu, and Charles Grant. 2009. "Household Debt Repayment Behaviour: What Role Do Institutions Play?" *Economic Policy* no. 24 (57): 108 – 140.

Fabbri, Daniela, and Mario Padula. 2004. "Does Poor Legal Enforcement Make Households Credit-Constrained?" *Journal of banking & Finance* no. 28 (10): 2369 – 2397.

Financial Inclusion Commission. 2015. "Financial Inclusion: Improving the Financial Health of the Nation". London: Financial Inclusion Commission.

Foa, Edna B, and UG FOA. 1980. "Resource Theory: Interpersonal Behavior as Exchange". *Social exchange* no. 77: 94.

Gale, William G, and Ruth Levine. 2011. "Financial Literacy: What Works? How Could It Be More Effective?" *How could it be more effective.*

Ghosh, Saibal. 2008. "Financial Inclusion and Financial Fragility: An Empirical Note".

Giné, Xavier, and Tara Vishwanath. 2011. "After the Microfinance Crisis: Assessing the Role of Government-Led Microcredit Alternatives".

Gonzalez-Vega，Claudio. 2003. "Deepening Rural Financial Markets：Macroeconomic，Policy and Political Dimensions". Paper read at Paving the Way Forward for Rural Finance：An International Conference on Best Practices，Washington，DC.

Gouldner，Alvin W. 1960. "The Norm of Reciprocity：A Preliminary Atatement". *American Sociological Review*：161－178.

GPFI. 2011a. "G20 Principles for Innovative Financial Inclusion". Bangkok，Thailand：Alliance for Financial Inclusion.

GPFI. 2011b. SME Finance Policy Guide.

GPFI. 2012. "The G20 Basic Set of Financial Inclusion Indicators". Global Patnership for Financial Inclusion.

GPFI. 2013. "G20 Financial Inclusion Indicators". Global Partnership for Financial Inclusion.

Greenwood，Royston，Christine Oliver，Roy Suddaby，and Kerstin Sahlin-Andersson. 2008. *The Sage Handbook of Organizational Institutionalism*. Sage.

Grimes，Matt. 2010. "Strategic Sensemaking within Funding Relationships：The Effects of Performance Measurement on Organizational Identity in the Social Sector". *Entrepreneurship Theory and Practice* no. 34（4）：763－783.

Group of 20 Financial Inclusion Experts. 2010. "Innovative Financial Inclusion：Principlesand Report on Innovative Financial Inclusionfrom Access through Innovation Sub-Group ofthe G20 Financial Inclusion Experts Group". *ATISG Report*. Canberra，Australia.

Han，Rui，and Martin Melecky. 2013. "Financial Inclusion for Stability：Access to Bank Deposits and the Deposit Growth during the Global Financial Crisis".

Hannig，Alfred，and Stefan Jansen. 2010a. "Financial Inclusion and Financial Stability：Current Policy Issues".

Hannig，Alfred，and Stefan Jansen. 2010b. "Financial Inclusion and Financial Stability：Current Policy Issues". *Working Paper Series*. Asian Development Bank Institute.

Haselmann，Rainer，and Paul Wachtel. 2010. "Institutions and Bank Behavior：Legal Environment，Legal Perception，and the Composition of Bank Lending". *Journal of Money，Credit and Banking* no. 42（5）：965－984.

Hassan，Jafar. 2011. "The Jordanian National Policy Framework for Microfinance：Towards Inclusive Finance". The Minister of Planning and International Cooperation.

Hathaway，Ian，and Sameer Khatiwada. 2008. "Do Financial Education Programs Work?"

Haugh，Helen. 2007. "Community-Led Social Venture Creation". *Entrepreneurship Theory and Practice* no. 31（2）：161－182.

Hawkins，Penelope. 2006. "Financial Access and Financial Stability". *BIS*.

Heckman，James J.，Hidehiko Ichimura，and Petra E. Todd. 1997. "Matching As An Econometric Evaluation Estimator: Evidence from Evaluating a Job Training Programme". *The Review of Economic Stuties* 64: 605 – 654.

Heckman, James J., Hidehiko Ichimura, and Petra E. Todd. 1998. "Matching As An Econometric Evaluation Estimator". *Review of Economic Studies* 65: 261 – 294.

Helms, Brigit. 2006. "Access for All: Building Inclusive Financial Systems". Washington, DC: C-GAP.

Heng, Dyna. 2015. "Impact of the New Financial Services Law in Bolivia on Financial Stability and Inclusion".

Homans, George C. 1958. "Social Behavior as Exchange". *American Journal of Sociology*: 597 – 606.

Honohan, Patrick. 2005. "Measuring Microfinance Access: Building on Existing Cross-Country Data". *World Bank Policy Research Working Paper* (3606).

Hunter, Shawn. 2013. "Financial Inclusion, Innovation and Regulation: Meeting the Challenges of Policy Reform and Capacity Building". 2013 *Asia-Pacific Forum on Financial Inclusion*. Batam Island, Indonesia: The Banking with the Poor Network Ltd & the Foundation for Development Cooperation Ltd.

Imbens, Guido M., and Jeffrey M. Wooldridge. 2009. "Recent Developments in the Econometrics of Program Evaluation". *Journal of Economic Literature* no. 47 (1): 5 – 86.

International Finance Corporation, German Federal Ministry for Economic Cooperation and Development, and Deutsche Gesellschaft für Internationale Zusammenarbeit. 2013. "Progress in Responsible Financial Inclusion : Global Mapping Report and Selected Case Studies". Washington, DC: International Finance Corporation.

Jappelli, Tullio, and Marco Pagano. 2002. "Information Sharing, Lending and Defaults: Cross-Country Evidence". *Journal of Banking & Finance* no. 26 (10): 2017 – 2045.

Jappelli, Tullio, Marco Pagano, and Magda Bianco. 2002. "Courts and Banks: Effects of Judicial Enforcement on Credit Markets".

Johnson, Susan, and Radha Upadhyaya. 2015. "Transformation of Kenya's Banking Sector 2000 – 2012".

Johnson, Susan, and Richard Williams. 2013. "The Political Economy of Financial Inclusion: Working with Governments on Market Development". Bath Papers in International Development and Wellbeing.

Katre, Aparna, and Paul Salipante. 2012. "Start-up Social Ventures: Blending Fine-Grained Behaviors from Two Institutions for Entrepreneurial Success". *Entrepreneurship Theory and Practice* no. 36 (5): 967 – 994.

Kaur, Manjit. 2016. "Financial Inclusion-An Overview". *Indian Journal of Applied Research* no. 5 (8).

Kempson, Elaine, Valeria Perotti, and Kinnon Scott. 2013. "Measuring Financial Capability: Questionnaires and Implementation Guidance for Low-and Middle-Income Countries". *Working Papers*, https: //openknowledge. worldbank. org/handle/10986/16295 License: CC BY 3. 0 Unported.

Khan, Harun Rashid. 2011. "Financial Inclusion and Financial Stability: Are They Two Sides of the Same Coin". *Speech at BANCON*.

Klapper, Leora, and Georgios A Panos. 2011. "Financial Literacy and Retirement Planning: The Russian Case". *Journal of Pension Economics and Finance* no. 10 (04): 599 – 618.

Lanto, Gilberto M, and Jocelyn Alma R Badiola. 2011. "Rural Finance Enrioment in Asian Countries: Policies, Innovations, Financial Inclusion". Thailand: APRACA commissionedreport. Asia Pacific Rural Agricultural Credit Association.

Ledgerwood, Joanna, Julie Earne, and Candace Nelson. 2013. *The New Microfinance Handbook: A Financial Market System Perspective*. World Bank Publications.

Leon, Florian. 2015. "Does Bank Competition Alleviate Credit Constraints in Developing Countries?" *Journal of Banking & Finance* no. 57: 130 – 142.

Leyshon, Andrew, and Nigel Thrift. 1993. "The Restructuring of the UK Financial Services Industry in the 1990s: A Reversal of Fortune?" *Journal of Rural Studies* no. 9 (3): 223 – 241.

Leyshon, Andrew, and Nigel Thrift. 1994. "Access to Financial Services and Financial Infrastructure Withdrawal: Problems and Policies". *Area*: 268 – 275.

Leyshon, Andrew, and Nigel Thrift. 1995. "Geographies of Financial Exclusion: Financial Abandonment in Britain and the United States". *Transactions of the Institute of British Geographers*: 312 – 341.

Love, Inessa, and Nataliya Mylenko. 2003. "Credit Reporting and Financing Constraints". *World Bank Policy Research Working Paper* (3142).

Love, Inessa, and María Soledad Martínez Pería. 2015. "How Bank Competition Affects Firms' Access to Finance". *The World Bank Economic Review* no. 29 (3): 413 – 448.

Lusardi, Annamaria, Olivia S Mitchell, and Vilsa Curto. 2010. "Financial Literacy among the Young". *Journal of Consumer Affairs* no. 44 (2): 358 – 380.

Lusardi, Annamaria, and Peter Tufano. 2009. "Debt Literacy, Financial Experiences, and over-indebtedness". National Bureau of Economic Research.

Maak, Thomas, and Nicolas Stoetter. 2012. "Social Entrepreneurs as Responsible Leaders: 'Fundacion Paraguaya'and the Case of Martin Burt". *Journal of Business Ethics* no. 111 (3): 413 – 430.

Madeddu, OSCAR. 2010. "The Status of Information Sharing and Credit Reporting Infrastructure in the Middle East and North Africa Region". *World Bank Financial Flagship Report. Online*. Available at: http: //siteresourcesworldbank. org/INTMNAREGTOPPOVRED/Resources/MENA-FIagshipCreditRepoIting12i20i10. pdf (accessed October 11, 2011).

Mair, Johanna, Julie Battilana, and Julian Cardenas. 2012. "Organizing for Society: A Typology of Social Entrepreneuring Models". *Journal of Business Ethics* no. 111 (3): 353 – 373.

Mayoux, Linda, and World Conference on Women. 1995. *From Vicious to Virtuous Circles? Gender and Micro-Enterprise Development.* United Nations Research Institute for Social Development Geneva.

McKim, Andrew, and Matthew Hughart. 2005. "Staff Incentive Schemes in Practice: Findings from a Global Survey of Microfinance Institutions". *Microfinance Network & CGAP, Washington DC.*

Meyer, Bruce D. 1995. "Natural and Quasi-Experiments in Economics". *Journal of Bussiness and Economic Statistics* no. 13 (2): 151 – 161.

Meyskens, Moriah, Colleen Robb-Post, Jeffrey A Stamp, Alan L Carsrud, and Paul D Reynolds. 2010. "Social Ventures from a Resource-Based Perspective: An Exploratory Study Assessing Global Ashoka Fellows". *Entrepreneurship Theory and Practice* no. 34 (4): 661 – 680.

Miller, Margaret J. 2003. *Credit Reporting Systems and the International Economy*: Mit Press.

Mills, Judson, and Margaret S Clark. 1982. "Exchange and Communal Relationships". *Review of Personality and Social Psychology* no. 3: 121 – 144.

Morais, Bernardo, and Claudia Ruiz. 2014. "Competition and Collusion in the Mexican Banking Industry".

Morgan, Peter, and Victor Pontines. 2014. "Financial Stability and Financial Inclusion".

Moss, Todd W, Jeremy C Short, G Tyge Payne, and G T Lumpkin. 2011. "Dual Identities in Social Ventures: An Exploratory Study". *Entrepreneurship Theory and Practice* no. 35 (4): 805 – 830.

Mudd, Shannon. 2013. "Bank Structure, Relationship Lending and Small Firm Access to Finance: A Cross-Country Investigation". *Journal of Financial Services Research* no. 44 (2): 149 – 174.

Muhammad, Yunus, and Alan Jolis. 1999. "Banker to the Poor: Micro-Lending and the Battle against World Poverty". *Public Affairs.*

Mundial, Banco. 2012. "The Little Data Book on Financial Inclusion". *World Development Indicators.*

Mylenko, Nataliya. 2014. "Global Survey on Consumer Protection and Financial Literacy : Results Brief : Regulatory Practices in 114 Economies". *Working Paper.* Washinton, DC. : World Bank.

OECD. 2009. "Financial Literacy and Consumer Protection-Overlooked Aspects of the Crisis". OECD.

Pache, Anne-Claire, and Filipe Santos. 2013. "Inside the Hybrid Organization: Selective Coupling as a Response to Competing Institutional Logics". *Academy of Management Journal* no. 56 (4): 972 – 1001.

Paramasivan, C, and V Ganeshkumar. 2013. "Overview of Financial Inclusion in India". *International Journal of Management and Development studies* no. 2 (3): 45 – 49.

Polgreen，Lydia，and Vikas Bajaj. 2010. "India Microcredit Faces Collapse from Defaults". *New York Times* no. 17：A5.

Porter，Beth. 2011. "National Strategies：Where Do They Get Us? A Roadmap for Financial Inclusion". Paper read at United Nations Capital Development Fund，New York. http：//www. globalmicrocreditsummit2011. org/userfiles/file/Workshop% 20Papers/B_.

Powell，Walter W，and Jeannette A Colyvas. 2008. "Microfoundations of Institutional Theory". In *The Sage Handbook of Organizational Institutionalism*，298.

Prasad，Eswar S. 2010. "Financial Sector Regulation and Reforms in Emerging Markets：An Overview". National Bureau of Economic Research.

Qian，Jun，and Philip E Strahan. 2007. "How Laws and Institutions Shape Financial Contracts：The Case of Bank Loans". *The Journal of Finance* no. 62（6）：2803 – 2834.

Rahman，Z A. 2013. "Developing a Financial Inclusion Index".

Rangarajan Committee. 2008. "Report of the Committee on Financial Inclusion". *Government of India*.

Ravallion，Martin，and Zhaohua Chen. 2007. "China's（Uneven）Progress against Poverty". *Journal of Development Economics* no. 82：1 – 42.

Robinson，Marguerite S. 2001. *The Microfinance Revolution：Sustainable Finance for the Poor*：World Bank Publications.

Ryan，Robert M，Conor M O'Toole，and Fergal McCann. 2014. "Does Bank Market Power Affect SME Financing Constraints?" *Journal of Banking & Finance* no. 49：495 – 505.

Sanyal，Paromita. 2009. "From Credit to Collective Action：The Role of Microfinance in Promoting Women's Social Capital and Normative Influence". *American Sociological Review* no. 74（4）：529 – 550.

Sarma，Mandira. 2008. *Index of Financial Inclusion*：Indian Council for Research on International Economics Relations.

Shore，L M，L E Tetrick，P Lynch，and K Barksdale. 2000. "Social and Economic Exchanges as Mediators between Cmmitment and Performance". *Unpublished Manuscript*.

Soedarmono，Wahyoe，and Amine Tarazi. 2016. "Competition，Financial Intermediation，and Riskiness of Banks：Evidence from the Asia-Pacific Region". *Emerging Markets Finance and Trade* no. 52（4）：961 – 974.

Sparreboom，Pete，and Eric Duflos. 2012. "Financial Inclusion in the People's Republic of China-An Analysis of Existing Research and Public Data". *CGAP and the Working Group on Inclusive Finance in China*，*China Papers on Inclusiveness*（7）.

Stango，Victor，and Jonathan Zinman. 2009. "Exponential Growth Bias and Household Finance". *The Journal of Finance* no. 64（6）：2807 – 2849.

Sundaram，N，and Mr M Sriram. 2016. "Financial Inclusion in India：A Review". *International*

Journal of Applied Engineering Research no. 11 (3): 1575 – 1578.

The Economist Intelligence Unit. 2015. "Global Microscope 2015: The Enabling Environment for Financial Inclusion".

United Nations Department of Economic, and United Nations Capital Development Fund. 2006. *Building Inclusive Financial Sectors for Development*: United Nations Publications.

Van Rooij, Maarten C J, Annamaria Lusardi, and Rob J M Alessie. 2012. "Financial Literacy, Retirement Planning and Household Wealth". *The Economic Journal* no. 122 (560): 449 – 478.

Venturi, Daniele, Lucia Parussini, Paris Perdikaris, and George Karniadakis. 2015. "A New Paradigm for Variable-Fidelity Stochastic Simulation and Information Fusion in Fluid Mechanics". Paper read at APS Division of Fluid Dynamics Meeting Abstracts.

Warnock, Veronica Cacdac, and Francis E Warnock. 2008. "Markets and Housing Finance". *Journal of Housing Economics* no. 17 (3): 239 – 251.

Witkamp, Marten J, Lamber M M Royakkers, and Rob P J M Raven. 2011. "From Cowboys to Diplomats: Challenges for Social Entrepreneurship in the Netherlands". *Voluntas: International Journal of Voluntary and Nonprofit Organizations* no. 22 (2): 283 – 310.

Woller, Gary M, Christopher Dunford, and Warner Woodworth. 1999. "Where to Microfinance". *International Journal of Economic Development* no. 1 (1): 29 – 64.

World Bank. 2013. "Global Financial Development Report 2013: Rethinking the Role of the State in Finance". World Bank Group.

World Bank. 2014. "Global Financial Development Report 2014: Financial Inclusion". World Bank Group.

Yamagishi, Toshio, and Karen S Cook. 1993. "Generalized Exchange and Social Dilemmas". *Social Psychology Quarterly*: 235 – 248.

Yin, Robert. 1994. "Case Study Research: Design and Methods". Beverly Hills, CA: Sage publishing.

Zhao, Eric Yanfei, and Tyler Wry. 2013. "Culture, Economics, and Cross-National Variation in the Founding and Social Outreach of Microfinance Organizations". Working Paper.

蔡彤，唐录天，郭亮．2010．"以小额信贷为载体发展普惠金融的实践与思考．"甘肃金融（10）．

杜晓山．2006．"小额信贷的发展与普惠性金融体系框架．"中国农村经济（6）．

杜晓山．2009．"建立普惠金融体系．"中国金融家（1）．

韩俊．2009．"建立普惠型的农村金融体系．"中国金融（22）．

何广文．2010．"建立普惠金融体系应搞活小额信贷．"中国经济时报，2010 – 01 – 12．

胡国晖，雷颖慧．2012．"基于商业银行作用及运作模式的普惠金融体系构建．"商业研究（1）．

贾康．2014．"怎样建设普惠金融．"经济（6）．

焦瑾璞，陈瑾．2009．建设中国普惠金融体系．北京：中国金融出版社．

李明贤，叶慧敏．2012．"普惠金融与小额信贷的比较研究．"农业经济问题（9）．

龙丹丹 . 2011. "普惠金融问题下小额信贷机制发展问题研究 ." 现代商业（30）.

茅于轼 . 2007. "兴办小额贷款的几点经验 ." 金融经济（5）.

田霖 . 2012. "我国农村金融包容的区域差异与影响要素解析 ." 金融理论与实践（11）.

田霖 . 2013. "金融普惠、金融包容与中小企业融资模式创新 ." 金融理论与实践（6）.

王安军，王广明 . 2007. "贫困地区金融供求分析与建立普惠金融服务体系的建议 ." 海南金融（8）.

王韦程 . 2015. "中国普惠金融指数框架初探 ." 金融理论与实践（5）.

吴晓灵 . 2010. "构建普惠金融体系，促进社会和谐发展 ." 金融时报 .

夏圆圆 . 2010. "普惠金融视角下小额信贷机制发展研究 ." 湖北社会科学（9）.

肖翔，洪欣 . 2014. "普惠金融指数的编制研究 ." 武汉金融（9）：7 - 11.

肖翔，张韶华，and 赵大伟 . 2013. "金融包容指标体系的国际经验与启示 ." 上海金融（8）.

杨慧 . 2015. "普惠金融指数核心指标体系构建研究 ." 中国集体经济（7）：54 - 55.

余晓芳 . 2015. "包容性金融统计框架初探［J］. 西部金融 ."（5）.

张平 . 2011. "发展农村小额信贷，完善普惠金融体系建设 ." 开发研究（2）.

周孟亮，张国政 . 2009. "基于普惠金融视角的我国农村金融改革新方法 ." 中央财经大学学报（6）.

周小川 . 2013. "践行党的群众路线推进包容性金融发展 ." 求是（18）.

周兆函 . 2010. "我国农村金融机构小额信贷供给绩效分析——基于普惠金融视角 ." 金融发展研究（12）.